ACCESO GRATIS *a la Lectura en la Nube + Actualizaciones*

Para visualizar el libro electrónico en la nube de lectura envíe junto a su nombre y apellidos una fotografía del código de barras situado en la contraportada del libro y otra del ticket de compra a la dirección:

ebooktirant@tirant.com

En un máximo de 72 horas laborables le enviaremos el código de acceso con sus instrucciones.

AF276734

Leyes de Régimen Jurídico del Sector Público, del Procedimiento Administrativo Común, de la Jurisdicción Contencioso-Administrativa y de Eficiencia Digital en la Justicia

Leyes de Régimen Jurídico del Sector Público, del Procedimiento Administrativo Común, de la Jurisdicción Contencioso-Administrativa y de Eficiencia Digital en la Justicia

11ª Edición

Actualizada con la LO 1/2025, de 2 de enero, de medidas en materia de eficiencia del Servicio Público de Justicia

LUCIANO PAREJO ALFONSO
Catedrático de Derecho Administrativo
Universidad Carlos III de Madrid

ANTONIO DESCALZO GONZÁLEZ
Profesor Titular de Derecho Administrativo
Universidad Carlos III de Madrid

tirant lo blanch
Valencia, 2025

©   Luciano Parejo Alfonso
Antonio Descalzo González

©   TIRANT LO BLANCH
EDITA: TIRANT LO BLANCH
C/ Artes Gráficas, 14 - 46010 - Valencia
TELFS.: 96/361 00 48 - 50
FAX: 96/369 41 51
Email: tlb@tirant.com
www.tirant.com
Librería virtual: www.tirant.es
DEPÓSITO LEGAL: V-357-2025
ISBN: 978-84-1095-807-4

Si tiene alguna queja o sugerencia, envíenos un mail a: *atencioncliente@tirant.com*.
En caso de no ser atendida su sugerencia, por favor, lea en *www.tirant.net/index.php/
empresa/politicas-de-empresa* nuestro procedimiento de quejas.

Responsabilidad Social Corporativa: http://www.tirant.net/Docs/RSCTirant.pdf

ÍNDICE

§1. Ley 40/2015, de 1 de octubre, de Régimen Jurídico del Sector Público

[BOE número 236, de 2 de octubre]

PREÁMBULO

I

El 26 de octubre de 2012 el Consejo de Ministros acordó la creación de la Comisión para la Reforma de las Administraciones Públicas con el mandato de realizar un estudio integral dirigido a modernizar el sector público español, dotarle de una mayor eficacia y eliminar las duplicidades que le afectaban y simplificar los procedimientos a través de los cuales los ciudadanos y las empresas se relacionan con la Administración.

El informe, que fue elevado al Consejo de Ministros el 21 de junio de 2013, formuló 218 propuestas basadas en el convencimiento de que una economía competitiva exige unas Administraciones Públicas eficientes, transparentes, ágiles y centradas en el servicio a los ciudadanos y las empresas. En la misma línea, el Programa nacional de reformas de España para 2014 establece la necesidad de impulsar medidas para racionalizar la actuación administrativa, mejorar la eficiencia en el uso de los recursos públicos y aumentar su productividad.

Este convencimiento está inspirado en lo que dispone el propio artículo 31.2 de la Constitución Española, cuando establece que el gasto público realizará una asignación equitativa de los recursos públicos, y su programación y ejecución responderán a los criterios de eficiencia y economía.

Como se señala en el Informe de la Comisión para la Reforma de las Administraciones Públicas (en adelante CORA), la normativa reguladora de las Administraciones Públicas ha pasado por diferentes etapas. Tradicionalmente, las reglas reguladoras de los aspectos orgánicos del poder ejecutivo estaban separadas de las que disciplinaban los procedimientos. Esta separación terminó con la Ley 30/1992, de 26 de noviembre, de Régimen Jurídico de las Administraciones Públicas y del Procedimiento Administrativo Común, que unificó en un solo instrumento estas materias.

La evolución normativa posterior se ha caracterizado por la profusión de leyes, reales decretos y demás disposiciones de inferior rango, que han completado la columna vertebral del derecho administrativo. De este modo, nos encontramos en el momento actual normas que regulan aspectos orgánicos, como la Ley 6/1997, de 14 de abril, de organización y funcionamiento de la Administración General del Estado; la Ley 50/1997, de 27 de noviembre, del Gobierno y la Ley 28/2006, de 18 de julio, de Agencias estatales para la mejora de los servicios públicos; y otras que tratan aspectos tanto orgánicos como procedimentales de la citada Ley 30/1992, de 26 de noviembre; o la Ley 11/2007, de 22 de junio, de acceso electrónico de los ciudadanos a los servicios públicos, por citar las más relevantes.

Resulta, por tanto evidente, la necesidad de dotar a nuestro sistema legal de un derecho administrativo sistemático, coherente y ordenado, de acuerdo con el proyecto general de mejora de la calidad normativa que inspira todo el informe aprobado por la CORA. En él se previó la elaboración de dos leyes: una, reguladora del procedimiento administrativo, que integraría las normas que rigen la relación de los ciudadanos con las Administraciones. Otra, comprensiva del régimen jurídico de las Administraciones Públicas, donde se incluirían las disposiciones que disciplinan el sector público institucional. Con ello, se aborda una reforma integral de la organización y funcionamiento de las Administraciones articulada en dos ejes fundamentales: la ordenación de las relaciones ad extra de las Administraciones con los ciudadanos y empresas, y la regulación ad intra del funcionamiento interno de cada Administración y de las relaciones entre ellas.

La presente Ley responde al segundo de los ejes citados, y abarca, por un lado, la legislación básica sobre régimen jurídico administrativo, aplicable a todas las Administraciones Públicas; y por otro, el régimen jurídico específico de la Administración General del Estado, donde se incluye tanto la llamada Administración institucional, como la Administración periférica del Estado. Esta Ley contiene también la regulación sistemática de las relaciones internas entre las Administraciones, estableciendo los principios generales de actuación y las técnicas de relación entre los distintos sujetos públicos. Queda así sistematizado el ordenamiento de las relaciones ad intra e inter Administraciones, que se complementa con su normativa presupuestaria, destacando especialmente la Ley Orgánica 2/2012, de 27 de abril, de Estabilidad Presupuestaria y Sostenibilidad Financiera, la Ley 47/2003, de 26 de noviembre, General Presupuestaria y las leyes anuales de Presupuestos Generales del Estado.

Se conserva como texto independiente la Ley del Gobierno, que por regular de forma específica la cabeza del poder ejecutivo de la nación, de naturaleza y funciones eminentemente políticas, debe mantenerse separada de la norma reguladora de la Administración Pública, dirigida por aquél. De acuerdo con este criterio, la presente Ley modifica aquella, con el objeto de extraer aquellas materias que, por ser más propias de la organización y funciones de los miembros del gobierno en cuanto que órganos administrativos, deben regularse en este texto legal.

El Informe CORA recomienda reformar el ordenamiento jurídico administrativo no solo por razones de coherencia normativa y política legislativa. Las Administraciones Públicas, lejos de constituir un obstáculo para la vida de los ciudadanos y las empresas, deben facilitar la libertad individual y el desenvolvimiento de la iniciativa personal y empresarial. Para ello es imprescindible establecer un marco normativo que impida la creación de órganos o entidades innecesarios o redundantes, y asegure la eficacia y eficiencia de los entes públicos, ejerciendo sobre ellos una supervisión continua que permita evaluar el cumplimiento de los objetivos que justificaron su creación, y cuestionar su mantenimiento cuando aquellos se hayan agotado o exista otra forma más eficiente de alcanzarlos.

La Organización para la Cooperación y Desarrollo Económico (en adelante OCDE), ha valorado la reforma administrativa emprendida por la CORA de forma muy positiva. En el informe emitido sobre ella, señala que el paquete de reforma es resultado de un riguroso proceso de recolección de datos, diálogo entre profesionales y diagnóstico de las debilidades de la Administraciones Públicas españolas. Considera la OCDE que el conjunto de asuntos políticos incluidos en la reforma (por ejemplo, gobierno electrónico, relaciones de gobernanza multinivel, buena regulación, reformas presupuestarias), junto con las iniciativas paralelas adoptadas en los dos últimos años en áreas como estabilidad presupuestaria, transparencia y regeneración democrática, explica uno de los más ambiciosos procesos de reforma realizados en un país de la OCDE. La presente Ley, por tanto, no representa el único instrumento normativo que materializa la reforma, Pero sí constituye, junto con la que disciplinará el procedimiento administrativo, de tramitación paralela, y las ya aprobadas sobre transparencia y buen gobierno y estabilidad presupuestaria, la piedra angular sobre la que se edificará la Administración Pública española del futuro, al servicio de los ciudadanos.

II

La Ley comienza estableciendo, en sus disposiciones generales, los principios de actuación y de funcionamiento del sector público español.

Entre los principios generales, que deberán respetar todas las Administraciones Públicas en su actuación y en sus relaciones recíprocas, además de encontrarse los ya mencionados en la Constitución Española de eficacia, jerarquía, descentralización, desconcentración, coordinación, y sometimiento pleno a la Ley y al Derecho, destaca la incorporación de los de trasparencia y de planificación y dirección por objetivos, como exponentes de los nuevos criterios que han de guiar la actuación de todas las unidades administrativas.

La Ley recoge, con las adaptaciones necesarias, las normas hasta ahora contenidas en la Ley 11/2007, de 22 de junio, en lo relativo al funcionamiento electrónico del sector público, y algunas de las previstas en el Real Decreto 1671/2009, de 6 de noviembre, por el que se desarrolla parcialmente la anterior. Se integran así materias que demandaban una regulación unitaria, como corresponde con un entorno en el que la utilización de los medios electrónicos ha de ser lo habitual, como la firma y sedes electrónicas, el intercambio electrónico de datos en entornos cerrados de comunicación y la actuación administrativa automatizada. Se establece asimismo la obligación de que las Administraciones Públicas se relacionen entre sí por medios electrónicos, previsión que se desarrolla posteriormente en el título referente a la cooperación interadministrativa mediante una regulación específica de las relaciones electrónicas entre las Administraciones. Para ello, también se contempla como nuevo principio de actuación la interoperabilidad de los medios electrónicos y sistemas y la prestación conjunta de servicios a los ciudadanos.

La enumeración de los principios de funcionamiento y actuación de las Administraciones Públicas se completa con los ya contemplados en la normativa vigente de responsabilidad, calidad, seguridad, accesibilidad, proporcionalidad, neutralidad y servicio a los ciudadanos.

El Título Preliminar regula pormenorizadamente el régimen de los órganos administrativos, tomando como base la normativa hasta ahora vigente contenida en la Ley 30/1992, de 26 de noviembre, en la que se incorporan ciertas novedades. La creación de órganos solo podrá hacerse previa comprobación de que no exista ninguna duplicidad con los existentes. Se completan las previsiones sobre los órganos de la Administración consultiva y se mejora la regulación de los órganos colegiados, en particular, los de la Administración General del Estado, destacando la generalización del uso de medios electrónicos para que éstos puedan constituirse, celebrar sus sesiones, adoptar acuerdos, elaborar y remitir las actas de sus reuniones.

También se incorporan en este Título los principios relativos al ejercicio de la potestad sancionadora y los que rigen la responsabilidad patrimonial de las Administraciones Públicas. Entre las novedades más destacables en este ámbito, merecen especial mención los cambios introducidos en la regulación de la denominada «responsabilidad patrimonial del Estado Legislador» por las lesiones que sufran los particulares en sus bienes y derechos derivadas de leyes declaradas inconstitucionales o contrarias al Derecho de la Unión Europea, concretándose las condiciones que deben darse para que se pueda proceder, en su caso, a la indemnización que corresponda.

Por último, se regulan en el Título Preliminar los convenios administrativos, en la línea prevista en el Dictamen 878 del Tribunal de Cuentas, de 30 de noviembre, de 2010, que recomendaba sistematizar su marco legal y tipología, establecer los requisitos para su validez, e imponer la obligación de remitirlos al propio Tribunal. De este modo, se desarrolla un régimen completo de los convenios, que fija su contenido mínimo, clases, duración, y extinción y asegura su control por el Tribunal de Cuentas.

III

En relación con la Administración del Estado, el Título primero parte de la regulación contenida en la Ley 6/1997, de 14 de abril, aplicando ciertas mejoras que el tiempo ha revelado necesarias. Se establecen los órganos superiores y directivos propios de la estructura ministerial y también en el ámbito de la Administración periférica y en el exterior. En el caso de los organismos públicos, serán sus estatutos los que establezcan sus órganos directivos.

La Ley regula los Ministerios y su organización interna, sobre la base de los siguientes órganos: Ministros, Secretarios de Estado, Subsecretarios, Secretarios Generales, Secretarios Generales Técnicos, Directores Generales y Subdirectores Generales.

Se integran en esta Ley funciones de los Ministros que, hasta ahora, estaban dispersas en otras normas o que eran inherentes al ejercicio de ciertas funciones, como celebrar en el ámbito de su competencia, contratos y convenios; autorizar las modificaciones presupuestarias; decidir la representación del Ministerio en los órganos colegiados o grupos de trabajo; rendir la cuenta del departamento ante el Tribunal de Cuentas; y resolver los recursos administrativos presentados ante los órganos superiores y directivos del Departamento. La Ley reordena parcialmente las competencias entre los órganos superiores, Ministros y Secretarios de Estado, y directivos, Subsecretarios, Secretarios Generales, Secretarios Generales Técnicos y Directores Generales de los Ministerios, atribuyendo a ciertos órganos como propias algunas funciones que hasta ahora habitualmente se delegaban en ellos. Y con el objeto de posibilitar las medidas de mejora de gestión propuestas en el Informe CORA, se atribuye a los Subsecretarios una nueva competencia: la de adoptar e impulsar las medidas tendentes a la gestión centralizada de recursos y medios materiales en el ámbito de su Departamento.

Se atribuyen también expresamente a la Subsecretaría del Ministerio de la Presidencia, en coordinación con la Secretaría General de la Presidencia del Gobierno, las competencias propias de los servicios comunes de los Departamentos en relación con el área de la Presidencia del Gobierno. Debe recordarse que, al tratarse de un ámbito ajeno a la estructura del propio departamento ministerial, esta atribución excede del real decreto en que se fije la estructura orgánica de aquél.

Con el objeto de evitar la proliferación de centros encargados de la prestación de servicios administrativos en cada ente o unidad, y facilitar que los mismos se provean por órganos especializados en el ámbito del Ministerio o de forma centralizada para toda la Administración, se prevé la posibilidad de que la organización y gestión de los servicios comunes de los Ministerios y entidades dependientes pueda ser coordinada por el Ministerio de Hacienda y Administraciones Públicas u otro organismo público; o bien por la Subsecretaría de cada departamento.

IV

Sobre la base de la regulación de la Administración Periférica contenida en la Ley 6/1997, la Ley regula los órganos de la Administración General del Estado de carácter territorial, los Delegados y Subdelegados del Gobierno. Como principales novedades respecto a la regulación hasta ahora vigente, destacan las siguientes cuestiones.

En cuanto a los Delegados del Gobierno, se refuerza su papel político e institucional, se les define como órganos directivos, y se dispone que su nombramiento atenderá a criterios de competencia profesional y experiencia, siendo de aplicación al desempeño de sus funciones lo establecido en el Título II de la Ley 19/2013, de 9 de diciembre, de transparencia, acceso a la información pública y buen gobierno.

Se mejora la regulación de su suplencia, vacante o enfermedad, correspondiendo al Subdelegado del Gobierno que el Delegado designe. En caso de no haber realizado formalmente la designación, y cuando se trate de una Comunidad uniprovincial que carezca de Subdelegado, la suplencia recaerá sobre el Secretario General.

Las competencias de los Delegados del Gobierno, que hasta ahora eran recogidas en diversos preceptos, pasan a estar reguladas en un único artículo, sistematizándolas en cinco categorías: competencias de dirección y coordinación; de información de la acción del Gobierno y a los ciudadanos; de coordinación y colaboración con otras Administraciones Públicas; competencias relativas al control de legalidad; y competencias relacionadas con el desarrollo de las políticas públicas.

Se recoge expresamente en la Ley la competencia atribuida a los Delegados del Gobierno en la Ley 33/2003, de 3 de noviembre, de Patrimonio de las Administraciones Públicas, referente a la coordinación de los usos de los edificios de la Administración General del Estado en su ámbito de actuación, de acuerdo con las directrices establecidas por el Ministerio de Hacienda y Administraciones Públicas y la Dirección General de Patrimonio del Estado.

Respecto de los Subdelegados del Gobierno, se concretan los requisitos de titulación para ser nombrado Subdelegado del Gobierno, de tal manera que ahora se indica el subgrupo funcionarial al que debe pertenecer. En cuanto a las competencias de los Subdelegados del Gobierno, y como novedad más relevante, se le atribuye la de coordinar la utilización de los medios materiales y, en particular, de los edificios administrativos en el ámbito de su provincia.

Se recoge legalmente la existencia de un órgano que se ha revelado como fundamental en la gestión de las Delegaciones y Subdelegaciones, la Secretaría General, encargada de la llevanza de los servicios comunes y de la que dependerán las áreas funcionales. También se establece a nivel legal que la asistencia jurídica y el control financiero de las Delegaciones y Subdelegaciones del Gobierno serán ejercidos por la Abogacía del Estado y por la Intervención General de la Administración del Estado, respectivamente, cuestión anteriormente regulada por normativa reglamentaria.

La Ley también prevé expresamente la existencia de la Comisión Interministerial de Coordinación de la Administración Periférica del Estado, cuyas atribuciones, composición y funcionamiento serán objeto de regulación reglamentaria.

Por lo que se refiere a la Administración General del Estado en el exterior, se efectúa una remisión a la Ley 2/2014, de 25 de marzo, de la Acción y del Servicio Exterior del Estado, y a su normativa de desarrollo, declarándose la aplicación supletoria de la presente Ley.

V

En el ámbito de la denominada Administración institucional, la Ley culmina y hace efectivas las conclusiones alcanzadas en este ámbito por la CORA y que son reflejo de la necesidad de dar cumplimiento a lo previsto en el mencionado artículo 31.2 de la Constitución, que ordena que el gasto público realice una asignación equitativa de los recursos públicos, y que su programación y ejecución respondan a los criterios de eficiencia y economía. De forma congruente con este mandato, el artículo 135 de la Constitución establece que todas las Administraciones Públicas adecuarán sus actuaciones al principio de estabilidad presupuestaria.

La permanente necesidad de adaptación de la Administración Institucional se aprecia con el mero análisis de la regulación jurídica de los entes que la componen. Un panorama en el que se han aprobado de forma sucesiva diferentes leyes que desde distintas perspectivas han diseñado el marco normativo de los entes auxiliares de que el Estado dispone.

En primer lugar, la regulación jurídica fundamental de los diferentes tipos de entes y organismos públicos dependientes del Estado está prevista en la Ley 6/1997, de 14 de abril, que diferencia tres tipos de entidades: Organismos Autónomos, Entidades Públicas Empresariales y Agencias Estatales, categoría que se añadió con posterioridad. Cada uno de estos organismos públicos cuenta con una normativa reguladora específica, que normalmente consta de una referencia en la ley de creación y de un desarrollo reglamentario posterior dictado al aprobar los correspondientes estatutos.

No obstante, el marco aparentemente general es cuestionado por la previsión establecida en la disposición adicional décima de la Ley, 6/1997, de 14 de abril, que excluye de su aplicación a determinados entes que cuentan con previsiones legales propias, por lo que la Ley se les aplica de forma sólo supletoria. Esta excepción pone de relieve el principal obstáculo en la clarificación normativa de estos entes, que no es otro que el desplazamiento del derecho común en beneficio de un derecho especial normalmente vinculado a una percepción propia de un sector de actividad, social o corporativo, que a través de la legislación específica logra dotarse de un marco jurídico más sensible a sus necesidades.

Con posterioridad a la Ley 6/1997, de 14 de abril, la descentralización funcional del Estado recuperó rápidamente su tendencia a la diversidad. En primer lugar, por la aprobación de la Ley 50/2002, de

26 de diciembre, de Fundaciones. En ella se diseña el régimen aplicable a las fundaciones constituidas mayoritariamente por entidades del sector público estatal, aplicando la técnica fundacional al ámbito de la gestión pública.

Desde otra perspectiva, basada en el análisis de la actividad que realizan los diferentes entes, el ordenamiento vigente ha regulado en la Ley 47/2003, de 26 de noviembre, General Presupuestaria, la totalidad del denominado «sector público estatal», que está formado por tres sectores: Primero, el Sector Público administrativo, que está constituido por la Administración General del Estado; los organismos autónomos dependientes de la Administración General del Estado; las entidades gestoras, servicios comunes y las mutuas colaboradoras con la Seguridad Social en su función pública de colaboración en la gestión de la Seguridad Social; los órganos con dotación diferenciada en los Presupuestos Generales del Estado que, careciendo de personalidad jurídica, no están integrados en la Administración General del Estado pero forman parte del sector público estatal; las entidades estatales de derecho público y los consorcios, cuando sus actos estén sujetos directa o indirectamente al poder de decisión de un órgano del Estado, su actividad principal no consista en la producción en régimen de mercado de bienes y servicios y no se financien mayoritariamente con ingresos comerciales. Segundo, el Sector Público empresarial, que está constituido por las entidades públicas empresariales, dependientes de la Administración General del Estado, o de cualesquiera otros organismos públicos vinculados o dependientes de ella; las sociedades mercantiles estatales, definidas en la Ley 33/2003, de 3 de noviembre, de Patrimonio de las Administraciones Públicas; y las Entidades estatales de derecho público distintas de las comprendidas en el Sector Público administrativo y los consorcios no incluidos en él. Tercero, el Sector Público fundacional, constituido por las fundaciones del sector público estatal, definidas en la Ley 50/2002, de 26 de diciembre.

El siguiente hito normativo fue la Ley 33/2003, de 3 de noviembre, que regula el denominado «patrimonio empresarial de la Administración General del Estado», formado por las entidades públicas empresariales, a las que se refiere el Capítulo III del Título III de la Ley 6/1997, de 14 de abril, las entidades de Derecho público cuyos ingresos provengan, al menos en un 50 por 100, de operaciones realizadas en el mercado; y las sociedades mercantiles estatales.

La preocupación por la idoneidad de los entes públicos y la voluntad de abordar su reforma condujo a la aprobación de la Ley 28/2006, de 18 de julio, de Agencias Estatales para la Mejora de los Servicios Públicos, mediante la que se creó este nuevo tipo de ente. El objetivo prioritario de esta Ley fue establecer mecanismos de responsabilidad en la dirección y gestión de los nuevos organismos públicos, vinculando el sistema retributivo al logro de sus objetivos y reconociendo un mayor margen de discrecionalidad en la gestión presupuestaria.

La Ley autorizó la creación de 12 Agencias, si bien hasta el momento sólo se han constituido 7 de ellas, y la Agencia Española de Medicamentos y Productos Sanitarios, autorizada en otra Ley.

El objetivo de la reforma fue instaurar la Agencia como nuevo modelo de ente público, pero nació ya con una eficacia limitada. La disposición adicional quinta de la Ley autorizaba al Gobierno para transformar en Agencia los Organismos Públicos cuyos objetivos y actividades se ajustasen a su naturaleza, lo que implicaba el reconocimiento de la existencia de entidades que, por no cumplir este requisito, no precisarían transformación, y que permanecerían en su condición de Organismos Autónomos, Entidades Públicas Empresariales o entes con estatuto especial. Y, sin embargo, la disposición adicional séptima ordenaba atribuir el estatuto a todos los organismos públicos de futura creación «con carácter general».

Por todo ello, no puede decirse que los objetivos de la Ley se hayan alcanzado, incluso después de más de seis años de vigencia, porque su desarrollo posterior ha sido muy limitado, y porque las medidas de control de gasto público han neutralizado la pretensión de dotar a las agencias de mayor autonomía financiera.

Otras normas se han referido con mayor o menor amplitud, al ámbito y categoría del sector público. Es el caso de la Ley 30/2007, de 30 de octubre, de Contratos del Sector Público, que diferencia entre el «Sector Público» y las «Administraciones Públicas», introduciendo el concepto de «poderes adjudicadores». Distinción igualmente recogida en el posterior Real Decreto Legislativo 3/2011, de 14 de noviembre, por el que se aprueba el texto refundido de la Ley de Contratos del Sector Público.

La Ley 2/2011, de 4 de marzo, de Economía Sostenible, llevó a cabo una regulación propia y especial para los seis organismos reguladores existentes en esos momentos, con especial atención a garantizar su independencia respecto de los agentes del mercado. Posteriormente la Ley 3/2013, de 4 de junio, de creación de la Comisión Nacional de los Mercados y la Competencia integró en esta supervisión hasta siete preexistentes. Incluso nos encontramos con que la Ley Orgánica 2/2012, de 27 de abril, de Estabilidad Presupuestaria y Sostenibilidad Financiera, para evitar dudas interpretativas, se remite a la definición del «sector público» «en el ámbito comunitario».

El proyecto de reforma administrativa puesto en marcha aborda la situación de los entes instrumentales en dos direcciones: medidas concretas de racionalización del sector público estatal, fundacional y empresarial, que se han materializado en sucesivos Acuerdos de Consejo de Ministros, y en otras disposiciones; y la reforma del ordenamiento aplicable a los mismos, que se materializa en la presente Ley, y de la que ya se habían dado pasos en la reciente Ley 15/2014, de 16 de septiembre, de racionalización del Sector Público y otras medidas de reforma administrativa, que modificó el régimen jurídico de los consorcios.

Teniendo en cuenta todos estos antecedentes, la Ley establece, en primer lugar, dos normas básicas para todas las Administraciones Públicas. Por un lado, la obligatoriedad de inscribir la creación, transformación o extinción de cualquier entidad integrante del sector público institucional en el nuevo Inventario de Entidades del Sector Público Estatal, Autonómico y Local. Esta inscripción será requisito necesario para obtener el número de identificación fiscal definitivo de la Agencia Estatal de Administración Tributaria. Este Registro permitirá contar con información completa, fiable y pública del número y los tipos de organismos públicos y entidades existentes en cada momento. Y por otro lado, se obliga a todas las Administraciones a disponer de un sistema de supervisión continua de sus entidades dependientes, que conlleve la formulación periódica de propuestas de transformación, mantenimiento o extinción.

Ya en el ámbito de la Administración General del Estado, se establece una nueva clasificación del sector público estatal para los organismos y entidades que se creen a partir de la entrada en vigor de la Ley, más clara, ordenada y simple, pues quedan reducidos a los siguientes tipos: organismos públicos, que incluyen los organismos autónomos y las entidades públicas empresariales; autoridades administrativas independientes, sociedades mercantiles estatales, consorcios, fundaciones del sector público y fondos sin personalidad jurídica. La meta es la de sistematizar el régimen hasta ahora vigente en el ámbito estatal y mejorarlo siguiendo las pautas que se explican a continuación.

En primer lugar, preservando los aspectos positivos de la regulación de los distintos tipos de entes, de modo que se favorezca la programación de objetivos, el control de eficacia de los entes públicos y el mantenimiento de los estrictamente necesarios para la realización de las funciones legalmente encomendadas al sector público.

En segundo lugar, suprimiendo las especialidades que, sin mucha justificación, propiciaban la excepción de la aplicación de controles administrativos que deben existir en toda actuación pública, en lo que ha venido en denominarse la «huida del derecho administrativo». La flexibilidad en la gestión ha de ser compatible con los mecanismos de control de la gestión de fondos públicos.

Y, en tercer lugar, dedicando suficiente atención a la supervisión de los entes públicos y a su transformación y extinción, materias éstas que, por poco frecuentes, no habían demandado un régimen detallado en el pasado. Con ello se resuelve una de las principales carencias de la Ley de Agencias: la ausencia de una verdadera evaluación externa a la entidad, que permita juzgar si sigue siendo la forma más eficiente y eficaz posible de cumplir los objetivos que persiguió su creación y que proponga alternativas en caso de que no sea así.

De este modo, se establecen dos tipos de controles de las entidades integrantes del sector público estatal.

Una supervisión continua, desde su creación hasta su extinción, a cargo del Ministerio de Hacienda y Administraciones Públicas que vigilará la concurrencia de los requisitos previstos en esta Ley.

Un control de eficacia, centrado en el cumplimiento de los objetivos propios de la actividad de la entidad, que será ejercido anualmente por el Departamento al que esté adscrita la entidad u organismo público, sin perjuicio del control de la gestión económico financiera que se ejerza por la Intervención General de la Administración del Estado.

Este sistema, que sigue las mejores prácticas del derecho comparado, permitirá evaluar de forma continua la pervivencia de las razones que justificaron la creación de cada entidad y su sostenibilidad futura. Así se evitará tener que reiterar en el futuro el exhaustivo análisis que tuvo que ejecutar la CORA para identificar las entidades innecesarias o redundantes y que están en proceso de extinción.

Se incorpora al contenido de la Ley la regulación de los medios propios y servicios técnicos de la Administración, de acuerdo con lo que en la actualidad se establece en la normativa de contratos del sector público. Como novedad, la creación de un medio propio o su declaración como tal deberá ir precedida de una justificación, por medio de una memoria de la intervención general, de que la entidad resulta sostenible y eficaz, de acuerdo con los criterios de rentabilidad económica, y que resulta una opción más eficiente que la contratación pública para disponer del servicio o suministro cuya provisión le corresponda, o que concurren otras razones excepcionales que justifican su existencia, como la seguridad pública o la urgencia en la necesidad del servicio. Asimismo, estas entidades deberán estar identificadas a través de un acrónimo «MP», para mayor seguridad jurídica. Estos requisitos se aplicarán tanto a los medios propios que se creen en el futuro como a los ya existentes, estableciéndose un plazo de seis meses para su adaptación.

Bajo la denominación de «organismos públicos», la Ley regula los organismos autónomos y las entidades públicas empresariales del sector público estatal.

Los organismos públicos se definen como aquéllos dependientes o vinculados a la Administración General del Estado, bien directamente, bien a través de otro organismo público, cuyas características justifican su organización en régimen de descentralización funcional o de independencia, y que son creados para la realización de actividades administrativas, sean de fomento, prestación, gestión de servicios públicos o producción de bienes de interés público susceptibles de contraprestación, así como actividades de contenido económico reservadas a las Administraciones Públicas. Tienen personalidad jurídica pública diferenciada, patrimonio y tesorería propios, así como autonomía de gestión y les corresponden las potestades administrativas precisas para el cumplimiento de sus fines salvo la potestad expropiatoria.

Se establece una estructura organizativa común en el ámbito del sector público estatal, articulada en órganos de gobierno, ejecutivos y de control de eficacia, correspondiendo al Ministro de Hacienda y Administraciones Públicas la clasificación de las entidades, conforme a su naturaleza y a los criterios previstos en el Real Decreto 451/2012, de 5 de marzo, por el que se regula el régimen retributivo de los máximos responsables y directivos en el sector público empresarial y otras entidades.

En general, se hace más exigente la creación de organismos públicos al someterse a los siguientes requisitos: por un lado, la elaboración de un plan de actuación con un contenido mínimo que incluye un análisis de eficiencia y las razones que fundamentan la creación; justificación de la forma jurídica propuesta; determinación de los objetivos a cumplir y los indicadores para medirlos; acreditación de la inexistencia de duplicidades, etc. Y, por otro lado, un informe preceptivo del Ministerio de Hacienda y Administraciones Públicas.

De acuerdo con el criterio de racionalización anteriormente expuesto para toda la Administración General del Estado, tanto los organismos existentes en el sector público estatal como los de nueva creación aplicarán una gestión compartida de los servicios comunes, salvo que la decisión de no hacerlo se justifique en la memoria que acompañe a la norma de creación por razones de eficiencia, conforme al artículo 7 de la Ley Orgánica 2/2012, de 27 de abril, de Estabilidad Presupuestaria y Sostenibilidad Financiera, seguridad nacional o cuando la organización y gestión compartida afecte a servicios que deban prestarse de forma autónoma en atención a la independencia del organismo.

Por primera vez, se incluye para el sector público estatal un régimen de transformaciones y fusiones de organismos públicos de la misma naturaleza jurídica, bien mediante su extinción e integración en un nuevo organismo público, o bien mediante su absorción por otro ya existente. La fusión se llevará a cabo por una norma reglamentaria, aunque suponga modificación de la ley de creación. Se establece un mayor control para la transformación de organismo autónomo en sociedad mercantil estatal o en fundación del sector público, con el fin de evitar el fenómeno de la huida de los controles del derecho administrativo, para lo que se exige la elaboración de una memoria que lo justifique y un informe preceptivo de la Intervención General de la Administración del Estado. En cambio, se facilita la transformación de sociedades mercantiles estatales en organismos autónomos, que están sometidos a controles más intensos.

Se regula, también en el ámbito estatal, la disolución, liquidación y extinción de organismos públicos. En este sentido, se detallan las causas de disolución, entre las que destaca la situación de desequilibrio financiero durante dos ejercicios presupuestarios consecutivos, circunstancia que no opera de modo automático, al poder corregirse mediante un plan elaborado al efecto.

El proceso de disolución es ágil, al bastar un acuerdo del Consejo de Ministros. Deberá designarse un órgano administrativo o entidad del sector público institucional como liquidador, cuya responsabilidad será directamente asumida por la Administración que le designe, sin perjuicio de la posibilidad de repetir contra aquél cuando hubiera causa legal para ello.

Publicado el acuerdo de disolución, la liquidación se inicia automáticamente, y tendrá lugar por cesión e integración global de todo el activo y pasivo del organismo en la Administración General del Estado, que sucederá a la entidad extinguida en todos sus derechos y obligaciones. Formalizada la liquidación se producirá la extinción automática.

En cuanto a la tipología propia del sector institucional del Estado, la Ley contempla las siguientes categorías de entidades: organismos públicos, que comprende los organismos autónomos y las entidades públicas empresariales; las autoridades administrativas independientes; las sociedades mercantiles estatales; las fundaciones del sector público estatal; los consorcios; y los fondos sin personalidad jurídica. En los capítulos correspondientes a cada tipo se define su régimen jurídico, económico-financiero, presupuestario, de contratación, y de personal. Los organismos autónomos desarrollan actividades derivadas de la propia Administración Pública, en calidad de organizaciones instrumentales diferenciadas y dependientes de ésta, mientras que las entidades públicas empresariales, se cualifican por simultanear el ejercicio de potestades administrativas y de actividades prestacionales, de gestión de servicios o de producción de bienes de interés público, susceptibles de contraprestación. Las autoridades administrativas independientes, tienen atribuidas funciones de regulación o supervisión de carácter externo sobre un determinado sector o actividad económica, para cuyo desempeño deben estar dotadas de independencia funcional o una especial autonomía respecto de la Administración General del Estado, lo que deberá determinarse en una norma con rango de Ley. En atención a esta peculiar idiosincrasia, se rigen en primer término por su normativa especial, y supletoriamente, en cuanto sea compatible con su naturaleza y funciones, por la presente Ley.

Se mantiene el concepto de sociedades mercantiles estatales actualmente vigente en la Ley 33/2003, de 3 de noviembre, respecto de las cuales se incluye como novedad que la responsabilidad aplicable a los miembros de sus consejos de administración designados por la Administración General del Estado será asumida directamente por la Administración designante. Todo ello, sin perjuicio de que pueda exigirse de oficio la responsabilidad del administrador por los daños y perjuicios causados cuando hubiera concurrido dolo, o culpa o negligencia graves.

La Ley establece con carácter básico el régimen jurídico de los consorcios, al tratarse de un régimen que, por definición, afectará a todas las Administraciones Públicas, siguiendo la línea de las modificaciones efectuadas por la Ley 15/2014, de 16 de septiembre, de racionalización del Sector Público y otras medidas de reforma administrativa. La creación de un consorcio en el que participe la Administración General del Estado ha de estar prevista en una ley e ir precedida de la autorización del Consejo de Ministros. El consorcio se constituye mediante el correspondiente convenio, al que habrán de acompañarse los estatutos, un plan de actuación de igual contenido que el de los organismos públicos y el informe preceptivo favorable del departamento competente en la Hacienda Pública o la intervención general que corresponda. Las entidades consorciadas podrán acordar, con la mayoría que se establezca en los estatutos, o a falta de previsión estatutaria, por unanimidad, la cesión global de activos y pasivos a otra entidad jurídicamente adecuada con la finalidad de mantener la continuidad de la actividad y alcanzar los objetivos del consorcio que se liquida. Su disolución es automática mediante acuerdo del máximo órgano de gobierno del consorcio, que nombrará a un órgano o entidad como liquidador. La responsabilidad del empleado público que sea nombrado liquidador será asumida por la entidad o la Administración que lo designó, sin perjuicio de las acciones que esta pueda ejercer para, en su caso, repetir la responsabilidad que corresponda. Finalmente, cabe destacar que se avanza en el rigor presupuestario de los consorcios que estarán sujetos al régimen de presupuestación, contabilidad y control de la Administración Pública a la que estén adscritos y por tanto se integrarán o, en su caso, acompañarán a los presupuestos de la Administración de adscripción en los términos previstos en su normativa.

Se establece el régimen jurídico de las fundaciones del sector público estatal, manteniendo las líneas fundamentales de la Ley 50/2002, de 26 de diciembre, de Fundaciones. La creación de las fundaciones, o la adquisición de forma sobrevenida de esta forma jurídica, se efectuará por ley. Se deberá prever la posibilidad de que en el patrimonio de las fundaciones del sector público estatal pueda existir aportación del sector privado de forma no mayoritaria. Como novedad, se establece con carácter básico el régimen de adscripción pública de las fundaciones y del protectorado.

Se regulan por último en este Título los fondos carentes de personalidad jurídica del sector público estatal, figura cuya frecuente utilización demandaba el establecimiento de un régimen jurídico, y que deberán crearse por ley.

VI

El Título III establece un régimen completo de las relaciones entre las distintas Administraciones Públicas, que deberán sujetarse a nuevos principios rectores cuya última ratio se halla en los artículos 2, 14 y 138 de la Constitución, como la adecuación al sistema de distribución de competencias, la solidaridad interterritorial, la programación y evaluación de resultados y el respeto a la igualdad de derechos de todos los ciudadanos.

Siguiendo la jurisprudencia constitucional, se definen y diferencian dos principios clave de las relaciones entre Administraciones: la cooperación, que es voluntaria y la coordinación, que es obligatoria.

Sobre esta base se regulan los diferentes órganos y formas de cooperar y coordinar.

Se desarrollan ampliamente las técnicas de cooperación y en especial, las de naturaleza orgánica, entre las que destaca la Conferencia de Presidentes, que se regula por primera vez, las Conferencias Sectoriales y las Comisiones Bilaterales de Cooperación. Dentro de las funciones de las Conferencias Sectoriales destaca como novedad la de ser informadas sobre anteproyectos de leyes y los proyectos de reglamentos del Gobierno de la Nación o de los Consejos de Gobierno de las Comunidades Autónomas, cuando afecten de manera directa al ámbito competencial de las otras Administraciones Públicas o cuando así esté previsto en la normativa sectorial aplicable. Con ello se pretende potenciar la planificación conjunta y evitar la aparición de duplicidades.

Se aclara que las Conferencias Sectoriales podrán adoptar recomendaciones, que implican el compromiso de quienes hayan votado a favor a orientar sus actuaciones en esa materia en el sentido acordado, con la obligación de motivar su no seguimiento; y acuerdos, que podrán adoptar la forma de planes conjuntos, que serán de obligado cumplimiento para todos los miembros no discrepantes, y que serán exigibles ante el orden jurisdiccional contencioso-administrativo. Cuando la Administración General del Estado ejerza funciones de coordinación, de acuerdo con la jurisprudencia constitucional, el acuerdo será obligatorio para todas las Administraciones de la conferencia sectorial.

Se prevé el posible funcionamiento electrónico de estos órganos, lo que favorecerá las convocatorias de las Conferencias Sectoriales, que podrán ser más frecuentes, ahorrando costes de desplazamiento.

Dentro del deber de colaboración se acotan los supuestos en los que la asistencia y cooperación puede negarse por parte de la Administración requerida, y se concretan las técnicas de colaboración: la creación y mantenimiento de sistemas integrados de información; el deber de asistencia y auxilio para atender las solicitudes formuladas por otras Administraciones para el mejor ejercicio de sus competencias y cualquier otra prevista en la Ley. No obstante, el deber de colaboración al que están sometidas las Administraciones Públicas se ejercerá con sometimiento a lo establecido en la normativa específica aplicable.

Se crea un Registro Electrónico estatal de Órganos e Instrumentos de Cooperación, con efecto constitutivo, de forma que pueda ser de general conocimiento, de forma fiable, la información relativa a los órganos de cooperación y coordinación en los que participa la Administración General del Estado y sus organismos públicos y entidades vinculados o dependientes, y qué convenios hay en vigor en cada momento.

Se da también respuesta legal a las interrelaciones competenciales que se han venido desarrollando durante los últimos años, propiciando la creación voluntaria de servicios integrados o complementarios, en los que cada Administración tenga en cuenta las competencias de otras Administraciones Públicas y conozca sus proyectos de actuación para mejorar la eficacia de todo el sistema administrativo.

También se potencia la disponibilidad de sistemas electrónicos de información mutua, cada vez más integrados, tal como se ha puesto de relieve con la Ley 20/2013, de 9 de diciembre, de garantía de la unidad de mercado.

En las disposiciones adicionales de la Ley se recogen, entre otras materias, la mención a la Administración de los Territorios Históricos del País Vasco, los Delegados del Gobierno en las Ciudades de Ceuta y Melilla, la estructura administrativa en las islas menores, las relaciones con las ciudades de Ceuta y Melilla, la adaptación de organismos públicos y entidades existentes, la gestión compartida de servicios comunes de los organismos públicos existentes, la transformación de los medios propios existentes, el Registro estatal de órganos e instrumentos de cooperación, la adaptación de los convenios vigentes, la Comisión sectorial de administración electrónica, la adaptación a los consorcios en los que participa el Estado, los conflictos de atribuciones intraministeriales, así como el régimen jurídico del Banco de España, las Autoridades Portuarias y Puertos del Estado, las entidades gestoras y servicios comunes de la Seguridad Social, la Agencia Estatal de Administración

Tributaria y la organización militar, únicos cuyas peculiaridades justifican un tratamiento separado.

En las disposiciones transitorias se establece el régimen aplicable al sector público institucional existente en la entrada en vigor de la Ley, así como las reglas aplicables a los procedimientos de elaboración de normas en curso.

En la disposición derogatoria única se recoge la normativa y las disposiciones de igual o inferior rango que quedan derogadas.

Entre las disposiciones finales se incluye la modificación de la regulación del Gobierno contenida en la Ley 50/1997, de 27 de noviembre; también se modifica la Ley 33/2003, de 3 de noviembre; se establecen los títulos competenciales en base a los cuales se dicta la Ley, la habilitación para su desarrollo normativo; y la entrada en vigor, prevista para un año después de la publicación de la Ley en el «Boletín Oficial del Estado».

Las modificaciones introducidas en la actual Ley del Gobierno suponen una serie de trascendentes novedades. Así, se adecúa el régimen de los miembros del Gobierno a las previsiones de la Ley 3/2015, de 30 de marzo, reguladora del ejercicio del alto cargo de la Administración General del Estado. En cuanto al Presidente del Gobierno, a los Vicepresidentes y a los Ministros, se introducen mejoras técnicas sobre el procedimiento y formalidades del cese. En el caso de que existan Ministros sin cartera, por Real Decreto se determinará el ámbito de sus competencias, la estructura administrativa, así como los medios materiales y personales que queden adscritos a dichos órganos.

Además de ello, se prevé excepcionalmente la asistencia de otros altos cargos al Consejo de Ministros, cuando sean convocados, posibilidad que hasta ahora solo se contemplaba respecto de los Secretarios de Estado.

Se flexibiliza el régimen de la suplencia de los miembros del Consejo de Ministros, ya que no se considerará ausencia la interrupción transitoria de la asistencia de los Ministros a las reuniones de un órgano colegiado. En tales casos, las funciones que pudieran corresponder al miembro del Gobierno durante esa situación serán ejercidas por la siguiente autoridad en rango presente.

El Real Decreto de creación de cada una de las Comisiones Delegadas del Gobierno deberá regular, además de otras cuestiones, el régimen interno de funcionamiento y, en particular, el de convocatorias y suplencias. De esta manera, se completa el régimen de tales órganos.

Se contempla asimismo una habilitación al Gobierno para que defina determinadas cuestiones, como son la regulación de las precedencias en los actos oficiales de los titulares de los poderes constitucionales y de las instituciones nacionales, autonómicas, los Departamentos ministeriales y los órganos internos de estos, así como el régimen de los expresidentes del Gobierno.

De acuerdo con el propósito de que la tramitación telemática alcance todos los niveles del Gobierno, se prevé que el Ministro de la Presidencia pueda dictar instrucciones para la tramitación de asuntos ante los órganos colegiados del Gobierno que regulen la posible documentación de propuestas y acuerdos por medios electrónicos.

Los órganos de colaboración y apoyo al Gobierno siguen siendo los mismos que en la normativa actual: Comisión General de Secretarios de Estado y Subsecretarios, Secretariado del Gobierno y Gabinetes del Presidente del Gobierno, de los Vicepresidentes, de los Ministros y de los Secretarios de Estado. La Ley introduce mejoras en el funcionamiento de estos órganos, en particular, atribuyendo a la Comisión General de Secretarios de Estado y Subsecretarios el análisis o discusión de aquellos asuntos que, sin ser competencia del Consejo de Ministros o sus Comisiones Delegadas, afecten a varios Ministerios y sean sometidos a la Comisión por su Presidente.

Se recogen también a nivel legal las funciones del Secretariado del Gobierno como órgano de apoyo del Ministro de la Presidencia, del Consejo de Ministros, de las Comisiones Delegadas del Gobierno y de la Comisión General de Secretarios de Estado y Subsecretarios, y se le encomiendan otras que están relacionadas con la tramitación administrativa de la sanción y promulgación real de las Leyes, la expedición de los Reales Decretos, la tramitación de los actos y disposiciones del Rey cuyo refrendo corresponde al Presidente del Gobierno o al Presidente del Congreso de los Diputados y la tramitación de los actos y disposiciones que el ordenamiento jurídico atribuye a la competencia del Presidente del Gobierno, entre otras.

En cuanto al régimen de funcionamiento del Consejo de Ministros, destaca como novedad la regulación de la posibilidad de avocar, a propuesta del Presidente del Gobierno, las competencias cuya decisión corresponda a las Comisiones Delegadas del Gobierno.

Por último, se modifica el Título V de la Ley del Gobierno, con dos finalidades.

En primer lugar, se reforma el procedimiento a través del cual se ejerce la iniciativa legislativa y la potestad reglamentaria, en línea con los principios establecidos con carácter general para todas las Administraciones en la Ley de Procedimiento Administrativo y que entrañan la elaboración de un Plan Anual Normativo; la realización de una consulta pública con anterioridad a la redacción de las propuestas; el reforzamiento del contenido de la Memoria del Análisis de Impacto Normativo; la atribución de funciones al Ministerio de la Presidencia para asegurar la calidad normativa; y la evaluación ex post de las normas aprobadas.

Estas importantes novedades, tributarias de las iniciativas llevadas a cabo sobre Better Regulation en la Unión Europea, siguen asimismo las recomendaciones que en esta materia ha formulado la Organización para la Cooperación y el Desarrollo Económicos (OCDE) en su informe emitido en 2014 «Spain: From Administrative Reform to Continous Improvement». Es la Comunicación de la Comisión Europea al Consejo de 25 de junio de 2008 (A «Small Bussiness Act» for Europe) la que entre sus recomendaciones incluye la de fijar fechas concretas de entrada en vigor de cualquier norma que afecte a las pequeñas y medianas empresas, propuesta que se incorpora a la normativa estatal y que contribuirá a incrementar la seguridad jurídica en nuestra actividad económica.

En segundo lugar, se extrae el artículo dedicado al control del Gobierno del Título V, en el que impropiamente se encontraba, de modo que pasa a constituir uno específico con este exclusivo contenido, con una redacción mas acorde con la normativa reguladora de la jurisdicción contencioso-administrativa.

TÍTULO PRELIMINAR. DISPOSICIONES GENERALES, PRINCIPIOS DE ACTUACIÓN Y FUNCIONAMIENTO DEL SECTOR PÚBLICO

CAPÍTULO I. DISPOSICIONES GENERALES

Artículo 1. Objeto

La presente Ley establece y regula las bases del régimen jurídico de las Administraciones Públicas, los principios del sistema de responsabilidad de las Administraciones Públicas y de la potestad sancionadora, así como la organización y funcionamiento de la Administración General del Estado y de su sector público institucional para el desarrollo de sus actividades.

Artículo 2. Ámbito Subjetivo

1. La presente Ley se aplica al sector público que comprende:
a) La Administración General del Estado.
b) Las Administraciones de las Comunidades Autónomas.
c) Las Entidades que integran la Administración Local.
d) El sector público institucional.

2. El sector público institucional se integra por:
a) Cualesquiera organismos públicos y entidades de derecho público vinculados o dependientes de las Administraciones Públicas.

b) Las entidades de derecho privado vinculadas o dependientes de las Administraciones Públicas que quedarán sujetas a lo dispuesto en las normas de esta Ley que específicamente se refieran a las mismas, en particular a los principios previstos en el artículo 3, y en todo caso, cuando ejerzan potestades administrativas.

c) Las Universidades públicas que se regirán por su normativa específica y supletoriamente por las previsiones de la presente Ley.

3. Tienen la consideración de Administraciones Públicas la Administración General del Estado, las Administraciones de las Comunidades Autónomas, las Entidades que integran la Administración Local, así como los organismos públicos y entidades de derecho público previstos en la letra a) del apartado 2.

Artículo 3. Principios generales

1. Las Administraciones Públicas sirven con objetividad los intereses generales y actúan de acuerdo con los principios de eficacia, jerarquía, descentralización, desconcentración y coordinación, con sometimiento pleno a la Constitución, a la Ley y al Derecho.

Deberán respetar en su actuación y relaciones los siguientes principios:

a) Servicio efectivo a los ciudadanos.

b) Simplicidad, claridad y proximidad a los ciudadanos.

c) Participación, objetividad y transparencia de la actuación administrativa.

d) Racionalización y agilidad de los procedimientos administrativos y de las actividades materiales de gestión.

e) Buena fe, confianza legítima y lealtad institucional.

f) Responsabilidad por la gestión pública.

g) Planificación y dirección por objetivos y control de la gestión y evaluación de los resultados de las políticas públicas.

h) Eficacia en el cumplimiento de los objetivos fijados.

i) Economía, suficiencia y adecuación estricta de los medios a los fines institucionales.

j) Eficiencia en la asignación y utilización de los recursos públicos.

k) Cooperación, colaboración y coordinación entre las Administraciones Públicas.

2. Las Administraciones Públicas se relacionarán entre sí y con sus órganos, organismos públicos y entidades vinculados o dependientes

a través de medios electrónicos, que aseguren la interoperabilidad y seguridad de los sistemas y soluciones adoptadas por cada una de ellas, garantizarán la protección de los datos de carácter personal, y facilitarán preferentemente la prestación conjunta de servicios a los interesados.

3. Bajo la dirección del Gobierno de la Nación, de los órganos de gobierno de las Comunidades Autónomas y de los correspondientes de las Entidades Locales, la actuación de la Administración Pública respectiva se desarrolla para alcanzar los objetivos que establecen las leyes y el resto del ordenamiento jurídico.

4. Cada una de las Administraciones Públicas del artículo 2 actúa para el cumplimiento de sus fines con personalidad jurídica única.

Artículo 4. Principios de intervención de las Administraciones Públicas para el desarrollo de una actividad

1. Las Administraciones Públicas que, en el ejercicio de sus respectivas competencias, establezcan medidas que limiten el ejercicio de derechos individuales o colectivos o exijan el cumplimiento de requisitos para el desarrollo de una actividad, deberán aplicar el principio de proporcionalidad y elegir la medida menos restrictiva, motivar su necesidad para la protección del interés público así como justificar su adecuación para lograr los fines que se persiguen, sin que en ningún caso se produzcan diferencias de trato discriminatorias. Asimismo deberán evaluar periódicamente los efectos y resultados obtenidos.

2. Las Administraciones Públicas velarán por el cumplimiento de los requisitos previstos en la legislación que resulte aplicable, para lo cual podrán, en el ámbito de sus respectivas competencias y con los límites establecidos en la legislación de protección de datos de carácter personal, comprobar, verificar, investigar e inspeccionar los hechos, actos, elementos, actividades, estimaciones y demás circunstancias que fueran necesarias.

CAPÍTULO II. DE LOS ÓRGANOS DE LAS ADMINISTRACIONES PÚBLICAS

SECCIÓN 1ª. DE LOS ÓRGANOS ADMINISTRATIVOS

Artículo 5. Órganos administrativos

1. Tendrán la consideración de órganos administrativos las unidades administrativas a las que se les atribuyan funciones que tengan efectos jurídicos frente a terceros, o cuya actuación tenga carácter preceptivo.

2. Corresponde a cada Administración Pública delimitar, en su respectivo ámbito competencial, las unidades administrativas que configuran los órganos administrativos propios de las especialidades derivadas de su organización.

3. La creación de cualquier órgano administrativo exigirá, al menos, el cumplimiento de los siguientes requisitos:

a) Determinación de su forma de integración en la Administración Pública de que se trate y su dependencia jerárquica.

b) Delimitación de sus funciones y competencias.

c) Dotación de los créditos necesarios para su puesta en marcha y funcionamiento.

4. No podrán crearse nuevos órganos que supongan duplicación de otros ya existentes si al mismo tiempo no se suprime o restringe debidamente la competencia de estos. A este objeto, la creación de un nuevo órgano sólo tendrá lugar previa comprobación de que no existe otro en la misma Administración Pública que desarrolle igual función sobre el mismo territorio y población.

Artículo 6. Instrucciones y órdenes de servicio

1. Los órganos administrativos podrán dirigir las actividades de sus órganos jerárquicamente dependientes mediante instrucciones y órdenes de servicio.

Cuando una disposición específica así lo establezca, o se estime conveniente por razón de los destinatarios o de los efectos que puedan producirse, las instrucciones y órdenes de servicio se publicarán en el boletín oficial que corresponda, sin perjuicio de su difusión de acuerdo con lo previsto en la Ley 19/2013, de 9 de diciembre, de transparencia, acceso a la información pública y buen gobierno.

2. El incumplimiento de las instrucciones u órdenes de servicio no afecta por sí solo a la validez de los actos dictados por los órganos administrativos, sin perjuicio de la responsabilidad disciplinaria en que se pueda incurrir.

Artículo 7. Órganos consultivos

La Administración consultiva podrá articularse mediante órganos específicos dotados de autonomía orgánica y funcional con respecto a la Administración activa, o a través de los servicios de esta última que prestan asistencia jurídica.

En tal caso, dichos servicios no podrán estar sujetos a dependencia jerárquica, ya sea orgánica o funcional, ni recibir instrucciones, directrices o cualquier clase de indicación de los órganos que hayan elaborado las disposiciones o producido los actos objeto de consulta, actuando para cumplir con tales garantías de forma colegiada.

SECCIÓN 2ª. COMPETENCIA

Artículo 8. Competencia

1. La competencia es irrenunciable y se ejercerá por los órganos administrativos que la tengan atribuida como propia, salvo los casos de delegación o avocación, cuando se efectúen en los términos previstos en ésta u otras leyes.

La delegación de competencias, las encomiendas de gestión, la delegación de firma y la suplencia no suponen alteración de la titularidad de la competencia, aunque sí de los elementos determinantes de su ejercicio que en cada caso se prevén.

2. La titularidad y el ejercicio de las competencias atribuidas a los órganos administrativos podrán ser desconcentradas en otros jerárqui-

camente dependientes de aquéllos en los términos y con los requisitos que prevean las propias normas de atribución de competencias.

3. Si alguna disposición atribuye la competencia a una Administración, sin especificar el órgano que debe ejercerla, se entenderá que la facultad de instruir y resolver los expedientes corresponde a los órganos inferiores competentes por razón de la materia y del territorio. Si existiera más de un órgano inferior competente por razón de materia y territorio, la facultad para instruir y resolver los expedientes corresponderá al superior jerárquico común de estos.

Artículo 9. Delegación de competencias

1. Los órganos de las diferentes Administraciones Públicas podrán delegar el ejercicio de las competencias que tengan atribuidas en otros órganos de la misma Administración, aun cuando no sean jerárquicamente dependientes, o en los Organismos públicos o Entidades de Derecho Público vinculados o dependientes de aquéllas.

En el ámbito de la Administración General del Estado, la delegación de competencias deberá ser aprobada previamente por el órgano ministerial de quien dependa el órgano delegante y en el caso de los Organismos públicos o Entidades vinculados o dependientes, por el órgano máximo de dirección, de acuerdo con sus normas de creación. Cuando se trate de órganos no relacionados jerárquicamente será necesaria la aprobación previa del superior común si ambos pertenecen al mismo Ministerio, o del órgano superior de quien dependa el órgano delegado, si el delegante y el delegado pertenecen a diferentes Ministerios.

Asimismo, los órganos de la Administración General del Estado podrán delegar el ejercicio de sus competencias propias en sus Organismos públicos y Entidades vinculados o dependientes, cuando resulte conveniente para alcanzar los fines que tengan asignados y mejorar la eficacia de su gestión. La delegación deberá ser previamente aprobada por los órganos de los que dependan el órgano delegante y el órgano delegado, o aceptada por este último cuando sea el órgano máximo de dirección del Organismo público o Entidad vinculado o dependiente.

2. En ningún caso podrán ser objeto de delegación las competencias relativas a:

a) Los asuntos que se refieran a relaciones con la Jefatura del Estado, la Presidencia del Gobierno de la Nación, las Cortes Generales, las Presidencias de los Consejos de Gobierno de las Comunidades Autónomas y las Asambleas Legislativas de las Comunidades Autónomas.

b) La adopción de disposiciones de carácter general.

c) La resolución de recursos en los órganos administrativos que hayan dictado los actos objeto de recurso.

d) Las materias en que así se determine por norma con rango de Ley.

3. Las delegaciones de competencias y su revocación deberán publicarse en el «Boletín Oficial del Estado», en el de la Comunidad Autónoma o en el de la Provincia, según la Administración a que pertenezca el órgano delegante, y el ámbito territorial de competencia de éste.

4. Las resoluciones administrativas que se adopten por delegación indicarán expresamente esta circunstancia y se considerarán dictadas por el órgano delegante.

5. Salvo autorización expresa de una Ley, no podrán delegarse las competencias que se ejerzan por delegación.

No constituye impedimento para que pueda delegarse la competencia para resolver un procedimiento la circunstancia de que la norma reguladora del mismo prevea, como trámite preceptivo, la emisión de un dictamen o informe; no obstante, no podrá delegarse la competencia para resolver un procedimiento una vez que en el correspondiente procedimiento se haya emitido un dictamen o informe preceptivo acerca del mismo.

6. La delegación será revocable en cualquier momento por el órgano que la haya conferido.

7. El acuerdo de delegación de aquellas competencias atribuidas a órganos colegiados, para cuyo ejercicio se requiera un quórum o mayoría especial, deberá adoptarse observando, en todo caso, dicho quórum o mayoría.

Artículo 10. Avocación

1. Los órganos superiores podrán avocar para sí el conocimiento de uno o varios asuntos cuya resolución corresponda ordinariamente o por delegación a sus órganos administrativos dependientes, cuando circunstancias de índole técnica, económica, social, jurídica o territorial lo hagan conveniente.

En los supuestos de delegación de competencias en órganos no dependientes jerárquicamente, el conocimiento de un asunto podrá ser avocado únicamente por el órgano delegante.

2. En todo caso, la avocación se realizará mediante acuerdo motivado que deberá ser notificado a los interesados en el procedimiento, si los hubiere, con anterioridad o simultáneamente a la resolución final que se dicte.

Contra el acuerdo de avocación no cabrá recurso, aunque podrá impugnarse en el que, en su caso, se interponga contra la resolución del procedimiento.

Artículo 11. Encomiendas de gestión

1. La realización de actividades de carácter material o técnico de la competencia de los órganos administrativos o de las Entidades de Derecho Público podrá ser encomendada a otros órganos o Entidades de Derecho Público de la misma o de distinta Administración, siempre que entre sus competencias estén esas actividades, por razones de eficacia o cuando no se posean los medios técnicos idóneos para su desempeño.

Las encomiendas de gestión no podrán tener por objeto prestaciones propias de los contratos regulados en la legislación de contratos del sector público. En tal caso, su naturaleza y régimen jurídico se ajustará a lo previsto en ésta.

2. La encomienda de gestión no supone cesión de la titularidad de la competencia ni de los elementos sustantivos de su ejercicio, siendo responsabilidad del órgano o Entidad encomendante dictar cuantos

actos o resoluciones de carácter jurídico den soporte o en los que se integre la concreta actividad material objeto de encomienda.

En todo caso, la Entidad u órgano encomendado tendrá la condición de encargado del tratamiento de los datos de carácter personal a los que pudiera tener acceso en ejecución de la encomienda de gestión, siéndole de aplicación lo dispuesto en la normativa de protección de datos de carácter personal.

3. La formalización de las encomiendas de gestión se ajustará a las siguientes reglas:

a) Cuando la encomienda de gestión se realice entre órganos administrativos o Entidades de Derecho Público pertenecientes a la misma Administración deberá formalizarse en los términos que establezca su normativa propia y, en su defecto, por acuerdo expreso de los órganos o Entidades de Derecho Público intervinientes. En todo caso, el instrumento de formalización de la encomienda de gestión y su resolución deberá ser publicada, para su eficacia, en el Boletín Oficial del Estado, en el Boletín oficial de la Comunidad Autónoma o en el de la Provincia, según la Administración a que pertenezca el órgano encomendante.

Cada Administración podrá regular los requisitos necesarios para la validez de tales acuerdos que incluirán, al menos, expresa mención de la actividad o actividades a las que afecten, el plazo de vigencia y la naturaleza y alcance de la gestión encomendada.

b) Cuando la encomienda de gestión se realice entre órganos y Entidades de Derecho Público de distintas Administraciones se formalizará mediante firma del correspondiente convenio entre ellas, que deberá ser publicado en el «Boletín Oficial del Estado», en el Boletín oficial de la Comunidad Autónoma o en el de la Provincia, según la Administración a que pertenezca el órgano encomendante, salvo en el supuesto de la gestión ordinaria de los servicios de las Comunidades Autónomas por las Diputaciones Provinciales o en su caso Cabildos o Consejos insulares, que se regirá por la legislación de Régimen Local.

Artículo 12. Delegación de firma

1. Los titulares de los órganos administrativos podrán, en materias de su competencia, que ostenten, bien por atribución, bien por delegación de competencias, delegar la firma de sus resoluciones y actos administrativos en los titulares de los órganos o unidades administrativas que de ellos dependan, dentro de los límites señalados en el artículo 9.

2. La delegación de firma no alterará la competencia del órgano delegante y para su validez no será necesaria su publicación.

3. En las resoluciones y actos que se firmen por delegación se hará constar esta circunstancia y la autoridad de procedencia.

Artículo 13. Suplencia

1. En la forma que disponga cada Administración Pública, los titulares de los órganos administrativos podrán ser suplidos temporalmente en los supuestos de vacante, ausencia o enfermedad, así como en los casos en que haya sido declarada su abstención o recusación.

Si no se designa suplente, la competencia del órgano administrativo se ejercerá por quien designe el órgano administrativo inmediato superior de quien dependa.

2. La suplencia no implicará alteración de la competencia y para su validez no será necesaria su publicación.

3. En el ámbito de la Administración General del Estado, la designación de suplente podrá efectuarse:

a) En los reales decretos de estructura orgánica básica de los Departamentos Ministeriales o en los estatutos de sus Organismos públicos y Entidades vinculados o dependientes según corresponda.

b) Por el órgano competente para el nombramiento del titular, bien en el propio acto de nombramiento bien en otro posterior cuando se produzca el supuesto que dé lugar a la suplencia.

4. En las resoluciones y actos que se dicten mediante suplencia, se hará constar esta circunstancia y se especificará el titular del órgano en cuya suplencia se adoptan y quien efectivamente está ejerciendo esta suplencia.

Artículo 14. Decisiones sobre competencia

1. El órgano administrativo que se estime incompetente para la resolución de un asunto remitirá directamente las actuaciones al órgano que considere competente, debiendo notificar esta circunstancia a los interesados.

2. Los interesados que sean parte en el procedimiento podrán dirigirse al órgano que se encuentre conociendo de un asunto para que decline su competencia y remita las actuaciones al órgano competente.

Asimismo, podrán dirigirse al órgano que estimen competente para que requiera de inhibición al que esté conociendo del asunto.

3. Los conflictos de atribuciones sólo podrán suscitarse entre órganos de una misma Administración no relacionados jerárquicamente, y respecto a asuntos sobre los que no haya finalizado el procedimiento administrativo.

SECCIÓN 3ª. ÓRGANOS COLEGIADOS DE LAS DISTINTAS ADMINISTRACIONES PÚBLICAS

Subsección 1ª. Órganos colegiados de las distintas administraciones públicas

Artículo 15. Régimen

1. El régimen jurídico de los órganos colegiados se ajustará a las normas contenidas en la presente sección, sin perjuicio de las peculiaridades organizativas de las Administraciones Públicas en que se integran.

2. Los órganos colegiados de las distintas Administraciones Públicas en que participen organizaciones representativas de intereses sociales, así como aquellos compuestos por representaciones de distintas Administraciones Públicas, cuenten o no con participación de organizaciones representativas de intereses sociales, podrán establecer o completar sus propias normas de funcionamiento.

Los órganos colegiados a que se refiere este apartado quedarán integrados en la Administración Pública que corresponda, aunque sin participar en la estructura jerárquica de ésta, salvo que así lo establezcan sus normas de creación, se desprenda de sus funciones o de la propia naturaleza del órgano colegiado.

3. El acuerdo de creación y las normas de funcionamiento de los órganos colegiados que dicten resoluciones que tengan efectos jurídicos frente a terceros deberán ser publicados en el Boletín o Diario Oficial de la Administración Pública en que se integran. Adicionalmente, las Administraciones podrán publicarlos en otros medios de difusión que garanticen su conocimiento.

Cuando se trate de un órgano colegiado a los que se refiere el apartado 2 de este artículo la citada publicidad se realizará por la Administración a quien corresponda la Presidencia.

Artículo 16. Secretario

1. Los órganos colegiados tendrán un Secretario que podrá ser un miembro del propio órgano o una persona al servicio de la Administración Pública correspondiente.

2. Corresponderá al Secretario velar por la legalidad formal y material de las actuaciones del órgano colegiado, certificar las actuaciones del mismo y garantizar que los procedimientos y reglas de constitución y adopción de acuerdos son respetadas.

3. En caso de que el Secretario no miembro sea suplido por un miembro del órgano colegiado, éste conservará todos sus derechos como tal.

Artículo 17. Convocatorias y sesiones

1. Todos los órganos colegiados se podrán constituir, convocar, celebrar sus sesiones, adoptar acuerdos y remitir actas tanto de forma presencial como a distancia, salvo que su reglamento interno recoja expresa y excepcionalmente lo contrario.

En las sesiones que celebren los órganos colegiados a distancia, sus miembros podrán encontrarse en distintos lugares siempre y cuando se asegure por medios electrónicos, considerándose también tales los telefónicos, y audiovisuales, la identidad de los miembros o personas que los suplan, el contenido de sus manifestaciones, el momento en que éstas se producen, así como la interactividad e intercomunicación entre ellos en tiempo real y la disponibilidad de los medios durante la sesión. Entre otros, se considerarán incluidos entre los medios electrónicos válidos, el correo electrónico, las audioconferencias y las videoconferencias.

2. Para la válida constitución del órgano, a efectos de la celebración de sesiones, deliberaciones y toma de acuerdos, se requerirá la asistencia, presencial o a distancia, del Presidente y Secretario o en su caso, de quienes les suplan, y la de la mitad, al menos, de sus miembros.

Cuando se trate de los órganos colegiados a que se refiere el artículo 15.2, el Presidente podrá considerar válidamente constituido el órgano, a efectos de celebración de sesión, si asisten los representantes de las Administraciones Públicas y de las organizaciones representativas de intereses sociales miembros del órgano a los que se haya atribuido la condición de portavoces.

Cuando estuvieran reunidos, de manera presencial o a distancia, el Secretario y todos los miembros del órgano colegiado, o en su caso las personas que les suplan, éstos podrán constituirse válidamente como órgano colegiado para la celebración de sesiones, deliberaciones y adopción de acuerdos sin necesidad de convocatoria previa cuando así lo decidan todos sus miembros.

3. Los órganos colegiados podrán establecer el régimen propio de convocatorias, si éste no está previsto por sus normas de funcionamiento. Tal régimen podrá prever una segunda convocatoria y especificar para ésta el número de miembros necesarios para constituir válidamente el órgano.

Salvo que no resulte posible, las convocatorias serán remitidas a los miembros del órgano colegiado a través de medios electrónicos, haciendo constar en la misma el orden del día junto con la documentación necesaria para su deliberación cuando sea posible, las condiciones en las que se va a celebrar la sesión, el sistema de conexión y, en su caso, los lugares en que estén disponibles los medios técnicos necesarios para asistir y participar en la reunión.

4. No podrá ser objeto de deliberación o acuerdo ningún asunto que no figure incluido en el orden del día, salvo que asistan todos los miembros del órgano colegiado y sea declarada la urgencia del asunto por el voto favorable de la mayoría.

5. Los acuerdos serán adoptados por mayoría de votos. Cuando se asista a distancia, los acuerdos se entenderán adoptados en el lugar donde tenga la sede el órgano colegiado y, en su defecto, donde esté ubicada la presidencia.

6. Cuando los miembros del órgano voten en contra o se abstengan, quedarán exentos de la responsabilidad que, en su caso, pueda derivarse de los acuerdos.

7. Quienes acrediten la titularidad de un interés legítimo podrán dirigirse al Secretario de un órgano colegiado para que les sea expedida certificación de sus acuerdos. La certificación será expedida por medios electrónicos, salvo que el interesado manifieste expresamente lo contrario y no tenga obligación de relacionarse con las Administraciones por esta vía.

Artículo 18. Actas

1. De cada sesión que celebre el órgano colegiado se levantará acta por el Secretario, que especificará necesariamente los asistentes, el orden del día de la reunión, las circunstancias del lugar y tiempo en que se ha celebrado, los puntos principales de las deliberaciones, así como el contenido de los acuerdos adoptados.

Podrán grabarse las sesiones que celebre el órgano colegiado. El fichero resultante de la grabación, junto con la certificación expedida por el Secretario de la autenticidad e integridad del mismo, y cuantos documentos en soporte electrónico se utilizasen como documentos de la sesión, podrán acompañar al acta de las sesiones, sin necesidad de hacer constar en ella los puntos principales de las deliberaciones.

2. El acta de cada sesión podrá aprobarse en la misma reunión o en la inmediata siguiente. El Secretario elaborará el acta con el visto bueno del Presidente y lo remitirá a través de medios electrónicos, a los miembros del órgano colegiado, quienes podrán manifestar por los mismos medios su conformidad o reparos al texto, a efectos de su aprobación, considerándose, en caso afirmativo, aprobada en la misma reunión.

Cuando se hubiese optado por la grabación de las sesiones celebradas o por la utilización de documentos en soporte electrónico, deberán conservarse de forma que se garantice la integridad y autenticidad de los ficheros electrónicos correspondientes y el acceso a los mismos por parte de los miembros del órgano colegiado.

Subsección 2ª. De los órganos colegiados en la Administración General del Estado

Artículo 19. Régimen de los órganos colegiados de la Administración General del Estado y de las Entidades de Derecho Público vinculadas o dependientes de ella

1. Los órganos colegiados de la Administración General del Estado y de las Entidades de Derecho Público vinculadas o dependientes de ella, se regirán por las normas establecidas en este artículo, y por las previsiones que sobre ellos se establecen en la Ley de Procedimiento Administrativo Común de las Administraciones Públicas.

2. Corresponderá a su Presidente:

a) Ostentar la representación del órgano.

b) Acordar la convocatoria de las sesiones ordinarias y extraordinarias y la fijación del orden del día, teniendo en cuenta, en su caso, las peticiones de los demás miembros, siempre que hayan sido formuladas con la suficiente antelación.

c) Presidir las sesiones, moderar el desarrollo de los debates y suspenderlos por causas justificadas.

d) Dirimir con su voto los empates, a efectos de adoptar acuerdos, excepto si se trata de los órganos colegiados a que se refiere el artículo 15.2, en los que el voto será dirimente si así lo establecen sus propias normas.

e) Asegurar el cumplimiento de las leyes.

f) Visar las actas y certificaciones de los acuerdos del órgano.

g) Ejercer cuantas otras funciones sean inherentes a su condición de Presidente del órgano.

En casos de vacante, ausencia, enfermedad, u otra causa legal, el Presidente será sustituido por el Vicepresidente que corresponda, y en su defecto, por el miembro del órgano colegiado de mayor jerarquía, antigüedad y edad, por este orden.

Esta norma no será de aplicación a los órganos colegiados previstos en el artículo 15.2 en los que el régimen de sustitución del Presidente debe estar específicamente regulado en cada caso, o establecido expresamente por acuerdo del Pleno del órgano colegiado.

3. Los miembros del órgano colegiado deberán:

a) Recibir, con una antelación mínima de dos días, la convocatoria conteniendo el orden del día de las reuniones. La información sobre los temas que figuren en el orden del día estará a disposición de los miembros en igual plazo.

b) Participar en los debates de las sesiones.

c) Ejercer su derecho al voto y formular su voto particular, así como expresar el sentido de su voto y los motivos que lo justifican. No podrán abstenerse en las votaciones quienes por su cualidad de autoridades o personal al servicio de las Administraciones Públicas, tengan la condición de miembros natos de órganos colegiados, en virtud del cargo que desempeñan.

d) Formular ruegos y preguntas.

e) Obtener la información precisa para cumplir las funciones asignadas.

f) Cuantas otras funciones sean inherentes a su condición.

Los miembros de un órgano colegiado no podrán atribuirse las funciones de representación reconocidas a éste, salvo que expresamente se les hayan otorgado por una norma o por acuerdo válidamente adoptado, para cada caso concreto, por el propio órgano.

En casos de ausencia o de enfermedad y, en general, cuando concurra alguna causa justificada, los miembros titulares del órgano colegiado serán sustituidos por sus suplentes, si los hubiera.

Cuando se trate de órganos colegiados a los que se refiere el artículo 15 las organizaciones representativas de intereses sociales podrán sustituir a sus miembros titulares por otros, acreditándolo ante la Secretaría del órgano colegiado, con respeto a las reservas y limitaciones que establezcan sus normas de organización.

Los miembros del órgano colegiado no podrán ejercer estas funciones cuando concurra conflicto de interés.

4. La designación y el cese, así como la sustitución temporal del Secretario en supuestos de vacante, ausencia o enfermedad se realizarán según lo dispuesto en las normas específicas de cada órgano y, en su defecto, por acuerdo del mismo.

Corresponde al Secretario del órgano colegiado:

a) Asistir a las reuniones con voz pero sin voto, y con voz y voto si la Secretaría del órgano la ostenta un miembro del mismo.

b) Efectuar la convocatoria de las sesiones del órgano por orden del Presidente, así como las citaciones a los miembros del mismo.

c) Recibir los actos de comunicación de los miembros con el órgano, sean notificaciones, peticiones de datos, rectificaciones o cualquiera otra clase de escritos de los que deba tener conocimiento.

d) Preparar el despacho de los asuntos, redactar y autorizar las actas de las sesiones.

e) Expedir certificaciones de las consultas, dictámenes y acuerdos aprobados.

f) Cuantas otras funciones sean inherentes a su condición de Secretario.

5. En el acta figurará, a solicitud de los respectivos miembros del órgano, el voto contrario al acuerdo adoptado, su abstención y los motivos que la justifiquen o el sentido de su voto favorable.

Asimismo, cualquier miembro tiene derecho a solicitar la transcripción íntegra de su intervención o propuesta, siempre que, en ausencia de grabación de la reunión aneja al acta, aporte en el acto, o en el plazo que señale el Presidente, el texto que se corresponda fielmente con su intervención, haciéndose así constar en el acta o uniéndose copia a la misma.

Los miembros que discrepen del acuerdo mayoritario podrán formular voto particular por escrito en el plazo de dos días, que se incorporará al texto aprobado.

Las actas se aprobarán en la misma o en la siguiente sesión, pudiendo no obstante emitir el Secretario certificación sobre los acuerdos que se hayan adoptado, sin perjuicio de la ulterior aprobación del acta. Se considerará aprobada en la misma sesión el acta que, con posterioridad a la reunión, sea distribuida entre los miembros y reciba la conformidad de éstos por cualquier medio del que el Secretario deje expresión y constancia.

En las certificaciones de acuerdos adoptados emitidas con anterioridad a la aprobación del acta se hará constar expresamente tal circunstancia.

Artículo 20. Requisitos para constituir órganos colegiados

1. Son órganos colegiados aquellos que se creen formalmente y estén integrados por tres o más personas, a los que se atribuyan funciones administrativas de decisión, propuesta, asesoramiento, seguimiento o control, y que actúen integrados en la Administración General del Estado o alguno de sus Organismos públicos.

2. La constitución de un órgano colegiado en la Administración General del Estado y en sus Organismos públicos tiene como presupuesto indispensable la determinación en su norma de creación o en el

convenio con otras Administraciones Públicas por el que dicho órgano se cree, de los siguientes extremos:

a) Sus fines u objetivos.

b) Su integración administrativa o dependencia jerárquica.

c) La composición y los criterios para la designación de su Presidente y de los restantes miembros.

d) Las funciones de decisión, propuesta, informe, seguimiento o control, así como cualquier otra que se le atribuya.

e) La dotación de los créditos necesarios, en su caso, para su funcionamiento.

3. El régimen jurídico de los órganos colegiados a que se refiere el apartado 1 de este artículo se ajustará a las normas contenidas en el artículo 19, sin perjuicio de las peculiaridades organizativas contenidas en la presente Ley o en su norma o convenio de creación.

Artículo 21. Clasificación y composición de los órganos colegiados

1. Los órganos colegiados de la Administración General del Estado y de sus Organismos públicos, por su composición, se clasifican en:

a) Órganos colegiados interministeriales, si sus miembros proceden de diferentes Ministerios.

b) Órganos colegiados ministeriales, si sus componentes proceden de los órganos de un solo Ministerio.

2. En los órganos colegiados a los que se refiere el apartado anterior, podrá haber representantes de otras Administraciones Públicas, cuando éstas lo acepten voluntariamente, cuando un convenio así lo establezca o cuando una norma aplicable a las Administraciones afectadas lo determine.

3. En la composición de los órganos colegiados podrán participar, cuando así se determine, organizaciones representativas de intereses sociales, así como otros miembros que se designen por las especiales condiciones de experiencia o conocimientos que concurran en ellos, en atención a la naturaleza de las funciones asignadas a tales órganos.

Artículo 22. Creación, modificación y supresión de órganos colegiados

1. La creación de órganos colegiados de la Administración General del Estado y de sus Organismos públicos sólo requerirá de norma específica, con publicación en el «Boletín Oficial del Estado», en los casos en que se les atribuyan cualquiera de las siguientes competencias:

a) Competencias decisorias.

b) Competencias de propuesta o emisión de informes preceptivos que deban servir de base a decisiones de otros órganos administrativos.

c) Competencias de seguimiento o control de las actuaciones de otros órganos de la Administración General del Estado.

2. En los supuestos enunciados en el apartado anterior, la norma de creación deberá revestir la forma de Real Decreto en el caso de los órganos colegiados interministeriales cuyo Presidente tenga rango superior al de Director general; Orden ministerial conjunta para los restantes órganos colegiados interministeriales, y Orden ministerial para los de este carácter.

3. En todos los supuestos no comprendidos en el apartado 1 de este artículo, los órganos colegiados tendrán el carácter de grupos o comisiones de trabajo y podrán ser creados por Acuerdo del Consejo de Ministros o por los Ministerios interesados. Sus acuerdos no podrán tener efectos directos frente a terceros.

4. La modificación y supresión de los órganos colegiados y de los grupos o comisiones de trabajo de la Administración General del Estado y de los Organismos públicos se llevará a cabo en la misma forma dispuesta para su creación, salvo que ésta hubiera fijado plazo previsto para su extinción, en cuyo caso ésta se producirá automáticamente en la fecha señalada al efecto.

SECCIÓN 4ª. ABSTENCIÓN Y RECUSACIÓN

Artículo 23. Abstención

1. Las autoridades y el personal al servicio de las Administraciones en quienes se den algunas de las circunstancias señaladas en el apartado siguiente se abstendrán de intervenir en el procedimiento y lo comunicarán a su superior inmediato, quien resolverá lo procedente.

2. Son motivos de abstención los siguientes:

a) Tener interés personal en el asunto de que se trate o en otro en cuya resolución pudiera influir la de aquél; ser administrador de sociedad o entidad interesada, o tener cuestión litigiosa pendiente con algún interesado.

b) Tener un vínculo matrimonial o situación de hecho asimilable y el parentesco de consanguinidad dentro del cuarto grado o de afinidad dentro del segundo, con cualquiera de los interesados, con los administradores de entidades o sociedades interesadas y también con los asesores, representantes legales o mandatarios que intervengan en el procedimiento, así como compartir despacho profesional o estar asociado con éstos para el asesoramiento, la representación o el mandato.

c) Tener amistad íntima o enemistad manifiesta con alguna de las personas mencionadas en el apartado anterior.

d) Haber intervenido como perito o como testigo en el procedimiento de que se trate.

e) Tener relación de servicio con persona natural o jurídica interesada directamente en el asunto, o haberle prestado en los dos últimos años servicios profesionales de cualquier tipo y en cualquier circunstancia o lugar.

3. Los órganos jerárquicamente superiores a quien se encuentre en alguna de las circunstancias señaladas en el punto anterior podrán ordenarle que se abstengan de toda intervención en el expediente.

4. La actuación de autoridades y personal al servicio de las Administraciones Públicas en los que concurran motivos de abstención no

implicará, necesariamente, y en todo caso, la invalidez de los actos en que hayan intervenido.

5. La no abstención en los casos en que concurra alguna de esas circunstancias dará lugar a la responsabilidad que proceda.

Artículo 24. Recusación

1. En los casos previstos en el artículo anterior, podrá promoverse recusación por los interesados en cualquier momento de la tramitación del procedimiento.

2. La recusación se planteará por escrito en el que se expresará la causa o causas en que se funda.

3. En el día siguiente el recusado manifestará a su inmediato superior si se da o no en él la causa alegada. En el primer caso, si el superior aprecia la concurrencia de la causa de recusación, acordará su sustitución acto seguido.

4. Si el recusado niega la causa de recusación, el superior resolverá en el plazo de tres días, previos los informes y comprobaciones que considere oportunos.

5. Contra las resoluciones adoptadas en esta materia no cabrá recurso, sin perjuicio de la posibilidad de alegar la recusación al interponer el recurso que proceda contra el acto que ponga fin al procedimiento.

CAPÍTULO III. PRINCIPIOS DE LA POTESTAD SANCIONADORA

Artículo 25. Principio de legalidad

1. La potestad sancionadora de las Administraciones Públicas se ejercerá cuando haya sido expresamente reconocida por una norma con rango de Ley, con aplicación del procedimiento previsto para su ejercicio y de acuerdo con lo establecido en esta Ley y en la Ley de Procedimiento Administrativo Común de las Administraciones Públicas y, cuando se trate de Entidades Locales, de conformidad con lo dispuesto en el Título XI de la Ley 7/1985, de 2 de abril.

2. El ejercicio de la potestad sancionadora corresponde a los órganos administrativos que la tengan expresamente atribuida, por disposición de rango legal o reglamentario.

3. Las disposiciones de este Capítulo serán extensivas al ejercicio por las Administraciones Públicas de su potestad disciplinaria respecto del personal a su servicio, cualquiera que sea la naturaleza jurídica de la relación de empleo.

4. Las disposiciones de este capítulo no serán de aplicación al ejercicio por las Administraciones Públicas de la potestad sancionadora respecto de quienes estén vinculados a ellas por relaciones reguladas por la legislación de contratos del sector público o por la legislación patrimonial de las Administraciones Públicas.

Artículo 26. Irretroactividad

1. Serán de aplicación las disposiciones sancionadoras vigentes en el momento de producirse los hechos que constituyan infracción administrativa.

2. Las disposiciones sancionadoras producirán efecto retroactivo en cuanto favorezcan al presunto infractor o al infractor, tanto en lo referido a la tipificación de la infracción como a la sanción y a sus plazos de prescripción, incluso respecto de las sanciones pendientes de cumplimiento al entrar en vigor la nueva disposición.

Artículo 27. Principio de tipicidad

1. Sólo constituyen infracciones administrativas las vulneraciones del ordenamiento jurídico previstas como tales infracciones por una Ley, sin perjuicio de lo dispuesto para la Administración Local en el Título XI de la Ley 7/1985, de 2 de abril.

Las infracciones administrativas se clasificarán por la Ley en leves, graves y muy graves.

2. Únicamente por la comisión de infracciones administrativas podrán imponerse sanciones que, en todo caso, estarán delimitadas por la Ley.

3. Las disposiciones reglamentarias de desarrollo podrán introducir especificaciones o graduaciones al cuadro de las infracciones o sanciones establecidas legalmente que, sin constituir nuevas infracciones o sanciones, ni alterar la naturaleza o límites de las que la Ley contempla, contribuyan a la más correcta identificación de las conductas o a la más precisa determinación de las sanciones correspondientes.

4. Las normas definidoras de infracciones y sanciones no serán susceptibles de aplicación analógica.

Artículo 28. Responsabilidad

1. Sólo podrán ser sancionadas por hechos constitutivos de infracción administrativa las personas físicas y jurídicas, así como, cuando una Ley les reconozca capacidad de obrar, los grupos de afectados, las uniones y entidades sin personalidad jurídica y los patrimonios independientes o autónomos, que resulten responsables de los mismos a título de dolo o culpa.

2. Las responsabilidades administrativas que se deriven de la comisión de una infracción serán compatibles con la exigencia al infractor de la reposición de la situación alterada por el mismo a su estado originario, así como con la indemnización por los daños y perjuicios causados, que será determinada y exigida por el órgano al que corresponda el ejercicio de la potestad sancionadora. De no satisfacerse la indemnización en el plazo que al efecto se determine en función de su cuantía, se procederá en la forma prevista en el artículo 101 de la Ley del Procedimiento Administrativo Común de las Administraciones Públicas.

3. Cuando el cumplimiento de una obligación establecida por una norma con rango de Ley corresponda a varias personas conjuntamente, responderán de forma solidaria de las infracciones que, en su caso, se cometan y de las sanciones que se impongan. No obstante, cuando la sanción sea pecuniaria y sea posible se individualizará en la resolución en función del grado de participación de cada responsable.

4. Las leyes reguladoras de los distintos regímenes sancionadores podrán tipificar como infracción el incumplimiento de la obligación de prevenir la comisión de infracciones administrativas por quienes se hallen sujetos a una relación de dependencia o vinculación. Asimismo, podrán prever los supuestos en que determinadas personas responderán del pago de las sanciones pecuniarias impuestas a quienes de ellas dependan o estén vinculadas.

Artículo 29. Principio de proporcionalidad

1. Las sanciones administrativas, sean o no de naturaleza pecuniaria, en ningún caso podrán implicar, directa o subsidiariamente, privación de libertad.

2. El establecimiento de sanciones pecuniarias deberá prever que la comisión de las infracciones tipificadas no resulte más beneficioso para el infractor que el cumplimiento de las normas infringidas.

3. En la determinación normativa del régimen sancionador, así como en la imposición de sanciones por las Administraciones Públicas se deberá observar la debida idoneidad y necesidad de la sanción a imponer y su adecuación a la gravedad del hecho constitutivo de la infracción. La graduación de la sanción considerará especialmente los siguientes criterios:

a) El grado de culpabilidad o la existencia de intencionalidad.

b) La continuidad o persistencia en la conducta infractora.

c) La naturaleza de los perjuicios causados.

d) La reincidencia, por comisión en el término de un año de más de una infracción de la misma naturaleza cuando así haya sido declarado por resolución firme en vía administrativa.

4. Cuando lo justifique la debida adecuación entre la sanción que deba aplicarse con la gravedad del hecho constitutivo de la infracción y las circunstancias concurrentes, el órgano competente para resolver podrá imponer la sanción en el grado inferior.

5. Cuando de la comisión de una infracción derive necesariamente la comisión de otra u otras, se deberá imponer únicamente la sanción correspondiente a la infracción más grave cometida.

6. Será sancionable, como infracción continuada, la realización de una pluralidad de acciones u omisiones que infrinjan el mismo o semejantes preceptos administrativos, en ejecución de un plan preconcebido o aprovechando idéntica ocasión.

Artículo 30. Prescripción

1. Las infracciones y sanciones prescribirán según lo dispuesto en las leyes que las establezcan. Si éstas no fijan plazos de prescripción, las infracciones muy graves prescribirán a los tres años, las graves a los dos años y las leves a los seis meses; las sanciones impuestas por faltas muy graves prescribirán a los tres años, las impuestas por faltas graves a los dos años y las impuestas por faltas leves al año.

2. El plazo de prescripción de las infracciones comenzará a contarse desde el día en que la infracción se hubiera cometido. En el caso de infracciones continuadas o permanentes, el plazo comenzará a correr desde que finalizó la conducta infractora.

Interrumpirá la prescripción la iniciación, con conocimiento del interesado, de un procedimiento administrativo de naturaleza sancionadora, reiniciándose el plazo de prescripción si el expediente sancionador estuviera paralizado durante más de un mes por causa no imputable al presunto responsable.

3. El plazo de prescripción de las sanciones comenzará a contarse desde el día siguiente a aquel en que sea ejecutable la resolución por la que se impone la sanción o haya transcurrido el plazo para recurrirla.

Interrumpirá la prescripción la iniciación, con conocimiento del interesado, del procedimiento de ejecución, volviendo a transcurrir el plazo si aquél está paralizado durante más de un mes por causa no imputable al infractor.

En el caso de desestimación presunta del recurso de alzada interpuesto contra la resolución por la que se impone la sanción, el plazo de prescripción de la sanción comenzará a contarse desde el día siguiente a aquel en que finalice el plazo legalmente previsto para la resolución de dicho recurso.

Artículo 31. Concurrencia de sanciones

1. No podrán sancionarse los hechos que lo hayan sido penal o administrativamente, en los casos en que se aprecie identidad del sujeto, hecho y fundamento.

2. Cuando un órgano de la Unión Europea hubiera impuesto una sanción por los mismos hechos, y siempre que no concurra la identidad de sujeto y fundamento, el órgano competente para resolver deberá tenerla en cuenta a efectos de graduar la que, en su caso, deba imponer, pudiendo minorarla, sin perjuicio de declarar la comisión de la infracción.

CAPÍTULO IV. DE LA RESPONSABILIDAD PATRIMONIAL DE LAS ADMINISTRACIONES PÚBLICAS

SECCIÓN 1ª. RESPONSABILIDAD PATRIMONIAL DE LAS ADMINISTRACIONES PÚBLICAS

Artículo 32[1]. Principios de la responsabilidad

1. Los particulares tendrán derecho a ser indemnizados por las Administraciones Públicas correspondientes, de toda lesión que sufran en cualquiera de sus bienes y derechos, siempre que la lesión sea conse-

---

[1]   La Sentencia del Tribunal de Justicia (Gran Sala) de 28 de junio de 2022, asunto C 278/20, Comisión Europea contra Reino de España, declara que «el Reino de España ha incumplido las obligaciones que le incumben en virtud del principio de efectividad al adoptar y mantener en vigor los artículos 32, apartados 3 a 6, y 34, apartado 1, párrafo segundo, de la Ley 40/2015, de 1 de octubre, de Régimen Jurídico del Sector Público, y el artículo 67, apartado 1, párrafo tercero, de la Ley 39/2015, de 1 de octubre, del Procedimiento Administrativo Común de las Administraciones Públicas, en la medida en que dichas disposiciones someten la indemnización de los daños ocasionados a los particulares por el legislador español como consecuencia de la infracción del Derecho de la Unión:

cuencia del funcionamiento normal o anormal de los servicios públicos salvo en los casos de fuerza mayor o de daños que el particular tenga el deber jurídico de soportar de acuerdo con la Ley.

La anulación en vía administrativa o por el orden jurisdiccional contencioso administrativo de los actos o disposiciones administrativas no presupone, por sí misma, derecho a la indemnización.

2. En todo caso, el daño alegado habrá de ser efectivo, evaluable económicamente e individualizado con relación a una persona o grupo de personas.

3. Asimismo, los particulares tendrán derecho a ser indemnizados por las Administraciones Públicas de toda lesión que sufran en sus bienes y derechos como consecuencia de la aplicación de actos legislativos de naturaleza no expropiatoria de derechos que no tengan el deber jurídico de soportar cuando así se establezca en los propios actos legislativos y en los términos que en ellos se especifiquen.

La responsabilidad del Estado legislador podrá surgir también en los siguientes supuestos, siempre que concurran los requisitos previstos en los apartados anteriores:

a) Cuando los daños deriven de la aplicación de una norma con rango de ley declarada inconstitucional, siempre que concurran los requisitos del apartado 4.

– al requisito de que exista una sentencia del Tribunal de Justicia que haya declarado el carácter contrario al Derecho de la Unión de la norma con rango de ley aplicada;

– al requisito de que el particular perjudicado haya obtenido, en cualquier instancia, una sentencia firme desestimatoria de un recurso contra la actuación administrativa que ocasionó el daño, sin establecer ninguna excepción para los supuestos en los que el daño deriva directamente de un acto u omisión del legislador, contrarios al Derecho de la Unión, cuando no exista una actuación administrativa impugnable;

– a un plazo de prescripción de un año desde la publicación en el Diario Oficial de la Unión Europea de la sentencia del Tribunal de Justicia que declare el carácter contrario al Derecho de la Unión de la norma con rango de ley aplicada, sin abarcar aquellos supuestos en los que no exista tal sentencia, y

– al requisito de que solo son indemnizables los daños producidos en los cinco años anteriores a la fecha de dicha publicación, salvo que la sentencia disponga otra cosa».

b) Cuando los daños deriven de la aplicación de una norma contraria al Derecho de la Unión Europea, de acuerdo con lo dispuesto en el apartado 5.

4. Si la lesión es consecuencia de la aplicación de una norma con rango de ley declarada inconstitucional, procederá su indemnización cuando el particular haya obtenido, en cualquier instancia, sentencia firme desestimatoria de un recurso contra la actuación administrativa que ocasionó el daño, siempre que se hubiera alegado la inconstitucionalidad posteriormente declarada.

5. Si la lesión es consecuencia de la aplicación de una norma declarada contraria al Derecho de la Unión Europea, procederá su indemnización cuando el particular haya obtenido, en cualquier instancia, sentencia firme desestimatoria de un recurso contra la actuación administrativa que ocasionó el daño, siempre que se hubiera alegado la infracción del Derecho de la Unión Europea posteriormente declarada. Asimismo, deberán cumplirse todos los requisitos siguientes:

a) La norma ha de tener por objeto conferir derechos a los particulares.

b) El incumplimiento ha de estar suficientemente caracterizado.

c) Ha de existir una relación de causalidad directa entre el incumplimiento de la obligación impuesta a la Administración responsable por el Derecho de la Unión Europea y el daño sufrido por los particulares.

6. La sentencia que declare la inconstitucionalidad de la norma con rango de ley o declare el carácter de norma contraria al Derecho de la Unión Europea producirá efectos desde la fecha de su publicación en el «Boletín Oficial del Estado» o en el «Diario Oficial de la Unión Europea», según el caso, salvo que en ella se establezca otra cosa.

7. La responsabilidad patrimonial del Estado por el funcionamiento de la Administración de Justicia se regirá por la Ley Orgánica 6/1985, de 1 de julio, del Poder Judicial.

8. El Consejo de Ministros fijará el importe de las indemnizaciones que proceda abonar cuando el Tribunal Constitucional haya declarado,

a instancia de parte interesada, la existencia de un funcionamiento anormal en la tramitación de los recursos de amparo o de las cuestiones de inconstitucionalidad.

El procedimiento para fijar el importe de las indemnizaciones se tramitará por el Ministerio de Justicia, con audiencia al Consejo de Estado.

9. Se seguirá el procedimiento previsto en la Ley de Procedimiento Administrativo Común de las Administraciones Públicas para determinar la responsabilidad de las Administraciones Públicas por los daños y perjuicios causados a terceros durante la ejecución de contratos cuando sean consecuencia de una orden inmediata y directa de la Administración o de los vicios del proyecto elaborado por ella misma sin perjuicio de las especialidades que, en su caso establezca el Real Decreto Legislativo 3/2011, de 14 de noviembre, por el que se aprueba el texto refundido de la Ley de Contratos del Sector Público.

Artículo 33. Responsabilidad concurrente de las Administraciones Públicas

1. Cuando de la gestión dimanante de fórmulas conjuntas de actuación entre varias Administraciones públicas se derive responsabilidad en los términos previstos en la presente Ley, las Administraciones intervinientes responderán frente al particular, en todo caso, de forma solidaria. El instrumento jurídico regulador de la actuación conjunta podrá determinar la distribución de la responsabilidad entre las diferentes Administraciones públicas.

2. En otros supuestos de concurrencia de varias Administraciones en la producción del daño, la responsabilidad se fijará para cada Administración atendiendo a los criterios de competencia, interés público tutelado e intensidad de la intervención. La responsabilidad será solidaria cuando no sea posible dicha determinación.

3. En los casos previstos en el apartado primero, la Administración competente para incoar, instruir y resolver los procedimientos en los que exista una responsabilidad concurrente de varias Administraciones

Públicas, será la fijada en los Estatutos o reglas de la organización colegiada. En su defecto, la competencia vendrá atribuida a la Administración Pública con mayor participación en la financiación del servicio.

4. Cuando se trate de procedimientos en materia de responsabilidad patrimonial, la Administración Pública competente a la que se refiere el apartado anterior, deberá consultar a las restantes Administraciones implicadas para que, en el plazo de quince días, éstas puedan exponer cuanto consideren procedente.

Artículo 34[2]. Indemnización

1. Sólo serán indemnizables las lesiones producidas al particular provenientes de daños que éste no tenga el deber jurídico de soportar de acuerdo con la Ley. No serán indemnizables los daños que se deriven de hechos o circunstancias que no se hubiesen podido prever o evitar

---

[2] La Sentencia del Tribunal de Justicia (Gran Sala) de 28 de junio de 2022, asunto C 278/20, Comisión Europea contra Reino de España, declara que «el Reino de España ha incumplido las obligaciones que le incumben en virtud del principio de efectividad al adoptar y mantener en vigor los artículos 32, apartados 3 a 6, y 34, apartado 1, párrafo segundo, de la Ley 40/2015, de 1 de octubre, de Régimen Jurídico del Sector Público, y el artículo 67, apartado 1, párrafo tercero, de la Ley 39/2015, de 1 de octubre, del Procedimiento Administrativo Común de las Administraciones Públicas, en la medida en que dichas disposiciones someten la indemnización de los daños ocasionados a los particulares por el legislador español como consecuencia de la infracción del Derecho de la Unión:

– al requisito de que exista una sentencia del Tribunal de Justicia que haya declarado el carácter contrario al Derecho de la Unión de la norma con rango de ley aplicada;

– al requisito de que el particular perjudicado haya obtenido, en cualquier instancia, una sentencia firme desestimatoria de un recurso contra la actuación administrativa que ocasionó el daño, sin establecer ninguna excepción para los supuestos en los que el daño deriva directamente de un acto u omisión del legislador, contrarios al Derecho de la Unión, cuando no exista una actuación administrativa impugnable;

– a un plazo de prescripción de un año desde la publicación en el Diario Oficial de la Unión Europea de la sentencia del Tribunal de Justicia que declare el carácter contrario al Derecho de la Unión de la norma con rango de ley aplicada, sin abarcar aquellos supuestos en los que no exista tal sentencia, y

– al requisito de que solo son indemnizables los daños producidos en los cinco años anteriores a la fecha de dicha publicación, salvo que la sentencia disponga otra cosa».

según el estado de los conocimientos de la ciencia o de la técnica existentes en el momento de producción de aquéllos, todo ello sin perjuicio de las prestaciones asistenciales o económicas que las leyes puedan establecer para estos casos.

En los casos de responsabilidad patrimonial a los que se refiere los apartados 4 y 5 del artículo 32, serán indemnizables los daños producidos en el plazo de los cinco años anteriores a la fecha de la publicación de la sentencia que declare la inconstitucionalidad de la norma con rango de ley o el carácter de norma contraria al Derecho de la Unión Europea, salvo que la sentencia disponga otra cosa.

2. La indemnización se calculará con arreglo a los criterios de valoración establecidos en la legislación fiscal, de expropiación forzosa y demás normas aplicables, ponderándose, en su caso, las valoraciones predominantes en el mercado. En los casos de muerte o lesiones corporales se podrá tomar como referencia la valoración incluida en los baremos de la normativa vigente en materia de Seguros obligatorios y de la Seguridad Social.

3. La cuantía de la indemnización se calculará con referencia al día en que la lesión efectivamente se produjo, sin perjuicio de su actualización a la fecha en que se ponga fin al procedimiento de responsabilidad con arreglo al Índice de Garantía de la Competitividad, fijado por el Instituto Nacional de Estadística, y de los intereses que procedan por demora en el pago de la indemnización fijada, los cuales se exigirán con arreglo a lo establecido en la Ley 47/2003, de 26 de noviembre, General Presupuestaria, o, en su caso, a las normas presupuestarias de las Comunidades Autónomas.

4. La indemnización procedente podrá sustituirse por una compensación en especie o ser abonada mediante pagos periódicos, cuando resulte más adecuado para lograr la reparación debida y convenga al interés público, siempre que exista acuerdo con el interesado.

Artículo 35. Responsabilidad de Derecho Privado

Cuando las Administraciones Públicas actúen, directamente o a través de una entidad de derecho privado, en relaciones de esta naturaleza, su responsabilidad se exigirá de conformidad con lo previsto en los artículos 32 y siguientes, incluso cuando concurra con sujetos de derecho privado o la responsabilidad se exija directamente a la entidad de derecho privado a través de la cual actúe la Administración o a la entidad que cubra su responsabilidad.

SECCIÓN 2ª. RESPONSABILIDAD DE LAS AUTORIDADES Y PERSONAL AL SERVICIO DE LAS ADMINISTRACIONES PÚBLICAS

Artículo 36. Exigencia de la responsabilidad patrimonial de las autoridades y personal al servicio de las Administraciones Públicas

1. Para hacer efectiva la responsabilidad patrimonial a que se refiere esta Ley, los particulares exigirán directamente a la Administración Pública correspondiente las indemnizaciones por los daños y perjuicios causados por las autoridades y personal a su servicio.

2. La Administración correspondiente, cuando hubiere indemnizado a los lesionados, exigirá de oficio en vía administrativa de sus autoridades y demás personal a su servicio la responsabilidad en que hubieran incurrido por dolo, o culpa o negligencia graves, previa instrucción del correspondiente procedimiento.

Para la exigencia de dicha responsabilidad y, en su caso, para su cuantificación, se ponderarán, entre otros, los siguientes criterios: el resultado dañoso producido, el grado de culpabilidad, la responsabilidad profesional del personal al servicio de las Administraciones públicas y su relación con la producción del resultado dañoso.

3. Asimismo, la Administración instruirá igual procedimiento a las autoridades y demás personal a su servicio por los daños y perjuicios causados en sus bienes o derechos cuando hubiera concurrido dolo, o culpa o negligencia graves.

4. El procedimiento para la exigencia de la responsabilidad al que se refieren los apartados 2 y 3, se sustanciará conforme a lo dispuesto en la Ley de Procedimiento Administrativo Común de las Administraciones Públicas y se iniciará por acuerdo del órgano competente que se notificará a los interesados y que constará, al menos, de los siguientes trámites:

a) Alegaciones durante un plazo de quince días.

b) Práctica de las pruebas admitidas y cualesquiera otras que el órgano competente estime oportunas durante un plazo de quince días.

c) Audiencia durante un plazo de diez días.

d) Formulación de la propuesta de resolución en un plazo de cinco días a contar desde la finalización del trámite de audiencia.

e) Resolución por el órgano competente en el plazo de cinco días.

5. La resolución declaratoria de responsabilidad pondrá fin a la vía administrativa.

6. Lo dispuesto en los apartados anteriores, se entenderá sin perjuicio de pasar, si procede, el tanto de culpa a los Tribunales competentes.

Artículo 37. Responsabilidad penal

1. La responsabilidad penal del personal al servicio de las Administraciones Públicas, así como la responsabilidad civil derivada del delito se exigirá de acuerdo con lo previsto en la legislación correspondiente.

2. La exigencia de responsabilidad penal del personal al servicio de las Administraciones Públicas no suspenderá los procedimientos de reconocimiento de responsabilidad patrimonial que se instruyan, salvo que la determinación de los hechos en el orden jurisdiccional penal sea necesaria para la fijación de la responsabilidad patrimonial.

CAPÍTULO V. FUNCIONAMIENTO ELECTRÓNICO DEL SECTOR PÚBLICO

Artículo 38. La sede electrónica

1. La sede electrónica es aquella dirección electrónica, disponible para los ciudadanos a través de redes de telecomunicaciones, cuya

titularidad corresponde a una Administración Pública, o bien a una o varios organismos públicos o entidades de Derecho Público en el ejercicio de sus competencias.

2. El establecimiento de una sede electrónica conlleva la responsabilidad del titular respecto de la integridad, veracidad y actualización de la información y los servicios a los que pueda accederse a través de la misma.

3. Cada Administración Pública determinará las condiciones e instrumentos de creación de las sedes electrónicas, con sujeción a los principios de transparencia, publicidad, responsabilidad, calidad, seguridad, disponibilidad, accesibilidad, neutralidad e interoperabilidad. En todo caso deberá garantizarse la identificación del órgano titular de la sede, así como los medios disponibles para la formulación de sugerencias y quejas.

4. Las sedes electrónicas dispondrán de sistemas que permitan el establecimiento de comunicaciones seguras siempre que sean necesarias.

5. La publicación en las sedes electrónicas de informaciones, servicios y transacciones respetará los principios de accesibilidad y uso de acuerdo con las normas establecidas al respecto, estándares abiertos y, en su caso, aquellos otros que sean de uso generalizado por los ciudadanos.

6. Las sedes electrónicas utilizarán, para identificarse y garantizar una comunicación segura con las mismas, certificados reconocidos o cualificados de autenticación de sitio web o medio equivalente.

Artículo 39. Portal de internet

Se entiende por portal de internet el punto de acceso electrónico cuya titularidad corresponda a una Administración Pública, organismo público o entidad de Derecho Público que permite el acceso a través de internet a la información publicada y, en su caso, a la sede electrónica correspondiente.

Artículo 40. Sistemas de identificación de las Administraciones Públicas

1. Las Administraciones Públicas podrán identificarse mediante el uso de un sello electrónico basado en un certificado electrónico reconocido o cualificado que reúna los requisitos exigidos por la legislación de firma electrónica. Estos certificados electrónicos incluirán el número de identificación fiscal y la denominación correspondiente, así como, en su caso, la identidad de la persona titular en el caso de los sellos electrónicos de órganos administrativos. La relación de sellos electrónicos utilizados por cada Administración Pública, incluyendo las características de los certificados electrónicos y los prestadores que los expiden, deberá ser pública y accesible por medios electrónicos. Además, cada Administración Pública adoptará las medidas adecuadas para facilitar la verificación de sus sellos electrónicos.

2. Se entenderá identificada la Administración Pública respecto de la información que se publique como propia en su portal de internet.

Artículo 41. Actuación administrativa automatizada

1. Se entiende por actuación administrativa automatizada, cualquier acto o actuación realizada íntegramente a través de medios electrónicos por una Administración Pública en el marco de un procedimiento administrativo y en la que no haya intervenido de forma directa un empleado público.

2. En caso de actuación administrativa automatizada deberá establecerse previamente el órgano u órganos competentes, según los casos, para la definición de las especificaciones, programación, mantenimiento, supervisión y control de calidad y, en su caso, auditoría del sistema de información y de su código fuente. Asimismo, se indicará el órgano que debe ser considerado responsable a efectos de impugnación.

Artículo 42. Sistemas de firma para la actuación administrativa automatizada

En el ejercicio de la competencia en la actuación administrativa automatizada, cada Administración Pública podrá determinar los supuestos de utilización de los siguientes sistemas de firma electrónica:

a) Sello electrónico de Administración Pública, órgano, organismo público o entidad de derecho público, basado en certificado electrónico reconocido o cualificado que reúna los requisitos exigidos por la legislación de firma electrónica.

b) Código seguro de verificación vinculado a la Administración Pública, órgano, organismo público o entidad de Derecho Público, en los términos y condiciones establecidos, permitiéndose en todo caso la comprobación de la integridad del documento mediante el acceso a la sede electrónica correspondiente.

Artículo 43. Firma electrónica del personal al servicio de las Administraciones Públicas

1. Sin perjuicio de lo previsto en los artículos 38, 41 y 42, la actuación de una Administración Pública, órgano, organismo público o entidad de derecho público, cuando utilice medios electrónicos, se realizará mediante firma electrónica del titular del órgano o empleado público.

2. Cada Administración Pública determinará los sistemas de firma electrónica que debe utilizar su personal, los cuales podrán identificar de forma conjunta al titular del puesto de trabajo o cargo y a la Administración u órgano en la que presta sus servicios. Por razones de seguridad pública los sistemas de firma electrónica podrán referirse sólo el número de identificación profesional del empleado público.

Artículo 44. Intercambio electrónico de datos en entornos cerrados de comunicación

1. Los documentos electrónicos transmitidos en entornos cerrados de comunicaciones establecidos entre Administraciones Públicas,

órganos, organismos públicos y entidades de derecho público, serán considerados válidos a efectos de autenticación e identificación de los emisores y receptores en las condiciones establecidas en este artículo.

2. Cuando los participantes en las comunicaciones pertenezcan a una misma Administración Pública, ésta determinará las condiciones y garantías por las que se regirá que, al menos, comprenderá la relación de emisores y receptores autorizados y la naturaleza de los datos a intercambiar.

3. Cuando los participantes pertenezcan a distintas Administraciones, las condiciones y garantías citadas en el apartado anterior se establecerán mediante convenio suscrito entre aquellas.

4. En todo caso deberá garantizarse la seguridad del entorno cerrado de comunicaciones y la protección de los datos que se transmitan.

Artículo 45. Aseguramiento e interoperabilidad de la firma electrónica

1. Las Administraciones Públicas podrán determinar los trámites e informes que incluyan firma electrónica reconocida o cualificada y avanzada basada en certificados electrónicos reconocidos o cualificados de firma electrónica.

2. Con el fin de favorecer la interoperabilidad y posibilitar la verificación automática de la firma electrónica de los documentos electrónicos, cuando una Administración utilice sistemas de firma electrónica distintos de aquellos basados en certificado electrónico reconocido o cualificado, para remitir o poner a disposición de otros órganos, organismos públicos, entidades de Derecho Público o Administraciones la documentación firmada electrónicamente, podrá superponer un sello electrónico basado en un certificado electrónico reconocido o cualificado.

Artículo 46. Archivo electrónico de documentos

1. Todos los documentos utilizados en las actuaciones administrativas se almacenarán por medios electrónicos, salvo cuando no sea posible.

2. Los documentos electrónicos que contengan actos administrativos que afecten a derechos o intereses de los particulares deberán conservarse en soportes de esta naturaleza, ya sea en el mismo formato a partir del que se originó el documento o en otro cualquiera que asegure la identidad e integridad de la información necesaria para reproducirlo. Se asegurará en todo caso la posibilidad de trasladar los datos a otros formatos y soportes que garanticen el acceso desde diferentes aplicaciones.

3. Los medios o soportes en que se almacenen documentos, deberán contar con medidas de seguridad, de acuerdo con lo previsto en el Esquema Nacional de Seguridad, que garanticen la integridad, autenticidad, confidencialidad, calidad, protección y conservación de los documentos almacenados. En particular, asegurarán la identificación de los usuarios y el control de accesos, el cumplimiento de las garantías previstas en la legislación de protección de datos, así como la recuperación y conservación a largo plazo de los documentos electrónicos producidos por las Administraciones Públicas que así lo requieran, de acuerdo con las especificaciones sobre el ciclo de vida de los servicios y sistemas utilizados.

Artículo 46 bis. Ubicación de los sistemas de información y comunicaciones para el registro de datos[3]

Los sistemas de información y comunicaciones para la recogida, almacenamiento, procesamiento y gestión del censo electoral, los padrones municipales de habitantes y otros registros de población, datos fiscales relacionados con tributos propios o cedidos y datos de los usuarios del sistema nacional de salud, así como los correspondientes tratamientos de datos personales, deberán ubicarse y prestarse dentro del territorio de la Unión Europea.

Los datos a que se refiere el apartado anterior no podrán ser objeto de transferencia a un tercer país u organización internacional, con

---

[3]   Artículo añadido por el Real Decreto-ley 14/2019, de 31 de octubre.

excepción de los que hayan sido objeto de una decisión de adecuación de la Comisión Europea o cuando así lo exija el cumplimiento de las obligaciones internacionales asumidas por el Reino de España.

CAPÍTULO VI. DE LOS CONVENIOS

Artículo 47. Definición y tipos de convenios

1. Son convenios los acuerdos con efectos jurídicos adoptados por las Administraciones Públicas, los organismos públicos y entidades de derecho público vinculados o dependientes o las Universidades públicas entre sí o con sujetos de derecho privado para un fin común.

No tienen la consideración de convenios, los Protocolos Generales de Actuación o instrumentos similares que comporten meras declaraciones de intención de contenido general o que expresen la voluntad de las Administraciones y partes suscriptoras para actuar con un objetivo común, siempre que no supongan la formalización de compromisos jurídicos concretos y exigibles.

Los convenios no podrán tener por objeto prestaciones propias de los contratos. En tal caso, su naturaleza y régimen jurídico se ajustará a lo previsto en la legislación de contratos del sector público.

2. Los convenios que suscriban las Administraciones Públicas, los organismos públicos y las entidades de derecho público vinculados o dependientes y las Universidades públicas, deberán corresponder a alguno de los siguientes tipos:

a) Convenios interadministrativos firmados entre dos o más Administraciones Públicas, o bien entre dos o más organismos públicos o entidades de derecho público vinculados o dependientes de distintas Administraciones públicas, y que podrán incluir la utilización de medios, servicios y recursos de otra Administración Pública, organismo público o entidad de derecho público vinculado o dependiente, para el ejercicio de competencias propias o delegadas.

Quedan excluidos los convenios interadministrativos suscritos entre dos o más Comunidades Autónomas para la gestión y prestación de servicios propios de las mismas, que se regirán en cuanto a sus supuestos, requisitos y términos por lo previsto en sus respectivos Estatutos de autonomía.

b) Convenios intradministrativos firmados entre organismos públicos y entidades de derecho público vinculados o dependientes de una misma Administración Pública.

c) Convenios firmados entre una Administración Pública u organismo o entidad de derecho público y un sujeto de Derecho privado.

d) Convenios no constitutivos ni de Tratado internacional, ni de Acuerdo internacional administrativo, ni de Acuerdo internacional no normativo, firmados entre las Administraciones Públicas y los órganos, organismos públicos o entes de un sujeto de Derecho internacional, que estarán sometidos al ordenamiento jurídico interno que determinen las partes.

Artículo 48. Requisitos de validez y eficacia de los convenios

1. Las Administraciones Públicas, sus organismos públicos y entidades de derecho público vinculados o dependientes y las Universidades públicas, en el ámbito de sus respectivas competencias, podrán suscribir convenios con sujetos de derecho público y privado, sin que ello pueda suponer cesión de la titularidad de la competencia.

2. En el ámbito de la Administración General del Estado y sus organismos públicos y entidades de derecho público vinculados o dependientes, podrán celebrar convenios los titulares de los Departamentos Ministeriales y los Presidentes o Directores de las dichas entidades y organismos públicos.

3. La suscripción de convenios deberá mejorar la eficiencia de la gestión pública, facilitar la utilización conjunta de medios y servicios públicos, contribuir a la realización de actividades de utilidad pública y cumplir con la legislación de estabilidad presupuestaria y sostenibilidad financiera.

4. La gestión, justificación y resto de actuaciones relacionadas con los gastos derivados de los convenios que incluyan compromisos financieros para la Administración Pública o cualquiera de sus organismos públicos o entidades de derecho público vinculados o dependientes que lo suscriban, así como con los fondos comprometidos en virtud de dichos convenios, se ajustarán a lo dispuesto en la legislación presupuestaria.

5. Los convenios que incluyan compromisos financieros deberán ser financieramente sostenibles, debiendo quienes los suscriban tener capacidad para financiar los asumidos durante la vigencia del convenio.

6. Las aportaciones financieras que se comprometan a realizar los firmantes no podrán ser superiores a los gastos derivados de la ejecución del convenio.

7. Cuando el convenio instrumente una subvención deberá cumplir con lo previsto en la Ley 38/2003, de 17 de noviembre, General de Subvenciones y en la normativa autonómica de desarrollo que, en su caso, resulte aplicable.

Asimismo, cuando el convenio tenga por objeto la delegación de competencias en una Entidad Local, deberá cumplir con lo dispuesto en Ley 7/1985, de 2 de abril, Reguladora de las Bases del Régimen Local.

8[4]. Los convenios se perfeccionan por la prestación del consentimiento de las partes.

Los convenios suscritos por la Administración General del Estado o alguno de sus organismos públicos o entidades de derecho público vinculados o dependientes resultarán eficaces una vez inscritos, en el plazo de 5 días hábiles desde su formalización, en el Registro Electrónico estatal de Órganos e Instrumentos de Cooperación del sector público estatal, al que se refiere la disposición adicional séptima. Asimismo, serán publicados en el plazo de 10 días hábiles desde su formalización

---

[4]   Apartado modificado por el Real Decreto-ley 36/2020, de 30 de diciembre.

en el «Boletín Oficial del Estado», sin perjuicio de su publicación facultativa en el boletín oficial de la comunidad autónoma o de la provincia que corresponda a la otra administración firmante.

9. Las normas del presente Capítulo no serán de aplicación a las encomiendas de gestión y los acuerdos de terminación convencional de los procedimientos administrativos.

Artículo 49. Contenido de los convenios

Los convenios a los que se refiere el apartado 1 del artículo anterior deberán incluir, al menos, las siguientes materias:

a) Sujetos que suscriben el convenio y la capacidad jurídica con que actúa cada una de las partes.

b) La competencia en la que se fundamenta la actuación de la Administración Pública, de los organismos públicos y las entidades de derecho público vinculados o dependientes de ella o de las Universidades públicas.

c) Objeto del convenio y actuaciones a realizar por cada sujeto para su cumplimiento, indicando, en su caso, la titularidad de los resultados obtenidos.

d) Obligaciones y compromisos económicos asumidos por cada una de las partes, si los hubiera, indicando su distribución temporal por anualidades y su imputación concreta al presupuesto correspondiente de acuerdo con lo previsto en la legislación presupuestaria.

e) Consecuencias aplicables en caso de incumplimiento de las obligaciones y compromisos asumidos por cada una de las partes y, en su caso, los criterios para determinar la posible indemnización por el incumplimiento.

f) Mecanismos de seguimiento, vigilancia y control de la ejecución del convenio y de los compromisos adquiridos por los firmantes. Este mecanismo resolverá los problemas de interpretación y cumplimiento que puedan plantearse respecto de los convenios.

g) El régimen de modificación del convenio. A falta de regulación expresa la modificación del contenido del convenio requerirá acuerdo unánime de los firmantes.

h) Plazo de vigencia del convenio teniendo en cuenta las siguientes reglas:

1.º Los convenios deberán tener una duración determinada, que no podrá ser superior a cuatro años, salvo que normativamente se prevea un plazo superior.

2.º En cualquier momento antes de la finalización del plazo previsto en el apartado anterior, los firmantes del convenio podrán acordar unánimemente su prórroga por un periodo de hasta cuatro años adicionales o su extinción.

En el caso de convenios suscritos por la Administración General del Estado o alguno de sus organismos públicos y entidades de derecho público vinculados o dependientes, esta prórroga deberá ser comunicada al Registro Electrónico estatal de Órganos e Instrumentos de Cooperación al que se refiere la disposición adicional séptima.

Artículo 50. Trámites preceptivos para la suscripción de convenios y sus efectos

1. Sin perjuicio de las especialidades que la legislación autonómica pueda prever, será necesario que el convenio se acompañe de una memoria justificativa donde se analice su necesidad y oportunidad, su impacto económico, el carácter no contractual de la actividad en cuestión, así como el cumplimiento de lo previsto en esta Ley.

2[5]. Los convenios que suscriba la Administración General del Estado o sus organismos públicos y entidades de derecho público vinculados o dependientes se acompañarán además de:

a) El informe de su servicio jurídico, que deberá emitirse en un plazo máximo de siete días hábiles desde su solicitud, transcurridos los cuales se continuará la tramitación. En todo caso, dicho informe debe-

---

[5]   Apartado 2 modificado por la Ley 22/2021, de 28 de diciembre.

rá emitirse e incorporarse al expediente antes de proceder al perfeccionamiento del convenio. No será necesario solicitar este informe cuando el convenio se ajuste a un modelo normalizado informado previamente por el servicio jurídico que corresponda.

b) Cualquier otro informe preceptivo que establezca la normativa aplicable, que deberá emitirse en un plazo máximo de siete días hábiles desde su solicitud, transcurridos los cuales se continuará la tramitación. En cualquier caso deberán emitirse e incorporarse al expediente todos los informes preceptivos antes de proceder al perfeccionamiento del convenio.

c) La autorización previa del Ministerio de Hacienda y Función Pública para su firma, modificación, prórroga y resolución por mutuo acuerdo entre las partes, que deberá emitirse en un plazo máximo de siete días hábiles desde la solicitud, transcurridos los cuales se continuará la tramitación. En todo caso dicha autorización deberá emitirse e incorporarse al expediente antes de proceder al perfeccionamiento del convenio.

Cuando el convenio a suscribir esté excepcionado de la autorización a la que se refiere el párrafo anterior, también lo estará del informe del Ministerio de Política Territorial.

No obstante, en todo caso, será preceptivo el informe del Ministerio de Política Territorial, respecto de los convenios que se suscriban entre la Administración General del Estado y sus organismos públicos y entidades de derecho público vinculados o dependientes, con las Comunidades Autónomas o con Entidades Locales o con sus organismos públicos y entidades de derecho público vinculados o dependientes, en los casos siguientes:

1. Convenios cuyo objeto sea la cesión o adquisición de la titularidad de infraestructuras por la Administración General del Estado.

2. Convenios que tengan por objeto la creación de consorcios previstos en el artículo 123 de esta ley.

d) Cuando los convenios plurianuales suscritos entre Administraciones Públicas incluyan aportaciones de fondos por parte del Estado para financiar actuaciones a ejecutar exclusivamente por parte de otra

Administración Pública y el Estado asuma, en el ámbito de sus competencias, los compromisos frente a terceros, la aportación del Estado de anualidades futuras estará condicionada a la existencia de crédito en los correspondientes presupuestos.

e) Los convenios interadministrativos suscritos con las Comunidades Autónomas, serán remitidos al Senado por el Ministerio de Política Territorial.

Artículo 51. Extinción de los convenios

1. Los convenios se extinguen por el cumplimiento de las actuaciones que constituyen su objeto o por incurrir en causa de resolución.

2. Son causas de resolución:

a) El transcurso del plazo de vigencia del convenio sin haberse acordado la prórroga del mismo.

b) El acuerdo unánime de todos los firmantes.

c) El incumplimiento de las obligaciones y compromisos asumidos por parte de alguno de los firmantes.

En este caso, cualquiera de las partes podrá notificar a la parte incumplidora un requerimiento para que cumpla en un determinado plazo con las obligaciones o compromisos que se consideran incumplidos. Este requerimiento será comunicado al responsable del mecanismo de seguimiento, vigilancia y control de la ejecución del convenio y a las demás partes firmantes.

Si trascurrido el plazo indicado en el requerimiento persistiera el incumplimiento, la parte que lo dirigió notificará a las partes firmantes la concurrencia de la causa de resolución y se entenderá resuelto el convenio. La resolución del convenio por esta causa podrá conllevar la indemnización de los perjuicios causados si así se hubiera previsto.

d) Por decisión judicial declaratoria de la nulidad del convenio.

e) Por cualquier otra causa distinta de las anteriores prevista en el convenio o en otras leyes.

Artículo 52. Efectos de la resolución de los convenios

1. El cumplimiento y la resolución de los convenios dará lugar a la liquidación de los mismos con el objeto de determinar las obligaciones y compromisos de cada una de las partes.

2[6]. En el supuesto de convenios de los que deriven compromisos financieros, se entenderán cumplidos cuando su objeto se haya realizado en los términos y a satisfacción de ambas partes, de acuerdo con sus respectivas competencias, teniendo en cuenta las siguientes reglas:

a) Si de la liquidación resultara que el importe de las actuaciones ejecutadas por alguna de las partes fuera inferior a los fondos que la misma hubiera recibido del resto de partes del convenio para financiar dicha ejecución, aquella deberá reintegrar a estas el exceso que corresponda a cada una, *en el plazo máximo de un mes desde que se hubiera aprobado la liquidación.*

Transcurrido el plazo máximo de un mes, mencionado en el párrafo anterior, sin que se haya producido el reintegro, se deberá abonar a dichas partes, *también en el plazo de un mes a contar desde ese momento,* el interés de demora aplicable al citado reintegro, que será en todo caso el que resulte de las disposiciones de carácter general reguladoras del gasto público y de la actividad económico-financiera del sector público.

b) Si fuera superior, el resto de partes del convenio, *en el plazo de un mes desde la aprobación de la liquidación,* deberá abonar a la parte de que se trate la diferencia que corresponda a cada una de ellas, con el límite máximo de las cantidades que cada una de ellas se hubiera comprometido a aportar en virtud del convenio. En ningún caso las

---

[6]   La STC 132/2018, de 13 de diciembre, declara que son contrarios al orden constitucional de competencias, en los términos del fundamento jurídico 8 b), los siguientes incisos del artículo 52.2: «en el plazo máximo de un mes desde que se hubiera aprobado la liquidación», «Transcurrido el plazo máximo de un mes, mencionado en el párrafo anterior,» y «también en el plazo de un mes a contar desde ese momento,», en la letra a) y «en el plazo de un mes desde la aprobación de la liquidación,» en la letra b).

partes del convenio tendrán derecho a exigir al resto cuantía alguna que supere los citados límites máximos.

3. No obstante lo anterior, si cuando concurra cualquiera de las causas de resolución del convenio existen actuaciones en curso de ejecución, las partes, a propuesta de la comisión de seguimiento, vigilancia y control del convenio o, en su defecto, del responsable del mecanismo a que hace referencia la letra f) del artículo 49, podrán acordar la continuación y finalización de las actuaciones en curso que consideren oportunas, estableciendo un plazo improrrogable para su finalización, transcurrido el cual deberá realizarse la liquidación de las mismas en los términos establecidos en el apartado anterior.

Artículo 53. Remisión de convenios al Tribunal de Cuentas

1. Dentro de los tres meses siguientes a la suscripción de cualquier convenio cuyos compromisos económicos asumidos superen los 600.000 euros, estos deberán remitirse electrónicamente al Tribunal de Cuentas u órgano externo de fiscalización de la Comunidad Autónoma, según corresponda.

2. Igualmente se comunicarán al Tribunal de Cuentas u órgano externo de fiscalización de la Comunidad Autónoma, según corresponda, las modificaciones, prórrogas o variaciones de plazos, alteración de los importes de los compromisos económicos asumidos y la extinción de los convenios indicados.

3. Lo dispuesto en los apartados anteriores se entenderá sin perjuicio de las facultades del Tribunal de Cuentas o, en su caso, de los correspondientes órganos de fiscalización externos de las Comunidades Autónomas, para reclamar cuantos datos, documentos y antecedentes estime pertinentes con relación a los contratos de cualquier naturaleza y cuantía.

TÍTULO I. ADMINISTRACIÓN GENERAL DEL ESTADO

CAPÍTULO I. ORGANIZACIÓN ADMINISTRATIVA

Artículo 54. Principios y competencias de organización y funcionamiento de la Administración General del Estado

1[7]. La Administración General del Estado actúa y se organiza de acuerdo con los principios establecidos en el artículo 3, así como los de descentralización funcional y desconcentración funcional y territorial.

Asimismo, garantizará el principio de presencia equilibrada de mujeres y hombres en los nombramientos y designaciones de las personas titulares de los órganos superiores y directivos y en el personal de alta dirección de las entidades del sector público institucional estatal, de acuerdo con lo establecido en los artículos 55 bis y 84 bis.

2. Las competencias en materia de organización administrativa, régimen de personal, procedimientos e inspección de servicios, no atribuidas específicamente conforme a una Ley a ningún otro órgano de la Administración General del Estado, ni al Gobierno, corresponderán al Ministerio de Hacienda y Administraciones Públicas.

Artículo 55. Estructura de la Administración General del Estado

1. La organización de la Administración General del Estado responde a los principios de división funcional en Departamentos ministeriales y de gestión territorial integrada en Delegaciones del Gobierno en las Comunidades Autónomas, salvo las excepciones previstas por esta Ley.

2. La Administración General del Estado comprende:

a) La Organización Central, que integra los Ministerios y los servicios comunes.

b) La Organización Territorial.

---

[7]   Apartado modificado por la Ley orgánica 2/2024, de 1 de agosto.

c) La Administración General del Estado en el exterior.

3. En la organización central son órganos superiores y órganos directivos:

a) Órganos superiores:

1.º Los Ministros.

2.º Los Secretarios de Estado.

b) Órganos directivos:

1.º Los Subsecretarios y Secretarios generales.

2.º Los Secretarios generales técnicos y Directores generales.

3.º Los Subdirectores generales.

4. En la organización territorial de la Administración General del Estado son órganos directivos tanto los Delegados del Gobierno en las Comunidades Autónomas, que tendrán rango de Subsecretario, como los Subdelegados del Gobierno en las provincias, los cuales tendrán nivel de Subdirector general.

5. En la Administración General del Estado en el exterior son órganos directivos los embajadores y representantes permanentes ante Organizaciones internacionales.

6. Los órganos superiores y directivos tienen además la condición de alto cargo, excepto los Subdirectores generales y asimilados, de acuerdo con lo previsto en la Ley 3/2015, de 30 de marzo, reguladora del ejercicio del alto cargo de la Administración General del Estado.

7. Todos los demás órganos de la Administración General del Estado se encuentran bajo la dependencia o dirección de un órgano superior o directivo.

8. Los estatutos de los Organismos públicos determinarán sus respectivos órganos directivos.

9. Corresponde a los órganos superiores establecer los planes de actuación de la organización situada bajo su responsabilidad y a los órganos directivos su desarrollo y ejecución.

10. Los Ministros y Secretarios de Estado son nombrados de acuerdo con lo establecido en la Ley 50/1997, de 27 de noviembre, del

Gobierno y en la Ley 3/2015, de 30 de marzo, reguladora del ejercicio del alto cargo de la Administración General del Estado.

11. Sin perjuicio de lo previsto en la Ley 3/2015, de 30 de marzo, reguladora del ejercicio del alto cargo de la Administración General del Estado, los titulares de los órganos superiores y directivos son nombrados, atendiendo a criterios de competencia profesional y experiencia, en la forma establecida en esta Ley, siendo de aplicación al desempeño de sus funciones:

a) La responsabilidad profesional, personal y directa por la gestión desarrollada.

b) La sujeción al control y evaluación de la gestión por el órgano superior o directivo competente, sin perjuicio del control establecido por la Ley General Presupuestaria.

Artículo 55 bis[8]. Presencia equilibrada de mujeres y hombres en los órganos superiores y directivos de la Administración General del Estado

Las personas titulares de las Secretarías de Estado y de los órganos directivos de la Administración General del Estado se nombrarán atendiendo al principio de representación equilibrada entre mujeres y hombres, de tal manera que las personas de cada sexo no superen el sesenta por ciento ni sean menos del cuarenta por ciento en el ámbito de cada departamento ministerial.

Artículo 56. Elementos organizativos básicos

1. Las unidades administrativas son los elementos organizativos básicos de las estructuras orgánicas. Las unidades comprenden puestos de trabajo o dotaciones de plantilla vinculados funcionalmente por razón de sus cometidos y orgánicamente por una jefatura común. Pueden existir unidades administrativas complejas, que agrupen dos o más unidades menores.

---

[8]   Artículo añadido por la Ley orgánica 2/2024, de 1 de agosto.

2. Los jefes de las unidades administrativas son responsables del correcto funcionamiento de la unidad y de la adecuada ejecución de las tareas asignadas a la misma.

3. Las unidades administrativas se establecen mediante las relaciones de puestos de trabajo, que se aprobarán de acuerdo con su regulación específica, y se integran en un determinado órgano.

CAPÍTULO II. LOS MINISTERIOS Y SU ESTRUCTURA INTERNA

Artículo 57. Los Ministerios

1. La Administración General del Estado se organiza en Presidencia del Gobierno y en Ministerios, comprendiendo a cada uno de ellos uno o varios sectores funcionalmente homogéneos de actividad administrativa.

2. La organización en Departamentos ministeriales no obsta a la existencia de órganos superiores o directivos u Organismos públicos no integrados o dependientes, respectivamente, en la estructura general del Ministerio que con carácter excepcional se adscriban directamente al Ministro.

3. La determinación del número, la denominación y el ámbito de competencia respectivo de los Ministerios y las Secretarías de Estado se establecen mediante Real Decreto del Presidente del Gobierno.

Artículo 58. Organización interna de los Ministerios

1. En los Ministerios pueden existir Secretarías de Estado, y Secretarías Generales, para la gestión de un sector de actividad administrativa. De ellas dependerán jerárquicamente los órganos directivos que se les adscriban.

2. Los Ministerios contarán, en todo caso, con una Subsecretaría, y dependiendo de ella una Secretaría General Técnica, para la gestión de los servicios comunes previstos en este Título.

3. Las Direcciones Generales son los órganos de gestión de una o varias áreas funcionalmente homogéneas.

4. Las Direcciones Generales se organizan en Subdirecciones Generales para la distribución de las competencias encomendadas a aquéllas, la realización de las actividades que les son propias y la asignación de objetivos y responsabilidades. Sin perjuicio de lo anterior, podrán adscribirse directamente Subdirecciones Generales a otros órganos directivos de mayor nivel o a órganos superiores del Ministerio.

Artículo 59. Creación, modificación y supresión de órganos y unidades administrativas

1. Las Subsecretarías, las Secretarías Generales, las Secretarías Generales Técnicas, las Direcciones Generales, las Subdirecciones Generales, y órganos similares a los anteriores se crean, modifican y suprimen por Real Decreto del Consejo de Ministros, a iniciativa del Ministro interesado y a propuesta del Ministro de Hacienda y Administraciones Públicas.

2. Los órganos de nivel inferior a Subdirección General se crean, modifican y suprimen por orden del Ministro respectivo, previa autorización del Ministro de Hacienda y Administraciones Públicas.

3. Las unidades que no tengan la consideración de órganos se crean, modifican y suprimen a través de las relaciones de puestos de trabajo.

Artículo 60. Ordenación jerárquica de los órganos ministeriales

1. Los Ministros son los jefes superiores del Departamento y superiores jerárquicos directos de los Secretarios de Estado y Subsecretarios.

2. Los órganos directivos dependen de alguno de los anteriores y se ordenan jerárquicamente entre sí de la siguiente forma: Subsecretario, Director general y Subdirector general.

Los Secretarios generales tienen categoría de Subsecretario y los Secretarios Generales Técnicos tienen categoría de Director general.

Artículo 61. Los Ministros

Los Ministros, como titulares del departamento sobre el que ejercen su competencia, dirigen los sectores de actividad administrativa integrados en su Ministerio, y asumen la responsabilidad inherente a dicha dirección. A tal fin, les corresponden las siguientes funciones:

a) Ejercer la potestad reglamentaria en las materias propias de su Departamento.

b) Fijar los objetivos del Ministerio, aprobar los planes de actuación del mismo y asignar los recursos necesarios para su ejecución, dentro de los límites de las dotaciones presupuestarias correspondientes.

c) Aprobar las propuestas de los estados de gastos del Ministerio, y de los presupuestos de los Organismos públicos dependientes y remitirlas al Ministerio de Hacienda y Administraciones Públicas.

d) Determinar y, en su caso, proponer la organización interna de su Ministerio, de acuerdo con las competencias que le atribuye esta Ley.

e) Evaluar la realización de los planes de actuación del Ministerio por parte de los órganos superiores y órganos directivos y ejercer el control de eficacia respecto de la actuación de dichos órganos y de los Organismos públicos dependientes, sin perjuicio de lo dispuesto en la Ley 47/2003, de 26 de noviembre, General Presupuestaria.

f) Nombrar y separar a los titulares de los órganos directivos del Ministerio y de los Organismos públicos o entidades de derecho público dependientes del mismo, cuando la competencia no esté atribuida al Consejo de Ministros a otro órgano o al propio organismo, así como elevar a aquél las propuestas de nombramientos que le estén reservadas de órganos directivos del Ministerio y de los Organismos Públicos dependientes del mismo.

g) Autorizar las comisiones de servicio con derecho a indemnización por cuantía exacta para altos cargos dependientes del Ministro.

h) Mantener las relaciones con las Comunidades Autónomas y convocar las Conferencias sectoriales y los órganos de cooperación en el ámbito de las competencias atribuidas a su Departamento.

i) Dirigir la actuación de los titulares de los órganos superiores y directivos del Ministerio, impartirles instrucciones concretas y delegarles competencias propias.

j) Revisar de oficio los actos administrativos y resolver los conflictos de atribuciones cuando les corresponda, así como plantear los que procedan con otros Ministerios.

k) Celebrar en el ámbito de su competencia, contratos y convenios, sin perjuicio de la autorización del Consejo de Ministros cuando sea preceptiva.

l) Administrar los créditos para gastos de los presupuestos del Ministerio, aprobar y comprometer los gastos que no sean de la competencia del Consejo de Ministros, aprobar las modificaciones presupuestarias que sean de su competencia, reconocer las obligaciones económicas y proponer su pago en el marco del plan de disposición de fondos del Tesoro Público, así como fijar los límites por debajo de los cuales estas competencias corresponderán, en su ámbito respectivo, a los Secretarios de Estado y Subsecretario del departamento. Corresponderá al Ministro elevar al Consejo de Ministros, para su aprobación, las modificaciones presupuestarias que sean de la competencia de éste.

m) Decidir la representación del Ministerio en los órganos colegiados o grupos de trabajo en los que no esté previamente determinado el titular del órgano superior o directivo que deba representar al Departamento.

n) Remitir la documentación a su Departamento necesaria para la elaboración de la Cuenta General del Estado, en los términos previstos en la Ley 47/2003, 26 de noviembre.

ñ) Resolver de los recursos administrativos y declarar la lesividad de los actos administrativos cuando les corresponda.

o) Otorgar premios y recompensas propios del Departamento y proponer las que corresponda según sus normas reguladoras.

p) Conceder subvenciones y ayudas con cargo a los créditos de gasto propios del Departamento, así como fijar los límites por debajo de los cuales podrán ser otorgadas por los Secretarios de Estado o el Subsecretario del Departamento.

q) Proponer y ejecutar, en el ámbito de su competencia, los Planes de Empleo del Departamento y de los organismos públicos de él dependientes.

r) Modificar las Relaciones de Puestos de Trabajo en los casos en que esa competencia esté delegada en el propio departamento o proponer al Ministerio de Hacienda y Administraciones Públicas las que sean de competencia de este último.

s) Imponer la sanción de separación del servicio por faltas muy graves.

t) Ejercer cuantas otras competencias les atribuyan las leyes, las normas de organización y funcionamiento del Gobierno y cualesquiera otras disposiciones.

Artículo 62. Los Secretarios de Estado

1. Los Secretarios de Estado son directamente responsables de la ejecución de la acción del Gobierno en un sector de actividad específica.

Asimismo, podrán ostentar por delegación expresa de sus respectivos Ministros la representación de estos en materias propias de su competencia, incluidas aquellas con proyección internacional, sin perjuicio, en todo caso, de las normas que rigen las relaciones de España con otros Estados y con las Organizaciones internacionales.

2. Los Secretarios de Estado dirigen y coordinan las Secretarías y las Direcciones Generales situadas bajo su dependencia, y responden ante el Ministro de la ejecución de los objetivos fijados para la Secretaría de Estado. A tal fin les corresponde:

a) Ejercer las competencias sobre el sector de actividad administrativa asignado que les atribuya la norma de creación del órgano o que les delegue el Ministro y desempeñar las relaciones externas de la Secretaría de Estado, salvo en los casos legalmente reservados al Ministro.

b) Ejercer las competencias inherentes a su responsabilidad de dirección y, en particular, impulsar la consecución de los objetivos y la ejecución de los proyectos de su organización, controlando su cumplimiento, supervisando la actividad de los órganos directivos adscritos e impartiendo instrucciones a sus titulares.

c) Nombrar y separar a los Subdirectores Generales de la Secretaría de Estado.

d) Mantener las relaciones con los órganos de las Comunidades Autónomas competentes por razón de la materia.

e) La autorización previa para contratar a los Organismos Autónomos adscritos a la Secretaría de Estado, por encima de una cuantía determinada, según lo previsto en la disposición transitoria tercera del Real Decreto Legislativo 3/2011, de 14 de noviembre por el que se aprueba el Texto Refundido de la Ley de Contratos del Sector Público.

f) Autorizar las comisiones de servicio con derecho a indemnización por cuantía exacta para los altos cargos dependientes de la Secretaría de Estado.

g) Celebrar contratos relativos a asuntos de su Secretaría de Estado y los convenios no reservados al Ministro del que dependan, sin perjuicio de la correspondiente autorización cuando sea preceptiva.

h) Conceder subvenciones y ayudas con cargo a los créditos de gasto propios de la Secretaría de Estado, con los límites establecidos por el titular del Departamento.

i) Resolver los recursos que se interpongan contra las resoluciones de los órganos directivos que dependan directamente de él y cuyos actos no agoten la vía administrativa, así como los conflictos de atribuciones que se susciten entre dichos órganos.

j) Administrar los créditos para gastos de los presupuestos del Ministerio por su materia propios de la Secretaría de Estado, aprobar las modificaciones presupuestarias de los mismos, aprobar y comprometer los gastos con cargo a aquellos créditos y reconocer las obligaciones económicas y proponer su pago en el marco del plan de disposición de fondos del Tesoro Público. Todo ello dentro de la cuantía que, en su caso, establezca el Ministro al efecto y siempre que los referidos actos no sean competencia del Consejo de Ministros.

k) Cualesquiera otras competencias que les atribuya la legislación en vigor.

Artículo 63. Los Subsecretarios

1. Los Subsecretarios ostentan la representación ordinaria del Ministerio, dirigen los servicios comunes, ejercen las competencias correspondientes a dichos servicios comunes y, en todo caso, las siguientes:

a) Apoyar a los órganos superiores en la planificación de la actividad del Ministerio, a través del correspondiente asesoramiento técnico.

b) Asistir al Ministro en el control de eficacia del Ministerio y sus Organismos públicos.

c) Establecer los programas de inspección de los servicios del Ministerio, así como determinar las actuaciones precisas para la mejora de los sistemas de planificación, dirección y organización y para la racionalización y simplificación de los procedimientos y métodos de trabajo, en el marco definido por el Ministerio de Hacienda y Administraciones Públicas.

d) Proponer las medidas de organización del Ministerio y dirigir el funcionamiento de los servicios comunes a través de las correspondientes instrucciones u órdenes de servicio.

e) Asistir a los órganos superiores en materia de relaciones de puestos de trabajo, planes de empleo y política de directivos del Ministerio y sus Organismos públicos, así como en la elaboración, ejecución y seguimiento de los presupuestos y la planificación de los sistemas de información y comunicación.

f) Desempeñar la jefatura superior de todo el personal del Departamento.

g) Responsabilizarse del asesoramiento jurídico al Ministro en el desarrollo de las funciones que a éste le corresponden y, en particular, en el ejercicio de su potestad normativa y en la producción de los actos administrativos de la competencia de aquél, así como a los demás órganos del Ministerio.

En los mismos términos del párrafo anterior, informar las propuestas o proyectos de normas y actos de otros Ministerios, cuando reglamentariamente proceda.

A tales efectos, el Subsecretario será responsable de coordinar las actuaciones correspondientes dentro del Ministerio y en relación con los demás Ministerios que hayan de intervenir en el procedimiento.

h) Ejercer las facultades de dirección, impulso y supervisión de la Secretaría General Técnica y los restantes órganos directivos que dependan directamente de él.

i) Administrar los créditos para gastos de los presupuestos del Ministerio por su materia propios de la Subsecretaría, aprobar las modificaciones presupuestarias de los mismos, aprobar y comprometer los gastos con cargo a aquellos créditos y reconocer las obligaciones económicas y proponer su pago en el marco del plan de disposición de fondos del Tesoro Público. Todo ello dentro de la cuantía que, en su caso, establezca el Ministro al efecto y siempre que los referidos actos no sean competencia del Consejo de Ministros.

j) Conceder subvenciones y ayudas con cargo a los créditos de gasto propios del Ministerio con los límites establecidos por el titular del Departamento.

k) Solicitar del Ministerio de Hacienda y Administraciones Públicas la afectación o el arrendamiento de los inmuebles necesarios para el cumplimiento de los fines de los servicios a cargo del Departamento.

l) Nombrar y cesar a los Subdirectores y asimilados dependientes de la Subsecretaría, al resto de personal de libre designación y al personal eventual del Departamento.

m) Convocar y resolver pruebas selectivas de personal funcionario y laboral.

n) Convocar y resolver los concursos de personal funcionario.

ñ) Ejercer la potestad disciplinaria del personal del Departamento por faltas graves o muy graves, salvo la separación del servicio.

o) Adoptar e impulsar, bajo la dirección del Ministro, las medidas tendentes a la gestión centralizada de recursos humanos y medios materiales en el ámbito de su Departamento Ministerial.

p) Autorizar las comisiones de servicio con derecho a indemnización por cuantía exacta para altos cargos dependientes del Subsecretario.

q) Cualesquiera otras que sean inherentes a los servicios comunes del Ministerio y a la representación ordinaria del mismo y las que les atribuyan la legislación en vigor.

2. La Subsecretaría del Ministerio de la Presidencia, en coordinación con la Secretaría General de la Presidencia del Gobierno, ejercerá las competencias propias de los servicios comunes de los Departamentos en relación con el área de la Presidencia del Gobierno.

3[9]. Los Subsecretarios serán nombrados y separados por Real Decreto del Consejo de Ministros a propuesta del titular del Ministerio.

Los nombramientos habrán de efectuarse entre funcionarios de carrera del Estado, de las Comunidades Autónomas o de las Entidades locales, pertenecientes al Subgrupo A1, a que se refiere el artículo 76 del texto refundido de la Ley del Estatuto Básico del Empleado Público, aprobado por Real Decreto legislativo 5/2015, de 30 de octubre, o entre personas que hubieran perdido tal condición como consecuencia de su jubilación. En todo caso, habrán de reunir los requisitos de idoneidad establecidos en la Ley 3/2015, de 30 de marzo, reguladora del ejercicio del alto cargo de la Administración General del Estado.

Artículo 64. Los Secretarios generales

1. Cuando las normas que regulan la estructura de un Ministerio prevean la existencia de un Secretario general, deberán determinar las competencias que le correspondan sobre un sector de actividad administrativa determinado.

---

[9]   Apartado modificado por el Real Decreto-ley 6/2023, de 19 de diciembre.

2. Los Secretarios generales ejercen las competencias inherentes a su responsabilidad de dirección sobre los órganos dependientes, contempladas en el artículo 62.2.b), así como todas aquellas que les asigne expresamente el Real Decreto de estructura del Ministerio.

3. Los Secretarios generales, con categoría de Subsecretario, serán nombrados y separados por Real Decreto del Consejo de Ministros, a propuesta del titular del Ministerio o del Presidente del Gobierno.

Los nombramientos habrán de efectuarse entre personas con cualificación y experiencia en el desempeño de puestos de responsabilidad en la gestión pública o privada. En todo caso, habrán de reunir los requisitos de idoneidad establecidos en la Ley 3/2015, de 30 de marzo, reguladora del ejercicio del alto cargo de la Administración General del Estado.

Artículo 65. Los Secretarios generales técnicos

1. Los Secretarios generales técnicos, bajo la inmediata dependencia del Subsecretario, tendrán las competencias sobre servicios comunes que les atribuya el Real Decreto de estructura del Departamento y, en todo caso, las relativas a producción normativa, asistencia jurídica y publicaciones.

2. Los Secretarios generales técnicos tienen a todos los efectos la categoría de Director General y ejercen sobre sus órganos dependientes las facultades atribuidas a dicho órgano por el artículo siguiente.

3. Los Secretarios generales técnicos serán nombrados y separados por Real Decreto del Consejo de Ministros a propuesta del titular del Ministerio.

Los nombramientos habrán de efectuarse entre funcionarios de carrera del Estado, de las Comunidades Autónomas o de las Entidades locales, pertenecientes al Subgrupo A1, a que se refiere el artículo 76 de la Ley 7/2007, de 12 de abril. En todo caso, habrán de reunir los requisitos de idoneidad establecidos en la Ley 3/2015, de 30 de marzo, reguladora del ejercicio de alto cargo de la Administración General del Estado.

Artículo 66. Los Directores generales

1. Los Directores generales son los titulares de los órganos directivos encargados de la gestión de una o varias áreas funcionalmente homogéneas del Ministerio. A tal efecto, les corresponde:

a) Proponer los proyectos de su Dirección general para alcanzar los objetivos establecidos por el Ministro, dirigir su ejecución y controlar su adecuado cumplimiento.

b) Ejercer las competencias atribuidas a la Dirección general y las que le sean desconcentradas o delegadas.

c) Proponer, en los restantes casos, al Ministro o al titular del órgano del que dependa, la resolución que estime procedente sobre los asuntos que afectan al órgano directivo.

d) Impulsar y supervisar las actividades que forman parte de la gestión ordinaria del órgano directivo y velar por el buen funcionamiento de los órganos y unidades dependientes y del personal integrado en los mismos.

e) Las demás atribuciones que le confieran las leyes y reglamentos.

2[10]. Los Directores generales serán nombrados y separados por Real Decreto del Consejo de Ministros, a propuesta del titular del Departamento o del Presidente del Gobierno.

Los nombramientos habrán de efectuarse entre funcionarios de carrera del Estado, de las Comunidades Autónomas o de las Entidades locales, pertenecientes al Subgrupo A1, a que se refiere el artículo 76 del texto refundido de la Ley del Estatuto Básico del Empleado Público, aprobada por Real Decreto legislativo 5/2015, de 30 de octubre, o entre personas que hubieran perdido tal condición como consecuencia de su jubilación, salvo que el Real Decreto de estructura permita que, en atención a las características específicas de las funciones de la Dirección General, su titular no reúna dicha condición de funcionario, debiendo motivarse mediante memoria razonada la concurrencia de las especiales características que justifiquen esa circunstancia excepcio-

---

[10]   Apartado modificado por el Real Decreto-ley 6/2023, de 19 de diciembre.

nal. En todo caso, habrán de reunir los requisitos de idoneidad establecidos en la Ley 3/2015, de 30 de marzo, reguladora del ejercicio del alto cargo de la Administración General del Estado.

Artículo 67. Los Subdirectores generales

1. Los Subdirectores generales son los responsables inmediatos, bajo la supervisión del Director general o del titular del órgano del que dependan, de la ejecución de aquellos proyectos, objetivos o actividades que les sean asignados, así como de la gestión ordinaria de los asuntos de la competencia de la Subdirección General.

2. Los Subdirectores generales serán nombrados, respetando los principios de igualdad, mérito y capacidad, y cesados por el Ministro, Secretario de Estado o Subsecretario del que dependan.

Los nombramientos habrán de efectuarse entre funcionarios de carrera del Estado, o de otras Administraciones, cuando así lo prevean las normas de aplicación, pertenecientes al Subgrupo A1, a que se refiere el artículo 76 de la Ley 7/2007, de 12 de abril.

Artículo 68. Reglas generales sobre los servicios comunes de los Ministerios

1. Los órganos directivos encargados de los servicios comunes, prestan a los órganos superiores y directivos del resto del Ministerio la asistencia precisa para el más eficaz cumplimiento de sus cometidos y, en particular, la eficiente utilización de los medios y recursos materiales, económicos y personales que tengan asignados.

Corresponde a los servicios comunes el asesoramiento, el apoyo técnico y, en su caso, la gestión directa en relación con las funciones de planificación, programación y presupuestación, cooperación internacional, acción en el exterior, organización y recursos humanos, sistemas de información y comunicación, producción normativa, asistencia jurídica, gestión financiera, gestión de medios materiales y servicios auxiliares, seguimiento, control e inspección de servicios, estadística para fines estatales y publicaciones.

2. Los servicios comunes funcionan en cada Departamento de acuerdo con las disposiciones y directrices adoptadas por los Ministerios con competencia sobre dichas funciones comunes en la Administración General del Estado. Todo ello, sin perjuicio de que determinados órganos con competencia sobre algunos servicios comunes sigan dependiendo funcional o jerárquicamente de alguno de los referidos Ministerios.

3. Mediante Real Decreto podrá preverse la gestión compartida de algunos de los servicios comunes que podrá realizarse de las formas siguientes:

a) Mediante su coordinación directa por el Ministerio de Hacienda y Administraciones Públicas o por un organismo autónomo vinculado o dependiente del mismo, que prestarán algunos de estos servicios comunes a otros Ministerios.

b) Mediante su coordinación directa por la Subsecretaría de cada Ministerio o por un organismo autónomo vinculado o dependiente de la misma que prestará algunos de estos servicios comunes a todo el Ministerio. El Real Decreto que determine la gestión compartida de algunos de los servicios comunes concretará el régimen de dependencia orgánica y funcional del personal que viniera prestando el servicio respectivo en cada unidad.

CAPÍTULO III. ÓRGANOS TERRITORIALES

SECCIÓN 1ª. LA ORGANIZACIÓN TERRITORIAL DE LA ADMINISTRACIÓN GENERAL DEL ESTADO

Artículo 69. Las Delegaciones y las Subdelegaciones del Gobierno

1. Existirá una Delegación del Gobierno en cada una de las Comunidades Autónomas.

2. Las Delegaciones del Gobierno tendrán su sede en la localidad donde radique el Consejo de Gobierno de la Comunidad Autónoma, salvo que el Consejo de Ministros acuerde ubicarla en otra distinta y sin perjuicio de lo que disponga expresamente el Estatuto de Autonomía.

3. Las Delegaciones del Gobierno están adscritas orgánicamente al Ministerio de Hacienda y Administraciones Públicas.

4. En cada una de las provincias de las Comunidades Autónomas pluriprovinciales, existirá un Subdelegado del Gobierno, que estará bajo la inmediata dependencia del Delegado del Gobierno.

Podrán crearse por Real Decreto Subdelegaciones del Gobierno en las Comunidades Autónomas uniprovinciales, cuando circunstancias tales como la población del territorio, el volumen de gestión o sus singularidades geográficas, sociales o económicas así lo justifiquen.

Artículo 70. Los Directores Insulares de la Administración General del Estado

Reglamentariamente se determinarán las islas en las que existirá un Director Insular de la Administración General del Estado, con el nivel que se determine en la relación de puestos de trabajo. Serán nombrados por el Delegado del Gobierno mediante el procedimiento de libre designación entre funcionarios de carrera del Estado, de las Comunidades Autónomas o de las Entidades Locales, pertenecientes a Cuerpos o Escalas clasificados como Subgrupo A1.

Los Directores Insulares dependen jerárquicamente del Delegado del Gobierno en la Comunidad Autónoma o del Subdelegado del Gobierno en la provincia, cuando este cargo exista, y ejercen, en su ámbito territorial, las competencias atribuidas por esta Ley a los Subdelegados del Gobierno en las provincias.

Artículo 71. Los servicios territoriales

1. Los servicios territoriales de la Administración General del Estado en la Comunidad Autónoma se organizarán atendiendo al mejor cumplimiento de sus fines, en servicios integrados y no integrados en las Delegaciones del Gobierno.

2. La organización de los servicios territoriales no integrados en las Delegaciones del Gobierno se establecerá mediante Real Decreto a propuesta conjunta del titular del Ministerio del que dependan y del

titular del Ministerio que tenga atribuida la competencia para la racionalización, análisis y evaluación de las estructuras organizativas de la Administración General del Estado y sus organismos públicos, cuando contemple unidades con nivel de Subdirección General o equivalentes, o por Orden conjunta cuando afecte a órganos inferiores.

3. Los servicios territoriales no integrados dependerán del órgano central competente sobre el sector de actividad en el que aquéllos operen, el cual les fijará los objetivos concretos de actuación y controlará su ejecución, así como el funcionamiento de los servicios.

4. Los servicios territoriales integrados dependerán del Delegado del Gobierno, o en su caso Subdelegado del Gobierno, a través de la Secretaría General, y actuarán de acuerdo con las instrucciones técnicas y criterios operativos establecidos por el Ministerio competente por razón de la materia.

SECCIÓN 2ª. LOS DELEGADOS DEL GOBIERNO EN LAS COMUNIDADES AUTÓNOMAS

Artículo 72. Los Delegados del Gobierno en las Comunidades Autónomas

1. Los Delegados del Gobierno representan al Gobierno de la Nación en el territorio de la respectiva Comunidad Autónoma, sin perjuicio de la representación ordinaria del Estado en las mismas a través de sus respectivos Presidentes.

2. Los Delegados del Gobierno dirigirán y supervisarán la Administración General del Estado en el territorio de las respectivas Comunidades Autónomas y la coordinarán, internamente y cuando proceda, con la administración propia de cada una de ellas y con la de las Entidades Locales radicadas en la Comunidad.

3. Los Delegados del Gobierno son órganos directivos con rango de Subsecretario que dependen orgánicamente del Presidente del Gobierno y funcionalmente del Ministerio competente por razón de la materia.

4. Los Delegados del Gobierno serán nombrados y separados por Real Decreto del Consejo de Ministros, a propuesta del Presidente del Gobierno. Su nombramiento atenderá a criterios de competencia profesional y experiencia. En todo caso, deberá reunir los requisitos de idoneidad establecidos en la Ley 3/2015, de 30 de marzo, reguladora del ejercicio del alto cargo de la Administración General del Estado.

5. En caso de ausencia, vacante o enfermedad del titular de la Delegación del Gobierno, será suplido por el Subdelegado del Gobierno que el Delegado designe y, en su defecto, al de la provincia en que tenga su sede. En las Comunidades Autónomas uniprovinciales en las que no exista Subdelegado la suplencia corresponderá al Secretario General.

Artículo 73. Competencias de los Delegados del Gobierno en las Comunidades Autónomas

1. Los Delegados del Gobierno en las Comunidades Autónomas son los titulares de las correspondientes Delegaciones del Gobierno y tienen, en los términos establecidos en este Capítulo, las siguientes competencias:

a) Dirección y coordinación de la Administración General del Estado y sus Organismos públicos:

1.º Impulsar, coordinar y supervisar con carácter general su actividad en el territorio de la Comunidad Autónoma, y, cuando se trate de servicios integrados, dirigirla, directamente o a través de los subdelegados del gobierno, de acuerdo con los objetivos y, en su caso, instrucciones de los órganos superiores de los respectivos ministerios.

2.º Nombrar a los Subdelegados del Gobierno en las provincias de su ámbito de actuación y, en su caso, a los Directores Insulares, y como superior jerárquico, dirigir y coordinar su actividad.

3.º Informar, con carácter preceptivo, las propuestas de nombramiento de los titulares de órganos territoriales de la Administración General del Estado y los Organismos públicos estatales de ámbito autonómico y provincial en la Delegación del Gobierno.

b) Información de la acción del Gobierno e información a los ciudadanos:

1.º Coordinar la información sobre los programas y actividades del Gobierno y la Administración General del Estado y sus Organismos públicos en la Comunidad Autónoma.

2.º Promover la colaboración con las restantes Administraciones Públicas en materia de información al ciudadano.

3.º Recibir información de los distintos Ministerios de los planes y programas que hayan de ejecutar sus respectivos servicios territoriales y Organismos públicos en su ámbito territorial.

4.º Elevar al Gobierno, con carácter anual, a través del titular del Ministerio de Hacienda y Administraciones Públicas, un informe sobre el funcionamiento de los servicios públicos estatales en el ámbito autonómico.

c) Coordinación y colaboración con otras Administraciones Públicas:

1.º Comunicar y recibir cuanta información precisen el Gobierno y el órgano de Gobierno de la Comunidad Autónoma. Realizará también estas funciones con las Entidades Locales en su ámbito territorial, a través de sus respectivos Presidentes.

2.º Mantener las necesarias relaciones de coordinación y cooperación de la Administración General del Estado y sus Organismos públicos con la de la Comunidad Autónoma y con las correspondientes Entidades Locales. A tal fin, promoverá la celebración de convenios con la Comunidad Autónoma y con las Entidades Locales, en particular, en relación a los programas de financiación estatal, participando en el seguimiento de la ejecución y cumplimiento de los mismos.

3.º Participar en las Comisiones mixtas de transferencias y en las Comisiones bilaterales de cooperación, así como en otros órganos de cooperación de naturaleza similar cuando se determine.

d) Control de legalidad:

1.º Resolver los recursos en vía administrativa interpuestos contra las resoluciones y actos dictados por los órganos de la Delegación, previo informe, en todo caso, del Ministerio competente por razón de la materia.

Las impugnaciones de resoluciones y actos del Delegado del Gobierno susceptibles de recurso administrativo y que no pongan fin a la vía administrativa, serán resueltas por los órganos correspondientes del Ministerio competente por razón de la materia.

Las reclamaciones por responsabilidad patrimonial de las Administraciones Públicas se tramitarán por el Ministerio competente por razón de la materia y se resolverán por el titular de dicho Departamento.

2.º Suspender la ejecución de los actos impugnados dictados por los órganos de la Delegación del Gobierno, cuando le corresponda resolver el recurso, de acuerdo con el artículo 117.2 de la Ley del Procedimiento Administrativo Común de las Administraciones Públicas, y proponer la suspensión en los restantes casos, así como respecto de los actos impugnados dictados por los servicios no integrados en la Delegación del Gobierno.

3.º Velar por el cumplimiento de las competencias atribuidas constitucionalmente al Estado y por la correcta aplicación de su normativa, promoviendo o interponiendo, según corresponda, conflictos de jurisdicción, conflictos de atribuciones, recursos y demás acciones legalmente procedentes.

e) Políticas públicas:

1.º Formular a los Ministerios competentes, en cada caso, las propuestas que estime convenientes sobre los objetivos contenidos en los planes y programas que hayan de ejecutar los servicios territoriales y los de los Organismos públicos, e informar, regular y periódicamente, a los Ministerios competentes sobre la gestión de sus servicios territoriales.

2.º Proponer ante el Ministro de Hacienda y Administraciones Públicas las medidas precisas para evitar la duplicidad de estructuras administrativas, tanto en la propia Administración General del Estado como con otras Administraciones Públicas, conforme a los principios de eficacia y eficiencia.

3.º Proponer al Ministerio de Hacienda y Administraciones Públicas medidas para incluir en los planes de recursos humanos de la Administración General del Estado.

4.º Informar las medidas de optimización de recursos humanos y materiales en su ámbito territorial, especialmente las que afecten a más de un Departamento. En particular, corresponde a los Delegados del Gobierno, en los términos establecidos en la Ley 33/2003, de 3 de noviembre, del Patrimonio de las Administraciones Públicas, la coordinación de la utilización de los edificios de uso administrativo por la organización territorial de la Administración General del Estado y de los organismos públicos de ella dependientes en su ámbito territorial, de acuerdo con las directrices establecidas por el Ministerio de Hacienda y Administraciones Públicas y la Dirección General del Patrimonio del Estado.

2. Asimismo, los Delegados del Gobierno ejercerán la potestad sancionadora, expropiatoria y cualesquiera otras que les confieran las normas o que les sean desconcentradas o delegadas.

3. Corresponde a los Delegados del Gobierno proteger el libre ejercicio de los derechos y libertades y garantizar la seguridad ciudadana, a través de los Subdelegados del Gobierno y de las Fuerzas y Cuerpos de seguridad del Estado, cuya jefatura corresponderá al Delegado del Gobierno, quien ejercerá las competencias del Estado en esta materia bajo la dependencia funcional del Ministerio del Interior.

4. En relación con los servicios territoriales, los Delegados del Gobierno, para el ejercicio de las competencias recogidas en este artículo, podrán recabar de los titulares de dichos servicios toda la información relativa a su actividad, estructuras organizativas, recursos humanos, inventarios de bienes muebles e inmuebles o a cualquier otra materia o asunto que consideren oportuno al objeto de garantizar una gestión coordinada y eficaz de los servicios estatales en el territorio.

SECCIÓN 3ª. LOS SUBDELEGADOS DEL GOBIERNO EN LAS PROVINCIAS

Artículo 74. Los Subdelegados del Gobierno en las provincias

En cada provincia y bajo la inmediata dependencia del Delegado del Gobierno en la respectiva Comunidad Autónoma, existirá un Subdelegado del Gobierno, con nivel de Subdirector General, que será nombrado por aquél mediante el procedimiento de libre designación entre funcionarios de carrera del Estado, de las Comunidades Autónomas o de las Entidades Locales, pertenecientes a Cuerpos o Escalas clasificados como Subgrupo A1.

En las Comunidades Autónomas uniprovinciales en las que no exista Subdelegado, el Delegado del Gobierno asumirá las competencias que esta Ley atribuye a los Subdelegados del Gobierno en las provincias.

Artículo 75. Competencias de los Subdelegados del Gobierno en las provincias

A los Subdelegados del Gobierno les corresponde:

a) Desempeñar las funciones de comunicación, colaboración y cooperación con la respectiva Comunidad Autónoma y con las Entidades Locales y, en particular, informar sobre la incidencia en el territorio de los programas de financiación estatal. En concreto les corresponde:

1.º Mantener las necesarias relaciones de cooperación y coordinación de la Administración General del Estado y sus Organismos públicos con la de la Comunidad Autónoma y con las correspondientes Entidades locales en el ámbito de la provincia.

2.º Comunicar y recibir cuanta información precisen el Gobierno y el órgano de Gobierno de la Comunidad Autónoma. Realizará también estas funciones con las Entidades locales en su ámbito territorial, a través de sus respectivos Presidentes.

b) Proteger el libre ejercicio de los derechos y libertades, garantizando la seguridad ciudadana, todo ello dentro de las competencias estatales en la materia. A estos efectos, dirigirá las Fuerzas y Cuerpos de Seguridad del Estado en la provincia.

c) Dirigir y coordinar la protección civil en el ámbito de la provincia.

d) Dirigir, en su caso, los servicios integrados de la Administración General del Estado, de acuerdo con las instrucciones del Delegado del Gobierno y de los Ministerios correspondientes; e impulsar, supervisar e inspeccionar los servicios no integrados.

e) Coordinar la utilización de los medios materiales y, en particular, de los edificios administrativos en el ámbito territorial de su competencia.

f) Ejercer la potestad sancionadora y cualquier otra que les confiera las normas o que les sea desconcentrada o delegada.

SECCIÓN 4ª. LA ESTRUCTURA DE LAS DELEGACIONES DEL GOBIERNO

Artículo 76. Estructura de las Delegaciones y Subdelegaciones del Gobierno

1. La estructura de las Delegaciones y Subdelegaciones del Gobierno se fijará por Real Decreto del Consejo de Ministros a propuesta del Ministerio de Hacienda y Administraciones Públicas, en razón de la dependencia orgánica de las Delegaciones del Gobierno, y contarán, en todo caso, con una Secretaría General, dependiente de los Delegados o, en su caso, de los Subdelegados del Gobierno, como órgano de gestión de los servicios comunes, y de la que dependerán los distintos servicios integrados en la misma, así como aquellos otros servicios y unidades que se determine en la relación de puestos de trabajo.

2. La integración de nuevos servicios territoriales o la desintegración de servicios territoriales ya integrados en las Delegaciones del Gobierno, se llevará a cabo mediante Real Decreto de Consejo de Ministros, a propuesta del Ministerio de Hacienda y Administraciones

Públicas, en razón de la dependencia orgánica de las Delegaciones del Gobierno, y del Ministerio competente del área de actividad.

Artículo 77. Asistencia jurídica y control económico financiero de las Delegaciones y Subdelegaciones del Gobierno

La asistencia jurídica y las funciones de intervención y control económico financiero en relación con las Delegaciones y Subdelegaciones del Gobierno se ejercerán por la Abogacía del Estado y la Intervención General de la Administración del Estado respectivamente, de acuerdo con su normativa específica.

SECCIÓN 5ª. ÓRGANOS COLEGIADOS

Artículo 78. La Comisión interministerial de coordinación de la Administración periférica del Estado

1. La Comisión interministerial de coordinación de la Administración periférica del Estado es un órgano colegiado, adscrito al Ministerio de Hacienda y Administraciones Públicas.

2. La Comisión interministerial de coordinación de la Administración periférica del Estado se encargará de coordinar la actuación de la Administración periférica del Estado con los distintos Departamentos ministeriales.

3. Mediante Real Decreto se regularán sus atribuciones, composición y funcionamiento.

Artículo 79. Los órganos colegiados de asistencia al Delegado y al Subdelegado del Gobierno

1. En cada una de las Comunidades Autónomas pluriprovinciales existirá una Comisión territorial de asistencia al Delegado del Gobierno, con las siguientes características:

a) Estará presidida por el Delegado del Gobierno en la Comunidad Autónoma e integrada por los Subdelegados del Gobierno en las provincias comprendidas en el territorio de ésta.

b) A sus sesiones deberán asistir los titulares de los órganos y servicios territoriales, tanto integrados como no integrados, que el Delegado del Gobierno considere oportuno.

c) Esta Comisión desarrollará, en todo caso, las siguientes funciones:

1.º Coordinar las actuaciones que hayan de ejecutarse de forma homogénea en el ámbito de la Comunidad Autónoma, para asegurar el cumplimiento de los objetivos generales fijados por el Gobierno a los servicios territoriales.

2.º Homogeneizar el desarrollo de las políticas públicas en su ámbito territorial, a través del establecimiento de criterios comunes de actuación que habrán de ser compatibles con las instrucciones y objetivos de los respectivos departamentos ministeriales.

3.º Asesorar al Delegado del Gobierno en la Comunidad Autónoma en la elaboración de las propuestas de simplificación administrativa y racionalización en la utilización de los recursos.

4.º Cualesquiera otras que a juicio del Delegado del Gobierno en la Comunidad Autónoma resulten adecuadas para que la Comisión territorial cumpla la finalidad de apoyo y asesoramiento en el ejercicio de las competencias que esta Ley le asigna.

2. En las Comunidades Autónomas uniprovinciales existirá una Comisión de asistencia al Delegado del Gobierno, presidida por él mismo e integrada por el Secretario General y los titulares de los órganos y servicios territoriales, tanto integrados como no integrados, que el Delegado del Gobierno considere oportuno, con las funciones señaladas en el apartado anterior.

3. En cada Subdelegación del Gobierno existirá una Comisión de asistencia al Subdelegado del Gobierno presidida por él mismo e integrada por el Secretario General y los titulares de los órganos y servicios territoriales, tanto integrados como no integrados, que el Subdelegado del Gobierno considere oportuno, con las funciones señaladas en el apartado primero, referidas al ámbito provincial.

CAPÍTULO IV. DE LA ADMINISTRACIÓN GENERAL DEL ESTADO EN EL EXTERIOR

Artículo 80. El Servicio Exterior del Estado

El Servicio Exterior del Estado se rige en todo lo concerniente a su composición, organización, funciones, integración y personal por lo dispuesto en la Ley 2/2014, de 25 de marzo, de la Acción y del Servicio Exterior del Estado y en su normativa de desarrollo y, supletoriamente, por lo dispuesto en esta Ley.

TÍTULO II. ORGANIZACIÓN Y FUNCIONAMIENTO DEL SECTOR PÚBLICO INSTITUCIONAL

CAPÍTULO I. DEL SECTOR PÚBLICO INSTITUCIONAL

Artículo 81. Principios generales de actuación

1. Las entidades que integran el sector público institucional están sometidas en su actuación a los principios de legalidad, eficiencia, estabilidad presupuestaria y sostenibilidad financiera así como al principio de transparencia en su gestión. En particular se sujetarán en materia de personal, incluido el laboral, a las limitaciones previstas en la normativa presupuestaria y en las previsiones anuales de los presupuestos generales.

2. Todas las Administraciones Públicas deberán establecer un sistema de supervisión continua de sus entidades dependientes, con el objeto de comprobar la subsistencia de los motivos que justificaron su creación y su sostenibilidad financiera, y que deberá incluir la formulación expresa de propuestas de mantenimiento, transformación o extinción.

3. Los organismos y entidades vinculados o dependientes de la Administración autonómica y local se regirán por las disposiciones básicas de esta ley que les resulten de aplicación, y en particular, por lo dispuesto en los Capítulos I y VI y en los artículos 129 y 134, así como por la normativa propia de la Administración a la que se adscriban.

Artículo 82. El Inventario de Entidades del Sector Público Estatal, Autonómico y Local

1. El Inventario de Entidades del Sector Público Estatal, Autonómico y Local, se configura como un registro público administrativo que garantiza la información pública y la ordenación de todas las entidades integrantes del sector público institucional cualquiera que sea su naturaleza jurídica.

La integración y gestión de dicho Inventario y su publicación dependerá de la Intervención General de la Administración del Estado[11].

2. El Inventario de Entidades del Sector Público contendrá, al menos, información actualizada sobre la naturaleza jurídica, finalidad, fuentes de financiación, estructura de dominio, en su caso, la condición de medio propio, regímenes de contabilidad, presupuestario y de control así como la clasificación en términos de contabilidad nacional, de cada una de las entidades integrantes del sector público institucional.

3. Al menos, la creación, transformación, fusión o extinción de cualquier entidad integrante del sector público institucional, cualquiera que sea su naturaleza jurídica, será inscrita en el Inventario de Entidades del Sector Público Estatal, Autonómico y Local.

Artículo 83. Inscripción en el Inventario de Entidades del Sector Público Estatal, Autonómico y Local

1. El titular del máximo órgano de dirección de la entidad notificará, a través de la intervención general de la Administración correspondiente, la información necesaria para la inscripción definitiva en el Inventario de Entidades del Sector Público Estatal, Autonómico y Local, en los términos previstos reglamentariamente, de los actos relativos a su creación, transformación, fusión o extinción, en el plazo de treinta días hábiles a contar desde que ocurra el acto inscribible. En la citada notificación se acompañará la documentación justificativa que determina tal circunstancia.

---

[11] Párrafo redactado conforme a la disposición final 15.1 de la Ley 9/2017, de 8 de noviembre.

2. La inscripción definitiva de la creación de cualquier entidad integrante del sector público institucional en el Inventario de Entidades del Sector Público Estatal, Autonómico y Local se realizará de conformidad con las siguientes reglas:

a) El titular del máximo órgano de dirección de la entidad, a través de la intervención general de la Administración correspondiente, notificará, electrónicamente a efectos de su inscripción, al Inventario de Entidades del Sector Público Estatal, Autonómico y Local, la norma o el acto jurídico de creación en el plazo de 30 días hábiles desde la entrada en vigor de la norma o del acto, según corresponda. A la notificación se acompañará la copia o enlace a la publicación electrónica del Boletín Oficial en el que se publicó la norma, o copia del acto jurídico de creación, así como el resto de documentación justificativa que proceda, como los Estatutos o el plan de actuación.

b) La inscripción en el Inventario de Entidades del Sector Público Estatal, Autonómico y Local se practicará dentro del plazo de 15 días hábiles siguientes a la recepción de la solicitud de inscripción.

c) Para la asignación del Número de Identificación Fiscal definitivo y de la letra identificativa que corresponda a la entidad, de acuerdo con su naturaleza jurídica, por parte de la Administración Tributaria será necesaria la aportación de la certificación de la inscripción de la entidad en el Inventario de Entidades del Sector Público Estatal, Autonómico y Local.

CAPÍTULO II. ORGANIZACIÓN Y FUNCIONAMIENTO DEL SECTOR PÚBLICO INSTITUCIONAL ESTATAL

Artículo 84. Composición y clasificación del sector público institucional estatal[12]

1. Integran el sector público institucional estatal las siguientes entidades:

---

[12]   Artículo modificado por la Ley 11/2020, de 30 de diciembre.

a) Los organismos públicos vinculados o dependientes de la Administración General del Estado, los cuales se clasifican en:

1. Organismos autónomos.

2. Entidades públicas empresariales.

3. Agencias estatales.

b) Las autoridades administrativas independientes.

c) Las sociedades mercantiles estatales.

d) Los consorcios.

e) Las fundaciones del sector público.

f) Los fondos sin personalidad jurídica.

g) Las universidades públicas no transferidas.

2. La Administración General del Estado o entidad integrante del sector público institucional estatal no podrá, por sí misma ni en colaboración con otras entidades públicas o privadas, crear, ni ejercer el control efectivo, directa ni indirectamente, sobre ningún otro tipo de entidad distinta de las enumeradas en este artículo, con independencia de su naturaleza y régimen jurídico.

Lo dispuesto en este apartado no será de aplicación a la participación del Estado en organismos internacionales o entidades de ámbito supranacional, ni a la participación en los organismos de normalización y acreditación nacionales o en sociedades creadas al amparo de la Ley 27/1984, de 26 de julio, sobre reconversión y reindustrialización.

3. Las universidades públicas no transferidas se regirán por lo dispuesto en la Ley 47/2003, de 26 de noviembre, que les sea de aplicación y por lo dispuesto en esta ley en lo que no esté previsto en su normativa específica.

Artículo 84 bis[13]. Presencia equilibrada entre mujeres y hombres en las entidades del sector público institucional estatal

1. El principio de representación equilibrada entre mujeres y hombres será de aplicación a las personas titulares de las presidencias,

---

[13]   Artículo añadido por la Ley orgánica 2/2024, de 1 de agosto.

vicepresidencias, direcciones generales, direcciones ejecutivas y asimilados de las entidades del sector público institucional estatal que tengan la condición de máximos responsables, así como a las personas con contratos de alta dirección en las citadas entidades, de tal manera que las personas de cada sexo no superen el sesenta por ciento ni sean menos del cuarenta por ciento en el ámbito de cada entidad.

2. El principio de representación equilibrada se garantizará también en la composición de los órganos colegiados de gobierno de las entidades.

Artículo 85. Control de eficacia y supervisión continua

1. Las entidades integrantes del sector público institucional estatal estarán sometidas al control de eficacia y supervisión continua, sin perjuicio de lo establecido en el artículo 110.

Para ello, todas las entidades integrantes del sector público institucional estatal contarán, en el momento de su creación, con un plan de actuación, que contendrá las líneas estratégicas en torno a las cuales se desenvolverá la actividad de la entidad, que se revisarán cada tres años, y que se completará con planes anuales que desarrollarán el de creación para el ejercicio siguiente.

2. El control de eficacia será ejercido por el Departamento al que estén adscritos, a través de las inspecciones de servicios, y tendrá por objeto evaluar el cumplimiento de los objetivos propios de la actividad específica de la entidad y la adecuada utilización de los recursos, de acuerdo con lo establecido en su plan de actuación y sus actualizaciones anuales, sin perjuicio del control que de acuerdo con la Ley 47/2003, de 26 de noviembre, se ejerza por la Intervención General de la Administración del Estado.

3. Todas las entidades integrantes del sector público institucional estatal están sujetas desde su creación hasta su extinción a la supervisión continua del Ministerio de Hacienda y Administraciones Públicas, a través de la Intervención General de la Administración del Estado,

que vigilará la concurrencia de los requisitos previstos en esta Ley. En particular verificará, al menos, lo siguiente:

a) La subsistencia de las circunstancias que justificaron su creación.

b) Su sostenibilidad financiera.

c) La concurrencia de la causa de disolución prevista en esta ley referida al incumplimiento de los fines que justificaron su creación o que su subsistencia no resulte el medio más idóneo para lograrlos.

Las actuaciones de planificación, ejecución y evaluación correspondientes a la supervisión continua se determinarán reglamentariamente.

4. Las actuaciones de control de eficacia y supervisión continua tomarán en consideración:

a) La información económico financiera disponible.

b) El suministro de información por parte de los organismos públicos y entidades sometidas al Sistema de control de eficacia y supervisión continúa.

c) Las propuestas de las inspecciones de los servicios de los departamentos ministeriales.

Los resultados de la evaluación efectuada tanto por el Ministerio de adscripción como por el Ministerio de Hacienda y Administraciones Públicas se plasmarán en un informe sujeto a procedimiento contradictorio que, según las conclusiones que se hayan obtenido, podrá contener recomendaciones de mejora o una propuesta de transformación o supresión del organismo público o entidad.

Artículo 86. Medio propio y servicio técnico[14]

1. Las entidades integrantes del sector público institucional podrán ser consideradas medios propios y servicios técnicos de los poderes adjudicadores y del resto de entes y sociedades que no tengan la consideración de poder adjudicador cuando cumplan las condiciones y requisitos establecidos en la Ley 9/2017, de 8 de noviembre, de Contratos

---

[14]   Artículo modificado por la Ley 11/2020, de 30 de diciembre.

del Sector Público, por la que se transponen al ordenamiento jurídico español las Directivas del Parlamento Europeo y del Consejo 2014/23/UE y 2014/24/UE, de 26 de febrero de 2014.

2. Tendrán la consideración de medio propio y servicio técnico cuando se acredite que, además de disponer de medios suficientes e idóneos para realizar prestaciones en el sector de actividad que se corresponda con su objeto social, de acuerdo con su norma o acuerdo de creación, se dé alguna de las circunstancias siguientes:

a) Sea una opción más eficiente que la contratación pública y resulta sostenible y eficaz, aplicando criterios de rentabilidad económica.

b) Resulte necesario por razones de seguridad pública o de urgencia en la necesidad de disponer de los bienes o servicios suministrados por el medio propio o servicio técnico.

Formará parte del control de eficacia de los medios propios y servicios técnicos la comprobación de la concurrencia de los mencionados requisitos.

En la denominación de las entidades integrantes del sector público institucional que tengan la condición de medio propio deberá figurar necesariamente la indicación «Medio Propio» o su abreviatura «M.P.».

3. En el supuesto de creación de un nuevo medio propio y servicio técnico deberá acompañarse la propuesta de declaración de una memoria justificativa que acredite lo dispuesto en el apartado anterior y que, en este supuesto de nueva creación, deberá ser informada por la Intervención General de la Administración del Estado.

Artículo 87. Transformaciones de las entidades integrantes del sector público institucional estatal[15]

1. Cualquier organismo autónomo, entidad pública empresarial, agencias estatales, sociedad mercantil estatal o fundación del sector público institucional estatal podrá transformarse y adoptar la naturaleza jurídica de cualquiera de las entidades citadas.

---

[15]   Artículo modificado por la Ley 11/2020, de 30 de diciembre.

2. La transformación tendrá lugar, conservando su personalidad jurídica, por cesión e integración global, en unidad de acto, de todo el activo y el pasivo de la entidad transformada con sucesión universal de derechos y obligaciones.

La transformación no alterará las condiciones financieras de las obligaciones asumidas ni podrá ser entendida como causa de resolución de las relaciones jurídicas.

3. La transformación se llevará a cabo mediante Real Decreto, aunque suponga modificación de la Ley de creación, salvo en el caso de la transformación en agencias estatales que deberá efectuarse por ley.

4. Cuando un organismo autónomo, entidad pública empresarial o Agencias Estatales se transforme en una entidad pública empresarial, Agencias Estatales, sociedad mercantil estatal o en una fundación del sector público, el Real Decreto o la Ley mediante el que se lleve a cabo la transformación deberá ir acompañado de la siguiente documentación:

a) Una memoria que incluya:

1.º Una justificación de la transformación por no poder asumir sus funciones manteniendo su naturaleza jurídica originaria.

2.º Un análisis de eficiencia que incluirá una previsión del ahorro que generará la transformación y la acreditación de inexistencia de duplicidades con las funciones que ya desarrolle otro órgano, organismo público o entidad preexistente.

3.º Un análisis de la situación en la que quedará el personal, indicando si, en su caso, parte del mismo se integrará, bien en la Administración General del Estado o bien en la entidad pública empresarial, sociedad mercantil estatal o fundación que resulte de la transformación.

b) Un informe preceptivo de la Intervención General de la Administración del Estado en el que se valorará el cumplimiento de lo previsto en este artículo.

5. La aprobación del Real Decreto de transformación conllevará:

a) La adaptación de la organización de los medios personales, materiales y económicos que resulte necesaria por el cambio de naturaleza jurídica.

b) La posibilidad de integrar el personal en la entidad transformada o en la Administración General del Estado. En su caso, esta integración se llevará a cabo de acuerdo con los procedimientos de movilidad establecidos en la legislación de función pública o en la legislación laboral que resulte aplicable.

Los distintos tipos de personal de la entidad transformada tendrán los mismos derechos y obligaciones que les correspondan de acuerdo con la normativa que les sea de aplicación.

La adaptación, en su caso, de personal que conlleve la transformación no supondrá, por sí misma, la atribución de la condición de funcionario público al personal laboral que prestase servicios en la entidad transformada.

La integración de quienes hasta ese momento vinieran ejerciendo funciones reservadas a funcionarios públicos sin serlo podrá realizarse con la condición de «a extinguir», debiéndose valorar previamente las características de los puestos afectados y las necesidades de la entidad donde se integren.

De la ejecución de las medidas de transformación no podrá derivarse incremento alguno de la masa salarial preexistente en la entidad transformada.

CAPÍTULO III. DE LOS ORGANISMOS PÚBLICOS ESTATALES

SECCIÓN 1ª. DISPOSICIONES GENERALES

Artículo 88. Definición y actividades propias

Son organismos públicos dependientes o vinculados a la Administración General del Estado, bien directamente o bien a través de otro organismo público, los creados para la realización de actividades administrativas, sean de fomento, prestación o de gestión de servicios públicos o de producción de bienes de interés público susceptibles de contraprestación; actividades de contenido económico reservadas a las Administraciones Públicas; así como la supervisión o regulación de sectores económicos, y cuyas características justifiquen su organización en régimen de descentralización funcional o de independencia.

Artículo 89. Personalidad jurídica y potestades

1. Los organismos públicos tiene personalidad jurídica pública diferenciada, patrimonio y tesorería propios, así como autonomía de gestión, en los términos previstos en esta Ley.

2. Dentro de su esfera de competencia, les corresponden las potestades administrativas precisas para el cumplimiento de sus fines, en los términos que prevean sus estatutos, salvo la potestad expropiatoria.

Los estatutos podrán atribuir a los organismos públicos la potestad de ordenar aspectos secundarios del funcionamiento para cumplir con los fines y el servicio encomendado, en el marco y con el alcance establecido por las disposiciones que fijen el régimen jurídico básico de dicho servicio.

Los actos y resoluciones dictados por los organismos públicos en el ejercicio de potestades administrativas son susceptibles de los recursos administrativos previstos en la Ley del Procedimiento Administrativo Común de las Administraciones Públicas.

Artículo 90. Estructura organizativa en el sector público estatal

1. Los organismos públicos se estructuran en los órganos de gobierno, y ejecutivos que se determinen en su respectivo Estatuto.

Los máximos órganos de gobierno son el Presidente y el Consejo Rector. El estatuto puede, no obstante, prever otros órganos de gobierno con atribuciones distintas.

La dirección del organismo público debe establecer un modelo de control orientado a conseguir una seguridad razonable en el cumplimiento de sus objetivos.

2. Corresponde al Ministro de Hacienda y Administraciones Públicas la clasificación de las entidades, conforme a su naturaleza y a los crite-

rios previstos en Real Decreto 451/2012, de 5 de marzo, por el que se regula el régimen retributivo de los máximos responsables y directivos en el sector público empresarial y otras entidades. A estos efectos, las entidades serán clasificadas en tres grupos. Esta clasificación determinará el nivel en que la entidad se sitúa a efectos de:

a) Número máximo de miembros de los órganos de gobierno.

b) Estructura organizativa, con fijación del número mínimo y máximo de directivos, así como la cuantía máxima de la retribución total, con determinación del porcentaje máximo del complemento de puesto y variable.

Artículo 91. Creación de organismos públicos estatales

1. La creación de los organismos públicos se efectuará por Ley.

2. La Ley de creación establecerá:

a) El tipo de organismo público que crea, con indicación de sus fines generales, así como el Departamento de dependencia o vinculación.

b) En su caso, los recursos económicos, así como las peculiaridades de su régimen de personal, de contratación, patrimonial, fiscal y cualesquiera otras que, por su naturaleza, exijan norma con rango de Ley.

3. El anteproyecto de ley de creación del organismo público que se eleve al Consejo de Ministros deberá ser acompañado de una propuesta de estatutos y de un plan inicial de actuación, junto con el informe preceptivo favorable del Ministerio de Hacienda y Administraciones Públicas que valorará el cumplimiento de lo previsto en este artículo.

Artículo 92. Contenido y efectos del plan de actuación

1. El plan inicial de actuación contendrá, al menos:

a) Las razones que justifican la creación de un nuevo organismo público, por no poder asumir esas funciones otro ya existente, así como la constatación de que la creación no supone duplicidad con la actividad que desarrolle cualquier otro órgano o entidad preexistente.

b) La forma jurídica propuesta y un análisis que justifique que la elegida resulta más eficiente frente a otras alternativas de organización que se hayan descartado.

c) La fundamentación de la estructura organizativa elegida, determinando los órganos directivos y la previsión sobre los recursos humanos necesarios para su funcionamiento.

d) El anteproyecto del presupuesto correspondiente al primer ejercicio junto con un estudio económico-financiero que acredite la suficiencia de la dotación económica prevista inicialmente para el comienzo de su actividad y la sostenibilidad futura del organismo, atendiendo a las fuentes futuras de financiación de los gastos y las inversiones, así como a la incidencia que tendrá sobre los presupuestos generales del Estado.

e) Los objetivos del organismo, justificando su suficiencia o idoneidad, los indicadores para medirlos, y la programación plurianual de carácter estratégico para alcanzarlos, especificando los medios económicos y personales que dedicará, concretando en este último caso la forma de provisión de los puestos de trabajo, su procedencia, coste, retribuciones e indemnizaciones, así como el ámbito temporal en que se prevé desarrollar la actividad del organismo. Asimismo, se incluirán las consecuencias asociadas al grado de cumplimiento de los objetivos establecidos y, en particular, su vinculación con la evaluación de la gestión del personal directivo en el caso de incumplimiento. A tal efecto, el reparto del complemento de productividad o concepto equivalente se realizará teniendo en cuenta el grado de cumplimiento de los objetivos establecidos en el plan de creación y en los anuales.

2. Los organismos públicos deberán acomodar su actuación a lo previsto en su plan inicial de actuación. Éste se actualizará anualmente mediante la elaboración del correspondiente plan que permita desarrollar para el ejercicio siguiente las previsiones del plan de creación. El plan anual de actuación deberá ser aprobado en el último trimestre del año natural por el departamento del que dependa o al que esté vinculado el organismo y deberá guardar coherencia con el Programa de ac-

tuación plurianual previsto en la normativa presupuestaria. El Plan de actuación incorporará, cada tres años, una revisión de la programación estratégica del organismo.

La falta de aprobación del plan anual de actuación dentro del plazo fijado por causa imputable al organismo, y hasta tanto se subsane la omisión, llevará aparejada la paralización de las transferencias que deban realizarse a favor del organismo con cargo a los Presupuestos Generales del Estado, salvo que el Consejo de Ministros adopte otra decisión.

3. El plan de actuación y los anuales, así como sus modificaciones, se hará público en la página web del organismo público al que corresponda.

Artículo 93. Contenido de los estatutos

1. Los estatutos regularán, al menos, los siguientes extremos:

a) Las funciones y competencias del organismo, con indicación de las potestades administrativas que pueda ostentar.

b) La determinación de su estructura organizativa, con expresión de la composición, funciones, competencias y rango administrativo que corresponda a cada órgano. Asimismo se especificarán aquellos de sus actos y resoluciones que agoten la vía administrativa.

c) El patrimonio que se les asigne y los recursos económicos que hayan de financiarlos.

d) El régimen relativo a recursos humanos, patrimonio, presupuesto y contratación.

e) La facultad de participación en sociedades mercantiles cuando ello sea imprescindible para la consecución de los fines asignados.

2. Los estatutos de los organismos públicos se aprobarán por Real Decreto del Consejo de Ministros a propuesta conjunta del Ministerio de Hacienda y Administraciones Públicas y del Ministerio al que el organismo esté vinculado o sea dependiente.

3. Los estatutos deberán ser aprobados y publicados con carácter previo a la entrada en funcionamiento efectivo del organismo público.

Artículo 94. Fusión de organismos públicos estatales

1. Los organismos públicos estatales de la misma naturaleza jurídica podrán fusionarse bien mediante su extinción e integración en un nuevo organismo público, bien mediante su extinción por ser absorbido por otro organismo público ya existente.

2. La fusión se llevará a cabo mediante norma reglamentaria, aunque suponga modificación de la Ley de creación. Cuando la norma reglamentaria cree un nuevo organismo público resultante de la fusión deberá cumplir con lo previsto en el artículo 91.2 sobre requisitos de creación de organismos públicos.

3. A la norma reglamentaria de fusión se acompañará un plan de redimensionamiento para la adecuación de las estructuras organizativas, inmobiliarias, de personal y de recursos resultantes de la nueva situación y en el que debe quedar acreditado el ahorro que generará la fusión.

Si alguno de los organismos públicos estuviese en situación de desequilibrio financiero se podrá prever, como parte del plan de redimensionamiento, que las obligaciones, bienes y derechos patrimoniales que se consideren liquidables y derivados de la actividad que ocasionó el desequilibrio, se integren en un fondo, sin personalidad jurídica y con contabilidad separada, adscrito al nuevo organismo público o al absorbente, según corresponda.

La actividad o actividades que ocasionaron el desequilibrio dejarán de prestarse tras la fusión, salvo que se prevea su realización futura de forma sostenible tras la fusión.

El plan de redimensionamiento, previo informe preceptivo de la Intervención General de la Administración del Estado deberá ser aprobado por cada uno de los organismos públicos fusionados si se integran en uno nuevo o por el organismo público absorbente, según corresponda al tipo de fusión.

4. La aprobación de la norma de fusión conllevará:

a) La integración de las organizaciones de los organismos públicos fusionados, incluyendo los medios personales, materiales y económicos, en los términos previstos en el plan de redimensionamiento.

b) El personal de los organismos públicos extinguidos se podrá integrar bien en la Administración General del Estado o bien en el nuevo organismo público que resulte de la fusión o en el organismo público absorbente, según proceda, de acuerdo con lo previsto en la norma reglamentaria de fusión y de conformidad con los procedimientos de movilidad establecidos en la legislación de función pública o en la legislación laboral que resulte aplicable.

Los distintos tipos de personal de los organismos públicos fusionados tendrán los derechos y obligaciones que les correspondan de acuerdo con la normativa que les sea de aplicación.

La integración de quienes hasta ese momento vinieran ejerciendo funciones reservadas a funcionarios públicos sin serlo podrá realizarse con la condición de «a extinguir», debiéndose valorar previamente las características de los puestos afectados y las necesidades del organismos donde se integren.

Esta integración de personal no supondrá, en ningún caso, la atribución de la condición de funcionario público al personal laboral que prestase servicios en los organismos públicos fusionados.

De la ejecución de las medidas de fusión no podrá derivarse incremento alguno de la masa salarial en los organismos públicos afectados.

c) La cesión e integración global, en unidad de acto, de todo el activo y el pasivo de los organismos públicos extinguidos en el nuevo organismo público resultante de la fusión o en el organismo público absorbente, según proceda, que le sucederá universalmente en todos sus derechos y obligaciones.

La fusión no alterará las condiciones financieras de las obligaciones asumidas ni podrá ser entendida como causa de resolución de las relaciones jurídicas.

d) Si se hubiera previsto en el plan de redimensionamiento, las obligaciones, bienes y derechos patrimoniales que se consideren liquidables se integrarán en un fondo, sin personalidad jurídica y con contabilidad separada, adscrito al nuevo organismo público resultante de la fusión o al organismo público absorbente, según proceda, que designará un liquidador al que le corresponderá la liquidación de este fondo. Esta liquidación se efectuará de conformidad con lo previsto en el artículo 97.

La liquidación deberá llevarse a cabo durante los dos años siguientes a la aprobación de la norma reglamentaria de fusión, salvo que el Consejo de Ministros acuerde su prórroga, sin perjuicio de los posibles derechos que puedan corresponder a los acreedores. La aprobación de las normas a las que tendrá que ajustarse la contabilidad del fondo corresponderá al Ministro de Hacienda y Administraciones Públicas a propuesta de la Intervención General de la Administración del Estado.

Artículo 95. Gestión compartida de servicios comunes

1. La norma de creación de los organismos públicos del sector público estatal incluirá la gestión compartida de algunos o todos los servicios comunes, salvo que la decisión de no compartirlos se justifique, en la memoria que acompañe a la norma de creación, en términos de eficiencia, conforme al artículo 7 de la Ley Orgánica 2/2012, de 27 de abril, de Estabilidad Presupuestaria y Sostenibilidad Financiera, en razones de seguridad nacional o cuando la organización y gestión compartida afecte a servicios que deban prestarse de forma autónoma en atención a la independencia del organismo.

La organización y gestión de algunos o todos los servicios comunes se coordinará por el Ministerio de adscripción, por el Ministerio de Hacienda y Administraciones Públicas o por un organismo público vinculado o dependiente del mismo.

2. Se consideran servicios comunes de los organismos públicos, al menos, los siguientes:

a) Gestión de bienes inmuebles.

b) Sistemas de información y comunicación.

c) Asistencia jurídica.

d) Contabilidad y gestión financiera.

e) Publicaciones.

f) Contratación pública.

Artículo 96. Disolución de organismos públicos estatales[16]

1. Los Organismos públicos estatales deberán disolverse:

a) Por el transcurso del tiempo de existencia señalado en la ley de creación.

b) Porque la totalidad de sus fines y objetivos sean asumidos por los servicios de la Administración General del Estado.

c) Porque sus fines hayan sido totalmente cumplidos, de forma que no se justifique la pervivencia del organismo público, y así se haya puesto de manifiesto en el control de eficacia.

d) Cuando del seguimiento del plan de actuación resulte el incumplimiento de los fines que justificaron la creación del organismo o que su subsistencia no es el medio más idóneo para lograrlos y así se concluya en el control de eficacia o de supervisión continua.

e) Por cualquier otra causa establecida en los estatutos.

f) Cuando así lo acuerde el Consejo de Ministros siguiendo el procedimiento determinado al efecto en el acto jurídico que acuerde la disolución.

2. Cuando un organismo público incurra en alguna de las causas de disolución previstas en las letras a), b), c), d) o e) del apartado anterior, el titular del máximo órgano de dirección del organismo lo comunicará al titular del departamento de adscripción en el plazo de dos meses desde que concurra la causa de disolución. Transcurrido dicho plazo sin que se haya producido la comunicación y concurriendo la causa de disolución, el organismo público quedará automáticamente disuelto y no podrá realizar ningún acto jurídico, salvo los estrictamente necesarios para garantizar la eficacia de su liquidación y extinción.

---

[16]   Artículo modificado por la Ley 11/2020, de 30 de diciembre.

En el plazo de dos meses desde la recepción de la comunicación a la que se refiere el párrafo anterior, el Consejo de Ministros adoptará el correspondiente acuerdo de disolución, en el que designará al órgano administrativo o entidad del sector público institucional estatal que asumirá las funciones de liquidador, y se comunicará al Inventario de Entidades del Sector Público Estatal, Autonómico y Local para su publicación. Transcurrido dicho plazo sin que el acuerdo de disolución haya sido publicado, el organismo público quedará automáticamente disuelto y no podrá realizar ningún acto jurídico, salvo los estrictamente necesarios para garantizar la eficacia de su liquidación y extinción.

Artículo 97. Liquidación y extinción de organismos públicos estatales

1. Publicado el acuerdo de disolución al que se refiere el artículo anterior, o transcurridos los plazos en él establecidos sin que éste haya sido publicado, se entenderá automáticamente iniciada la liquidación.

2. La liquidación tendrá lugar por la cesión e integración global, en unidad de acto, de todo el activo y el pasivo del organismo público en la Administración General del Estado que le sucederá universalmente en todos sus derechos y obligaciones. El órgano o entidad designada como liquidador determinará, en cada caso, el órgano o entidad concreta, de la Administración General del Estado, donde se integrarán los elementos que forman parte del activo y del pasivo del organismo público liquidado.

La responsabilidad que le corresponda al empleado público como miembro de la entidad u órgano liquidador será directamente asumida por la entidad o la Administración General del Estado que lo designó. La Administración General del Estado podrá exigir de oficio al empleado público que designó a esos efectos la responsabilidad en que hubiera incurrido por los daños y perjuicios causados en sus bienes o derechos cuando hubiera concurrido dolo, culpa o negligencia graves, conforme a lo previsto en las Leyes administrativas en materia de responsabilidad patrimonial.

3. La Administración General del Estado quedará subrogada automáticamente en todas las relaciones jurídicas que tuviera el organismo público con sus acreedores, tanto de carácter principal como accesorias, a la fecha de adopción del acuerdo de disolución o, en su defecto, a la fecha en que concurriera la causa de disolución, incluyendo los activos y pasivos sobrevenidos. Esta subrogación no alterará las condiciones financieras de las obligaciones asumidas ni podrá ser entendida como causa de resolución de las relaciones jurídicas.

4. Formalizada la liquidación del organismo público se producirá su extinción automática.

SECCIÓN 2ª. ORGANISMOS AUTÓNOMOS ESTATALES

Artículo 98. Definición

1. Los organismos autónomos son entidades de derecho público, con personalidad jurídica propia, tesorería y patrimonio propios y autonomía en su gestión, que desarrollan actividades propias de la Administración Pública, tanto actividades de fomento, prestacionales, de gestión de servicios públicos o de producción de bienes de interés público, susceptibles de contraprestación, en calidad de organizaciones instrumentales diferenciadas y dependientes de ésta.

2. Los organismos autónomos dependen de la Administración General del Estado a la que corresponde su dirección estratégica, la evaluación de los resultados de su actividad y el control de eficacia.

3. Con independencia de cuál sea su denominación, cuando un organismo público tenga la naturaleza jurídica de organismo autónomo deberá figurar en su denominación la indicación «organismo autónomo» o su abreviatura «O.A.».

Artículo 99. Régimen jurídico

Los organismos autónomos se regirán por lo dispuesto en esta Ley, en su ley de creación, sus estatutos, la Ley de Procedimiento Administrativo Común de las Administraciones Públicas, el Real Decreto Legislativo 3/2011, de 14 de noviembre, la Ley 33/2003, de 3 de noviembre, y el resto de las normas de derecho administrativo general y especial que le sea de aplicación. En defecto de norma administrativa, se aplicará el derecho común.

Artículo 100. Régimen jurídico del personal y de contratación

1. El personal al servicio de los organismos autónomos será funcionario o laboral, y se regirá por lo previsto en la Ley 7/2007, de 12 de abril, y demás normativa reguladora de los funcionarios públicos y por la normativa laboral.

El nombramiento de los titulares de los órganos de los organismos autónomos se regirá por las normas aplicables a la Administración General del Estado.

El titular del máximo órgano de dirección del organismo tendrá atribuidas, en materia de gestión de recursos humanos, las facultades que le asigne la legislación específica.

El organismo autónomo estará obligado a aplicar las instrucciones sobre recursos humanos dictadas por el Ministerio de Hacienda y Administraciones Públicas y a comunicarle a este departamento cuantos acuerdos o resoluciones adopte en aplicación del régimen específico de personal establecido en su Ley de creación o en sus estatutos.

2. La contratación de los organismos autónomos se ajustará a lo dispuesto en la legislación sobre contratación del sector público. El titular del máximo órgano de dirección del organismo autónomo será el órgano de contratación.

Artículo 101. Régimen económico-financiero y patrimonial

1. Los organismos autónomos tendrán, para el cumplimiento de sus fines, un patrimonio propio, distinto del de la Administración Pública, integrado por el conjunto de bienes y derechos de los que sean titulares.

La gestión y administración de sus bienes y derechos propios, así como de aquellos del Patrimonio de la Administración que se les adscriban para el cumplimiento de sus fines, será ejercida de acuerdo a lo establecido para los organismos autónomos en la Ley 33/2003, de 3 de noviembre.

2. Los recursos económicos de los organismos autónomos podrán provenir de las siguientes fuentes:

a) Los bienes y valores que constituyen su patrimonio.

b) Los productos y rentas de dicho patrimonio.

c) Las consignaciones específicas que tuvieren asignadas en los presupuestos generales del Estado.

d) Las transferencias corrientes o de capital que procedan de la Administración o entidades públicas.

e) Las donaciones, legados, patrocinios y otras aportaciones de entidades privadas y de particulares.

f) Cualquier otro recurso que estén autorizados a percibir, según las disposiciones por las que se rijan o que pudieran serles atribuidos.

Artículo 102. Régimen presupuestario, de contabilidad y control económico-financiero

Los organismos autónomos aplicarán el régimen presupuestario, económico-financiero, de contabilidad, y de control establecido por la Ley 47/2003, de 26 de noviembre.

SECCIÓN 3ª. LAS ENTIDADES PÚBLICAS EMPRESARIALES DE ÁMBITO ESTATAL

Artículo 103. Definición

1. Las entidades públicas empresariales son entidades de Derecho público, con personalidad jurídica propia, patrimonio propio y autonomía en su gestión, que se financian con ingresos de mercado, a excepción de aquellas que tengan la condición o reúnan los requisitos para ser declaradas medio propio personificado de conformidad con la Ley de Contratos del Sector Público, y que junto con el ejercicio de potestades administrativas desarrollan actividades prestacionales,

de gestión de servicios o de producción de bienes de interés público, susceptibles de contraprestación[17].

2. Las entidades públicas empresariales dependen de la Administración General del Estado o de un Organismo autónomo vinculado o dependiente de ésta, al que le corresponde la dirección estratégica, la evaluación de los resultados de su actividad y el control de eficacia.

3. Con independencia de cuál sea su denominación, cuando un organismo público tenga naturaleza jurídica de entidad pública empresarial deberá figurar en su denominación la indicación de «entidad pública empresarial» o su abreviatura «E.P.E».

Artículo 104. Régimen jurídico

Las entidades públicas empresariales se rigen por el Derecho privado, excepto en la formación de la voluntad de sus órganos, en el ejercicio de las potestades administrativas que tengan atribuidas y en los aspectos específicamente regulados para las mismas en esta Ley, en su Ley de creación, sus estatutos, la Ley de Procedimiento Administrativo Común, el Real Decreto Legislativo 3/2011, de 14 de noviembre, la Ley 33/2003, de 3 de noviembre, y el resto de normas de derecho administrativo general y especial que le sean de aplicación.

Artículo 105. Ejercicio de potestades administrativas

1. Las potestades administrativas atribuidas a las entidades públicas empresariales sólo pueden ser ejercidas por aquellos órganos de éstas a los que los estatutos se les asigne expresamente esta facultad.

2. No obstante, a los efectos de esta Ley, los órganos de las entidades públicas empresariales no son asimilables en cuanto a su rango administrativo al de los órganos de la Administración General del Estado, salvo las excepciones que, a determinados efectos se fijen, en cada caso, en sus estatutos.

---

[17]   Apartado modificado por la Ley 11/2020, de 30 de diciembre.

Artículo 106. Régimen jurídico del personal y de contratación

1. El personal de las entidades públicas empresariales se rige por el Derecho laboral, con las especificaciones dispuestas en este artículo y las excepciones relativas a los funcionarios públicos de la Administración General del Estado, quienes se regirán por lo previsto en la Ley 7/2007, de 12 de abril y demás normativa reguladora de los funcionarios públicos o por la normativa laboral.

2. La selección del personal laboral de estas entidades se realizará conforme a las siguientes reglas:

a) El personal directivo, que se determinará en los estatutos de la entidad, será nombrado con arreglo a los criterios establecidos en el apartado 11 del artículo 55, atendiendo a la experiencia en el desempeño de puestos de responsabilidad en la gestión pública o privada.

b) El resto del personal será seleccionado mediante convocatoria pública basada en los principios de igualdad, mérito y capacidad.

3. (...)[18].

4. El Ministerio de Hacienda y Administraciones Públicas efectuará, con la periodicidad adecuada, controles específicos sobre la evolución de los gastos de personal y de la gestión de sus recursos humanos, conforme a los criterios previamente establecidos por los mismos.

5. La Ley de creación de cada entidad pública empresarial deberá determinar las condiciones conforme a las cuales, los funcionarios de la Administración General del Estado, podrán cubrir destinos en la referida entidad, y establecerá, asimismo, las competencias que a la misma correspondan sobre este personal que, en todo caso, serán las que tengan legalmente atribuidas los Organismos autónomos.

6. La contratación de las entidades públicas empresariales se rige por las previsiones contenidas al respecto en la legislación de contratos del sector público.

[18] Apartado suprimido por la Ley 11/2020, de 30 de diciembre.

Artículo 107. Régimen económico-financiero y patrimonial

1. Las entidades públicas empresariales tendrán, para el cumplimiento de sus fines, un patrimonio propio, distinto del de la Administración Pública, integrado por el conjunto de bienes y derechos de los que sean titulares.

La gestión y administración de sus bienes y derechos propios, así como de aquellos del Patrimonio de la Administración que se les adscriban para el cumplimiento de sus fines, será ejercida de acuerdo con lo previsto en la Ley 33/2003, de 3 de noviembre.

2. Las entidades públicas empresariales podrán financiarse con los ingresos que se deriven de sus operaciones, obtenidos como contraprestación de sus actividades comerciales, y con los recursos económicos que provengan de las siguientes fuentes:

a) Los bienes y valores que constituyen su patrimonio.

b) Los productos y rentas de dicho patrimonio y cualquier otro recurso que pudiera serle atribuido.

Excepcionalmente, cuando así lo prevea la Ley de creación, podrá financiarse con los recursos económicos que provengan de las siguientes fuentes:

a) Las consignaciones específicas que tuvieran asignadas en los Presupuestos Generales del Estado.

b) Las transferencias corrientes o de capital que procedan de las Administraciones o entidades públicas.

c) Las donaciones, legados, patrocinios y otras aportaciones de entidades privadas y de particulares.

3[19]. Las entidades público empresariales se financiarán mayoritariamente con ingresos de mercado, a excepción de aquellas que tengan la condición o reúnan los requisitos para ser declaradas medio propio personificado de conformidad con la Ley de Contratos del Sector Público. Se entiende que se financian mayoritariamente con ingresos de

---

[19]   Apartado modificado por la Ley 11/2020, de 30 de diciembre.

mercado cuando tengan la consideración de productor de mercado de conformidad con el Sistema Europeo de Cuentas.

A tales efectos se tomará en consideración la clasificación de las diferentes entidades públicas a los efectos de la contabilidad nacional que efectúe el Comité Técnico de Cuentas Nacionales y que se recogerá en el Inventario de Entidades del sector Público estatal, Autonómico y Local.

Artículo 108. Régimen presupuestario, de contabilidad y control económico-financiero

Las entidades públicas empresariales aplicarán el régimen presupuestario, económico-financiero, de contabilidad y de control establecido en la Ley 47/2003, de 26 de noviembre.

SECCIÓN 4.ª AGENCIAS ESTATALES[20]

Artículo 108 bis. Definición

1. Las Agencias Estatales son entidades de derecho público, dotadas de personalidad jurídica pública, patrimonio propio y autonomía en su gestión, facultadas para ejercer potestades administrativas, que son creadas por el Gobierno para el cumplimiento de los programas correspondientes a las políticas públicas que desarrolle la Administración General del Estado en el ámbito de sus competencias.

Las agencias estatales están dotadas de los mecanismos de autonomía funcional, responsabilidad por la gestión y control de resultados establecidos en esta ley.

2. Con independencia de cuál sea su denominación, cuando un organismo público tenga naturaleza de Agencia Estatales deberá figurar en su denominación la indicación de «Agencia Estatal».

---

[20]   Sección añadida por la Ley 11/2020, de 30 de diciembre.

Artículo 108 ter. Régimen jurídico

1. Las agencias estatales se rigen por esta ley y, en su marco, por el estatuto propio de cada una de ellas; y el resto de las normas de derecho administrativo general y especial que le sea de aplicación.

2. La actuación de las agencias estatales se produce, con arreglo al plan de acción anual, bajo la vigencia y con arreglo al pertinente contrato plurianual de gestión que ha de establecer, como mínimo y para el periodo de su vigencia, los siguientes extremos:

a) Los objetivos a perseguir, los resultados a obtener y, en general, la gestión a desarrollar.

b) Los planes necesarios para alcanzar los objetivos, con especificación de los marcos temporales correspondientes y de los proyectos asociados a cada una de las estrategias y sus plazos temporales, así como los indicadores para evaluar los resultados obtenidos.

c) Las previsiones máximas de plantilla de personal y el marco de actuación en materia de gestión de recursos humanos.

d) Los recursos personales, materiales y presupuestarios a aportar para la consecución de los objetivos, si bien serán automáticamente revisados de conformidad con el contenido de la Ley de Presupuestos Generales del Estado del ejercicio correspondiente.

e) Los efectos asociados al grado de cumplimiento de los objetivos establecidos por lo que hace a exigencia de responsabilidad por la gestión de los órganos ejecutivos y el personal directivo, así como el montante de masa salarial destinada al complemento de productividad o concepto equivalente del personal laboral.

f) El procedimiento a seguir para la cobertura de los déficits anuales que, en su caso, se pudieran producir por insuficiencia de los ingresos reales respecto de los estimados y las consecuencias de responsabilidad en la gestión que, en su caso, deban seguirse de tales déficits. Dicho procedimiento deberá ajustarse, en todo caso, a lo que establezca el contenido de la Ley de Presupuestos Generales del Estado del ejercicio correspondiente.

g) El procedimiento para la introducción de las modificaciones o adaptaciones anuales que, en su caso, procedan.

3. En el contrato de gestión se determinarán los mecanismos que permitan la exigencia de responsabilidades a que se refiere la letra e) del apartado anterior por incumplimiento de objetivos.

4. El Consejo Rector de cada agencia estatal aprueba la propuesta de contrato inicial de gestión, en el plazo de tres meses desde su constitución.

Los posteriores contratos de gestión se presentarán en el último trimestre de la vigencia del anterior.

La aprobación del contrato de gestión tiene lugar por Orden conjunta de los Ministerios de adscripción, de Política Territorial y Función Pública y de Hacienda, en un plazo máximo de tres meses a contar desde su presentación. En el caso de no ser aprobado en este plazo mantendrá su vigencia el contrato de gestión anterior.

5. En el seno del Consejo Rector se constituirá una Comisión de Control, con la composición que se determine en los estatutos.

Corresponde a la Comisión de Control informar al Consejo Rector sobre la ejecución del contrato de gestión y, en general, sobre todos aquellos aspectos relativos a la gestión económico-financiera que deba conocer el propio Consejo y que se determinen en los Estatutos.

Artículo 108 quater. Régimen jurídico de personal

1. El personal al servicio de las Agencias Estatales está constituido por:

a) El personal que esté ocupando puestos de trabajo en servicios que se integren en la Agencia Estatal en el momento de su constitución.

b) El personal que se incorpore a la Agencia Estatal desde cualquier administración pública por los correspondientes procedimientos de provisión de puestos de trabajo previstos en esta ley.

c) El personal seleccionado por la Agencia Estatal, mediante pruebas selectivas convocadas al efecto en los términos establecidos en esta Ley.

d) El personal directivo.

2. El personal a que se refieren las letras a) y b) del apartado anterior mantiene la condición de personal funcionario, estatutario o laboral de origen, de acuerdo con la legislación aplicable.

3. El personal funcionario y estatutario se rige por la normativa reguladora de la función pública correspondiente, con las especialidades previstas en esta Ley y las que, conforme a ella, se establezcan en el estatuto de cada agencia estatal.

El personal laboral se rige por el Texto refundido de la Ley del Estatuto de los Trabajadores, aprobado por Real Decreto Legislativo 2/2015, de 23 de octubre, y el resto de la normativa laboral.

4. La selección del personal al que se refiere la letra c) se realiza mediante convocatoria pública y de acuerdo con los principios de igualdad, mérito y capacidad, así como de acceso al empleo público de las personas con discapacidad. A tal efecto, y en el período previsto en el contrato de gestión, las agencias estatales determinan sus necesidades de personal a cubrir mediante pruebas selectivas. La determinación de las necesidades de personal a cubrir se realizará con sujeción a la tasa de reposición que, en su caso, se establezca en la Ley de Presupuestos Generales del Estado para el ejercicio correspondiente. La previsión de necesidades de personal se incorpora a la oferta anual de empleo de la correspondiente agencia estatal, que se integra en la oferta de empleo público estatal, de conformidad con lo que establezca la Ley anual de Presupuestos Generales del Estado.

Las agencias estatales seleccionan a través de sus propios órganos de selección, a su personal laboral de acuerdo con los requisitos y principios establecidos en el párrafo anterior.

Las convocatorias de selección de personal funcionario se efectuarán por el Ministerio al que se encuentren adscritos los cuerpos o escalas correspondientes, y, excepcionalmente por la propia agencia estatal mediante convenio suscrito al efecto.

Los órganos de representación del personal de la agencia estatal serán tenidos en cuenta en los procesos de selección que se lleven a cabo.

5. Las agencias estatales elaboran, convocan y, a propuesta de órganos especializados en selección de personal, resuelven las correspondientes convocatorias de provisión de puestos de trabajo de personal funcionario, de conformidad con los principios generales y procedimientos de provisión establecidos en la normativa de función pública.

6. La movilidad de los funcionarios destinados en las agencias estatales podrá estar sometida a la condición de autorización previa en las condiciones y con los plazos que se determinen en sus estatutos y de acuerdo con la normativa de función pública.

7. Las agencias estatales disponen de su relación de puestos de trabajo, elaborada y aprobada por la propia agencia estatal dentro del marco de actuación que, en materia de recursos humanos, se establezca en el contrato de gestión.

8. El personal que preste sus servicios en las agencias estatales verá reconocido su derecho a la promoción dentro de una carrera profesional evaluable, en el marco del Estatuto del Empleado Público. Dicha carrera tendrá elementos que permitan criterios de homogeneidad dentro de agencias estatales del mismo ámbito, facilitando similares retribuciones para niveles profesionales semejantes y posibilitando las medidas de movilidad entre el personal de aquellas, sin perjuicio de lo previsto en el apartado 6.

9. Los conceptos retributivos del personal funcionario y estatutario de las agencias estatales, son los establecidos en la normativa de función pública de la Administración General del Estado y sus cuantías se determinarán de conformidad con lo establecido en las Leyes de Presupuestos Generales del Estado.

Las condiciones retributivas del personal laboral son las determinadas en el convenio colectivo de aplicación y en el respectivo contrato de trabajo y sus cuantías se fijarán de acuerdo con lo indicado en el apartado 1 anterior.

La masa salarial de las agencias estatales se autorizará en las condiciones que establezca la normativa aplicable. La cuantía de la masa salarial destinada al complemento de productividad, o concepto equivalente del personal laboral, está en todo caso vinculada al grado de cumplimiento de los objetivos fijados en el contrato de gestión.

10. El personal directivo de las agencias estatales es el que ocupa los puestos de trabajo determinados como tales en el estatuto de las mismas en atención a la especial responsabilidad, competencia técnica y relevancia de las tareas a ellos asignadas.

El personal directivo de las agencias estatales es nombrado y cesado por su Consejo Rector a propuesta de sus órganos ejecutivos, atendiendo a criterios de competencia profesional y experiencia entre titulados superiores preferentemente funcionarios, y mediante procedimiento que garantice el mérito, la capacidad y la publicidad.

El proceso de provisión podrá ser realizado por los órganos de selección especializados a los que se refiere el apartado 5 de este artículo, que formularán propuesta motivada al director de la agencia estatal, incluyendo tres candidatos para cada puesto a cubrir.

Cuando el personal directivo de las agencias estatales tenga la condición de funcionario permanecerá en la situación de servicio activo en su respectivo cuerpo o escala o en la que corresponda con arreglo a la legislación laboral si se trata de personal de este carácter.

El estatuto de las agencias estatales puede prever puestos directivos de máxima responsabilidad a cubrir, en régimen laboral, mediante contratos de alta dirección.

Al personal directivo de las agencias estatales, en todo caso, le será de aplicación el Real Decreto 451/2012, de 5 de marzo, por el que se regula el régimen retributivo de los máximos responsables y directivos en el sector público empresarial y otras entidades. El personal directivo está sujeto, en el desarrollo de sus cometidos, a evaluación con arreglo a los criterios de eficacia, eficiencia y cumplimiento de la legalidad, responsabilidad por su gestión y control de resultados en relación con los objetivos que le hayan sido fijados.

El personal directivo percibe una parte de su retribución como incentivo de rendimiento, mediante el complemento correspondiente que valore la productividad, de acuerdo con los criterios y porcentajes que se establezcan por el Consejo Rector, a propuesta de los órganos directivos de la Agencia Estatal.

11. El órgano ejecutivo de la agencia estatal es el director. Es nombrado y separado por el Consejo Rector a propuesta del Presidente entre personas que reúnan las cualificaciones necesarias para el cargo, según se determine en el Estatuto.

Artículo 108 quinquies. Régimen económico financiero y contratación

1. Las Agencias Estatales se financian con los siguientes recursos:

a) Las transferencias consignadas en los Presupuestos Generales del Estado.

b) Los ingresos propios que perciba como contraprestación por las actividades que pueda realizar, en virtud de contratos, convenios o disposición legal, para otras entidades públicas, privadas o personas físicas.

c) La enajenación de los bienes y valores que constituyan su patrimonio.

d) El rendimiento procedente de sus bienes y valores.

e) Las aportaciones voluntarias, donaciones, herencias y legados y otras aportaciones a título gratuito de entidades privadas y de particulares.

f) Los ingresos recibidos de personas físicas o jurídicas como consecuencia del patrocinio de actividades o instalaciones.

g) Los demás ingresos de derecho público o privado que estén autorizadas a percibir.

h) Cualquier otro recurso que pudiera serles atribuido.

2. En aquellos supuestos expresamente previstos en los estatutos, y solo en la medida que tengan capacidad para generar recursos propios suficientes, las Agencias Estatales podrán financiarse con cargo a los créditos previstos en el capítulo VIII de los Presupuestos Generales del Estado adjudicados de acuerdo con procedimientos de pública concurrencia y destinados a financiar proyectos de investigación y desarrollo. La Ley de Presupuestos Generales del Estado de cada ejercicio establecerá los límites de esta financiación.

3. Los recursos que se deriven de los apartados b), e), f) y g) del número 1 anterior, y no se contemplen inicialmente en el presupuesto de las Agencias Estatales se podrán destinar a financiar mayores gastos por acuerdo de su Director.

4. El recurso al endeudamiento está prohibido a las agencias estatales, salvo que por Ley se disponga lo contrario. No obstante, y con objeto de atender desfases temporales de tesorería, las agencias estatales pueden recurrir a la contratación de pólizas de crédito o préstamo, siempre que el saldo vivo no supere el 5 % de su presupuesto.

5. La contratación de las agencias estatales se rige por la normativa aplicable al sector público. Las sociedades mercantiles y fundaciones creadas o participadas mayoritariamente por las agencias estatales, deberán ajustar su actividad contractual, en todo caso, a los principios de publicidad y concurrencia.

Artículo 108 sexies. Régimen presupuestario, de contabilidad y control económico financiero

1. El Consejo Rector elaborará y aprobará el anteproyecto de presupuesto de la agencia estatal, conforme a lo dispuesto en el contrato de gestión. El anteproyecto de presupuesto de la agencia estatal será remitido al Ministerio de adscripción para su examen, que dará posterior traslado del mismo al Ministerio de Hacienda. Una vez analizado por este último departamento ministerial, el anteproyecto se incorpora al de Presupuestos Generales del Estado para su aprobación por el

Consejo de Ministros y remisión a las Cortes Generales, consolidándose con el de las restantes entidades que integran el sector público estatal.

2. La persona titular del Ministerio de Hacienda establece la estructura del presupuesto de las agencias estatales, así como la documentación que se debe acompañar al mismo.

El presupuesto de gastos de las agencias estatales, tiene carácter limitativo por su importe global y carácter estimativo para la distribución de los créditos en categorías económicas, con excepción de los correspondientes a gastos de personal que en todo caso tienen carácter limitativo y vinculante por su cuantía total, y de las subvenciones nominativas y las atenciones protocolarias y representativas que tendrán carácter limitativo y vinculante cualquiera que sea el nivel de la clasificación económica al que se establezcan.

3. La autorización de las variaciones presupuestarias corresponde:

a) A la persona titular del Ministerio de Hacienda, las variaciones de la cuantía global del presupuesto y las que afecten a gastos de personal, a iniciativa del director y propuesta del Consejo Rector, salvo las previstas en la letra siguiente.

Así mismo, corresponde a la persona titular del Ministerio de Hacienda acordar o denegar las modificaciones presupuestarias, en los supuestos de competencia de los directores de las agencias estatales, cuando exista informe negativo de la Intervención Delegada y el titular de la competencia lo remita en discrepancia al Ministro Hacienda.

b) A la persona titular de la Dirección de la propia agencia estatal, todas las restantes variaciones, incluso en la cuantía global cuando sean financiadas con recursos derivados de los apartados b), e), f), y g) del artículo 108 quinquies por encima de los inicialmente presupuestados, no afecten a gastos de personal y existan garantías suficientes de su efectividad, dando cuenta inmediata a la Comisión de Control.

4. Los remanentes de tesorería que resulten de la liquidación del ejercicio presupuestario no afectados a la financiación del presupuesto del ejercicio siguiente, podrán aplicarse al presupuesto de ingresos y destinarse a financiar incremento de gastos por acuerdo de la persona

titular de la Dirección, dando cuenta a la Comisión de Control. Los déficits derivados del incumplimiento de la estimación de ingresos anuales se compensarán en la forma que se prevea en el contrato de gestión.

5. Las agencias estatales podrán adquirir compromisos de gasto que hayan de extenderse a ejercicios posteriores a aquel en que se autoricen, siempre que no se superen alguno de los siguientes límites:

a) El número de ejercicios a que pueden aplicarse los gastos no será superior a cuatro.

b) El gasto que se impute a cada uno de los ejercicios posteriores no podrá exceder de la cantidad que resulte de aplicar al importe total de cada programa, excluido el capítulo de gastos de personal y los restantes créditos que tengan carácter vinculante, los siguientes porcentajes: El 70 por 100 en el ejercicio inmediato siguiente, el 60 por ciento en el segundo ejercicio y el 50 por ciento en los ejercicios tercero y cuarto.

En el caso de gastos de personal o de otros que tengan carácter vinculante, podrán adquirirse compromisos de gasto con cargo a ejercicios futuros dentro de los límites señalados anteriormente, tomando como referencia de cálculo su dotación inicial.

El Gobierno podrá acordar la modificación de los límites anteriores en los casos especialmente justificados. A estos efectos, la persona titular del Ministerio de Hacienda, a iniciativa de la agencia estatal correspondiente, elevará al Consejo de Ministros la oportuna propuesta, previo informe de la Dirección General de Presupuestos.

6. La ejecución del presupuesto de las agencias estatales corresponde a sus órganos ejecutivos, que elaboran y remiten a la Comisión de Control, mensualmente, un estado de ejecución presupuestaria.

7. Las agencias estatales deberán aplicar los principios contables que les corresponda de acuerdo con lo establecido en el artículo 121 de la Ley General Presupuestaria, con la finalidad de asegurar el adecuado reflejo de las operaciones, los costes y los resultados de su actividad, así como de facilitar datos e información con trascendencia económica.

Corresponde a la Intervención General de la Administración del Estado establecer los criterios que precise la aplicación de la normativa contable a las agencias estatales, en los términos establecidos por la legislación presupuestaria para las entidades del sector público estatal.

8. Las agencias estatales dispondrán de:

a) Un sistema de información económica que:

i) Muestre, a través de estados e informes, la imagen fiel del patrimonio, de la situación financiera, de los resultados y de la ejecución del presupuesto.

ii) Proporcione información de costes sobre su actividad que sea suficiente para una correcta y eficiente adopción de decisiones.

b) Un sistema de contabilidad de gestión que permita efectuar el seguimiento del cumplimiento de los compromisos asumidos en el contrato de gestión.

La Intervención General de la Administración del Estado establece los requerimientos funcionales y, en su caso, los procedimientos informáticos, que deberán observar las agencias estatales para cumplir lo dispuesto en este artículo, de acuerdo con lo dispuesto en el artículo 125 de la Ley General Presupuestaria.

9. Las cuentas anuales de las agencias estatales se formulan por la persona titular de la Dirección en el plazo de tres meses desde el cierre del ejercicio económico. Una vez auditadas dichas cuentas por la Intervención General de la Administración del Estado son sometidas al Consejo Rector, para su aprobación antes del 30 de junio del año siguiente al que se refieran.

Una vez aprobadas por el Consejo Rector, las cuentas se remitirán a través de la Intervención General de la Administración del Estado al Tribunal de Cuentas para su fiscalización. Dicha remisión a la Intervención General se realizará dentro de los siete meses siguientes a la terminación del ejercicio económico.

10. El control externo de la gestión económico-financiera de las agencias estatales corresponde al Tribunal de Cuentas de acuerdo con su normativa específica.

El control interno de la gestión económico-financiera de las agencias estatales corresponde a la Intervención General de la Administración del Estado, y se realizará bajo las modalidades de control financiero permanente y de auditoría pública, en las condiciones y en los términos establecidos en la Ley General Presupuestaria. El control financiero permanente se realizará por las Intervenciones Delegadas en las Agencias Estatales, bajo la dependencia funcional de la Intervención General de la Administración del Estado.

Sin perjuicio del control establecido en el párrafo anterior, las agencias estatales estarán sometidas a un control de eficacia y de supervisión continua que será ejercido, a través del seguimiento del contrato de gestión y hasta su aprobación a través del plan de actuación en los términos establecidos en el artículo 85.

CAPÍTULO IV. LAS AUTORIDADES ADMINISTRATIVAS INDEPENDIENTES DE ÁMBITO ESTATAL

Artículo 109. Definición

1. Son autoridades administrativas independientes de ámbito estatal las entidades de derecho público que, vinculadas a la Administración General del Estado y con personalidad jurídica propia, tienen atribuidas funciones de regulación o supervisión de carácter externo sobre sectores económicos o actividades determinadas, por requerir su desempeño de independencia funcional o una especial autonomía respecto de la Administración General del Estado, lo que deberá determinarse en una norma con rango de Ley.

2. Las autoridades administrativas independientes actuarán, en el desarrollo de su actividad y para el cumplimiento de sus fines, con independencia de cualquier interés empresarial o comercial.

3. Con independencia de cuál sea su denominación, cuando una entidad tenga la naturaleza jurídica de autoridad administrativa independiente deberá figurar en su denominación la indicación «autoridad administrativa independiente» o su abreviatura «A.A.I.».

Artículo 110. Régimen jurídico

1. Las autoridades administrativas independientes se regirán por su Ley de creación, sus estatutos y la legislación especial de los sectores económicos sometidos a su supervisión y, supletoriamente y en cuanto sea compatible con su naturaleza y autonomía, por lo dispuesto en esta Ley, en particular lo dispuesto para organismos autónomos, la Ley del Procedimiento Administrativo Común de las Administraciones Públicas, la Ley 47/2003, de 26 de noviembre, el Real Decreto Legislativo 3/2011, de 14 de noviembre, la Ley 33/2003, de 3 de noviembre, así como el resto de las normas de derecho administrativo general y especial que le sea de aplicación. En defecto de norma administrativa, se aplicará el derecho común.

2. Las autoridades administrativas independientes estarán sujetas al principio de sostenibilidad financiera de acuerdo con lo previsto en la Ley Orgánica 2/2012, de 27 de abril.

CAPÍTULO V. DE LAS SOCIEDADES MERCANTILES ESTATALES

Artículo 111. Definición

1. Se entiende por sociedad mercantil estatal aquella sociedad mercantil sobre la que se ejerce control estatal:

a) Bien porque la participación directa, en su capital social de la Administración General del Estado o alguna de las entidades que, conforme a lo dispuesto en el artículo 84, integran el sector público institucional estatal, incluidas las sociedades mercantiles estatales, sea superior al 50 por 100. Para la determinación de este porcentaje, se sumarán las participaciones correspondientes a la Administración General del Estado y a todas las entidades integradas en el sector público institucional estatal, en el caso de que en el capital social participen varias de ellas.

b) Bien porque la sociedad mercantil se encuentre en el supuesto previsto en el artículo 4 de la Ley 24/1988, de 28 de julio, del Mercado de Valores respecto de la Administración General del Estado o de sus organismos públicos vinculados o dependientes.

2. En la denominación de las sociedades mercantiles que tengan la condición de estatales deberá figurar necesariamente la indicación «sociedad mercantil estatal» o su abreviatura «S.M.E.».

Artículo 112. Principios rectores

La Administración General del Estado y las entidades integrantes del sector público institucional, en cuanto titulares del capital social de las sociedades mercantiles estatales, perseguirán la eficiencia, transparencia y buen gobierno en la gestión de dichas sociedades mercantiles, para lo cual promoverán las buenas prácticas y códigos de conducta adecuados a la naturaleza de cada entidad. Todo ello sin perjuicio de la supervisión general que ejercerá el accionista sobre el funcionamiento de la sociedad mercantil estatal, conforme prevé la Ley 33/2003, de 3 de noviembre, del Patrimonio de las Administraciones Públicas.

Artículo 113. Régimen jurídico

Las sociedades mercantiles estatales se regirán por lo previsto en esta Ley, por lo previsto en la Ley 33/2003, de 3 de noviembre, y por el ordenamiento jurídico privado, salvo en las materias en que le sea de aplicación la normativa presupuestaria, contable, de personal, de control económico-financiero y de contratación. En ningún caso podrán disponer de facultades que impliquen el ejercicio de autoridad pública, sin perjuicio de que excepcionalmente la ley pueda atribuirle el ejercicio de potestades administrativas.

Artículo 114. Creación y extinción

1. La creación de una sociedad mercantil estatal o la adquisición de este carácter de forma sobrevenida será autorizada mediante acuerdo del Consejo de Ministros que deberá ser acompañado de una propuesta de estatutos y de un plan de actuación que contendrá, al menos:

a) Las razones que justifican la creación de la sociedad por no poder asumir esas funciones otra entidad ya existente, así como la inexistencia de duplicidades. A estos efectos, deberá dejarse constancia del análisis realizado sobre la existencia de órganos o entidades que desarrollan actividades análogas sobre el mismo territorio y población y las razones por las que la creación de la nueva sociedad no entraña duplicidad con entidades existentes.

b) Un análisis que justifique que la forma jurídica propuesta resulta más eficiente frente a la creación de un organismo público u otras alternativas de organización que se hayan descartado.

c) Los objetivos anuales y los indicadores para medirlos.

Al acuerdo de creación de la sociedad mercantil estatal se acompañará un informe preceptivo favorable del Ministerio de Hacienda y Administraciones Públicas o la Intervención General de la Administración del Estado, según se determine reglamentariamente, que valorará el cumplimiento de lo previsto en este artículo.

El Programa de Actuación Plurianual que conforme a la Ley 47/2003, de 26 de noviembre, deben elaborar las sociedades cada año incluirá un plan de actuación anual que servirá de base para el control de eficacia de la sociedad. La falta de aprobación del plan de actuación dentro del plazo anual fijado, por causa imputable a la sociedad y hasta tanto se subsane la omisión, llevará aparejada la paralización de las aportaciones que deban realizarse a favor de la sociedad con cargo a los presupuestos generales del Estado.

2. La liquidación de una sociedad mercantil estatal recaerá en un órgano de la Administración General del Estado o en una entidad integrante del sector público institucional estatal.

La responsabilidad que le corresponda al empleado público como miembro de la entidad u órgano liquidador será directamente asumida por la entidad o la Administración General del Estado que lo designó, quien podrá exigir de oficio al empleado público la responsabilidad que, en su caso, corresponda cuando concurra dolo, culpa o negligencia grave conforme a lo previsto en las leyes administrativas en materia de responsabilidad patrimonial.

Artículo 115. Régimen de responsabilidad aplicable a los miembros de los consejos de administración de las sociedades mercantiles estatales designados por la Administración General del Estado

1. La responsabilidad que le corresponda al empleado público como miembro del consejo de administración será directamente asumida por la Administración General del Estado que lo designó.

2. La Administración General del Estado podrá exigir de oficio al empleado público que designó como miembro del consejo de administración la responsabilidad en que hubiera incurrido por los daños y perjuicios causados en sus bienes o derechos cuando hubiera concurrido dolo, o culpa o negligencia graves, conforme a lo previsto en las leyes administrativas en materia de responsabilidad patrimonial.

Artículo 116. Tutela

1. Al autorizar la constitución de una sociedad mercantil estatal con forma de sociedad anónima, de acuerdo con lo previsto en el artículo 166.2 de la Ley 33/2003, de 3 de noviembre, el Consejo de Ministros podrá atribuir a un Ministerio, cuyas competencias guarden una relación específica con el objeto social de la sociedad, la tutela funcional de la misma.

2. En ausencia de esta atribución expresa corresponderá íntegramente al Ministerio de Hacienda y Administraciones Públicas el ejercicio de las facultades que esta Ley y la Ley 33/2003, de 3 de noviembre, otorgan para la supervisión de la actividad de la sociedad.

3. El Ministerio de tutela ejercerá el control de eficacia e instruirá a la sociedad respecto a las líneas de actuación estratégica y establecerá las prioridades en la ejecución de las mismas, y propondrá su incorporación a los Presupuestos de Explotación y Capital y Programas de Actuación Plurianual, previa conformidad, en cuanto a sus aspectos financieros, de la Dirección General del Patrimonio del Estado si se

trata de sociedades cuyo capital corresponda íntegramente a la Administración General del Estado, o del organismo público que sea titular de su capital.

4. En casos excepcionales, debidamente justificados, el titular del departamento al que corresponda su tutela podrá dar instrucciones a las sociedades, para que realicen determinadas actividades, cuando resulte de interés público su ejecución.

5. Cuando las instrucciones que imparta el Ministerio de tutela impliquen una variación de los Presupuestos de Explotación y Capital de acuerdo con lo dispuesto en la Ley 47/2003, de 26 de noviembre, el órgano de administración no podrá iniciar la cumplimentación de la instrucción sin contar con la autorización del órgano competente para efectuar la modificación correspondiente.

6. En este caso, los administradores de las sociedades a las que se hayan impartido estas instrucciones actuarán diligentemente para su ejecución, y quedarán exonerados de la responsabilidad prevista en el artículo 236 del Real Decreto Legislativo 1/2010, de 2 de julio, por el que se aprueba el texto refundido de la Ley de Sociedades de Capital, si del cumplimiento de dichas instrucciones se derivaren consecuencias lesivas.

Artículo 117. Régimen presupuestario, de contabilidad, control económico-financiero y de personal

1. Las sociedades mercantiles estatales elaborarán anualmente un presupuesto de explotación y capital y un plan de actuación que forma parte del Programa Plurianual, que se integrarán con el Presupuesto General del Estado. El Programa contendrá la revisión trienal del plan de creación a que se refiere el artículo 85.

2. Las sociedades mercantiles estatales formularán y rendirán sus cuentas de acuerdo con los principios y normas de contabilidad recogidos en el Código de Comercio y el Plan General de Contabilidad y disposiciones que lo desarrollan.

3. Sin perjuicio de las competencias atribuidas al Tribunal de Cuentas, la gestión económico financiera de las sociedades mercantiles estatales estará sometida al control de la Intervención General de la Administración del Estado.

4. El personal de las sociedades mercantiles estatales, incluido el que tenga condición de directivo, se regirá por el Derecho laboral, así como por las normas que le sean de aplicación en función de su adscripción al sector público estatal, incluyendo siempre entre las mismas la normativa presupuestaria, especialmente lo que se establezca en las Leyes de Presupuestos Generales del Estado.

CAPÍTULO VI. DE LOS CONSORCIOS

Artículo 118. Definición y actividades propias

1. Los consorcios son entidades de derecho público, con personalidad jurídica propia y diferenciada, creadas por varias Administraciones Públicas o entidades integrantes del sector público institucional, entre sí o con participación de entidades privadas, para el desarrollo de actividades de interés común a todas ellas dentro del ámbito de sus competencias.

2. Los consorcios podrán realizar actividades de fomento, prestacionales o de gestión común de servicios públicos y cuantas otras estén previstas en las leyes.

3. Los consorcios podrán utilizarse para la gestión de los servicios públicos, en el marco de los convenios de cooperación transfronteriza en que participen las Administraciones españolas, y de acuerdo con las previsiones de los convenios internacionales ratificados por España en la materia.

4. En la denominación de los consorcios deberá figurar necesariamente la indicación «consorcio» o su abreviatura «C».

Artículo 119. Régimen jurídico

1. Los consorcios se regirán por lo establecido en esta Ley, en la normativa autonómica de desarrollo y sus estatutos.

2. En lo no previsto en esta Ley, en la normativa autonómica aplicable, ni en sus Estatutos sobre el régimen del derecho de separación, disolución, liquidación y extinción, se estará a lo previsto en el Código Civil sobre la sociedad civil, salvo el régimen de liquidación, que se someterá a lo dispuesto en el artículo 97, y en su defecto, el Real Decreto Legislativo 1/2010, de 2 de julio.

3. Las normas establecidas en la Ley 7/1985, de 2 de abril, y en la Ley 27/2013, de 21 de diciembre, de racionalización y sostenibilidad de la Administración Local sobre los Consorcios locales tendrán carácter supletorio respecto a lo dispuesto en esta Ley.

Artículo 120. Régimen de adscripción

1. Los estatutos de cada consorcio determinarán la Administración Pública a la que estará adscrito de conformidad con lo previsto en este artículo.

2. De acuerdo con los siguientes criterios, ordenados por prioridad en su aplicación y referidos a la situación en el primer día del ejercicio presupuestario, el consorcio quedará adscrito, en cada ejercicio presupuestario y por todo este periodo, a la Administración Pública que:

a) Disponga de la mayoría de votos en los órganos de gobierno.

b) Tenga facultades para nombrar o destituir a la mayoría de los miembros de los órganos ejecutivos.

c) Tenga facultades para nombrar o destituir a la mayoría de los miembros del personal directivo.

d) Disponga de un mayor control sobre la actividad del consorcio debido a una normativa especial.

e) Tenga facultades para nombrar o destituir a la mayoría de los miembros del órgano de gobierno.

f) Financie en más de un cincuenta por ciento, en su defecto, en mayor medida la actividad desarrollada por el consorcio, teniendo en cuenta tanto la aportación del fondo patrimonial como la financiación concedida cada año.

g) Ostente el mayor porcentaje de participación en el fondo patrimonial.

h) Tenga mayor número de habitantes o extensión territorial dependiendo de si los fines definidos en el estatuto están orientados a la prestación de servicios a las personas, o al desarrollo de actuaciones sobre el territorio.

3. En el supuesto de que participen en el consorcio entidades privadas, el consorcio no tendrá ánimo de lucro y estará adscrito a la Administración Pública que resulte de acuerdo con los criterios establecidos en el apartado anterior.

4. Cualquier cambio de adscripción a una Administración Pública, cualquiera que fuere su causa, conllevará la modificación de los estatutos del consorcio en un plazo no superior a seis meses, contados desde el inicio del ejercicio presupuestario siguiente a aquel en se produjo el cambio de adscripción.

Artículo 121. Régimen de personal[21]

El personal al servicio de los consorcios podrá ser funcionario o laboral y habrá de proceder de las Administraciones participantes, en cuyo caso su régimen jurídico será el de la Administración Pública de adscripción y sus retribuciones en ningún caso podrán superar las establecidas para puestos de trabajo equivalentes en aquella.

Excepcionalmente, cuando no resulte posible contar con personal procedente de las Administraciones participantes en el consorcio en atención a la singularidad de las funciones a desempeñar o cuando, tras un anuncio público de convocatoria para la cobertura de un puesto de trabajo restringida a las administraciones consorciadas, no fuera posible cubrir dicho puesto, el Ministerio de Hacienda y Función Pública, u órgano competente de la Administración a la que se adscriba el consorcio, podrá autorizar la contratación de personal por parte del

---

[21]   Artículo modificado por la Ley 31/2022, de 23 de diciembre.

consorcio para el ejercicio de dichas funciones, en los términos previstos en la correspondiente Ley de Presupuestos Generales del Estado.

Artículo 122. Régimen presupuestario, de contabilidad, control económico-financiero y patrimonial

1. Los consorcios estarán sujetos al régimen de presupuestación, contabilidad y control de la Administración Pública a la que estén adscritos, sin perjuicio de su sujeción a lo previsto en la Ley Orgánica 2/2012, de 27 de abril.

2. A efectos de determinar la financiación por parte de las Administraciones consorciadas, se tendrán en cuenta tanto los compromisos estatutarios o convencionales existentes como la financiación real, mediante el análisis de los desembolsos efectivos de todas las aportaciones realizadas.

3[22]. El órgano de control interno de la Administración a la que se haya adscrito el consorcio, deberá realizar la auditoría de cuentas anuales de aquellos consorcios en los que, a fecha de cierre del ejercicio, concurran, al menos, dos de las tres circunstancias siguientes:

a) Que el total de las partidas del activo supere 2.400.000 euros.

b) Que el importe total de sus ingresos por gestión ordinaria en el caso de los consorcios del sector público administrativo, o la suma del importe de la cifra de negocios más otros ingresos de gestión, en el caso de los pertenecientes al sector público empresarial, sea superior a 2.400.000 euros.

c) Que el número medio de trabajadores empleados durante el ejercicio sea superior a 50.

Mediante Ley, podrán modificarse los límites anteriores cuando la estructura y composición de los consorcios adscritos a una administración así lo requiera.

Las circunstancias señaladas anteriormente se aplicarán teniendo en cuenta lo siguiente:

---

[22]   Apartado 3 modificado por la Ley 31/2022, de 23 de diciembre.

a) Cuando un consorcio, en la fecha de cierre del ejercicio, pase a cumplir dos de las citadas circunstancias, o bien cese de cumplirlas, tal situación únicamente producirá efectos en cuanto a lo señalado si se repite durante dos ejercicios consecutivos.

b) En el primer ejercicio económico desde su constitución o su adscripción al sector público correspondiente, los consorcios cumplirán lo dispuesto en los apartados anteriormente mencionados si reúnen, al cierre de dicho ejercicio, al menos dos de las tres circunstancias que se señalan.

c) Aun cuando, según las circunstancias señaladas, no exista obligación de someter las cuentas anuales de un consorcio a auditoría de cuentas, los órganos de control interno podrán, en todo caso, incluir su realización en sus planes anuales de control y auditoría.

4. Los consorcios deberán formar parte de los presupuestos e incluirse en la cuenta general de la Administración Pública de adscripción.

5. Los consorcios se regirán por las normas patrimoniales de la Administración Pública a la que estén adscritos.

Artículo 123. Creación

1. Los consorcios se crearán mediante convenio suscrito por las Administraciones, organismos públicos o entidades participantes.

2. En los consorcios en los que participe la Administración General del Estado o sus organismos públicos y entidades vinculados o dependientes se requerirá:

a) Que su creación se autorice por ley.

b) El convenio de creación precisará de autorización previa del Consejo de Ministros. La competencia para la suscripción del convenio no podrá ser objeto de delegación, y corresponderá al titular del departamento ministerial participante, y en el ámbito de los organismos autónomos, al titular del máximo órgano de dirección del organismo, previo informe del Ministerio del que dependa o al que esté vinculado.

c) Del convenio formarán parte los estatutos, un plan de actuación, de conformidad con lo previsto en el artículo 92, y una proyección presupuestaria trienal, además del informe preceptivo favorable del Ministerio de Hacienda y Administraciones Públicas. El convenio suscrito junto con los estatutos, así como sus modificaciones, serán objeto de publicación en el «Boletín Oficial del Estado».

Artículo 124. Contenido de los estatutos

Los estatutos de cada consorcio determinarán la Administración Pública a la que estará adscrito, así como su régimen orgánico, funcional y financiero de acuerdo con lo previsto en esta Ley, y, al menos, los siguientes aspectos:

a) Sede, objeto, fines y funciones.

b) Identificación de participantes en el consorcio así como las aportaciones de sus miembros. A estos efectos, en aplicación del principio de responsabilidad previsto en el artículo 8 de la Ley Orgánica 2/2012, de 27 de abril, los estatutos incluirán cláusulas que limiten las actividades del consorcio si las entidades consorciadas incumplieran los compromisos de financiación o de cualquier otro tipo, así como fórmulas tendentes al aseguramiento de las cantidades comprometidas por las entidades consorciadas con carácter previo a la realización de las actividades presupuestadas.

c) Órganos de gobiernos y administración, así como su composición y funcionamiento, con indicación expresa del régimen de adopción de acuerdos. Podrán incluirse cláusulas que contemplen la suspensión temporal del derecho de voto o a la participación en la formación de los acuerdos cuando las Administraciones o entidades consorciadas incumplan manifiestamente sus obligaciones para con el consorcio, especialmente en lo que se refiere a los compromisos de financiación de las actividades del mismo.

d) Causas de disolución.

Artículo 125. Causas y procedimiento para el ejercicio del derecho de separación de un consorcio

1. Los miembros de un consorcio, al que le resulte de aplicación lo previsto en esta Ley o en la Ley 7/1985, de 2 de abril, podrán separarse del mismo en cualquier momento siempre que no se haya señalado término para la duración del consorcio.

Cuando el consorcio tenga una duración determinada, cualquiera de sus miembros podrá separase antes de la finalización del plazo si alguno de los miembros del consorcio hubiera incumplido alguna de sus obligaciones estatutarias y, en particular, aquellas que impidan cumplir con el fin para el que fue creado el consorcio, como es la obligación de realizar aportaciones al fondo patrimonial.

Cuando un municipio deje de prestar un servicio, de acuerdo con lo previsto en la Ley 7/1985, de 2 de abril, y ese servicio sea uno de los prestados por el Consorcio al que pertenece, el municipio podrá separarse del mismo.

2. El derecho de separación habrá de ejercitarse mediante escrito notificado al máximo órgano de gobierno del consorcio. En el escrito deberá hacerse constar, en su caso, el incumplimiento que motiva la separación si el consorcio tuviera duración determinada, la formulación de requerimiento previo de su cumplimiento y el transcurso del plazo otorgado para cumplir tras el requerimiento.

Artículo 126. Efectos del ejercicio del derecho de separación de un consorcio

1. El ejercicio del derecho de separación produce la disolución del consorcio salvo que el resto de sus miembros, de conformidad con lo previsto en sus estatutos, acuerden su continuidad y sigan permaneciendo en el consorcio, al menos, dos Administraciones, o entidades u organismos públicos vinculados o dependientes de más de una Administración.

2. Cuando el ejercicio del derecho de separación no conlleve la disolución del consorcio se aplicarán las siguientes reglas:

a) Se calculará la cuota de separación que corresponda a quien ejercite su derecho de separación, de acuerdo con la participación que le hubiera correspondido en el saldo resultante del patrimonio neto, de haber tenido lugar la liquidación, teniendo en cuenta el criterio de reparto dispuesto en los estatutos.

A falta de previsión estatutaria, se considerará cuota de separación la que le hubiera correspondido en la liquidación. En defecto de determinación de la cuota de liquidación se tendrán en cuenta, tanto el porcentaje de las aportaciones al fondo patrimonial del consorcio que haya efectuado quien ejerce el derecho de separación, como la financiación concedida cada año. Si el miembro del consorcio que se separa no hubiere realizado aportaciones por no estar obligado a ello, el criterio de reparto será la participación en los ingresos que, en su caso, hubiera recibido durante el tiempo que ha pertenecido al consorcio.

Se acordará por el consorcio la forma y condiciones en que tendrá lugar el pago de la cuota de separación, en el supuesto en que esta resulte positiva, así como la forma y condiciones del pago de la deuda que corresponda a quien ejerce el derecho de separación si la cuota es negativa.

La efectiva separación del consorcio se producirá una vez determinada la cuota de separación, en el supuesto en que ésta resulte positiva, o una vez se haya pagado la deuda, si la cuota es negativa.

b) Si el consorcio estuviera adscrito, de acuerdo con lo previsto en la Ley, a la Administración que ha ejercido el derecho de separación, tendrá que acordarse por el consorcio a quien se adscribe, de las restantes Administraciones o entidades u organismos públicos vinculados o dependientes de una Administración que permanecen en el consorcio, en aplicación de los criterios establecidos en la Ley.

Artículo 127. Disolución del consorcio

1. La disolución del consorcio produce su liquidación y extinción. En todo caso será causa de disolución que los fines para los que fue creado el consorcio hayan sido cumplidos.

2. El máximo órgano de gobierno del consorcio al adoptar el acuerdo de disolución nombrará un liquidador que será un órgano o entidad, vinculada o dependiente, de la Administración Pública a la que el consorcio esté adscrito.

La responsabilidad que le corresponda al empleado público como miembro de la entidad u órgano liquidador será directamente asumida por la entidad o la Administración Pública que lo designó, quien podrá exigir de oficio al empleado público la responsabilidad que, en su caso, corresponda cuando haya concurrido dolo, culpa o negligencia graves conforme a lo previsto en las leyes administrativas en materia de responsabilidad patrimonial.

3. El liquidador calculará la cuota de liquidación que corresponda a cada miembro del consorcio de conformidad con lo previsto en los estatutos. Si no estuviera previsto en los estatutos, se calculará la mencionada cuota de acuerdo con la participación que le corresponda en el saldo resultante del patrimonio neto tras la liquidación, teniendo en cuenta que el criterio de reparto será el dispuesto en los estatutos.

A falta de previsión estatutaria, se tendrán en cuenta tanto el porcentaje de las aportaciones que haya efectuado cada miembro del consorcio al fondo patrimonial del mismo como la financiación concedida cada año. Si alguno de los miembros del consorcio no hubiere realizado aportaciones por no estar obligado a ello, el criterio de reparto será la participación en los ingresos que, en su caso, hubiera recibido durante el tiempo que ha pertenecido en el consorcio.

4. Se acordará por el consorcio la forma y condiciones en que tendrá lugar el pago de la cuota de liquidación en el supuesto en que ésta resulte positiva.

5. Las entidades consorciadas podrán acordar, con la mayoría que se establezca en los estatutos, o a falta de previsión estatutaria por unanimidad, la cesión global de activos y pasivos a otra entidad del sector público jurídicamente adecuada con la finalidad de mantener la continuidad de la actividad y alcanzar los objetivos del consorcio que

se extingue. La cesión global de activos y pasivos implicará la extinción sin liquidación del consorcio cedente.

CAPÍTULO VII. DE LAS FUNDACIONES DEL SECTOR PÚBLICO ESTATAL

Artículo 128[23]. Definición y actividades propias

1. Son fundaciones del sector público estatal aquellas que reúnan alguno de los requisitos siguientes:

a) Que se constituyan de forma inicial, con una aportación mayoritaria, directa o indirecta, de la Administración General del Estado o cualquiera de los sujetos integrantes del sector público institucional estatal, o bien reciban dicha aportación con posterioridad a su constitución.

b) Que el patrimonio de la fundación esté integrado en más de un 50 por ciento por bienes o derechos aportados o cedidos por la Administración General del Estado o cualquiera de los sujetos integrantes del sector público institucional estatal con carácter permanente.

c) La mayoría de derechos de voto en su patronato corresponda a representantes de la Administración General del Estado o del sector público institucional estatal.

2. Son actividades propias de las fundaciones del sector público estatal las realizadas, sin ánimo de lucro, para el cumplimiento de fines de interés general, con independencia de que el servicio se preste de forma gratuita o mediante contraprestación.

Únicamente podrán realizar actividades relacionadas con el ámbito competencial de las entidades del sector público fundadoras, debiendo coadyuvar a la consecución de los fines de las mismas, sin que ello suponga la asunción de sus competencias propias, salvo previsión legal expresa. Las fundaciones no podrán ejercer potestades públicas.

---

[23] Artículo modificado por la Ley 22/2021, de 28 de diciembre.

En la denominación de las fundaciones del sector público estatal deberá figurar necesariamente la indicación «fundación del sector público» o su abreviatura «F.S.P.».

3. Para la financiación de las actividades y el mantenimiento de la fundación, debe haberse previsto la posibilidad de que en el patrimonio de las fundaciones del sector público pueda existir aportación del sector privado de forma no mayoritaria.

Artículo 129[24]. Régimen de adscripción de las fundaciones

1. Los estatutos de cada fundación determinarán la Administración Pública a la que estará adscrita de conformidad con lo previsto en este artículo.

2. De acuerdo con los siguientes criterios, ordenados por prioridad en su aplicación, referidos a la situación en el primer día del ejercicio presupuestario, la fundación del sector público quedará adscrita, en cada ejercicio presupuestario y por todo este periodo, a la Administración Pública que:

a) Disponga de mayoría de patronos.

b) Tenga facultades para nombrar o destituir a la mayoría de los miembros de los órganos ejecutivos.

c) Tenga facultades para nombrar o destituir a la mayoría de los miembros del personal directivo.

d) Tenga facultades para nombrar o destituir a la mayoría de los miembros del patronato.

e) Financie en más de un cincuenta por ciento, en su defecto, en mayor medida la actividad desarrollada por la fundación, teniendo en cuenta tanto la aportación del fondo patrimonial como la financiación concedida cada año.

f) Ostente el mayor porcentaje de participación en el fondo patrimonial.

---

[24]   Artículo modificado por la Ley 22/2021, de 28 de diciembre.

g) Si la aplicación de los anteriores no resultara determinante, se adscribirá a la Administración General del Estado, y, en el caso de que ésta no participe, se adscribirá a la administración que decida su patronato.

3. En el supuesto de que participen en la fundación entidades privadas sin ánimo de lucro, la fundación del sector público estará adscrita a la Administración que resulte de acuerdo con los criterios establecidos en el apartado anterior.

4. El cambio de adscripción a una Administración Pública, cualquiera que fuere su causa, conllevará la modificación de los estatutos que deberá realizarse en un plazo no superior a tres meses, contados desde el inicio del ejercicio presupuestario siguiente a aquél en se produjo el cambio de adscripción.

5. Las fundaciones estarán sujetas al régimen presupuestario, económico financiero y de control de la Administración Pública a la que estén adscritas.

Artículo 130. Régimen jurídico

Las fundaciones del sector público estatal se rigen por lo previsto en esta Ley, por la Ley 50/2002, de 26 de diciembre, de Fundaciones, la legislación autonómica que resulte aplicable en materia de fundaciones, y por el ordenamiento jurídico privado, salvo en las materias en que le sea de aplicación la normativa presupuestaria, contable, de control económico-financiero y de contratación del sector público.

Artículo 131. Régimen de contratación

La contratación de las fundaciones del sector público estatal se ajustará a lo dispuesto en la legislación sobre contratación del sector público.

Artículo 132. Régimen presupuestario, de contabilidad, de control económico-financiero y de personal

1. Las fundaciones del sector público estatal elaborarán anualmente un presupuesto de explotación y capital, que se integrarán con el

Presupuesto General del Estado y formularán y presentarán sus cuentas de acuerdo con los principios y normas de contabilidad recogidos en la adaptación del Plan General de Contabilidad a las entidades sin fines lucrativos y disposiciones que lo desarrollan, así como la normativa vigente sobre fundaciones.

2. Las fundaciones del sector público estatal aplicarán el régimen presupuestario, económico financiero, de contabilidad, y de control establecido por la Ley 47/2003, de 26 de noviembre, y sin perjuicio de las competencias atribuidas al Tribunal de Cuentas, estarán sometidas al control de la Intervención General de la Administración del Estado.

3. El personal de las fundaciones del sector público estatal, incluido el que tenga condición de directivo, se regirá por el Derecho laboral, así como por las normas que le sean de aplicación en función de su adscripción al sector público estatal, incluyendo entre las mismas la normativa presupuestaria así como lo que se establezca en las Leyes de Presupuestos Generales del Estado.

Artículo 133. Creación de fundaciones del sector público estatal

1. La creación de las fundaciones del sector público estatal o la adquisición de este carácter de forma sobrevenida se realizará por ley que establecerá los fines de la fundación y, en su caso, los recursos económicos con los que se le dota.

2. El anteproyecto de ley de creación de una fundación del sector público estatal que se eleve al Consejo de Ministros deberá ser acompañado de una propuesta de estatutos y del plan de actuación, de conformidad con lo previsto en el artículo 92, junto con el informe preceptivo favorable del Ministerio de Hacienda y Administraciones Públicas o la Intervención General de la Administración del Estado, según se determine reglamentariamente.

3. Los estatutos de las fundaciones del sector público estatal se aprobarán por Real Decreto de Consejo de Ministros, a propuesta conjunta del titular del Ministerio de Hacienda y Administraciones Públicas y del Ministerio que ejerza el protectorado, que estará determinado en

sus Estatutos. No obstante, por Acuerdo del Consejo de Ministros podrá modificarse el Ministerio al que se adscriba inicialmente la fundación.

Artículo 134. Protectorado

El Protectorado de las fundaciones del sector público será ejercido por el órgano de la Administración de adscripción que tenga atribuida tal competencia, que velará por el cumplimiento de las obligaciones establecidas en la normativa sobre fundaciones, sin perjuicio del control de eficacia y la supervisión continua al que están sometidas de acuerdo con lo previsto en esta Ley.

Artículo 135. Estructura organizativa

En las fundaciones del sector público estatal la mayoría de miembros del patronato serán designados por los sujetos del sector público estatal.

La responsabilidad que le corresponda al empleado público como miembro del patronato será directamente asumida por la entidad o la Administración General del Estado que lo designó. La Administración General del Estado podrá exigir de oficio al empleado público que designó a esos efectos la responsabilidad en que hubiera incurrido por los daños y perjuicios causados en sus bienes o derechos cuando hubiera concurrido dolo, o culpa o negligencia graves, conforme a lo previsto en las leyes administrativas en materia de responsabilidad patrimonial.

Artículo 136. Fusión, disolución, liquidación y extinción

A las fundaciones del sector público estatal le resultará de aplicación el régimen de fusión, disolución, liquidación y extinción previsto en los artículos 94, 96 y 97.

CAPÍTULO VIII. DE LOS FONDOS CARENTES DE PERSONALIDAD JURÍDICA DEL SECTOR PÚBLICO ESTATAL

Artículo 137. Creación y extinción

1. La creación de fondos carentes de personalidad jurídica en el sector público estatal se efectuará por Ley. La norma de creación de-

terminará expresamente su adscripción a la Administración General del Estado.

2. Con independencia de su creación por Ley se extinguirán por norma de rango reglamentario.

3. En la denominación de los fondos carentes de personalidad jurídica deberá figurar necesariamente la indicación «fondo carente de personalidad jurídica» o su abreviatura «F.C.P.J».

Artículo 138. Régimen jurídico

Los fondos carentes de personalidad jurídica se regirán por lo dispuesto en esta Ley, en su norma de creación, y el resto de las normas de derecho administrativo general y especial que le sea de aplicación.

Artículo 139. Régimen presupuestario, de contabilidad y de control económico-financiero

Los fondos carentes de personalidad jurídica estarán sujetos al régimen de presupuestación, contabilidad y control previsto en la Ley 47/2003, de 26 de noviembre.

TÍTULO III. RELACIONES INTERADMINISTRATIVAS

CAPÍTULO I. PRINCIPIOS GENERALES DE LAS RELACIONES INTERADMINISTRATIVAS

Artículo 140. Principios de las relaciones interadministrativas

1. Las diferentes Administraciones Públicas actúan y se relacionan con otras Administraciones y entidades u organismos vinculados o dependientes de éstas de acuerdo con los siguientes principios:

a) Lealtad institucional.

b) Adecuación al orden de distribución de competencias establecido en la Constitución y en los Estatutos de Autonomía y en la normativa del régimen local.

c) Colaboración, entendido como el deber de actuar con el resto de Administraciones Públicas para el logro de fines comunes.

d) Cooperación, cuando dos o más Administraciones Publicas, de manera voluntaria y en ejercicio de sus competencias, asumen compromisos específicos en aras de una acción común.

e) Coordinación, en virtud del cual una Administración Pública y, singularmente, la Administración General del Estado, tiene la obligación de garantizar la coherencia de las actuaciones de las diferentes Administraciones Públicas afectadas por una misma materia para la consecución de un resultado común, cuando así lo prevé la Constitución y el resto del ordenamiento jurídico.

f) Eficiencia en la gestión de los recursos públicos, compartiendo el uso de recursos comunes, salvo que no resulte posible o se justifique en términos de su mejor aprovechamiento.

g) Responsabilidad de cada Administración Pública en el cumplimiento de sus obligaciones y compromisos.

h) Garantía e igualdad en el ejercicio de los derechos de todos los ciudadanos en sus relaciones con las diferentes Administraciones.

i) Solidaridad interterritorial de acuerdo con la Constitución.

2. En lo no previsto en el presente Título, las relaciones entre la Administración General del Estado o las Administraciones de las Comunidades Autónomas con las Entidades que integran la Administración Local se regirán por la legislación básica en materia de régimen local.

CAPÍTULO II. DEBER DE COLABORACIÓN

Artículo 141. Deber de colaboración entre las Administraciones Públicas

1. Las Administraciones Públicas deberán:

a) Respetar el ejercicio legítimo por las otras Administraciones de sus competencias.

b) Ponderar, en el ejercicio de las competencias propias, la totalidad de los intereses públicos implicados y, en concreto, aquellos cuya gestión esté encomendada a las otras Administraciones.

c) Facilitar a las otras Administraciones la información que precisen sobre la actividad que desarrollen en el ejercicio de sus propias competencias o que sea necesaria para que los ciudadanos puedan acceder de forma integral a la información relativa a una materia.

d) Prestar, en el ámbito propio, la asistencia que las otras Administraciones pudieran solicitar para el eficaz ejercicio de sus competencias.

e) Cumplir con las obligaciones concretas derivadas del deber de colaboración y las restantes que se establezcan normativamente.

2. La asistencia y colaboración requerida sólo podrá negarse cuando el organismo público o la entidad del que se solicita no esté facultado para prestarla de acuerdo con lo previsto en su normativa específica, no disponga de medios suficientes para ello o cuando, de hacerlo, causara un perjuicio grave a los intereses cuya tutela tiene encomendada o al cumplimiento de sus propias funciones o cuando la información solicitada tenga carácter confidencial o reservado. La negativa a prestar la asistencia se comunicará motivadamente a la Administración solicitante.

3. La Administración General del Estado, las de las Comunidades Autónomas y las de las Entidades Locales deberán colaborar y auxiliarse para la ejecución de sus actos que hayan de realizarse o tengan efectos fuera de sus respectivos ámbitos territoriales. Los posibles costes que pueda generar el deber de colaboración podrán ser repercutidos cuando así se acuerde.

Artículo 142[25]. Técnicas de colaboración

Las obligaciones que se derivan del deber de colaboración se harán efectivas a través de las siguientes técnicas:

a) El suministro de información, datos, documentos o medios probatorios que se hallen a disposición del organismo público o la entidad

---

[25]   Artículo modificado por el Real Decreto-ley 6/2022, de 29 de marzo.

al que se dirige la solicitud y que la Administración solicitante precise disponer para el ejercicio de sus competencias.

b) La colaboración a fin de proporcionar la inclusión en un sistema integrado de información de las respectivas áreas personalizadas o carpetas ciudadanas, o determinadas funcionalidades de las mismas, de forma que el interesado pueda acceder a sus contenidos, notificaciones o funcionalidades mediante procedimientos seguros que garanticen la integridad y confidencialidad de los datos de carácter personal, independientemente de cuál haya sido el punto de acceso.

c) El desarrollo de la Plataforma Digital de Colaboración entre las Administraciones Públicas como instrumento destinado a facilitar las relaciones y el soporte electrónico de los órganos integrantes del sistema de Conferencias Sectoriales y en general de los órganos de cooperación, así como de otras de plataformas comunes para el intercambio de datos en el ámbito de todas las administraciones públicas.

d) La creación y mantenimiento de sistemas integrados de información administrativa con el fin de disponer de datos actualizados, completos y permanentes referentes a los diferentes ámbitos de actividad administrativa en todo el territorio nacional.

e) El deber de asistencia y auxilio, para atender las solicitudes formuladas por otras Administraciones para el mejor ejercicio de sus competencias, en especial cuando los efectos de su actividad administrativa se extiendan fuera de su ámbito territorial.

f) Cualquier otra prevista en una Ley.

CAPÍTULO III. RELACIONES DE COOPERACIÓN

SECCIÓN 1ª. TÉCNICAS DE COOPERACIÓN

Artículo 143. Cooperación entre Administraciones Públicas

1. Las Administraciones cooperarán al servicio del interés general y podrán acordar de manera voluntaria la forma de ejercer sus respectivas competencias que mejor sirva a este principio.

2. La formalización de relaciones de cooperación requerirá la aceptación expresa de las partes, formulada en acuerdos de órganos de cooperación o en convenios.

Artículo 144. Técnicas de Cooperación

1. Se podrá dar cumplimiento al principio de cooperación de acuerdo con las técnicas que las Administraciones interesadas estimen más adecuadas, como pueden ser:

a) La participación en órganos de cooperación, con el fin de deliberar y, en su caso, acordar medidas en materias sobre las que tengan competencias diferentes Administraciones Públicas.

b) La participación en órganos consultivos de otras Administraciones Públicas.

c) La participación de una Administración Pública en organismos públicos o entidades dependientes o vinculados a otra Administración diferente.

d) La prestación de medios materiales, económicos o personales a otras Administraciones Públicas.

e) La cooperación interadministrativa para la aplicación coordinada de la normativa reguladora de una determinada materia.

f) La emisión de informes no preceptivos con el fin de que las diferentes Administraciones expresen su criterio sobre propuestas o actuaciones que incidan en sus competencias.

g) Las actuaciones de cooperación en materia patrimonial, incluidos los cambios de titularidad y la cesión de bienes, previstas en la legislación patrimonial.

h) Cualquier otra prevista en la Ley.

2. En los convenios y acuerdos en los que se formalice la cooperación se preverán las condiciones y compromisos que asumen las partes que los suscriben.

3. Cada Administración Pública mantendrá actualizado un registro electrónico de los órganos de cooperación en los que participe y de convenios que haya suscrito.

SECCIÓN 2ª. TÉCNICAS ORGÁNICAS DE COOPERACIÓN

Artículo 145. Órganos de cooperación

1. Los órganos de cooperación son órganos de composición multilateral o bilateral, de ámbito general o especial, constituidos por representantes de la Administración General del Estado, de las Administraciones de las Comunidades o Ciudades de Ceuta y Melilla o, en su caso, de las Entidades Locales, para acordar voluntariamente actuaciones que mejoren el ejercicio de las competencias que cada Administración Pública tiene.

2. Los órganos de cooperación se regirán por lo dispuesto en esta Ley y por las disposiciones específicas que les sean de aplicación.

3. Los órganos de cooperación entre distintas Administraciones Públicas en los que participe la Administración General del Estado, deberán inscribirse en el Registro estatal de Órganos e Instrumentos de Cooperación para que resulte válida su sesión constitutiva.

4. Los órganos de cooperación, salvo oposición por alguna de las partes, podrán adoptar acuerdos a través de un procedimiento simplificado y por suscripción sucesiva de las partes, por cualquiera de las formas admitidas en Derecho, en los términos que se establezcan de común acuerdo.

Artículo 146. Conferencia de Presidentes

1. La Conferencia de Presidentes es un órgano de cooperación multilateral entre el Gobierno de la Nación y los respectivos Gobiernos de las Comunidades Autónomas y está formada por el Presidente del Gobierno, que la preside, y por los Presidentes de las Comunidades Autónomas y de las Ciudades de Ceuta y Melilla.

2. La Conferencia de Presidentes tiene por objeto la deliberación de asuntos y la adopción de acuerdos de interés para el Estado y las Comunidades Autónomas, estando asistida para la preparación de sus reuniones por un Comité preparatorio del que forman parte un Ministro del Gobierno, que lo preside, y un Consejero de cada Comunidad Autónoma.

Artículo 147. Conferencias Sectoriales

1. La Conferencia Sectorial es un órgano de cooperación, de composición multilateral y ámbito sectorial determinado, que reúne, como Presidente, al miembro del Gobierno que, en representación de la Administración General del Estado, resulte competente por razón de la materia, y a los correspondientes miembros de los Consejos de Gobierno, en representación de las Comunidades Autónomas y de las Ciudades de Ceuta y Melilla.

2. Las Conferencias Sectoriales, u órganos sometidos a su régimen jurídico con otra denominación, habrán de inscribirse en el Registro Electrónico estatal de Órganos e Instrumentos de Cooperación para su válida constitución.

3. Cada Conferencia Sectorial dispondrá de un reglamento de organización y funcionamiento interno aprobado por sus miembros.

Artículo 148. Funciones de las Conferencias Sectoriales

1. Las Conferencias Sectoriales pueden ejercer funciones consultivas, decisorias o de coordinación orientadas a alcanzar acuerdos sobre materias comunes.

2. En particular, las Conferencias Sectoriales ejercerán, entre otras, las siguientes funciones:

a) Ser informadas sobre los anteproyectos de leyes y los proyectos de reglamentos del Gobierno de la Nación o de los Consejos de Gobierno de las Comunidades Autónomas cuando afecten de manera directa al ámbito competencial de las otras Administraciones Públicas o cuando así esté previsto en la normativa sectorial aplicable, bien a través de su pleno o bien a través de la comisión o el grupo de trabajo mandatado al efecto.

b) Establecer planes específicos de cooperación entre Comunidades Autónomas en la materia sectorial correspondiente, procurando la supresión de duplicidades, y la consecución de una mejor eficiencia de los servicios públicos.

c) Intercambiar información sobre las actuaciones programadas por las distintas Administraciones Públicas, en ejercicio de sus competencias, y que puedan afectar a las otras Administraciones.

d) Establecer mecanismos de intercambio de información, especialmente de contenido estadístico.

e) Acordar la organización interna de la Conferencia Sectorial y de su método de trabajo.

f) Fijar los criterios objetivos que sirvan de base para la distribución territorial de los créditos presupuestarios, así como su distribución al comienzo del ejercicio económico, de acuerdo con lo previsto en la Ley 47/2003, de 26 de noviembre.

Artículo 149. Convocatoria de las reuniones de las Conferencias Sectoriales

1. Corresponde al Ministro que presida la Conferencia Sectorial acordar la convocatoria de las reuniones por iniciativa propia, al menos una vez al año, o cuando lo soliciten, al menos, la tercera parte de sus miembros. En este último caso, la solicitud deberá incluir la propuesta de orden del día.

2. La convocatoria, que deberá acompañarse de los documentos necesarios con la suficiente antelación, deberá contener el orden del día previsto para cada sesión, sin que puedan examinarse asuntos que no figuren en el mismo, salvo que todos los miembros de la Conferencia Sectorial manifiesten su conformidad. El orden del día de cada reunión será propuesto por el Presidente y deberá especificar el carácter consultivo, decisorio o de coordinación de cada uno de los asuntos a tratar.

3. Cuando la conferencia sectorial hubiera de reunirse con el objeto exclusivo de informar un proyecto normativo, la convocatoria, la constitución y adopción de acuerdos podrá efectuarse por medios electrónicos, telefónicos o audiovisuales, que garanticen la intercomunicación entre ellos y la unidad de acto, tales como la videoconferencia o el correo electrónico, entendiéndose los acuerdos adoptados

en el lugar donde esté la presidencia, de acuerdo con el procedimiento que se establezca en el reglamento de funcionamiento interno de la conferencia sectorial.

De conformidad con lo previsto en este apartado la elaboración y remisión de actas podrá realizarse a través de medios electrónicos.

Artículo 150. Secretaría de las Conferencias Sectoriales

1. Cada Conferencia Sectorial tendrá un secretario que será designado por el Presidente de la Conferencia Sectorial.

2. Corresponde al secretario de la Conferencia Sectorial, al menos, las siguientes funciones:

a) Preparar las reuniones y asistir a ellas con voz pero sin voto.

b) Efectuar la convocatoria de las sesiones de la Conferencia Sectorial por orden del Presidente.

c) Recibir los actos de comunicación de los miembros de la Conferencia Sectorial y, por tanto, las notificaciones, peticiones de datos, rectificaciones o cualquiera otra clase de escritos de los que deba tener conocimiento.

d) Redactar y autorizar las actas de las sesiones.

e) Expedir certificaciones de las consultas, recomendaciones y acuerdos aprobados y custodiar la documentación generada con motivo de la celebración de sus reuniones.

f) Cuantas otras funciones sean inherentes a su condición de secretario.

Artículo 151. Clases de decisiones de la Conferencia Sectorial

1. La adopción de decisiones requerirá la previa votación de los miembros de la Conferencia Sectorial. Esta votación se producirá por la representación que cada Administración Pública tenga y no por los distintos miembros de cada una de ellas.

2. Las decisiones que adopte la Conferencia Sectorial podrán revestir la forma de:

a) Acuerdo: supone un compromiso de actuación en el ejercicio de las respectivas competencias. Son de obligado cumplimiento y directamente exigibles de acuerdo con lo previsto en la Ley 29/1998, de 13 de julio, reguladora de la Jurisdicción Contencioso-administrativa, salvo para quienes hayan votado en contra mientras no decidan suscribirlos con posterioridad. El acuerdo será certificado en acta.

Cuando la Administración General del Estado ejerza funciones de coordinación, de acuerdo con el orden constitucional de distribución de competencias del ámbito material respectivo, el Acuerdo que se adopte en la Conferencia Sectorial, y en el que se incluirán los votos particulares que se hayan formulado, será de obligado cumplimiento para todas las Administraciones Públicas integrantes de la Conferencia Sectorial, con independencia del sentido de su voto, siendo exigibles conforme a lo establecido en la Ley 29/1998, de 13 de julio. El acuerdo será certificado en acta.

Las Conferencias Sectoriales podrán adoptar planes conjuntos, de carácter multilateral, entre la Administración General del Estado y la de las Comunidades Autónomas, para comprometer actuaciones conjuntas para la consecución de los objetivos comunes, que tendrán la naturaleza de Acuerdo de la conferencia sectorial y se publicarán en el «Boletín Oficial del Estado».

El acuerdo aprobatorio de los planes deberá especificar, según su naturaleza, los siguientes elementos, de acuerdo con lo previsto en la legislación presupuestaria:

1.º Los objetivos de interés común a cumplir.

2.º Las actuaciones a desarrollar por cada Administración.

3.º Las aportaciones de medios personales y materiales de cada Administración.

4.º Los compromisos de aportación de recursos financieros.

5.º La duración, así como los mecanismos de seguimiento, evaluación y modificación.

b) Recomendación: tiene como finalidad expresar la opinión de la Conferencia Sectorial sobre un asunto que se somete a su consulta.

Los miembros de la Conferencia Sectorial se comprometen a orientar su actuación en esa materia de conformidad con lo previsto en la Recomendación salvo quienes hayan votado en contra mientras no decidan suscribirla con posterioridad. Si algún miembro se aparta de la Recomendación, deberá motivarlo e incorporar dicha justificación en el correspondiente expediente.

Artículo 152. Comisiones Sectoriales y Grupos de trabajo

1. La Comisión Sectorial es el órgano de trabajo y apoyo de carácter general de la Conferencia Sectorial, estando constituida por el Secretario de Estado u órgano superior de la Administración General del Estado designado al efecto por el Ministro correspondiente, que la presidirá, y un representante de cada Comunidad Autónoma, así como un representante de la Ciudad de Ceuta y de la Ciudad Melilla. El ejercicio de las funciones propias de la secretaría de la Comisión Sectorial corresponderá a un funcionario del Ministerio correspondiente.

Si así se prevé en el reglamento interno de funcionamiento de la Conferencia Sectorial, las comisiones sectoriales y grupos de trabajo podrán funcionar de forma electrónica o por medios telefónicos o audiovisuales, que garanticen la intercomunicación entre ellos y la unidad de acto, tales como la videoconferencia o el correo electrónico, entendiendo los acuerdos adoptados en el lugar donde esté la presidencia, de acuerdo con el procedimiento que se establezca en el reglamento de funcionamiento interno de la Conferencia Sectorial.

2. La Comisión Sectorial ejercerá las siguientes funciones:

a) La preparación de las reuniones de la Conferencia Sectorial, para lo que tratará los asuntos incluidos en el orden del día de la convocatoria.

b) El seguimiento de los acuerdos adoptados por la Conferencia Sectorial.

c) El seguimiento y evaluación de los Grupos de trabajo constituidos.

d) Cualquier otra que le encomiende la Conferencia Sectorial.

3. Las Conferencias Sectoriales podrán crear Grupos de trabajo, de carácter permanente o temporal, formados por Directores Generales, Subdirectores Generales o equivalentes de las diferentes Administraciones Públicas que formen parte de dicha Conferencia, para llevar a cabo las tareas técnicas que les asigne la Conferencia Sectorial o la Comisión Sectorial. A estos grupos de trabajo podrán ser invitados expertos de reconocido prestigio en la materia a tratar.

El director del Grupo de trabajo, que será un representante de la Administración General del Estado, podrá solicitar con el voto favorable de la mayoría de sus miembros, la participación en el mismo de las organizaciones representativas de intereses afectados, con el fin de recabar propuestas o formular consultas.

Artículo 153. Comisiones Bilaterales de Cooperación

1. Las Comisiones Bilaterales de Cooperación son órganos de cooperación de composición bilateral que reúnen, por un número igual de representantes, a miembros del Gobierno, en representación de la Administración General del Estado, y miembros del Consejo de Gobierno de la Comunidad Autónoma o representantes de la Ciudad de Ceuta o de la Ciudad de Melilla.

2. Las Comisiones Bilaterales de Cooperación ejercen funciones de consulta y adopción de acuerdos que tengan por objeto la mejora de la coordinación entre las respectivas Administraciones en asuntos que afecten de forma singular a la Comunidad Autónoma, a la Ciudad de Ceuta o a la Ciudad de Melilla.

3. Para el desarrollo de su actividad, las Comisiones Bilaterales de Cooperación podrán crear Grupos de trabajo y podrán convocarse y adoptar acuerdos por videoconferencia o por medios electrónicos.

4. Las decisiones adoptadas por las Comisiones Bilaterales de Cooperación revestirán la forma de Acuerdos y serán de obligado cumplimiento, cuando así se prevea expresamente, para las dos Administraciones que lo suscriban y en ese caso serán exigibles conforme a lo

establecido en la Ley 29/1998, de 13 de julio. El acuerdo será certificado en acta.

5. Lo previsto en este artículo será de aplicación sin perjuicio de las peculiaridades que, de acuerdo con las finalidades básicas previstas, se establezcan en los Estatutos de Autonomía en materia de organización y funciones de las comisiones bilaterales.

Artículo 154. Comisiones Territoriales de Coordinación

1. Cuando la proximidad territorial o la concurrencia de funciones administrativas así lo requiera, podrán crearse Comisiones Territoriales de Coordinación, de composición multilateral, entre Administraciones cuyos territorios sean coincidentes o limítrofes, para mejorar la coordinación de la prestación de servicios, prevenir duplicidades y mejorar la eficiencia y calidad de los servicios. En función de las Administraciones afectadas por razón de la materia, estas Comisiones podrán estar formadas por:

a) Representantes de la Administración General del Estado y representantes de las Entidades Locales.

b) Representantes de las Comunidades Autónomas y representantes de las Entidades locales.

c) Representantes de la Administración General del Estado, representantes de las Comunidades Autónomas y representantes de las Entidades Locales.

2. Las decisiones adoptadas por las Comisiones Territoriales de Cooperación revestirán la forma de Acuerdos, que serán certificados en acta y serán de obligado cumplimiento para las Administraciones que lo suscriban y exigibles conforme a lo establecido en la Ley 29/1998, de 13 de julio.

3. El régimen de las convocatorias y la secretaría será el mismo que el establecido para las Conferencias Sectoriales en los artículos 149 y 150, salvo la regla prevista sobre quién debe ejercer las funciones de secretario, que se designará según su reglamento interno de funcionamiento.

CAPÍTULO IV. RELACIONES ELECTRÓNICAS ENTRE LAS ADMINISTRACIONES

Artículo 155. Transmisiones de datos entre Administraciones Públicas[26]

1. De conformidad con lo dispuesto en el Reglamento (UE) 2016/679 del Parlamento Europeo y del Consejo, de 27 de abril de 2016, relativo a la protección de las personas físicas en lo que respecta al tratamiento de datos personales y a la libre circulación de estos datos y por el que se deroga la Directiva 95/46/CE y en la Ley Orgánica 3/2018, de 5 de diciembre, de Protección de Datos Personales y garantía de los derechos digitales y su normativa de desarrollo, cada Administración deberá facilitar el acceso de las restantes Administraciones Públicas a los datos relativos a los interesados que obren en su poder, especificando las condiciones, protocolos y criterios funcionales o técnicos necesarios para acceder a dichos datos con las máximas garantías de seguridad, integridad y disponibilidad.

2. En ningún caso podrá procederse a un tratamiento ulterior de los datos para fines incompatibles con el fin para el cual se recogieron inicialmente los datos personales. De acuerdo con lo previsto en el artículo 5.1.b) del Reglamento (UE) 2016/679, no se considerará incompatible con los fines iniciales el tratamiento ulterior de los datos personales con fines de archivo en interés público, fines de investigación científica e histórica o fines estadísticos.

3. Fuera del caso previsto en el apartado anterior y siempre que las leyes especiales aplicables a los respectivos tratamientos no prohíban expresamente el tratamiento ulterior de los datos para una finalidad distinta, cuando la Administración Pública cesionaria de los datos pretenda el tratamiento ulterior de los mismos para una finalidad que estime compatible con el fin inicial, deberá comunicarlo previamente a la Administración Pública cedente a los efectos de que esta pueda

---

[26]   Artículo redactado conforme al Real Decreto-ley 14/2019, de 31 de octubre.

comprobar dicha compatibilidad. La Administración Pública cedente podrá, en el plazo de diez días oponerse motivadamente. Cuando la Administración cedente sea la Administración General del Estado podrá en este supuesto, excepcionalmente y de forma motivada, suspender la transmisión de datos por razones de seguridad nacional de forma cautelar por el tiempo estrictamente indispensable para su preservación. En tanto que la Administración Pública cedente no comunique su decisión a la cesionaria esta no podrá emplear los datos para la nueva finalidad pretendida.

Se exceptúan de lo dispuesto en el párrafo anterior los supuestos en que el tratamiento para otro fin distinto de aquel para el que se recogieron los datos personales esté previsto en una norma con rango de ley de conformidad con lo previsto en el artículo 23.1 del Reglamento (UE) 2016/679.

Artículo 156. Esquema Nacional de Interoperabilidad y Esquema Nacional de Seguridad

1. El Esquema Nacional de Interoperabilidad comprende el conjunto de criterios y recomendaciones en materia de seguridad, conservación y normalización de la información, de los formatos y de las aplicaciones que deberán ser tenidos en cuenta por las Administraciones Públicas para la toma de decisiones tecnológicas que garanticen la interoperabilidad.

2. El Esquema Nacional de Seguridad tiene por objeto establecer la política de seguridad en la utilización de medios electrónicos en el ámbito de la presente Ley, y está constituido por los principios básicos y requisitos mínimos que garanticen adecuadamente la seguridad de la información tratada.

Artículo 157. Reutilización de sistemas y aplicaciones de propiedad de la Administración

1. Las Administraciones pondrán a disposición de cualquiera de ellas que lo solicite las aplicaciones, desarrolladas por sus servicios o

que hayan sido objeto de contratación y de cuyos derechos de propiedad intelectual sean titulares, salvo que la información a la que estén asociadas sea objeto de especial protección por una norma. Las Administraciones cedentes y cesionarias podrán acordar la repercusión del coste de adquisición o fabricación de las aplicaciones cedidas.

2. Las aplicaciones a las que se refiere el apartado anterior podrán ser declaradas como de fuentes abiertas, cuando de ello se derive una mayor transparencia en el funcionamiento de la Administración Pública o se fomente con ello la incorporación de los ciudadanos a la Sociedad de la información.

3. Las Administraciones Públicas, con carácter previo a la adquisición, desarrollo o al mantenimiento a lo largo de todo el ciclo de vida de una aplicación, tanto si se realiza con medios propios o por la contratación de los servicios correspondientes, deberán consultar en el directorio general de aplicaciones, dependiente de la Administración General del Estado, si existen soluciones disponibles para su reutilización, que puedan satisfacer total o parcialmente las necesidades, mejoras o actualizaciones que se pretenden cubrir, y siempre que los requisitos tecnológicos de interoperabilidad y seguridad así lo permitan.

En este directorio constarán tanto las aplicaciones disponibles de la Administración General del Estado como las disponibles en los directorios integrados de aplicaciones del resto de Administraciones.

En el caso de existir una solución disponible para su reutilización total o parcial, las Administraciones Públicas estarán obligadas a su uso, salvo que la decisión de no reutilizarla se justifique en términos de eficiencia conforme al artículo 7 de la Ley Orgánica 2/2012, de 27 de abril, de Estabilidad Presupuestaria y Sostenibilidad Financiera.

Artículo 158. Transferencia de tecnología entre Administraciones

1. Las Administraciones Públicas mantendrán directorios actualizados de aplicaciones para su libre reutilización, de conformidad con lo dispuesto en el Esquema Nacional de Interoperabilidad. Estos directorios deberán ser plenamente interoperables con el directorio general

de la Administración General del Estado, de modo que se garantice su compatibilidad informática e interconexión.

2. La Administración General del Estado, mantendrá un directorio general de aplicaciones para su reutilización, prestará apoyo para la libre reutilización de aplicaciones e impulsará el desarrollo de aplicaciones, formatos y estándares comunes en el marco de los esquemas nacionales de interoperabilidad y seguridad.

Disposición adicional primera. Administración de los Territorios Históricos del País Vasco

En la Comunidad Autónoma del País Vasco, a efectos de lo dispuesto en el artículo segundo, se entenderá por Administraciones Públicas las Diputaciones Forales y las Administraciones institucionales de ellas dependientes o vinculadas.

Disposición adicional segunda. Delegados del Gobierno en las Ciudades de Ceuta y Melilla

1. En las Ciudades de Ceuta y Melilla existirá un Delegado del Gobierno que representará al Gobierno de la Nación en su territorio.

2. Las disposiciones contenidas en la presente Ley que hagan referencia a los Delegados del Gobierno en las Comunidades Autónomas se deberán entender también referidas a los Delegados del Gobierno en las Ciudades de Ceuta y Melilla.

3. En las Ciudades de Ceuta y Melilla existirá una Comisión de asistencia al Delegado del Gobierno, presidida por él mismo e integrada por el Secretario General y los responsables de los servicios territoriales. A sus sesiones deberán asistir los titulares de los órganos y servicios territoriales, tanto integrados como no integrados que el Delegado del Gobierno considere oportuno.

Disposición adicional tercera. Relaciones con las ciudades de Ceuta y Melilla

Lo dispuesto en esta Ley sobre las relaciones entre la Administración General del Estado y las Administraciones de las Comunidades Autónomas será de aplicación a las relaciones con las Ciudades de Ceuta y Melilla en la medida en que afecte al ejercicio de las competencias estatutariamente asumidas.

Disposición adicional cuarta. Adaptación de entidades y organismos públicos existentes en el ámbito estatal[27]

Las entidades con régimen jurídico específico a la entrada en vigor de esta ley se seguirán rigiendo por su legislación específica, manteniendo su naturaleza jurídica, y únicamente de forma supletoria, y en tanto resulte compatible con su legislación específica por lo previsto en esta ley.

Los demás organismos y entidades, a los que se refiere el artículo 84.1 de esta ley, existentes en el momento de la entrada en vigor de la misma, deberán adaptarse a su contenido antes del 1 de octubre de 2024, rigiéndose hasta que se realice la adaptación por su normativa específica.

La adaptación se realizará preservando las actuales especialidades de los organismos y entidades en materia de personal, patrimonio, régimen presupuestario, contabilidad, control económico-financiero y de operaciones como agente de financiación, incluyendo, respecto a estas últimas, el sometimiento, en su caso, al ordenamiento jurídico privado. Las especialidades se preservarán siempre que no hubieran generado deficiencias importantes en el control de ingresos y gastos causantes de una situación de desequilibrio financiero en el momento de su adaptación.

Las entidades que no tuvieran la consideración de poder adjudicador, preservarán esta especialidad en tanto no se oponga a la normativa comunitaria.

---

[27]   Modificada por la Ley 22/2021, de 28 de diciembre.

Disposición adicional quinta. Gestión compartida de servicios comunes de los organismos públicos estatales existentes

1. Los organismos públicos integrantes del sector público estatal a la entrada en vigor de esta ley compartirán la organización y gestión de sus servicios comunes salvo que la decisión de no compartirlos se justifique, en una memoria elaborada al efecto y que se dirigirá al Ministerio de Hacienda y Administraciones Públicas, en términos de eficiencia, conforme al artículo 7 de la Ley Orgánica 2/2012, de 27 de abril, en razones de seguridad nacional, o cuando la organización y gestión compartida afecte a servicios que deban prestarse de forma autónoma en atención a la independencia del organismo público.

2. La organización y gestión compartida de los servicios comunes a los que se refiere el artículo 95 podrá realizarse de las formas siguientes:

a) Mediante su coordinación por el departamento con competencias en materia de Hacienda pública o por un organismo autónomo vinculado o dependiente del mismo.

b) Mediante su coordinación por el departamento al que esté vinculado o del que dependa el organismo público.

c) Mediante su coordinación por el organismo público al que esté vinculado o del que dependa a su vez el organismo público.

Disposición adicional sexta. Transformación de los medios propios estatales existentes

Todas las entidades y organismos públicos que en el momento de la entrada en vigor de esta Ley tengan la condición de medio propio en el ámbito estatal deberán adaptarse a lo previsto en esta Ley en el plazo de seis meses a contar desde su entrada en vigor.

Disposición adicional séptima. Registro Electrónico estatal de Órganos e Instrumentos de Cooperación

1. La Administración General del Estado mantendrá actualizado un registro electrónico de los órganos de cooperación en los que participa

ella o alguno de sus organismos públicos o entidades vinculados o dependientes y de convenios celebrados con el resto de Administraciones Públicas. Este registro será dependiente de la Secretaría de Estado de Administraciones Públicas.

2[28]. La creación, modificación o extinción de los órganos de cooperación, así como la suscripción, extinción, prórroga o modificación de cualquier convenio celebrado por la Administración General del Estado o alguno de sus organismos públicos o entidades vinculados o dependientes deberá ser comunicada por el órgano de ésta que lo haya suscrito, en el plazo de cinco días desde que ocurra el hecho inscribible, al Registro Electrónico estatal de Órganos e Instrumentos de Cooperación.

3. Los Departamentos Ministeriales que ejerzan la Secretaría de los órganos de cooperación deberán comunicar al registro antes del 30 de enero de cada año los órganos de cooperación que hayan extinguido.

4. El Ministro de Hacienda y Administraciones Públicas elevará anualmente al Consejo de Ministros un informe sobre la actividad de los órganos de cooperación existentes, así como sobre los convenios vigentes a partir de los datos y análisis proporcionados por el Registro Electrónico estatal de Órganos e Instrumentos de Cooperación.

5. Los órganos de cooperación y los convenios vigentes disponen del plazo de seis meses, a contar desde la entrada en vigor de la Ley, para solicitar su inscripción en este Registro.

6. Los órganos de cooperación que no se hayan reunido en un plazo de cinco años desde su creación o en un plazo de cinco años desde la entrada en vigor de esta ley quedarán extinguidos.

Disposición adicional octava. Adaptación de los convenios vigentes suscritos por cualquier Administración Pública e inscripción de

---

[28]   Apartado modificado por el Real Decreto-ley 36/2020, de 30 de diciembre.

organismos y entidades en el Inventario de Entidades del Sector Público Estatal, Autonómico y Local

1. Todos los convenios vigentes suscritos por cualquier Administración Pública o cualquiera de sus organismos o entidades vinculados o dependientes deberán adaptarse a lo aquí previsto en el plazo de tres años a contar desde la entrada en vigor de esta Ley.

No obstante, esta adaptación será automática, en lo que se refiere al plazo de vigencia del convenio, por aplicación directa de las reglas previstas en el artículo 49.h).1.º para los convenios que no tuvieran determinado un plazo de vigencia o, existiendo, tuvieran establecida una prórroga tácita por tiempo indefinido en el momento de la entrada en vigor de esta Ley. En estos casos el plazo de vigencia del convenio será de cuatro años a contar desde la entrada en vigor de la presente Ley.

2. Todos los organismos y entidades, vinculados o dependientes de cualquier Administración Pública y cualquiera que sea su naturaleza jurídica, existentes en el momento de la entrada en vigor de esta Ley deberán estar inscritos en el Inventario de Entidades del Sector Público Estatal, Autonómico y Local en el plazo de tres meses a contar desde dicha entrada en vigor.

Disposición adicional novena. Comisión Sectorial de administración electrónica

1. La Comisión Sectorial de administración electrónica, dependiente de la Conferencia Sectorial de Administración Pública, es el órgano técnico de cooperación de la Administración General del Estado, de las Administraciones de las Comunidades Autónomas y de las Entidades Locales en materia de administración electrónica.

2. El Comisión Sectorial de la administración electrónica desarrollará, al menos, las siguientes funciones:

a) Asegurar la compatibilidad e interoperabilidad de los sistemas y aplicaciones empleados por las Administraciones Públicas.

b) Impulsar el desarrollo de la administración electrónica en España.

c) Asegurar la cooperación entre las Administraciones Públicas para proporcionar información administrativa clara, actualizada e inequívoca.

3. Cuando por razón de las materias tratadas resulte de interés, podrá invitarse a las organizaciones, corporaciones o agentes sociales que se estime conveniente en cada caso a participar en las deliberaciones de la Comisión Sectorial.

Disposición adicional décima. Aportaciones a los consorcios

Cuando las Administraciones Públicas o cualquiera de sus organismos públicos o entidades vinculados o dependientes sean miembros de un consorcio, no estarán obligados a efectuar la aportación al fondo patrimonial o la financiación a la que se hayan comprometido para el ejercicio corriente si alguno de los demás miembros del consorcio no hubiera realizado la totalidad de sus aportaciones dinerarias correspondientes a ejercicios anteriores a las que estén obligados.

Disposición adicional undécima. Conflictos de atribuciones intraministeriales

1. Los conflictos positivos o negativos de atribuciones entre órganos de un mismo Ministerio serán resueltos por el superior jerárquico común en el plazo de diez días, sin que quepa recurso alguno.

2. En los conflictos positivos, el órgano que se considere competente requerirá de inhibición al que conozca del asunto, quien suspenderá el procedimiento por un plazo de diez días. Si dentro de dicho plazo acepta el requerimiento, remitirá el expediente al órgano requirente. En caso de considerarse competente, remitirá acto seguido las actuaciones al superior jerárquico común.

3. En los conflictos negativos, el órgano que se estime incompetente remitirá directamente las actuaciones al órgano que considere competente, quien decidirá en el plazo de diez días y, en su caso, de

considerarse, asimismo, incompetente, remitirá acto seguido el expediente con su informe al superior jerárquico común.

4. Los interesados en el procedimiento plantearán estos conflictos de acuerdo a lo establecido en el artículo 14.

Disposición adicional duodécima. Régimen Jurídico de las Autoridades Portuarias y Puertos del Estado

Las Autoridades Portuarias y Puertos del Estado se regirán por su legislación específica, por las disposiciones de la Ley 47/2003, de 26 de noviembre, que les sean de aplicación y, supletoriamente, por lo establecido en esta Ley.

Disposición adicional decimotercera. Régimen jurídico de las Entidades gestoras y servicios comunes de la Seguridad Social

1. A las Entidades gestoras, servicios comunes y otros organismos o entidades que conforme a la Ley integran la Administración de la Seguridad Social, les será de aplicación las previsiones de esta Ley relativas a los organismos autónomos, salvo lo dispuesto en el párrafo siguiente.

2. El régimen de personal, económico-financiero, patrimonial, presupuestario y contable, de participación en la gestión, así como la asistencia jurídica, será el establecido por su legislación específica, por la Ley 47/2003, de 26 de noviembre, General Presupuestaria, en las materias que sea de aplicación, y supletoriamente por esta Ley.

Disposición adicional decimocuarta. La organización militar y las Delegaciones de Defensa

1. La organización militar se rige por su legislación específica y por las bases establecidas en la ley Orgánica 5/2005, de 17 de noviembre, de la Defensa Nacional.

2. Las Delegaciones de Defensa permanecerán integradas en el Ministerio de Defensa y se regirán por su normativa específica.

Disposición adicional decimoquinta. Personal militar de las Fuerzas Armadas y del Centro Nacional de Inteligencia

Las referencias que en los artículos 63, 65, 66 y 67 de esta ley se realizan a los funcionarios de carrera pertenecientes al Subgrupo A1 comprenderán al personal militar de las Fuerzas Armadas perteneciente a cuerpos y escalas con una categoría equivalente a aquélla.

Dichas previsiones normativas serán igualmente aplicables al personal del Centro Nacional de Inteligencia perteneciente al Subgrupo A1, según su normativa estatutaria.

Disposición adicional decimosexta. Servicios territoriales integrados en las Delegaciones del Gobierno

Los servicios territoriales que, a la entrada en vigor de esta Ley, estuviesen integrados en las Delegaciones del Gobierno continuarán en esta situación, siendo aplicable a los mismos lo previsto en la presente Ley.

Disposición adicional decimoséptima. Régimen jurídico de la Agencia Estatal de Administración Tributaria

La Agencia Estatal de Administración Tributaria se regirá por su legislación específica y únicamente de forma supletoria y en tanto resulte compatible con su legislación específica por lo previsto en esta Ley.

El acceso, la cesión o la comunicación de información de naturaleza tributaria se regirán en todo caso por su legislación específica.

Disposición adicional decimoctava. Régimen jurídico del Centro Nacional de Inteligencia

La actuación administrativa de los órganos competentes del Centro Nacional de Inteligencia se regirá por lo previsto en su normativa específica y en lo no previsto en ella, en cuanto sea compatible con su naturaleza y funciones propias, por lo dispuesto en la presente Ley.

Disposición adicional decimonovena. Régimen jurídico del Banco de España

El Banco de España en su condición de banco central nacional se regirá, en primer término, por lo dispuesto en el Tratado de Funcionamiento de la Unión Europea, los Estatutos del Sistema Europeo de Bancos Centrales y del Banco Central Europeo, el Reglamento (UE) n.º 1024/2013 del Consejo, de 15 de octubre de 2013 y la Ley 13/1994, de 1 de junio, de Autonomía del Banco de España.

En lo no previsto en las referidas normas y en cuanto sea compatible con su naturaleza y funciones será de aplicación lo previsto en la presente Ley.

Disposición adicional vigésima. Régimen jurídico del Fondo de Reestructuración Ordenada Bancaria

El Fondo de Reestructuración Ordenada Bancaria tendrá la consideración de autoridad administrativa independiente de conformidad con lo previsto en esta Ley.

Disposición adicional vigesimoprimera. Órganos Colegiados de Gobierno

Las disposiciones previstas en esta Ley relativas a los órganos colegiados no serán de aplicación a los órganos Colegiados del Gobierno de la Nación, los órganos colegiados de Gobierno de las Comunidades Autónomas y los órganos colegiados de gobierno de las Entidades Locales.

Disposición adicional vigesimosegunda. Actuación administrativa de los órganos constitucionales del Estado y de los órganos legislativos y de control autonómicos

La actuación administrativa de los órganos competentes del Congreso de los Diputados, del Senado, del Consejo General del Poder Judicial, del Tribunal Constitucional, del Tribunal de Cuentas, del Defensor del Pueblo, de las Asambleas Legislativas de las Comunidades Autónomas y de las instituciones autonómicas análogas al Tribunal de

Cuentas y al Defensor del Pueblo, se regirá por lo previsto en su normativa específica, en el marco de los principios que inspiran la actuación
administrativa de acuerdo con esta Ley.

**Disposición adicional vigesimotercera. Régimen jurídico aplicable
a la entidad pública empresarial Sociedad de Salvamento y Seguridad Marítima**[29]

La Sociedad de Salvamento y Seguridad Marítima (SASEMAR) preservará su naturaleza de entidad pública empresarial y, con las especialidades contenidas en su legislación específica, se regirá por las
disposiciones aplicables a dichas entidades en la Ley 40/2015, de 1
de octubre, de Régimen Jurídico del Sector Público, a excepción de lo
dispuesto en los artículos 103.1 y 107.3 de la Ley, exclusivamente en
lo que se refiere a la financiación mayoritaria con ingresos de mercado.

**Disposición adicional vigesimocuarta. Régimen jurídico aplicable
a la entidad pública empresarial Centro para el Desarrollo Tecnológico e Industrial**[30]

El Centro para el Desarrollo Tecnológico e Industrial (CDTI) preservará su naturaleza de entidad pública empresarial y, con las especialidades contenidas en su legislación específica, se regirá por las
disposiciones aplicables a dichas entidades en la Ley 40/2015, de 1
de octubre, de Régimen Jurídico del Sector Público, a excepción de lo
dispuesto en los artículos 103.1 y 107.3 de la Ley, exclusivamente en
lo que se refiere a la financiación mayoritaria con ingresos de mercado.

**Disposición adicional vigesimoquinta. Régimen jurídico aplicable
a los administradores generales de infraestructuras ferroviarias**[31]

Los administradores generales de infraestructuras ferroviarias preservarán su naturaleza de entidades públicas empresariales y, con las

---

[29]   Se añade por la Ley 11/2020, de 30 de diciembre.
[30]   Se añade por la Ley 11/2020, de 30 de diciembre.
[31]   Se añade por la Ley 11/2020, de 30 de diciembre.

especialidades contenidas en su legislación propia, se regirán por la Ley 40/2015, de 1 de octubre, de Régimen Jurídico del Sector del Sector Público a excepción de lo dispuesto en los artículos 103.1 y 107.3 de dicha Ley, exclusivamente en lo que se refiere a la financiación mayoritaria con ingresos de mercado.

Disposición adicional vigesimosexta. Régimen jurídico aplicable a SEPES, Entidad Pública Empresarial del Suelo[32]

SEPES, Entidad Pública Empresarial de Suelo, preservará su naturaleza de entidad pública empresarial y, con las especialidades contenidas en su legislación específica, se regirá por las disposiciones aplicables a dichas entidades en la Ley 40/2015, de 1 de octubre, de Régimen Jurídico del Sector Público, a excepción de lo dispuesto en los artículos 103.1 y 107.3 de la Ley, exclusivamente en lo que se refiere a la financiación mayoritaria con ingresos de mercado.

Disposición adicional vigesimoséptima. Régimen jurídico aplicable a la Entidad Pública Empresarial Red.es[33]

La Entidad Pública Empresarial Red.es preservará su naturaleza de entidad pública empresarial y, con las especialidades contenidas en su legislación específica, se regirá por las disposiciones aplicables a dichas entidades en la Ley 40/2015, de 1 de octubre, de Régimen Jurídico del Sector Público, a excepción de lo dispuesto en los artículos 103.1 y 107.3 de la Ley, exclusivamente en lo que se refiere a la financiación mayoritaria con ingresos de mercado.

[32] Se añade por la Ley 11/2020, de 30 de diciembre.
[33] Se añade por la Ley 11/2020, de 30 de diciembre.

Disposición adicional vigesimoctava. Régimen jurídico aplicable a la entidad pública empresarial Instituto para la Diversificación y Ahorro de la Energía[34]

El Instituto para la Diversificación y Ahorro de la Energía (IDAE) preservará su naturaleza de entidad pública empresarial y, con las especialidades contenidas en su legislación específica, se regirá por las disposiciones aplicables a dichas entidades en la Ley 40/2015, de 1 de octubre, de Régimen Jurídico del Sector Público, a excepción de lo dispuesto en los artículos 103.1 y 107.3 de la Ley, exclusivamente en lo que se refiere a la financiación mayoritaria con ingresos de mercado.

Disposición adicional vigesimonovena. Régimen jurídico aplicable a la Entidad Pública Empresarial ICEX España Exportación e Inversiones[35]

La Entidad Pública Empresarial ICEX España Exportación e Inversiones preservará su naturaleza de entidad pública empresarial y, con las especialidades contenidas en su legislación específica, se regirá por las disposiciones aplicables a dichas entidades en la Ley 40/2015, de 1 de octubre, de Régimen Jurídico del Sector Público, a excepción de lo dispuesto en los artículos 103.1 y 107.3 de la Ley, exclusivamente en lo que se refiere a la financiación mayoritaria con ingresos de mercado.

Disposición adicional trigésima. Plataforma Digital de Colaboración entre las Administraciones Públicas[36]

1. El Ministerio de Asuntos Económicos y Transformación Digital y el Ministerio de Política Territorial impulsarán mediante orden ministerial conjunta las medidas necesarias para la creación y el funcionamiento de la Plataforma Digital de Colaboración entre las Administraciones Públicas como instrumento destinado a facilitar las relaciones

---

[34] Se añade por el Real Decreto-ley 36/2020, de 30 de diciembre.
[35] Se añade por el Real Decreto-ley 36/2020, de 30 de diciembre.
[36] Se añade por el Real Decreto-ley 6/2022, de 29 de marzo.

y el soporte electrónico de los órganos integrantes del sistema de Conferencias Sectoriales y en general de los órganos de cooperación.

2. En aplicación del principio de colaboración, las Administraciones Públicas designarán los Puntos de Contacto correspondientes para atender las diversas funcionalidades de la Plataforma.

3. Reglamentariamente se regulará la configuración y régimen de funcionamiento de la Plataforma que, en cualquier caso, se adaptará a los criterios y directrices que sucesivamente establezca la Conferencia Sectorial de Administración Pública o, en su caso, la Comisión Sectorial de Administración Electrónica como órgano dependiente de aquélla.

Disposición transitoria primera. Composición y clasificación del sector público institucional

La composición y clasificación del sector público institucional estatal prevista en el artículo 84 se aplicará únicamente a los organismos públicos y las entidades integrantes del sector público institucional estatal que se creen tras la entrada en vigor de la Ley y a los que se hayan adaptado de acuerdo con lo previsto en la disposición adicional cuarta.

Disposición transitoria segunda. Entidades y organismos públicos existentes

1. Todos los organismos y entidades integrantes del sector público estatal en el momento de la entrada en vigor de esta Ley continuarán rigiéndose por su normativa específica, incluida la normativa presupuestaria que les resultaba de aplicación, hasta su adaptación a lo dispuesto en la Ley de acuerdo con lo previsto en la disposición adicional cuarta.

2. No obstante, en tanto no resulte contrario a su normativa específica:

a) Los organismos públicos existentes en el momento de la entrada en vigor de esta Ley y desde ese momento aplicarán los principios establecidos en el Capítulo I del Título II, el régimen de control previsto en el artículo 85 y 92.2, y lo dispuesto en los artículos 87, 94, 96, 97 si se transformaran fusionaran, disolvieran o liquidaran tras la entrada en vigor de esta Ley.

b) Las sociedades mercantiles estatales, los consorcios, fundaciones y fondos sin personalidad jurídica existentes en el momento de la entrada en vigor de esta Ley aplicarán desde ese momento, respectivamente, lo previsto en el Capítulo V, Capítulo VI, Capítulo VII y Capítulo VIII del Título II.

Disposición transitoria tercera. Procedimientos de elaboración de normas en la Administración General del Estado

Los procedimientos de elaboración de normas que se hallaren en tramitación en la Administración General del Estado a la entrada en vigor de esta Ley se sustanciarán de acuerdo con lo establecido en la normativa vigente en el momento en que se iniciaron.

Disposición transitoria cuarta. Régimen transitorio de las modificaciones introducidas en la disposición final novena

Lo dispuesto en la disposición final novena será de aplicación a los expedientes de contratación iniciados con posterioridad a la entrada en vigor de dicha disposición. A estos efectos se entenderá que los expedientes de contratación han sido iniciados si se hubiera publicado la correspondiente convocatoria del procedimiento de adjudicación del contrato. En el caso de procedimientos negociados, para determinar el momento de iniciación se tomará en cuenta la fecha de aprobación de los pliegos.

Disposición derogatoria única. Derogación normativa

Quedan derogadas cuantas disposiciones de igual o inferior rango se opongan, contradigan o resulten incompatibles con lo dispuesto en la presente Ley y, en especial:

a) El artículo 87 de la Ley 7/1985, de 2 de abril, Reguladora de las Bases del Régimen Local.

b) El artículo 110 del texto refundido de las disposiciones legales vigentes en materia de Régimen Local aprobado por el Real Decreto Legislativo 781/1986, de 18 de abril.

c) Ley 6/1997, de 14 de abril, de Organización y Funcionamiento de la Administración General del Estado.

d) Los artículos 44, 45 y 46 de la Ley 50/2002, de 26 de diciembre, de Fundaciones.

e) Ley 28/2006, de 18 de julio, de Agencias estatales para la mejora de los servicios públicos.

f) Los artículos 12, 13, 14 y 15 y disposición adicional sexta de la Ley 15/2014, de 16 de septiembre, de racionalización del Sector Público y otras medidas de reforma administrativa.

g) El artículo 6.1.f), la disposición adicional tercera, la disposición transitoria segunda y la disposición transitoria cuarta del Real Decreto 1671/2009, de 6 de noviembre, por el que se desarrolla parcialmente la Ley 11/2007, de 22 de junio, de acceso electrónico de los ciudadanos a los servicios públicos.

h) Los artículos 37, 38, 39 y 40 del Decreto de 17 de junio de 1955 por el que se aprueba el Reglamento de Servicios de las Corporaciones locales.

Hasta que, de acuerdo con lo previsto en la disposición adicional cuarta, concluya el plazo de adaptación de las agencias existentes en el sector público estatal, se mantendrá en vigor la Ley 28/2006, de 18 de julio.

Disposición final primera. Modificación de la Ley 23/1982, de 16 de junio, reguladora del Patrimonio Nacional

(...)

Disposición final segunda. Modificación del Real Decreto-Ley 12/1995, de 28 de diciembre, sobre medidas urgentes en materia presupuestaria, tributaria y financiera

(...)

Disposición final tercera. Modificación de la Ley 50/1997, de 27 de noviembre, del Gobierno

(…)

Disposición final cuarta. Modificación de la Ley 50/2002, de 26 de diciembre, de Fundaciones

(…)

Disposición final quinta. Modificación de la Ley 22/2003, de 9 de julio, Concursal

(…)

Disposición final sexta. Modificación de la Ley 33/2003, de 3 de noviembre, del Patrimonio de las Administraciones Públicas

(…)

Disposición final séptima. Modificación de la Ley 38/2003, de 17 de noviembre, General de Subvenciones

(…)

Disposición final octava. Modificación de la Ley 47/2003, de 26 de noviembre, General Presupuestaria

(…)

Disposición final novena. Modificación del Texto Refundido de la Ley de Contratos del Sector Público, aprobado por Real Decreto Legislativo 3/2011, de 14 de noviembre

(…)

Disposición final décima. Modificación de la Ley 17/2012, de 27 de diciembre, de Presupuestos Generales del Estado para el año 2013

(…)

Disposición final undécima. Modificación de la Ley 20/2015, de 14 de julio, de ordenación, supervisión y solvencia de las entidades aseguradoras y reaseguradoras

(…)

Disposición final duodécima. Restitución o compensación a los partidos políticos de bienes y derechos incautados en aplicación de la normativa sobre responsabilidades políticas

(…)

Disposición final decimotercera. Referencias normativas

Las referencias hechas a Ley 30/1992, de 26 de noviembre, de Régimen Jurídico de las Administraciones Públicas y del Procedimiento Administrativo Común se entenderán hechas a la Ley del Procedimiento Administrativo Común de las Administraciones Públicas o a la Ley de Régimen Jurídico del Sector Público, según corresponda.

Disposición final decimocuarta. Título competencial

1. Esta Ley se dicta al amparo de lo dispuesto en el artículo 149.1.18.ª de la Constitución Española que atribuye al Estado competencia exclusiva sobre las bases régimen jurídico de las Administraciones Públicas, así como al amparo de lo previsto en el artículo 149.1.13.ª, relativo a las bases y coordinación de la planificación general de la actividad económica, y del artículo 149.1.14.ª, relativo a la Hacienda Pública general.

2. No tiene carácter básico y se aplica exclusivamente a la Administración General del Estado y al sector público estatal lo previsto en:

a) La subsección 2.ª referida a los órganos colegiados de la Administración General del Estado de la sección 3.ª del capítulo II del Título preliminar.

b) El Título I relativo a la Administración General del Estado.

c) Lo dispuesto en el Capítulo II relativo a la organización y funcionamiento del sector público institucional estatal, el Capítulo III de los organismos públicos estatales, el Capítulo IV de las Autoridades administrativas independientes, el Capítulo V de las sociedades mercantiles estatales, en el artículo 123.2 del Capítulo VI relativo a los Consorcios, los artículos 128, 130, 131, 132, 133, 135 y 136 del Capítulo VII de las fundaciones del sector público estatal y el Capítulo VIII de los fondos carentes de personalidad jurídica, todos ellos del Título II relativo a la organización y funcionamiento del sector público institucional.

d) Lo previsto en las disposiciones adicionales: cuarta, sobre adaptación de entidades y organismos estatales, quinta, sobre gestión compartida de servicios comunes en organismos públicos estatales, sexta, sobre medios propios, séptima, sobre el registro electrónico estatal de órganos e instrumentos de cooperación, undécima, sobre conflictos de atribuciones intraministeriales, duodécima, sobre Autoridades Portuarias y Puertos del Estado, decimotercera, relativa a las entidades de la Seguridad Social, decimocuarta, sobre la organización militar, decimoquinta, relativa al personal militar, la decimosexta, sobre Servicios territoriales integrados en las Delegaciones del Gobierno, decimoséptima, relativa a la Agencia Estatal de la Administración Tributaria, la decimoctava relativa al Centro Nacional de Inteligencia, la decimonovena relativa al Banco de España y la vigésima relativa al Fondo de Reestructuración Ordenada Bancaria.

Disposición final decimoquinta. Desarrollo normativo de la Ley

Se faculta al Consejo de Ministros y a los Ministros de Presidencia y de Hacienda y Administraciones Públicas, en el ámbito de sus competencias, para dictar cuantas disposiciones reglamentarias sean necesarias para el desarrollo de la presente Ley, así como para acordar las medidas necesarias para garantizar la efectiva ejecución e implantación de las previsiones de esta Ley.

En el plazo de tres meses desde la entrada en vigor de esta Ley, mediante Orden del Ministro de Hacienda y Administraciones Públicas, se desarrollará lo previsto en el artículo 85 sobre la supervisión continua.

Disposición final decimosexta. Precedencias en actos oficiales

Por Real Decreto del Consejo de Ministros, a propuesta del Presidente del Gobierno, se determinarán las precedencias de los titulares de los poderes constitucionales y de las instituciones nacionales, así como las de los titulares de los departamentos ministeriales y de los órganos internos de estos en relación con los actos oficiales.

Disposición final decimoséptima. Adaptación normativa

1. En el plazo de un año a partir de la entrada en vigor de la Ley, se deberán adecuar a la misma las normas estatales o autonómicas que sean incompatibles con lo previsto en esta Ley.

2. Los consorcios creados por una ley singular aprobada por las Cortes Generales con anterioridad a la aprobación de esta Ley seguirán rigiéndose por su legislación especial hasta que se produzca la citada adaptación normativa.

Disposición final decimoctava. Entrada en vigor

1. La presente Ley entrará en vigor al año de su publicación en el «Boletín Oficial del Estado», a excepción del punto cuatro de la disposición final quinta, de modificación de la Ley 22/2003, de 9 de julio, Concursal, de los puntos uno a once de la disposición final novena, de modificación del Texto Refundido de la Ley de Contratos del Sector Público, aprobado por Real Decreto Legislativo 3/2011, de 14 de noviembre y la disposición final decimosegunda, de restitución o compensación a los partidos políticos de bienes y derechos incautados en aplicación de la normativa sobre responsabilidades políticas que entrarán en vigor a los veinte días de su publicación en el «Boletín Oficial del Estado», y el punto doce de la misma disposición final novena, que lo hará a los seis meses de la citada publicación en el «Boletín Oficial del Estado».

2. No obstante, entrarán en vigor el día siguiente al de su publicación en el «Boletín Oficial del Estado» la disposición final primera, de modificación de la Ley 23/1982, de 16 de junio, reguladora del

Patrimonio Nacional, la disposición final segunda, de modificación del Real Decreto-Ley 12/1995, de 28 de diciembre, sobre medidas urgentes en materia presupuestaria, tributaria y financiera, los puntos uno a tres de la disposición final quinta, de modificación de la Ley 22/2003, de 9 de julio, Concursal, la disposición final séptima, de modificación de la Ley 38/2003, de 17 de noviembre, General de Subvenciones y la disposición final undécima, de modificación de la Ley 20/2015, de 14 de julio, de ordenación, supervisión y solvencia de las entidades aseguradoras y reaseguradoras.

3. La disposición final décima de modificación de la disposición adicional décima tercera de la Ley 17/2012, de 27 de diciembre, de Presupuestos Generales del Estado para el año 2013, entrará en vigor el día siguiente al de su publicación en el «Boletín Oficial del Estado», sin perjuicio de que los apartados Uno, primer y segundo párrafo; Dos; Tres, párrafos primero y segundo; Cuatro; Cinco, párrafos primero a cuarto y, Seis, surtirán efectos a partir del 1 de enero de 2013, y de lo dispuesto en el apartado Siete.

§2. Ley 39/2015, de 1 de octubre, del Procedimiento Administrativo Común de las Administraciones Públicas

[BOE número 236, de 2 de octubre]

I

La esfera jurídica de derechos de los ciudadanos frente a la actuación de las Administraciones Públicas se encuentra protegida a través de una serie de instrumentos tanto de carácter reactivo, entre los que destaca el sistema de recursos administrativos o el control realizado por jueces y tribunales, como preventivo, a través del procedimiento administrativo, que es la expresión clara de que la Administración Pública actúa con sometimiento pleno a la Ley y al Derecho, como reza el artículo 103 de la Constitución.

El informe elaborado por la Comisión para la Reforma de las Administraciones Públicas en junio de 2013 parte del convencimiento de que una economía competitiva exige unas Administraciones Públicas eficientes, transparentes y ágiles.

En esta misma línea, el Programa nacional de reformas de España para 2014 recoge expresamente la aprobación de nuevas leyes administrativas como una de las medidas a impulsar para racionalizar la actuación de las instituciones y entidades del poder ejecutivo, mejorar la eficiencia en el uso de los recursos públicos y aumentar su productividad.

Los defectos que tradicionalmente se han venido atribuyendo a las Administraciones españolas obedecen a varias causas, pero el ordenamiento vigente no es ajeno a ellas, puesto que el marco normativo en el que se ha desenvuelto la actuación pública ha propiciado la aparición de duplicidades e ineficiencias, con procedimientos administrativos demasiado complejos que, en ocasiones, han generado problemas de inseguridad jurídica. Para superar estas deficiencias es necesaria una reforma integral y estructural que permita ordenar y clarificar cómo se organizan y relacionan las Administraciones tanto externamente, con los ciudadanos y empresas, como internamente con el resto de Administraciones e instituciones del Estado.

En coherencia con este contexto, se propone una reforma del ordenamiento jurídico público articulada en dos ejes fundamentales: las relaciones «ad extra» y «ad intra» de las Administraciones Públicas. Para ello se impulsan simultáneamente dos nuevas leyes que constituirán los pilares sobre los que se asentará el Derecho administrativo español: la Ley del Procedimiento Administrativo Común de las Administraciones Públicas, y la Ley de Régimen Jurídico del Sector Público.

Esta Ley constituye el primero de estos dos ejes, al establecer una regulación completa y sistemática de las relaciones «ad extra» entre las Administraciones y los administrados, tanto en lo referente al ejercicio de la potestad de autotutela y en cuya virtud se dictan actos administrativos que inciden directamente en la esfera jurídica de los interesados, como en lo relativo al ejercicio de la potestad reglamentaria y la iniciativa legislativa. Queda así reunido en cuerpo legislativo único la regulación de las relaciones «ad extra» de las Administraciones con los ciudadanos como ley administrativa de referencia que se ha de complementar con todo lo previsto en la normativa presupuestaria respecto de las actuaciones de las Administraciones Públicas, destacando especialmente lo previsto en la Ley Orgánica 2/2012, de 27 de abril, de Estabilidad Presupuestaria y Sostenibilidad Financiera; la Ley 47/2003, de 26 de noviembre, General Presupuestaria, y la Ley de Presupuestos Generales del Estado.

II

La Constitución recoge en su título IV, bajo la rúbrica «Del Gobierno y la Administración», los rasgos propios que diferencian al Gobierno de la Nación de la Administración, definiendo al primero como un órgano eminentemente político al que se reserva la función de gobernar, el ejercicio de la potestad reglamentaria y la dirección de la Administración y estableciendo la subordinación de ésta a la dirección de aquel.

En el mencionado título constitucional el artículo 103 establece los principios que deben regir la actuación de las Administraciones Públicas, entre los que destacan el de eficacia y el de legalidad, al imponer el sometimiento pleno de la actividad administrativa a la Ley y al Derecho. La materialización de estos principios se produce en el procedimiento, constituido por una serie de cauces formales que han de garantizar el adecuado equilibrio entre la eficacia de la actuación administrativa y la imprescindible salvaguarda de los derechos de los ciudadanos y las empresas, que deben ejercerse en condiciones básicas de igualdad en cualquier parte del territorio, con independencia de la Administración con la que se relacionen sus titulares.

Estas actuaciones «ad extra» de las Administraciones cuentan con mención expresa en el artículo 105 del texto constitucional, que establece que la Ley regulará la audiencia de los ciudadanos, directamente o a través de las organizaciones y asociaciones reconocidas por la Ley, en el procedimiento de elaboración de las disposiciones administrativas que les afecten, así como el procedimiento a través del cual deben producirse los actos administrativos, garantizando, cuando proceda, la audiencia a los interesados.

A ello cabe añadir que el artículo 149.1.18.ª de la Constitución Española atribuye al Estado, entre otros aspectos, la competencia para regular el procedimiento administrativo común, sin perjuicio de las especialidades derivadas de la organización propia de las Comunidades Autónomas, así como el sistema de responsabilidad de todas las Administraciones Públicas.

De acuerdo con el marco constitucional descrito, la presente Ley regula los derechos y garantías mínimas que corresponden a todos los ciudadanos respecto de la actividad administrativa, tanto en su vertiente del ejercicio de la potestad de autotutela, como de la potestad reglamentaria e iniciativa legislativa.

Por lo que se refiere al procedimiento administrativo, entendido como el conjunto ordenado de trámites y actuaciones formalmente realizadas, según el cauce legalmente previsto, para dictar un acto administrativo o expresar la voluntad de la Administración, con esta nueva regulación no se agotan las competencias estatales y autonómicas para establecer especialidades «ratione materiae» o para concretar ciertos extremos, como el órgano competente para resolver, sino que su carácter de común resulta de su aplicación a todas las Administraciones Públicas y respecto a todas sus actuaciones. Así lo ha venido reconociendo el Tribunal Constitucional en su jurisprudencia, al considerar que la regulación del procedimiento administrativo común por el Estado no obsta a que las Comunidades Autónomas dicten las normas de procedimiento necesarias para la aplicación de su Derecho sustantivo, siempre que se respeten las reglas que, por ser competencia exclusiva del Estado, integran el concepto de Procedimiento Administrativo Común con carácter básico.

III

Son varios los antecedentes legislativos relevantes en esta materia. El legislador ha hecho evolucionar el concepto de procedimiento administrativo y adaptando la forma de actuación de las Administraciones al contexto histórico y la realidad social de cada momento. Al margen de la conocida como Ley de Azcárate, de 19 de octubre de 1889, la primera regulación completa del procedimiento administrativo en nuestro ordenamiento jurídico es la contenida en la Ley de Procedimiento Administrativo de 17 de julio de 1958.

La Constitución de 1978 alumbra un nuevo concepto de Administración, expresa y plenamente sometida a la Ley y al Derecho, como expresión democrática de la voluntad popular, y consagra su carácter instrumental, al ponerla al servicio objetivo de los intereses generales bajo la dirección del Gobierno, que responde políticamente por su gestión. En este sentido, la Ley 30/1992, de 26 de noviembre, de Régimen

Jurídico de las Administraciones Públicas y del Procedimiento Administrativo Común, supuso un hito clave de la evolución del Derecho administrativo en el nuevo marco constitucional. Para ello, incorporó avances significativos en las relaciones de las Administraciones con los administrados mediante la mejora del funcionamiento de aquellas y, sobre todo, a través de una mayor garantía de los derechos de los ciudadanos frente a la potestad de autotutela de la Administración, cuyo elemento de cierre se encuentra en la revisión judicial de su actuación por ministerio del artículo 106 del texto fundamental.

La Ley 4/1999, de 13 de enero, de modificación de la Ley 30/1992, de 26 de noviembre, de Régimen Jurídico de las Administraciones Públicas y del Procedimiento Administrativo Común, reformuló varios aspectos sustanciales del procedimiento administrativo, como el silencio administrativo, el sistema de revisión de actos administrativos o el régimen de responsabilidad patrimonial de las Administraciones, lo que permitió incrementar la seguridad jurídica de los interesados.

El desarrollo de las tecnologías de la información y comunicación también ha venido afectando profundamente a la forma y al contenido de las relaciones de la Administración con los ciudadanos y las empresas.

Si bien la Ley 30/1992, de 26 de noviembre, ya fue consciente del impacto de las nuevas tecnologías en las relaciones administrativas, fue la Ley 11/2007, de 22 de junio, de acceso electrónico de los ciudadanos a los Servicios Públicos, la que les dio carta de naturaleza legal, al establecer el derecho de los ciudadanos a relacionarse electrónicamente con las Administraciones Públicas, así como la obligación de éstas de dotarse de los medios y sistemas necesarios para que ese derecho pudiera ejercerse. Sin embargo, en el entorno actual, la tramitación electrónica no puede ser todavía una forma especial de gestión de los procedimientos sino que debe constituir la actuación habitual de las Administraciones. Porque una Administración sin papel basada en un funcionamiento íntegramente electrónico no sólo sirve mejor a los principios de eficacia y eficiencia, al ahorrar costes a ciudadanos y empresas, sino que también refuerza las garantías de los interesados. En efecto, la constancia de documentos y actuaciones en un archivo electrónico facilita el cumplimiento de las obligaciones de transparencia, pues permite ofrecer información puntual, ágil y actualizada a los interesados.

Por otra parte, la regulación de esta materia venía adoleciendo de un problema de dispersión normativa y superposición de distintos regímenes jurídicos no siempre coherentes entre sí, de lo que es muestra la sucesiva aprobación de normas con incidencia en la materia, entre las que cabe citar: la Ley 17/2009, de 23 de noviembre, sobre libre acceso a las actividades de servicios y su ejercicio; la Ley 2/2011, de 4 de marzo, de Economía Sostenible; la Ley 19/2013, de 9 de diciembre, de transparencia, acceso a la información pública y buen gobierno, o la Ley 20/1013, de 9 de diciembre, de garantía de la unidad de mercado.

Ante este escenario legislativo, resulta clave contar con una nueva Ley que sistematice toda la regulación relativa al procedimiento administrativo, que clarifique e integre el contenido de las citadas Ley 30/1992, de 26 de noviembre y Ley 11/2007, de 22 de junio, y profundice en la agilización de los procedimientos con un pleno funcionamiento electrónico. Todo ello revertirá en un mejor cumplimiento de los principios constitucionales de eficacia y seguridad jurídica que deben regir la actuación de las Administraciones Públicas.

IV

Durante los más de veinte años de vigencia de la Ley 30/1992, de 26 de noviembre, en el seno de la Comisión Europea y de la Organización para la Cooperación y el Desarrollo Económicos se ha ido avanzando en la mejora de la producción normativa («Better regulation» y «Smart regulation»). Los diversos informes internacionales sobre la materia definen la regulación inteligente como un marco jurídico de calidad, que permite el cumplimiento de un objetivo regulatorio a la vez que ofrece los incentivos adecuados para dinamizar la actividad económica, permite simplificar procesos y reducir cargas administrativas. Para ello, resulta esencial un adecuado análisis de impacto de las normas de forma continua, tanto ex ante como ex post, así como la participación de los ciudadanos y empresas en los procesos de elaboración normativa, pues sobre ellos recae el cumplimiento de las leyes.

En la última década, la Ley 17/2009, de 23 de noviembre, y la Ley 2/2011, de 4 de marzo, supusieron un avance en la implantación de los principios de buena regulación, especialmente en lo referido al ejercicio de las actividades económicas. Ya en esta legislatura, la Ley 20/2013, de 9 de diciembre, ha dado importantes pasos adicionales, al poner a disposición de los ciudadanos la información con relevancia jurídica propia del procedimiento de elaboración de normas.

Sin embargo, es necesario contar con una nueva regulación que, terminando con la dispersión normativa existente, refuerce la participación ciudadana, la seguridad jurídica y la revisión del ordenamiento. Con estos objetivos, se establecen por primera vez en una ley las bases con arreglo a las cuales se ha de desenvolver la iniciativa legislativa y la potestad reglamentaria de las Administraciones Públicas con el objeto de asegurar su ejercicio de acuerdo con los principios de buena regulación, garantizar de modo adecuado la audiencia y participación de los ciudadanos en la elaboración de las normas y lograr la predictibilidad y evaluación pública del ordenamiento, como corolario imprescindible del derecho constitucional a la seguridad jurídica. Esta novedad deviene crucial especialmente en un Estado territorialmente descentralizado en el que coexisten tres niveles de Administración territorial que proyectan su actividad normativa sobre espacios subjetivos y geográficos en muchas ocasiones coincidentes. Con esta regulación se siguen las recomendaciones que en esta materia ha formulado la Organización para la Cooperación y el Desarrollo Económicos (OCDE) en su informe emitido en 2014 «Spain: From Administrative Reform to Continous Improvement».

V

La Ley se estructura en 133 artículos, distribuidos en siete títulos, cinco disposiciones adicionales, cinco disposiciones transitorias, una disposición derogatoria y siete disposiciones finales.

El título preliminar, de disposiciones generales, aborda el ámbito objetivo y subjetivo de la Ley. Entre sus principales novedades, cabe señalar, la inclusión en el objeto de la Ley, con carácter básico, de los principios que informan el ejercicio de la iniciativa legislativa y la potestad reglamentaria de las Administraciones. Se prevé la aplicación de lo previsto en esta Ley a todos los sujetos comprendidos en el concepto de Sector Público, si bien las Corporaciones de Derecho Público se regirán por su normativa específica en el ejercicio de las funciones públicas que les hayan sido atribuidas y supletoriamente por la presente Ley.

Asimismo, destaca la previsión de que sólo mediante Ley puedan establecerse trámites adicionales o distintos a los contemplados en esta norma, pudiéndose concretar reglamentariamente ciertas especialidades del procedimiento referidas a la identificación de los órganos competentes, plazos, formas de iniciación y terminación, publicación e informes a recabar. Esta previsión no afecta a los trámites adicionales o distintos ya recogidos en las leyes especiales vigentes, ni a la concreción que, en normas reglamentarias, se haya producido de los órganos competentes, los plazos propios del concreto procedimiento por razón de la materia, las formas de iniciación y terminación, la publicación de los actos o los informes a recabar, que mantendrán sus efectos. Así, entre otros casos, cabe señalar la vigencia del anexo 2 al que se refiere la disposición adicional vigésima novena de la Ley 14/2000, de 29 de diciembre, de medidas fiscales, administrativas y del orden social, que establece una serie de procedimientos que quedan excepcionados de la regla general del silencio administrativo positivo.

El título I, de los interesados en el procedimiento, regula entre otras cuestiones, las especialidades de la capacidad de obrar en el ámbito del Derecho administrativo, haciéndola extensiva por primera vez a los grupos de afectados, las uniones y entidades sin personalidad jurídica y los patrimonios independientes o autónomos cuando la Ley así lo declare expresamente. En materia de representación, se incluyen nuevos medios para acreditarla en el ámbito exclusivo de las Administraciones Públicas, como son el apoderamiento «apud acta», presencial o electrónico, o la acreditación de su inscripción en el registro electrónico de apoderamientos de la Administración Pública u Organismo competente. Igualmente, se dispone la obligación de cada Administración Pública de contar con un registro electrónico de apoderamientos, pudiendo las Administraciones territoriales adherirse al del Estado, en aplicación del principio de eficiencia, reconocido en el artículo 7 de la Ley Orgánica 2/2012, de 27 de abril, de Estabilidad Presupuestaria y Sostenibilidad Financiera.

Por otro lado, este título dedica parte de su articulado a una de las novedades más importantes de la Ley: la separación entre identificación y firma electrónica y la simplificación de los medios para acreditar una u otra, de modo que, con carácter general, sólo será necesaria la primera, y se exigirá la segunda cuando deba acreditarse la voluntad y consentimiento del interesado. Se establece, con carácter básico, un conjunto mínimo de categorías de medios de identificación y firma a utilizar por todas las Administraciones. En particular, se admitirán como sistemas de firma: los sistemas de firma electrónica reconocida o cualificada y avanzada basados en certificados electrónicos cualificados de firma electrónica, que comprenden tanto los certificados electrónicos de persona jurídica como los de entidad sin personalidad jurídica; los sistemas de sello electrónico reconocido o cualificado y de sello electrónico avanzado basados en certificados cualificados de sello electrónico; así como cualquier otro sistema que las Administraciones Públicas consideren válido, en los términos y condiciones que se establezcan. Se admitirán como sistemas de identificación cualquiera de los sistemas de firma admitidos, así como sistemas de clave concertada y cualquier otro que establezcan las Administraciones Públicas.

Tanto los sistemas de identificación como los de firma previstos en esta Ley son plenamente coherentes con lo dispuesto en el Reglamento (UE) n.º 910/2014 del Parlamento Europeo y del Consejo, de 23 de julio de 2014, relativo a la identificación electrónica y los servicios de confianza para las transacciones electrónicas en el mercado interior y por la que se deroga la Directiva 1999/93/CE. Debe recordarse la obligación de los Estados miembros de admitir los sistemas de identificación electrónica notificados a la Comisión Europea por el resto de Estados miembros, así como los sistemas de firma y sello electrónicos basados en certificados electrónicos cualificados emitidos por prestadores de servicios que figuren en las listas de confianza de otros Estados miembros de la Unión Europea, en los términos que prevea dicha norma comunitaria.

El título II, de la actividad de las Administraciones Públicas, se estructura en dos capítulos. El capítulo I sobre normas generales de actuación identifica como novedad, los sujetos obligados a relacionarse electrónicamente con las Administraciones Públicas.

Asimismo, en el citado Capítulo se dispone la obligación de todas las Administraciones Públicas de contar con un registro electrónico general, o, en su caso, adherirse al de la Administración General del Estado. Estos registros estarán asistidos a su vez por la actual red de oficinas en materia de registros, que pasarán a denominarse oficinas de asistencia en materia de registros, y que permitirán a los interesados, en el caso que así lo deseen, presentar sus solicitudes en papel, las cuales se convertirán a formato electrónico.

En materia de archivos se introduce como novedad la obligación de cada Administración Pública de mantener un archivo electrónico único de los documentos que correspondan a procedimientos finalizados, así como la obligación de que estos expedientes sean conservados en un formato que permita garantizar la autenticidad, integridad y conservación del documento.

A este respecto, cabe señalar que la creación de este archivo electrónico único resultará compatible con los diversos sistemas y redes de archivos en los términos previstos en la legislación vigente, y respetará el reparto de responsabilidades sobre la custodia o traspaso correspondiente. Asimismo, el archivo electrónico único resultará compatible con la continuidad del Archivo Histórico Nacional de acuerdo con lo previsto en la Ley 16/1985, de 25 de junio, del Patrimonio Histórico Español y su normativa de desarrollo.

Igualmente, en el capítulo I se regula el régimen de validez y eficacia de las copias, en donde se aclara y simplifica el actual régimen y se definen los requisitos necesarios para que una copia sea auténtica, las características que deben reunir los documentos emitidos por las Administraciones Públicas para ser considerados válidos, así como los que deben aportar los interesados al procedimiento, estableciendo con carácter general la obligación de las Administraciones Públicas de no requerir documentos ya aportados por los interesados, elaborados por las Administraciones Públicas o documentos originales, salvo las excepciones contempladas en la Ley. Por tanto, el interesado podrá presentar con carácter general copias de documentos, ya sean digitalizadas por el propio interesado o presentadas en soporte papel.

Destaca asimismo, la obligación de las Administraciones Públicas de contar con un registro u otro sistema equivalente que permita dejar constancia de los funcionarios habilitados para la realización de copias auténticas, de forma que se garantice que las mismas han sido expedidas adecuadamente, y en el que, si así decide organizarlo cada Administración, podrán constar también conjuntamente los funcionarios dedicados a asistir a los interesados en el uso de medios electrónicos, no existiendo impedimento a que un mismo funcionario tenga reconocida ambas funciones o sólo una de ellas.

El capítulo II, de términos y plazos, establece las reglas para su cómputo, ampliación o la tramitación de urgencia. Como principal novedad destaca la introducción del cómputo de plazos por horas y la declaración de los sábados como días inhábiles, unificando de este modo el cómputo de plazos en el ámbito judicial y el administrativo.

El título III, de los actos administrativos, se estructura en tres capítulos y se centra en la regulación de los requisitos de los actos administrativos, su eficacia y las reglas sobre nulidad y anulabilidad, manteniendo en su gran mayoría las reglas generales ya establecidas por la Ley 30/1992, de 26 de noviembre.

Merecen una mención especial las novedades introducidas en materia de notificaciones electrónicas, que serán preferentes y se realizarán en la sede electrónica o en la dirección electrónica habilitada única, según corresponda. Asimismo, se incrementa la seguridad jurídica de los interesados estableciendo nuevas medidas que garanticen el conocimiento de la puesta a disposición de las notificaciones como: el envío de avisos de notificación, siempre que esto sea posible, a los dispositivos electrónicos y/o a la dirección de correo electrónico que el interesado haya comunicado, así como el acceso a sus notificaciones a través del Punto de Acceso General Electrónico de la Administración que funcionará como un portal de entrada.

El título IV, de disposiciones sobre el procedimiento administrativo común, se estructura en siete capítulos y entre sus principales novedades destaca que los anteriores procedimientos especiales sobre potestad sancionadora y responsabilidad patrimonial que la Ley 30/1992, de 26 de noviembre, regulaba en títulos separados, ahora se han integrado como especialidades del procedimiento administrativo común. Este planteamiento responde a uno de los objetivos que persigue esta Ley, la simplificación de los procedimientos administrativos y su integración como especialidades en el procedimiento administrativo común, contribuyendo así a aumentar la seguridad jurídica. De acuerdo con la sistemática seguida, los principios generales de la potestad sancionadora y de la responsabilidad patrimonial de las Administraciones Públicas, en cuanto que atañen a aspectos más orgánicos que procedimentales, se regulan en la Ley de Régimen Jurídico del Sector Público.

Asimismo, este título incorpora a las fases de iniciación, ordenación, instrucción y finalización del procedimiento el uso generalizado y obligatorio de medios electrónicos. Igualmente, se incorpora la regulación del expediente administrativo estableciendo su formato electrónico y los documentos que deben integrarlo.

Como novedad dentro de este título, se incorpora un nuevo Capítulo relativo a la tramitación simplificada del procedimiento administrativo común, donde se establece su ámbito objetivo de aplicación, el plazo máximo de resolución que será de treinta días y los trámites de que constará. Si en un procedimiento fuera necesario realizar cualquier otro trámite adicional, deberá seguirse entonces la tramitación ordinaria. Asimismo, cuando en un procedimiento tramitado de manera simplificada fuera preceptiva la emisión del Dictamen del Consejo de Estado, u órgano consultivo equivalente, y éste manifestara un criterio contrario al fondo de la propuesta de resolución, para mayor garantía de los interesados se deberá continuar el procedimiento pero siguiendo la tramitación ordinaria, no ya la abreviada, pudiéndose en este caso realizar otros trámites no previstos en el caso de la tramitación simplificada, como la realización de pruebas a solicitud de los interesados. Todo ello, sin perjuicio de la posibilidad de acordar la tramitación de urgencia del procedimiento en los mismos términos que ya contemplaba la Ley 30/1992, de 26 de noviembre.

El título V, de la revisión de los actos en vía administrativa, mantiene las mismas vías previstas en la Ley 30/1992, de 26 de noviembre, permaneciendo por tanto la revisión de oficio y la tipología de recursos administrativos existentes hasta la fecha (alzada, potestativo de reposición y extraordinario de revisión). No obstante, cabe destacar como novedad la posibilidad de que cuando una Administración deba resolver una pluralidad de recursos administrativos que traigan causa de un mismo acto administrativo y se hubiera interpuesto un recurso judicial contra una resolución administrativa o contra el correspondiente acto presunto desestimatorio, el órgano administrativo podrá acordar la suspensión del plazo para resolver hasta que recaiga pronunciamiento judicial.

De acuerdo con la voluntad de suprimir trámites que, lejos de constituir una ventaja para los administrados, suponían una carga que dificultaba el ejercicio de sus derechos, la Ley no contempla ya las reclamaciones previas en vía civil y laboral, debido a la escasa utilidad práctica que han demostrado hasta la fecha y que, de este modo, quedan suprimidas.

El título VI, sobre la iniciativa legislativa y potestad normativa de las Administraciones Públicas, recoge los principios a los que ha de ajustar su ejercicio la Administración titular, haciendo efectivos los derechos constitucionales en este ámbito.

Junto con algunas mejoras en la regulación vigente sobre jerarquía, publicidad de las normas y principios de buena regulación, se incluyen varias novedades para incrementar la participación de los ciudadanos en el procedimiento de elaboración de normas, entre las que destaca, la necesidad de recabar, con carácter previo a la elaboración de la norma, la opinión de ciudadanos y empresas acerca de los problemas que se pretenden solucionar con la iniciativa, la necesidad y oportunidad de su aprobación, los objetivos de la norma y las posibles soluciones alternativas regulatorias y no regulatorias.

Por otra parte, en aras de una mayor seguridad jurídica, y la predictibilidad del ordenamiento, se apuesta por mejorar la planificación normativa ex ante. Para ello, todas las Administraciones divulgarán un Plan Anual Normativo en el que se recogerán todas las propuestas con rango de ley o de reglamento que vayan a ser elevadas para su aprobación el año siguiente. Al mismo tiempo, se fortalece la evaluación ex post, puesto que junto con el deber de revisar de forma continua la adaptación de la normativa a los principios de buena regulación, se impone la obligación de evaluar periódicamente la aplicación de las normas en vigor, con el objeto de comprobar si han cumplido los objetivos perseguidos y si el coste y cargas derivados de ellas estaba justificado y adecuadamente valorado.

Por lo que respecta a las disposiciones adicionales, transitorias, derogatorias y finales, cabe aludir a la relativa a la adhesión por parte de las Comunidades Autónomas y Entidades Locales a los registros y sistemas establecidos por la Administración General del Estado en aplicación del principio de eficiencia reconocido en la Ley Orgánica 2/2012, de 27 de abril.

Destaca igualmente, la disposición sobre las especialidades por razón de la materia donde se establece una serie de actuaciones y procedimientos que se regirán por su normativa específica y supletoriamente por lo previsto en esta Ley, entre las que cabe destacar las de aplicación de los tributos y revisión en materia tributaria y aduanera, las de gestión, inspección, liquidación, recaudación, impugnación y revisión en materia de Seguridad Social y Desempleo, en donde se entienden comprendidos, entre otros, los actos de encuadramiento y afiliación de la Seguridad Social y las aportaciones económicas por despidos que afecten a trabajadores de cincuenta o más años en empresas con beneficios, así como las actuaciones y procedimientos sancionadores en materia tributaria y aduanera, en el orden social, en materia de tráfico y seguridad vial y en materia de extranjería.

Por último, la Ley contiene las disposiciones de derecho transitorio aplicables a los procedimientos en curso, a su entrada en vigor, a archivos y registros y al Punto de Acceso General electrónico, así como las que habilitan para el desarrollo de lo previsto en la Ley.

TÍTULO PRELIMINAR. DISPOSICIONES GENERALES

Artículo 1. Objeto de la Ley

1. La presente Ley tiene por objeto regular los requisitos de validez y eficacia de los actos administrativos, el procedimiento administrativo común a todas las Administraciones Públicas, incluyendo el sancionador y el de reclamación de responsabilidad de las Administraciones Públicas, así como los principios a los que se ha de ajustar el ejercicio de la iniciativa legislativa y la potestad reglamentaria.

2. Solo mediante ley, cuando resulte eficaz, proporcionado y necesario para la consecución de los fines propios del procedimiento,

y de manera motivada, podrán incluirse trámites adicionales o distintos a los contemplados en esta Ley. Reglamentariamente podrán establecerse especialidades del procedimiento referidas a los órganos competentes, plazos propios del concreto procedimiento por razón de la materia, formas de iniciación y terminación, publicación e informes a recabar.

Artículo 2. Ámbito subjetivo de aplicación

1. La presente Ley se aplica al sector público, que comprende:

a) La Administración General del Estado.

b) Las Administraciones de las Comunidades Autónomas.

c) Las Entidades que integran la Administración Local.

d) El sector público institucional.

2. El sector público institucional se integra por:

a) Cualesquiera organismos públicos y entidades de derecho público vinculados o dependientes de las Administraciones Públicas.

b) Las entidades de derecho privado vinculadas o dependientes de las Administraciones Públicas, que quedarán sujetas a lo dispuesto en las normas de esta Ley que específicamente se refieran a las mismas, y en todo caso, cuando ejerzan potestades administrativas.

c) Las Universidades públicas, que se regirán por su normativa específica y supletoriamente por las previsiones de esta Ley.

3. Tienen la consideración de Administraciones Públicas la Administración General del Estado, las Administraciones de las Comunidades Autónomas, las Entidades que integran la Administración Local, así como los organismos públicos y entidades de derecho público previstos en la letra a) del apartado 2 anterior.

4. Las Corporaciones de Derecho Público se regirán por su normativa específica en el ejercicio de las funciones públicas que les hayan sido atribuidas por Ley o delegadas por una Administración Pública, y supletoriamente por la presente Ley.

TÍTULO I. DE LOS INTERESADOS EN EL PROCEDIMIENTO

CAPÍTULO I. LA CAPACIDAD DE OBRAR Y EL CONCEPTO DE INTERESADO

Artículo 3. Capacidad de obrar

A los efectos previstos en esta Ley, tendrán capacidad de obrar ante las Administraciones Públicas:

a) Las personas físicas o jurídicas que ostenten capacidad de obrar con arreglo a las normas civiles.

b) Los menores de edad para el ejercicio y defensa de aquellos de sus derechos e intereses cuya actuación esté permitida por el ordenamiento jurídico sin la asistencia de la persona que ejerza la patria potestad, tutela o curatela. Se exceptúa el supuesto de los menores incapacitados, cuando la extensión de la incapacitación afecte al ejercicio y defensa de los derechos o intereses de que se trate.

c) Cuando la Ley así lo declare expresamente, los grupos de afectados, las uniones y entidades sin personalidad jurídica y los patrimonios independientes o autónomos.

Artículo 4. Concepto de interesado

1. Se consideran interesados en el procedimiento administrativo:

a) Quienes lo promuevan como titulares de derechos o intereses legítimos individuales o colectivos.

b) Los que, sin haber iniciado el procedimiento, tengan derechos que puedan resultar afectados por la decisión que en el mismo se adopte.

c) Aquellos cuyos intereses legítimos, individuales o colectivos, puedan resultar afectados por la resolución y se personen en el procedimiento en tanto no haya recaído resolución definitiva.

2. Las asociaciones y organizaciones representativas de intereses económicos y sociales serán titulares de intereses legítimos colectivos en los términos que la Ley reconozca.

3. Cuando la condición de interesado derivase de alguna relación jurídica transmisible, el derecho-habiente sucederá en tal condición cualquiera que sea el estado del procedimiento.

Artículo 5. Representación

1. Los interesados con capacidad de obrar podrán actuar por medio de representante, entendiéndose con éste las actuaciones administrativas, salvo manifestación expresa en contra del interesado.

2. Las personas físicas con capacidad de obrar y las personas jurídicas, siempre que ello esté previsto en sus Estatutos, podrán actuar en representación de otras ante las Administraciones Públicas.

3. Para formular solicitudes, presentar declaraciones responsables o comunicaciones, interponer recursos, desistir de acciones y renunciar a derechos en nombre de otra persona, deberá acreditarse la representación. Para los actos y gestiones de mero trámite se presumirá aquella representación.

4. La representación podrá acreditarse mediante cualquier medio válido en Derecho que deje constancia fidedigna de su existencia.

A estos efectos, se entenderá acreditada la representación realizada mediante apoderamiento apud acta efectuado por comparecencia personal o comparecencia electrónica en la correspondiente sede electrónica, o a través de la acreditación de su inscripción en el registro electrónico de apoderamientos de la Administración Pública competente.

5. El órgano competente para la tramitación del procedimiento deberá incorporar al expediente administrativo acreditación de la condición de representante y de los poderes que tiene reconocidos en dicho momento. El documento electrónico que acredite el resultado de la consulta al registro electrónico de apoderamientos correspondiente tendrá la condición de acreditación a estos efectos.

6. La falta o insuficiente acreditación de la representación no impedirá que se tenga por realizado el acto de que se trate, siempre que se aporte aquélla o se subsane el defecto dentro del plazo de diez días

que deberá conceder al efecto el órgano administrativo, o de un plazo superior cuando las circunstancias del caso así lo requieran.

7. Las Administraciones Públicas podrán habilitar con carácter general o específico a personas físicas o jurídicas autorizadas para la realización de determinadas transacciones electrónicas en representación de los interesados. Dicha habilitación deberá especificar las condiciones y obligaciones a las que se comprometen los que así adquieran la condición de representantes, y determinará la presunción de validez de la representación salvo que la normativa de aplicación prevea otra cosa. Las Administraciones Públicas podrán requerir, en cualquier momento, la acreditación de dicha representación. No obstante, siempre podrá comparecer el interesado por sí mismo en el procedimiento.

Artículo 6. Registros electrónicos de apoderamientos

1. La Administración General del Estado, las Comunidades Autónomas y las Entidades Locales dispondrán de un registro electrónico general de apoderamientos, en el que deberán inscribirse, al menos, los de carácter general otorgados apud acta, presencial o electrónicamente, por quien ostente la condición de interesado en un procedimiento administrativo a favor de representante, para actuar en su nombre ante las Administraciones Públicas. También deberá constar el bastanteo realizado del poder.

En el ámbito estatal, este registro será el Registro Electrónico de Apoderamientos de la Administración General del Estado.

Los registros generales de apoderamientos no impedirán la existencia de registros particulares en cada Organismo donde se inscriban los poderes otorgados para la realización de trámites específicos en el mismo. Cada Organismo podrá disponer de su propio registro electrónico de apoderamientos.

2. Los registros electrónicos generales y particulares de apoderamientos pertenecientes a todas y cada una de las Administraciones, deberán ser plenamente interoperables entre sí, de modo que se garantice su interconexión, compatibilidad informática, así como la trans-

misión telemática de las solicitudes, escritos y comunicaciones que se incorporen a los mismos.

Los registros electrónicos generales y particulares de apoderamientos permitirán comprobar válidamente la representación de quienes actúen ante las Administraciones Públicas en nombre de un tercero, mediante la consulta a otros registros administrativos similares, al registro mercantil, de la propiedad, y a los protocolos notariales.

Los registros mercantiles, de la propiedad, y de los protocolos notariales serán interoperables con los registros electrónicos generales y particulares de apoderamientos.

3. Los asientos que se realicen en los registros electrónicos generales y particulares de apoderamientos deberán contener, al menos, la siguiente información:

a) Nombre y apellidos o la denominación o razón social, documento nacional de identidad, número de identificación fiscal o documento equivalente del poderdante.

b) Nombre y apellidos o la denominación o razón social, documento nacional de identidad, número de identificación fiscal o documento equivalente del apoderado.

c) Fecha de inscripción.

d) Período de tiempo por el cual se otorga el poder.

e) Tipo de poder según las facultades que otorgue.

4. Los poderes que se inscriban en los registros electrónicos generales y particulares de apoderamientos deberán corresponder a alguna de las siguientes tipologías:

a) Un poder general para que el apoderado pueda actuar en nombre del poderdante en cualquier actuación administrativa y ante cualquier Administración.

b) Un poder para que el apoderado pueda actuar en nombre del poderdante en cualquier actuación administrativa ante una Administración u Organismo concreto.

c) Un poder para que el apoderado pueda actuar en nombre del poderdante únicamente para la realización de determinados trámites especificados en el poder.

A tales efectos, por Orden del Ministro de Hacienda y Administraciones Públicas se aprobarán, con carácter básico, los modelos de poderes inscribibles en el registro distinguiendo si permiten la actuación ante todas las Administraciones de acuerdo con lo previsto en la letra a) anterior, ante la Administración General del Estado o ante las Entidades Locales[1].

Cada Comunidad Autónoma aprobará los modelos de poderes inscribibles en el registro cuando se circunscriba a actuaciones ante su respectiva Administración.

5. El apoderamiento «apud acta» se otorgará mediante comparecencia electrónica en la correspondiente sede electrónica haciendo uso de los sistemas de firma electrónica previstos en esta Ley, o bien mediante comparecencia personal en las oficinas de asistencia en materia de registros.

6. Los poderes inscritos en el registro tendrán una validez determinada máxima de cinco años a contar desde la fecha de inscripción. En todo caso, en cualquier momento antes de la finalización de dicho plazo el poderdante podrá revocar o prorrogar el poder. Las prórrogas otorgadas por el poderdante al registro tendrán una validez determinada máxima de cinco años a contar desde la fecha de inscripción.

7. Las solicitudes de inscripción del poder, de revocación, de prórroga o de denuncia del mismo podrán dirigirse a cualquier registro, debiendo quedar inscrita esta circunstancia en el registro de la Administración u Organismo ante la que tenga efectos el poder y surtiendo efectos desde la fecha en la que se produzca dicha inscripción.

---

[1]   La STC 55/2018, de 24 de mayo, declara inconstitucional y nulo el segundo párrafo del apartado 4 del artículo 6.

Artículo 7. Pluralidad de interesados

Cuando en una solicitud, escrito o comunicación figuren varios interesados, las actuaciones a que den lugar se efectuarán con el representante o el interesado que expresamente hayan señalado, y, en su defecto, con el que figure en primer término.

Artículo 8. Nuevos interesados en el procedimiento

Si durante la instrucción de un procedimiento que no haya tenido publicidad, se advierte la existencia de personas que sean titulares de derechos o intereses legítimos y directos cuya identificación resulte del expediente y que puedan resultar afectados por la resolución que se dicte, se comunicará a dichas personas la tramitación del procedimiento.

CAPÍTULO II. IDENTIFICACIÓN Y FIRMA DE LOS INTERESADOS EN EL PROCEDIMIENTO ADMINISTRATIVO

Artículo 9. Sistemas de identificación de los interesados en el procedimiento[2]

1. Las Administraciones Públicas están obligadas a verificar la identidad de los interesados en el procedimiento administrativo, mediante la comprobación de su nombre y apellidos o denominación o razón social, según corresponda, que consten en el Documento Nacional de Identidad o documento identificativo equivalente.

2. Los interesados podrán identificarse electrónicamente ante las Administraciones Públicas a través de cualquier sistema que cuente con un registro previo como usuario que permita garantizar su identidad. En particular, serán admitidos, los sistemas siguientes:

a) Sistemas basados en certificados electrónicos cualificados de firma electrónica expedidos por prestadores incluidos en la «Lista de confianza de prestadores de servicios de certificación'».

---

[2] Artículo redactado conforme al Real Decreto-ley 14/2019, de 31 de octubre.

b) Sistemas basados en certificados electrónicos cualificados de sello electrónico expedidos por prestadores incluidos en la "Lista de confianza de prestadores de servicios de certificación".

c)[3] Cualquier otro sistema que las Administraciones públicas consideren válido en los términos y condiciones que se establezca, siempre que cuenten con un registro previo como usuario que permita garantizar su identidad y previa comunicación a la Secretaría General de Administración Digital del Ministerio de Asuntos Económicos y Transformación Digital. Esta comunicación vendrá acompañada de una declaración responsable de que se cumple con todos los requisitos establecidos en la normativa vigente. De forma previa a la eficacia jurídica del sistema, habrán de transcurrir dos meses desde dicha comunicación, durante los cuales el órgano estatal competente por motivos de seguridad pública podrá acudir a la vía jurisdiccional, previo informe vinculante de la Secretaría de Estado de Seguridad, que deberá emitir en el plazo de diez días desde su solicitud.

Las Administraciones Públicas deberán garantizar que la utilización de uno de los sistemas previstos en las letras a) y b) sea posible para todo procedimiento, aun cuando se admita para ese mismo procedimiento alguno de los previstos en la letra c).

3. En relación con los sistemas de identificación previstos en la letra c) del apartado anterior, se establece la obligatoriedad de que los recursos técnicos necesarios para la recogida, almacenamiento, tratamiento y gestión de dichos sistemas se encuentren situados en territorio de la Unión Europea, y en caso de tratarse de categorías especiales de datos a los que se refiere el artículo 9 del Reglamento (UE) 2016/679, del Parlamento Europeo y del Consejo, de 27 de abril de 2016, relativo a la protección de las personas físicas en lo que respecta al tratamiento de datos personales y a la libre circulación de estos datos y por el que se deroga la Directiva 95/46/CE, en territorio español.

---

[3]   Letra modificada por la Ley 11/2022, de 28 de junio.

En cualquier caso, los datos se encontrarán disponibles para su acceso por parte de las autoridades judiciales y administrativas competentes.

Los datos a que se refiere el párrafo anterior no podrán ser objeto de transferencia a un tercer país u organización internacional, con excepción de los que hayan sido objeto de una decisión de adecuación de la Comisión Europea o cuando así lo exija el cumplimiento de las obligaciones internacionales asumidas por el Reino de España.

4. En todo caso, la aceptación de alguno de estos sistemas por la Administración General del Estado servirá para acreditar frente a todas las Administraciones Públicas, salvo prueba en contrario, la identificación electrónica de los interesados en el procedimiento administrativo

Artículo 10. Sistemas de firma admitidos por las Administraciones Públicas[4]

1. Los interesados podrán firmar a través de cualquier medio que permita acreditar la autenticidad de la expresión de su voluntad y consentimiento, así como la integridad e inalterabilidad del documento.

2. En el caso de que los interesados optaran por relacionarse con las Administraciones Públicas a través de medios electrónicos, se considerarán válidos a efectos de firma:

a) Sistemas de firma electrónica cualificada y avanzada basados en certificados electrónicos cualificados de firma electrónica expedidos por prestadores incluidos en la «Lista de confianza de prestadores de servicios de certificación».

b) Sistemas de sello electrónico cualificado y de sello electrónico avanzado basados en certificados electrónicos cualificados de sello electrónico expedidos por prestador incluido en la «Lista de confianza de prestadores de servicios de certificación».

c)[5] Cualquier otro sistema que las Administraciones públicas consideren válido en los términos y condiciones que se establezca, siempre

---

[4]   Artículo redactado conforme al Real Decreto-ley 14/2019, de 31 de octubre.
[5]   Letra modificada por la Ley 11/2022, de 28 de junio.

que cuenten con un registro previo como usuario que permita garantizar su identidad y previa comunicación a la Secretaría General de Administración Digital del Ministerio de Asuntos Económicos y Transformación Digital. Esta comunicación vendrá acompañada de una declaración responsable de que se cumple con todos los requisitos establecidos en la normativa vigente. De forma previa a la eficacia jurídica del sistema, habrán de transcurrir dos meses desde dicha comunicación, durante los cuales el órgano estatal competente por motivos de seguridad pública podrá acudir a la vía jurisdiccional, previo informe vinculante de la Secretaría de Estado de Seguridad, que deberá emitir en el plazo de diez días desde su solicitud.

Las Administraciones Públicas deberán garantizar que la utilización de uno de los sistemas previstos en las letras a) y b) sea posible para todos los procedimientos en todos sus trámites, aun cuando adicionalmente se permita alguno de los previstos al amparo de lo dispuesto en la letra c).

3. En relación con los sistemas de firma previstos en la letra c) del apartado anterior, se establece la obligatoriedad de que los recursos técnicos necesarios para la recogida, almacenamiento, tratamiento y gestión de dichos sistemas se encuentren situados en territorio de la Unión Europea, y en caso de tratarse de categorías especiales de datos a los que se refiere el artículo 9 del Reglamento (UE) 2016/679, del Parlamento Europeo y del Consejo, de 27 de abril de 2016, en territorio español. En cualquier caso, los datos se encontrarán disponibles para su acceso por parte de las autoridades judiciales y administrativas competentes.

Los datos a que se refiere el párrafo anterior no podrán ser objeto de transferencia a un tercer país u organización internacional, con excepción de los que hayan sido objeto de una decisión de adecuación de la Comisión Europea o cuando así lo exija el cumplimiento de las obligaciones internacionales asumidas por el Reino de España.

4. Cuando así lo disponga expresamente la normativa reguladora aplicable, las Administraciones Públicas podrán admitir los sistemas de

identificación contemplados en esta Ley como sistema de firma cuando permitan acreditar la autenticidad de la expresión de la voluntad y consentimiento de los interesados.

5. Cuando los interesados utilicen un sistema de firma de los previstos en este artículo, su identidad se entenderá ya acreditada mediante el propio acto de la firma.

Artículo 11. Uso de medios de identificación y firma en el procedimiento administrativo

1. Con carácter general, para realizar cualquier actuación prevista en el procedimiento administrativo, será suficiente con que los interesados acrediten previamente su identidad a través de cualquiera de los medios de identificación previstos en esta Ley.

2. Las Administraciones Públicas sólo requerirán a los interesados el uso obligatorio de firma para:

a) Formular solicitudes.

b) Presentar declaraciones responsables o comunicaciones.

c) Interponer recursos.

d) Desistir de acciones.

e) Renunciar a derechos.

Artículo 12. Asistencia en el uso de medios electrónicos a los interesados

1. Las Administraciones Públicas deberán garantizar que los interesados pueden relacionarse con la Administración a través de medios electrónicos, para lo que pondrán a su disposición los canales de acceso que sean necesarios así como los sistemas y aplicaciones que en cada caso se determinen.

2. Las Administraciones Públicas asistirán en el uso de medios electrónicos a los interesados no incluidos en los apartados 2 y 3 del artículo 14 que así lo soliciten, especialmente en lo referente a la identificación y firma electrónica, presentación de solicitudes a través del registro electrónico general y obtención de copias auténticas.

Asimismo, si alguno de estos interesados no dispone de los medios electrónicos necesarios, su identificación o firma electrónica en el procedimiento administrativo podrá ser válidamente realizada por un funcionario público mediante el uso del sistema de firma electrónica del que esté dotado para ello. En este caso, será necesario que el interesado que carezca de los medios electrónicos necesarios se identifique ante el funcionario y preste su consentimiento expreso para esta actuación, de lo que deberá quedar constancia para los casos de discrepancia o litigio.

3. La Administración General del Estado, las Comunidades Autónomas y las Entidades Locales mantendrán actualizado un registro, u otro sistema equivalente, donde constarán los funcionarios habilitados para la identificación o firma regulada en este artículo. Estos registros o sistemas deberán ser plenamente interoperables y estar interconectados con los de las restantes Administraciones Públicas, a los efectos de comprobar la validez de las citadas habilitaciones.

En este registro o sistema equivalente, al menos, constarán los funcionarios que presten servicios en las oficinas de asistencia en materia de registros.

TÍTULO II. DE LA ACTIVIDAD DE LAS ADMINISTRACIONES PÚBLICAS

CAPÍTULO I. NORMAS GENERALES DE ACTUACIÓN

Artículo 13. Derechos de las personas en sus relaciones con las Administraciones Públicas

Quienes de conformidad con el artículo 3, tienen capacidad de obrar ante las Administraciones Públicas, son titulares, en sus relaciones con ellas, de los siguientes derechos:

a) A comunicarse con las Administraciones Públicas a través de un Punto de Acceso General electrónico de la Administración.

b) A ser asistidos en el uso de medios electrónicos en sus relaciones con las Administraciones Públicas.

c) A utilizar las lenguas oficiales en el territorio de su Comunidad Autónoma, de acuerdo con lo previsto en esta Ley y en el resto del ordenamiento jurídico.

d) Al acceso a la información pública, archivos y registros, de acuerdo con lo previsto en la Ley 19/2013, de 9 de diciembre, de transparencia, acceso a la información pública y buen gobierno y el resto del Ordenamiento Jurídico.

e) A ser tratados con respeto y deferencia por las autoridades y empleados públicos, que habrán de facilitarles el ejercicio de sus derechos y el cumplimiento de sus obligaciones.

f) A exigir las responsabilidades de las Administraciones Públicas y autoridades, cuando así corresponda legalmente.

g) A la obtención y utilización de los medios de identificación y firma electrónica contemplados en esta Ley.

h) A la protección de datos de carácter personal, y en particular a la seguridad y confidencialidad de los datos que figuren en los ficheros, sistemas y aplicaciones de las Administraciones Públicas.

i) Cualesquiera otros que les reconozcan la Constitución y las leyes.

Estos derechos se entienden sin perjuicio de los reconocidos en el artículo 53 referidos a los interesados en el procedimiento administrativo.

Artículo 14. Derecho y obligación de relacionarse electrónicamente con las Administraciones Públicas

1. Las personas físicas podrán elegir en todo momento si se comunican con las Administraciones Públicas para el ejercicio de sus derechos y obligaciones a través de medios electrónicos o no, salvo que estén obligadas a relacionarse a través de medios electrónicos con las Administraciones Públicas. El medio elegido por la persona para comunicarse con las Administraciones Públicas podrá ser modificado por aquella en cualquier momento.

2. En todo caso, estarán obligados a relacionarse a través de medios electrónicos con las Administraciones Públicas para la realización

de cualquier trámite de un procedimiento administrativo, al menos, los siguientes sujetos:

a) Las personas jurídicas.

b) Las entidades sin personalidad jurídica.

c) Quienes ejerzan una actividad profesional para la que se requiera colegiación obligatoria, para los trámites y actuaciones que realicen con las Administraciones Públicas en ejercicio de dicha actividad profesional. En todo caso, dentro de este colectivo se entenderán incluidos los notarios y registradores de la propiedad y mercantiles.

d) Quienes representen a un interesado que esté obligado a relacionarse electrónicamente con la Administración.

e) Los empleados de las Administraciones Públicas para los trámites y actuaciones que realicen con ellas por razón de su condición de empleado público, en la forma en que se determine reglamentariamente por cada Administración.

3. Reglamentariamente, las Administraciones podrán establecer la obligación de relacionarse con ellas a través de medios electrónicos para determinados procedimientos y para ciertos colectivos de personas físicas que por razón de su capacidad económica, técnica, dedicación profesional u otros motivos quede acreditado que tienen acceso y disponibilidad de los medios electrónicos necesarios.

Artículo 15. Lengua de los procedimientos

1. La lengua de los procedimientos tramitados por la Administración General del Estado será el castellano. No obstante lo anterior, los interesados que se dirijan a los órganos de la Administración General del Estado con sede en el territorio de una Comunidad Autónoma podrán utilizar también la lengua que sea cooficial en ella.

En este caso, el procedimiento se tramitará en la lengua elegida por el interesado. Si concurrieran varios interesados en el procedimiento, y existiera discrepancia en cuanto a la lengua, el procedimiento se tramitará en castellano, si bien los documentos o testimonios que requieran los interesados se expedirán en la lengua elegida por los mismos.

2. En los procedimientos tramitados por las Administraciones de las Comunidades Autónomas y de las Entidades Locales, el uso de la lengua se ajustará a lo previsto en la legislación autonómica correspondiente.

3. La Administración Pública instructora deberá traducir al castellano los documentos, expedientes o partes de los mismos que deban surtir efecto fuera del territorio de la Comunidad Autónoma y los documentos dirigidos a los interesados que así lo soliciten expresamente. Si debieran surtir efectos en el territorio de una Comunidad Autónoma donde sea cooficial esa misma lengua distinta del castellano, no será precisa su traducción.

Artículo 16. Registros

1. Cada Administración dispondrá de un Registro Electrónico General, en el que se hará el correspondiente asiento de todo documento que sea presentado o que se reciba en cualquier órgano administrativo, Organismo público o Entidad vinculado o dependiente a éstos. También se podrán anotar en el mismo, la salida de los documentos oficiales dirigidos a otros órganos o particulares.

Los Organismos públicos vinculados o dependientes de cada Administración podrán disponer de su propio registro electrónico plenamente interoperable e interconectado con el Registro Electrónico General de la Administración de la que depende.

El Registro Electrónico General de cada Administración funcionará como un portal que facilitará el acceso a los registros electrónicos de cada Organismo. Tanto el Registro Electrónico General de cada Administración como los registros electrónicos de cada Organismo cumplirán con las garantías y medidas de seguridad previstas en la legislación en materia de protección de datos de carácter personal.

Las disposiciones de creación de los registros electrónicos se publicarán en el diario oficial correspondiente y su texto íntegro deberá estar disponible para consulta en la sede electrónica de acceso al registro. En todo caso, las disposiciones de creación de registros electrónicos especificarán el órgano o unidad responsable de su gestión, así como la fecha y hora oficial y los días declarados como inhábiles.

En la sede electrónica de acceso a cada registro figurará la relación actualizada de trámites que pueden iniciarse en el mismo.

2. Los asientos se anotarán respetando el orden temporal de recepción o salida de los documentos, e indicarán la fecha del día en que se produzcan. Concluido el trámite de registro, los documentos serán cursados sin dilación a sus destinatarios y a las unidades administrativas correspondientes desde el registro en que hubieran sido recibidas.

3. El registro electrónico de cada Administración u Organismo garantizará la constancia, en cada asiento que se practique, de un número, epígrafe expresivo de su naturaleza, fecha y hora de su presentación, identificación del interesado, órgano administrativo remitente, si procede, y persona u órgano administrativo al que se envía, y, en su caso, referencia al contenido del documento que se registra. Para ello, se emitirá automáticamente un recibo consistente en una copia autenticada del documento de que se trate, incluyendo la fecha y hora de presentación y el número de entrada de registro, así como un recibo acreditativo de otros documentos que, en su caso, lo acompañen, que garantice la integridad y el no repudio de los mismos.

4. Los documentos que los interesados dirijan a los órganos de las Administraciones Públicas podrán presentarse:

a) En el registro electrónico de la Administración u Organismo al que se dirijan, así como en los restantes registros electrónicos de cualquiera de los sujetos a los que se refiere el artículo 2.1.

b) En las oficinas de Correos, en la forma que reglamentariamente se establezca.

c) En las representaciones diplomáticas u oficinas consulares de España en el extranjero.

d) En las oficinas de asistencia en materia de registros.

e) En cualquier otro que establezcan las disposiciones vigentes.

Los registros electrónicos de todas y cada una de las Administraciones, deberán ser plenamente interoperables, de modo que se garantice su compatibilidad informática e interconexión, así como la transmisión telemática de los asientos registrales y de los documentos que se presenten en cualquiera de los registros.

5. Los documentos presentados de manera presencial ante las Administraciones Públicas, deberán ser digitalizados, de acuerdo con lo previsto en el artículo 27 y demás normativa aplicable, por la oficina de asistencia en materia de registros en la que hayan sido presentados para su incorporación al expediente administrativo electrónico, devolviéndose los originales al interesado, sin perjuicio de aquellos supuestos en que la norma determine la custodia por la Administración de los documentos presentados o resulte obligatoria la presentación de objetos o de documentos en un soporte específico no susceptibles de digitalización.

Reglamentariamente, las Administraciones podrán establecer la obligación de presentar determinados documentos por medios electrónicos para ciertos procedimientos y colectivos de personas físicas que, por razón de su capacidad económica, técnica, dedicación profesional u otros motivos quede acreditado que tienen acceso y disponibilidad de los medios electrónicos necesarios.

6. Podrán hacerse efectivos mediante transferencia dirigida a la oficina pública correspondiente cualesquiera cantidades que haya que satisfacer en el momento de la presentación de documentos a las Administraciones Públicas, sin perjuicio de la posibilidad de su abono por otros medios.

7. Las Administraciones Públicas deberán hacer pública y mantener actualizada una relación de las oficinas en las que se prestará asistencia para la presentación electrónica de documentos.

8. No se tendrán por presentados en el registro aquellos documentos e información cuyo régimen especial establezca otra forma de presentación.

Artículo 17. Archivo de documentos

1. Cada Administración deberá mantener un archivo electrónico único de los documentos electrónicos que correspondan a procedimientos finalizados, en los términos establecidos en la normativa reguladora aplicable.

2. Los documentos electrónicos deberán conservarse en un formato que permita garantizar la autenticidad, integridad y conservación del documento, así como su consulta con independencia del tiempo transcurrido desde su emisión. Se asegurará en todo caso la posibilidad de trasladar los datos a otros formatos y soportes que garanticen el acceso desde diferentes aplicaciones. La eliminación de dichos documentos deberá ser autorizada de acuerdo a lo dispuesto en la normativa aplicable.

3. Los medios o soportes en que se almacenen documentos, deberán contar con medidas de seguridad, de acuerdo con lo previsto en el Esquema Nacional de Seguridad, que garanticen la integridad, autenticidad, confidencialidad, calidad, protección y conservación de los documentos almacenados. En particular, asegurarán la identificación de los usuarios y el control de accesos, así como el cumplimiento de las garantías previstas en la legislación de protección de datos.

Artículo 18. Colaboración de las personas

1. Las personas colaborarán con la Administración en los términos previstos en la Ley que en cada caso resulte aplicable, y a falta de previsión expresa, facilitarán a la Administración los informes, inspecciones y otros actos de investigación que requieran para el ejercicio de sus competencias, salvo que la revelación de la información solicitada por la Administración atentara contra el honor, la intimidad personal o familiar o supusieran la comunicación de datos confidenciales de terceros de los que tengan conocimiento por la prestación de servicios profesionales de diagnóstico, asesoramiento o defensa, sin perjuicio de lo dispuesto en la legislación en materia de blanqueo de capitales y financiación de actividades terroristas.

2. Los interesados en un procedimiento que conozcan datos que permitan identificar a otros interesados que no hayan comparecido en él tienen el deber de proporcionárselos a la Administración actuante.

3. Cuando las inspecciones requieran la entrada en el domicilio del afectado o en los restantes lugares que requieran autorización del titular, se estará a lo dispuesto en el artículo 100.

Artículo 19. Comparecencia de las personas

1. La comparecencia de las personas ante las oficinas públicas, ya sea presencialmente o por medios electrónicos, sólo será obligatoria cuando así esté previsto en una norma con rango de ley.

2. En los casos en que proceda la comparecencia, la correspondiente citación hará constar expresamente el lugar, fecha, hora, los medios disponibles y objeto de la comparecencia, así como los efectos de no atenderla.

3. Las Administraciones Públicas entregarán al interesado certificación acreditativa de la comparecencia cuando así lo solicite.

Artículo 20. Responsabilidad de la tramitación

1. Los titulares de las unidades administrativas y el personal al servicio de las Administraciones Públicas que tuviesen a su cargo la resolución o el despacho de los asuntos, serán responsables directos de su tramitación y adoptarán las medidas oportunas para remover los obstáculos que impidan, dificulten o retrasen el ejercicio pleno de los derechos de los interesados o el respeto a sus intereses legítimos, disponiendo lo necesario para evitar y eliminar toda anomalidad en la tramitación de procedimientos.

2. Los interesados podrán solicitar la exigencia de esa responsabilidad a la Administración Pública de que dependa el personal afectado.

Artículo 21. Obligación de resolver

1. La Administración está obligada a dictar resolución expresa y a notificarla en todos los procedimientos cualquiera que sea su forma de iniciación.

En los casos de prescripción, renuncia del derecho, caducidad del procedimiento o desistimiento de la solicitud, así como de desaparición sobrevenida del objeto del procedimiento, la resolución consistirá en la declaración de la circunstancia que concurra en cada caso, con indicación de los hechos producidos y las normas aplicables.

Se exceptúan de la obligación a que se refiere el párrafo primero, los supuestos de terminación del procedimiento por pacto o convenio, así como los procedimientos relativos al ejercicio de derechos sometidos únicamente al deber de declaración responsable o comunicación a la Administración.

2. El plazo máximo en el que debe notificarse la resolución expresa será el fijado por la norma reguladora del correspondiente procedimiento.

Este plazo no podrá exceder de seis meses salvo que una norma con rango de Ley establezca uno mayor o así venga previsto en el Derecho de la Unión Europea.

3. Cuando las normas reguladoras de los procedimientos no fijen el plazo máximo, éste será de tres meses. Este plazo y los previstos en el apartado anterior se contarán:

a) En los procedimientos iniciados de oficio, desde la fecha del acuerdo de iniciación.

b) En los iniciados a solicitud del interesado, desde la fecha en que la solicitud haya tenido entrada en el registro electrónico de la Administración u Organismo competente para su tramitación.

4. Las Administraciones Públicas deben publicar y mantener actualizadas en el portal web, a efectos informativos, las relaciones de procedimientos de su competencia, con indicación de los plazos máximos de duración de los mismos, así como de los efectos que produzca el silencio administrativo.

En todo caso, las Administraciones Públicas informarán a los interesados del plazo máximo establecido para la resolución de los procedimientos y para la notificación de los actos que les pongan término, así como de los efectos que pueda producir el silencio administrativo.

Dicha mención se incluirá en la notificación o publicación del acuerdo de iniciación de oficio, o en la comunicación que se dirigirá al efecto al interesado dentro de los diez días siguientes a la recepción de la solicitud iniciadora del procedimiento en el registro electrónico de la Administración u Organismo competente para su tramitación. En este último caso, la comunicación indicará además la fecha en que la solicitud ha sido recibida por el órgano competente.

5. Cuando el número de las solicitudes formuladas o las personas afectadas pudieran suponer un incumplimiento del plazo máximo de resolución, el órgano competente para resolver, a propuesta razonada del órgano instructor, o el superior jerárquico del órgano competente para resolver, a propuesta de éste, podrán habilitar los medios personales y materiales para cumplir con el despacho adecuado y en plazo.

6. El personal al servicio de las Administraciones Públicas que tenga a su cargo el despacho de los asuntos, así como los titulares de los órganos administrativos competentes para instruir y resolver son directamente responsables, en el ámbito de sus competencias del cumplimiento de la obligación legal de dictar resolución expresa en plazo.

El incumplimiento de dicha obligación dará lugar a la exigencia de responsabilidad disciplinaria, sin perjuicio de la que hubiere lugar de acuerdo con la normativa aplicable.

Artículo 22. Suspensión del plazo máximo para resolver

1. El transcurso del plazo máximo legal para resolver un procedimiento y notificar la resolución se podrá suspender en los siguientes casos:

a) Cuando deba requerirse a cualquier interesado para la subsanación de deficiencias o la aportación de documentos y otros elementos de juicio necesarios, por el tiempo que medie entre la notificación del requerimiento y su efectivo cumplimiento por el destinatario, o, en su defecto, por el del plazo concedido, todo ello sin perjuicio de lo previsto en el artículo 68 de la presente Ley.

b) Cuando deba obtenerse un pronunciamiento previo y preceptivo de un órgano de la Unión Europea, por el tiempo que medie entre la petición, que habrá de comunicarse a los interesados, y la notificación del pronunciamiento a la Administración instructora, que también deberá serles comunicada.

c) Cuando exista un procedimiento no finalizado en el ámbito de la Unión Europea que condicione directamente el contenido de la resolución de que se trate, desde que se tenga constancia de su existencia, lo que deberá ser comunicado a los interesados, hasta que se resuelva, lo que también habrá de ser notificado.

d) Cuando se soliciten informes preceptivos a un órgano de la misma o distinta Administración, por el tiempo que medie entre la petición, que deberá comunicarse a los interesados, y la recepción del informe, que igualmente deberá ser comunicada a los mismos. Este plazo de suspensión no podrá exceder en ningún caso de tres meses. En caso de no recibirse el informe en el plazo indicado, proseguirá el procedimiento.

e) Cuando deban realizarse pruebas técnicas o análisis contradictorios o dirimentes propuestos por los interesados, durante el tiempo necesario para la incorporación de los resultados al expediente.

f) Cuando se inicien negociaciones con vistas a la conclusión de un pacto o convenio en los términos previstos en el artículo 86 de esta Ley, desde la declaración formal al respecto y hasta la conclusión sin efecto, en su caso, de las referidas negociaciones, que se constatará mediante declaración formulada por la Administración o los interesados.

g) Cuando para la resolución del procedimiento sea indispensable la obtención de un previo pronunciamiento por parte de un órgano jurisdiccional, desde el momento en que se solicita, lo que habrá de comunicarse a los interesados, hasta que la Administración tenga constancia del mismo, lo que también deberá serles comunicado.

2. El transcurso del plazo máximo legal para resolver un procedimiento y notificar la resolución se suspenderá en los siguientes casos:

a) Cuando una Administración Pública requiera a otra para que anule o revise un acto que entienda que es ilegal y que constituya la base para el que la primera haya de dictar en el ámbito de sus competencias, en el supuesto al que se refiere el apartado 5 del artículo 39 de esta Ley, desde que se realiza el requerimiento hasta que se atienda o, en su caso, se resuelva el recurso interpuesto ante la jurisdicción contencioso administrativa. Deberá ser comunicado a los interesados tanto la realización del requerimiento, como su cumplimiento o, en su caso, la resolución del correspondiente recurso contencioso-administrativo.

b) Cuando el órgano competente para resolver decida realizar alguna actuación complementaria de las previstas en el artículo 87, desde el momento en que se notifique a los interesados el acuerdo motivado del inicio de las actuaciones hasta que se produzca su terminación.

c) Cuando los interesados promuevan la recusación en cualquier momento de la tramitación de un procedimiento, desde que ésta se plantee hasta que sea resuelta por el superior jerárquico del recusado.

Artículo 23. Ampliación del plazo máximo para resolver y notificar

1. Excepcionalmente, cuando se hayan agotado los medios personales y materiales disponibles a los que se refiere el apartado 5 del artículo 21, el órgano competente para resolver, a propuesta, en su caso, del órgano instructor o el superior jerárquico del órgano competente para resolver, podrá acordar de manera motivada la ampliación del plazo máximo de resolución y notificación, no pudiendo ser éste superior al establecido para la tramitación del procedimiento.

2. Contra el acuerdo que resuelva sobre la ampliación de plazos, que deberá ser notificado a los interesados, no cabrá recurso alguno.

Artículo 24. Silencio administrativo en procedimientos iniciados a solicitud del interesado

1. En los procedimientos iniciados a solicitud del interesado, sin perjuicio de la resolución que la Administración debe dictar en la forma prevista en el apartado 3 de este artículo, el vencimiento del plazo

máximo sin haberse notificado resolución expresa, legitima al interesado o interesados para entenderla estimada por silencio administrativo, excepto en los supuestos en los que una norma con rango de ley o una norma de Derecho de la Unión Europea o de Derecho internacional aplicable en España establezcan lo contrario. Cuando el procedimiento tenga por objeto el acceso a actividades o su ejercicio, la ley que disponga el carácter desestimatorio del silencio deberá fundarse en la concurrencia de razones imperiosas de interés general.

El silencio tendrá efecto desestimatorio en los procedimientos relativos al ejercicio del derecho de petición, a que se refiere el artículo 29 de la Constitución, aquellos cuya estimación tuviera como consecuencia que se transfirieran al solicitante o a terceros facultades relativas al dominio público o al servicio público, impliquen el ejercicio de actividades que puedan dañar el medio ambiente y en los procedimientos de responsabilidad patrimonial de las Administraciones Públicas.

El sentido del silencio también será desestimatorio en los procedimientos de impugnación de actos y disposiciones y en los de revisión de oficio iniciados a solicitud de los interesados. No obstante, cuando el recurso de alzada se haya interpuesto contra la desestimación por silencio administrativo de una solicitud por el transcurso del plazo, se entenderá estimado el mismo si, llegado el plazo de resolución, el órgano administrativo competente no dictase y notificase resolución expresa, siempre que no se refiera a las materias enumeradas en el párrafo anterior de este apartado.

2. La estimación por silencio administrativo tiene a todos los efectos la consideración de acto administrativo finalizador del procedimiento. La desestimación por silencio administrativo tiene los solos efectos de permitir a los interesados la interposición del recurso administrativo o contencioso-administrativo que resulte procedente.

3. La obligación de dictar resolución expresa a que se refiere el apartado primero del artículo 21 se sujetará al siguiente régimen:

a) En los casos de estimación por silencio administrativo, la resolución expresa posterior a la producción del acto sólo podrá dictarse de ser confirmatoria del mismo.

b) En los casos de desestimación por silencio administrativo, la resolución expresa posterior al vencimiento del plazo se adoptará por la Administración sin vinculación alguna al sentido del silencio.

4. Los actos administrativos producidos por silencio administrativo se podrán hacer valer tanto ante la Administración como ante cualquier persona física o jurídica, pública o privada. Los mismos producen efectos desde el vencimiento del plazo máximo en el que debe dictarse y notificarse la resolución expresa sin que la misma se haya expedido, y su existencia puede ser acreditada por cualquier medio de prueba admitido en Derecho, incluido el certificado acreditativo del silencio producido. Este certificado se expedirá de oficio por el órgano competente para resolver en el plazo de quince días desde que expire el plazo máximo para resolver el procedimiento. Sin perjuicio de lo anterior, el interesado podrá pedirlo en cualquier momento, computándose el plazo indicado anteriormente desde el día siguiente a aquél en que la petición tuviese entrada en el registro electrónico de la Administración u Organismo competente para resolver.

Artículo 25. Falta de resolución expresa en procedimientos iniciados de oficio

1. En los procedimientos iniciados de oficio, el vencimiento del plazo máximo establecido sin que se haya dictado y notificado resolución expresa no exime a la Administración del cumplimiento de la obligación legal de resolver, produciendo los siguientes efectos:

a) En el caso de procedimientos de los que pudiera derivarse el reconocimiento o, en su caso, la constitución de derechos u otras situaciones jurídicas favorables, los interesados que hubieren comparecido podrán entender desestimadas sus pretensiones por silencio administrativo.

b) En los procedimientos en que la Administración ejercite potestades sancionadoras o, en general, de intervención, susceptibles de producir efectos desfavorables o de gravamen, se producirá la caducidad. En estos casos, la resolución que declare la caducidad ordenará el archivo de las actuaciones, con los efectos previstos en el artículo 95.

2. En los supuestos en los que el procedimiento se hubiera paralizado por causa imputable al interesado, se interrumpirá el cómputo del plazo para resolver y notificar la resolución.

Artículo 26. Emisión de documentos por las Administraciones Públicas

1. Se entiende por documentos públicos administrativos los válidamente emitidos por los órganos de las Administraciones Públicas. Las Administraciones Públicas emitirán los documentos administrativos por escrito, a través de medios electrónicos, a menos que su naturaleza exija otra forma más adecuada de expresión y constancia.

2. Para ser considerados válidos, los documentos electrónicos administrativos deberán:

a) Contener información de cualquier naturaleza archivada en un soporte electrónico según un formato determinado susceptible de identificación y tratamiento diferenciado.

b) Disponer de los datos de identificación que permitan su individualización, sin perjuicio de su posible incorporación a un expediente electrónico.

c) Incorporar una referencia temporal del momento en que han sido emitidos.

d) Incorporar los metadatos mínimos exigidos.

e) Incorporar las firmas electrónicas que correspondan de acuerdo con lo previsto en la normativa aplicable.

Se considerarán válidos los documentos electrónicos, que cumpliendo estos requisitos, sean trasladados a un tercero a través de medios electrónicos.

3. No requerirán de firma electrónica, los documentos electrónicos emitidos por las Administraciones Públicas que se publiquen con carácter meramente informativo, así como aquellos que no formen parte de un expediente administrativo. En todo caso, será necesario identificar el origen de estos documentos.

Artículo 27. Validez y eficacia de las copias realizadas por las Administraciones Públicas

1. Cada Administración Pública determinará los órganos que tengan atribuidas las competencias de expedición de copias auténticas de los documentos públicos administrativos o privados.

Las copias auténticas de documentos privados surten únicamente efectos administrativos. Las copias auténticas realizadas por una Administración Pública tendrán validez en las restantes Administraciones.

A estos efectos, la Administración General del Estado, las Comunidades Autónomas y las Entidades Locales podrán realizar copias auténticas mediante funcionario habilitado o mediante actuación administrativa automatizada.

Se deberá mantener actualizado un registro, u otro sistema equivalente, donde constarán los funcionarios habilitados para la expedición de copias auténticas que deberán ser plenamente interoperables y estar interconectados con los de las restantes Administraciones Públicas, a los efectos de comprobar la validez de la citada habilitación. En este registro o sistema equivalente constarán, al menos, los funcionarios que presten servicios en las oficinas de asistencia en materia de registros.

2. Tendrán la consideración de copia auténtica de un documento público administrativo o privado las realizadas, cualquiera que sea su soporte, por los órganos competentes de las Administraciones Públicas en las que quede garantizada la identidad del órgano que ha realizado la copia y su contenido.

Las copias auténticas tendrán la misma validez y eficacia que los documentos originales.

3. Para garantizar la identidad y contenido de las copias electrónicas o en papel, y por tanto su carácter de copias auténticas, las Administraciones Públicas deberán ajustarse a lo previsto en el Esquema Nacional de Interoperabilidad, el Esquema Nacional de Seguridad y sus normas técnicas de desarrollo, así como a las siguientes reglas:

a) Las copias electrónicas de un documento electrónico original o de una copia electrónica auténtica, con o sin cambio de formato, deberán incluir los metadatos que acrediten su condición de copia y que se visualicen al consultar el documento.

b) Las copias electrónicas de documentos en soporte papel o en otro soporte no electrónico susceptible de digitalización, requerirán que el documento haya sido digitalizado y deberán incluir los metadatos que acrediten su condición de copia y que se visualicen al consultar el documento.

Se entiende por digitalización, el proceso tecnológico que permite convertir un documento en soporte papel o en otro soporte no electrónico en un fichero electrónico que contiene la imagen codificada, fiel e íntegra del documento.

c) Las copias en soporte papel de documentos electrónicos requerirán que en las mismas figure la condición de copia y contendrán un código generado electrónicamente u otro sistema de verificación, que permitirá contrastar la autenticidad de la copia mediante el acceso a los archivos electrónicos del órgano u Organismo público emisor.

d) Las copias en soporte papel de documentos originales emitidos en dicho soporte se proporcionarán mediante una copia auténtica en papel del documento electrónico que se encuentre en poder de la Administración o bien mediante una puesta de manifiesto electrónica conteniendo copia auténtica del documento original.

A estos efectos, las Administraciones harán públicos, a través de la sede electrónica correspondiente, los códigos seguros de verificación u otro sistema de verificación utilizado.

4. Los interesados podrán solicitar, en cualquier momento, la expedición de copias auténticas de los documentos públicos administra-

tivos que hayan sido válidamente emitidos por las Administraciones Públicas. La solicitud se dirigirá al órgano que emitió el documento original, debiendo expedirse, salvo las excepciones derivadas de la aplicación de la Ley 19/2013, de 9 de diciembre, en el plazo de quince días a contar desde la recepción de la solicitud en el registro electrónico de la Administración u Organismo competente.

Asimismo, las Administraciones Públicas estarán obligadas a expedir copias auténticas electrónicas de cualquier documento en papel que presenten los interesados y que se vaya a incorporar a un expediente administrativo.

5. Cuando las Administraciones Públicas expidan copias auténticas electrónicas, deberá quedar expresamente así indicado en el documento de la copia.

6. La expedición de copias auténticas de documentos públicos notariales, registrales y judiciales, así como de los diarios oficiales, se regirá por su legislación específica.

Artículo 28. Documentos aportados por los interesados al procedimiento administrativo

1. Los interesados deberán aportar al procedimiento administrativo los datos y documentos exigidos por las Administraciones Públicas de acuerdo con lo dispuesto en la normativa aplicable. Asimismo, los interesados podrán aportar cualquier otro documento que estimen conveniente.

2[6]. Los interesados tienen derecho a no aportar documentos que ya se encuentren en poder de la Administración actuante o hayan sido elaborados por cualquier otra Administración. La administración actuante podrá consultar o recabar dichos documentos salvo que el interesado se opusiera a ello. No cabrá la oposición cuando la aporta-

---

[6]   Apartado modificado por la disposición final 12 de la Ley Orgánica 3/2018, de 5 de diciembre.

ción del documento se exigiera en el marco del ejercicio de potestades sancionadoras o de inspección.

Las Administraciones Públicas deberán recabar los documentos electrónicamente a través de sus redes corporativas o mediante consulta a las plataformas de intermediación de datos u otros sistemas electrónicos habilitados al efecto.

Cuando se trate de informes preceptivos ya elaborados por un órgano administrativo distinto al que tramita el procedimiento, estos deberán ser remitidos en el plazo de diez días a contar desde su solicitud. Cumplido este plazo, se informará al interesado de que puede aportar este informe o esperar a su remisión por el órgano competente.

3[7]. Las Administraciones no exigirán a los interesados la presentación de documentos originales, salvo que, con carácter excepcional, la normativa reguladora aplicable establezca lo contrario.

Asimismo, las Administraciones Públicas no requerirán a los interesados datos o documentos no exigidos por la normativa reguladora aplicable o que hayan sido aportados anteriormente por el interesado a cualquier Administración. A estos efectos, el interesado deberá indicar en qué momento y ante qué órgano administrativo presentó los citados documentos, debiendo las Administraciones Públicas recabarlos electrónicamente a través de sus redes corporativas o de una consulta a las plataformas de intermediación de datos u otros sistemas electrónicos habilitados al efecto, salvo que conste en el procedimiento la oposición expresa del interesado o la ley especial aplicable requiera su consentimiento expreso. Excepcionalmente, si las Administraciones Públicas no pudieran recabar los citados documentos, podrán solicitar nuevamente al interesado su aportación.

4. Cuando con carácter excepcional, y de acuerdo con lo previsto en esta Ley, la Administración solicitara al interesado la presentación de un documento original y éste estuviera en formato papel, el interesado

---

[7]　Apartado modificado por la disposición final 12 de la Ley Orgánica 3/2018, de 5 de diciembre.

deberá obtener una copia auténtica, según los requisitos establecidos en el artículo 27, con carácter previo a su presentación electrónica. La copia electrónica resultante reflejará expresamente esta circunstancia.

5. Excepcionalmente, cuando la relevancia del documento en el procedimiento lo exija o existan dudas derivadas de la calidad de la copia, las Administraciones podrán solicitar de manera motivada el cotejo de las copias aportadas por el interesado, para lo que podrán requerir la exhibición del documento o de la información original.

6. Las copias que aporten los interesados al procedimiento administrativo tendrán eficacia, exclusivamente en el ámbito de la actividad de las Administraciones Públicas.

7. Los interesados se responsabilizarán de la veracidad de los documentos que presenten.

CAPÍTULO II. TÉRMINOS Y PLAZOS

Artículo 29. Obligatoriedad de términos y plazos

Los términos y plazos establecidos en ésta u otras leyes obligan a las autoridades y personal al servicio de las Administraciones Públicas competentes para la tramitación de los asuntos, así como a los interesados en los mismos.

Artículo 30. Cómputo de plazos

1. Salvo que por Ley o en el Derecho de la Unión Europea se disponga otro cómputo, cuando los plazos se señalen por horas, se entiende que éstas son hábiles. Son hábiles todas las horas del día que formen parte de un día hábil.

Los plazos expresados por horas se contarán de hora en hora y de minuto en minuto desde la hora y minuto en que tenga lugar la notificación o publicación del acto de que se trate y no podrán tener una duración superior a veinticuatro horas, en cuyo caso se expresarán en días.

2. Siempre que por Ley o en el Derecho de la Unión Europea no se exprese otro cómputo, cuando los plazos se señalen por días, se en-

tiende que éstos son hábiles, excluyéndose del cómputo los sábados, los domingos y los declarados festivos.

Cuando los plazos se hayan señalado por días naturales por declararlo así una ley o por el Derecho de la Unión Europea, se hará constar esta circunstancia en las correspondientes notificaciones.

3. Los plazos expresados en días se contarán a partir del día siguiente a aquel en que tenga lugar la notificación o publicación del acto de que se trate, o desde el siguiente a aquel en que se produzca la estimación o la desestimación por silencio administrativo.

4. Si el plazo se fija en meses o años, éstos se computarán a partir del día siguiente a aquel en que tenga lugar la notificación o publicación del acto de que se trate, o desde el siguiente a aquel en que se produzca la estimación o desestimación por silencio administrativo.

El plazo concluirá el mismo día en que se produjo la notificación, publicación o silencio administrativo en el mes o el año de vencimiento. Si en el mes de vencimiento no hubiera día equivalente a aquel en que comienza el cómputo, se entenderá que el plazo expira el último día del mes.

5. Cuando el último día del plazo sea inhábil, se entenderá prorrogado al primer día hábil siguiente.

6. Cuando un día fuese hábil en el municipio o Comunidad Autónoma en que residiese el interesado, e inhábil en la sede del órgano administrativo, o a la inversa, se considerará inhábil en todo caso.

7. La Administración General del Estado y las Administraciones de las Comunidades Autónomas, con sujeción al calendario laboral oficial, fijarán, en su respectivo ámbito, el calendario de días inhábiles a efectos de cómputos de plazos. El calendario aprobado por las Comunidades Autónomas comprenderá los días inhábiles de las Entidades Locales correspondientes a su ámbito territorial, a las que será de aplicación.

Dicho calendario deberá publicarse antes del comienzo de cada año en el diario oficial que corresponda, así como en otros medios de difusión que garanticen su conocimiento generalizado.

8. La declaración de un día como hábil o inhábil a efectos de cómputo de plazos no determina por sí sola el funcionamiento de los centros de trabajo de las Administraciones Públicas, la organización del tiempo de trabajo o el régimen de jornada y horarios de las mismas.

Artículo 31. Cómputo de plazos en los registros

1. Cada Administración Pública publicará los días y el horario en el que deban permanecer abiertas las oficinas que prestarán asistencia para la presentación electrónica de documentos, garantizando el derecho de los interesados a ser asistidos en el uso de medios electrónicos.

2. El registro electrónico de cada Administración u Organismo se regirá a efectos de cómputo de los plazos, por la fecha y hora oficial de la sede electrónica de acceso, que deberá contar con las medidas de seguridad necesarias para garantizar su integridad y figurar de modo accesible y visible.

El funcionamiento del registro electrónico se regirá por las siguientes reglas:

a) Permitirá la presentación de documentos todos los días del año durante las veinticuatro horas.

b) A los efectos del cómputo de plazo fijado en días hábiles, y en lo que se refiere al cumplimiento de plazos por los interesados, la presentación en un día inhábil se entenderá realizada en la primera hora del primer día hábil siguiente salvo que una norma permita expresamente la recepción en día inhábil.

Los documentos se considerarán presentados por el orden de hora efectiva en el que lo fueron en el día inhábil. Los documentos presentados en el día inhábil se reputarán anteriores, según el mismo orden, a los que lo fueran el primer día hábil posterior.

c) El inicio del cómputo de los plazos que hayan de cumplir las Administraciones Públicas vendrá determinado por la fecha y hora de presentación en el registro electrónico de cada Administración u Organismo. En todo caso, la fecha y hora efectiva de inicio del cómputo de plazos deberá ser comunicada a quien presentó el documento.

3. La sede electrónica del registro de cada Administración Pública u Organismo, determinará, atendiendo al ámbito territorial en el que ejerce sus competencias el titular de aquélla y al calendario previsto en el artículo 30.7, los días que se considerarán inhábiles a los efectos previstos en este artículo. Este será el único calendario de días inhábiles que se aplicará a efectos del cómputo de plazos en los registros electrónicos, sin que resulte de aplicación a los mismos lo dispuesto en el artículo 30.6.

Artículo 32. Ampliación

1. La Administración, salvo precepto en contrario, podrá conceder de oficio o a petición de los interesados, una ampliación de los plazos establecidos, que no exceda de la mitad de los mismos, si las circunstancias lo aconsejan y con ello no se perjudican derechos de tercero. El acuerdo de ampliación deberá ser notificado a los interesados.

2. La ampliación de los plazos por el tiempo máximo permitido se aplicará en todo caso a los procedimientos tramitados por las misiones diplomáticas y oficinas consulares, así como a aquellos que, sustanciándose en el interior, exijan cumplimentar algún trámite en el extranjero o en los que intervengan interesados residentes fuera de España.

3. Tanto la petición de los interesados como la decisión sobre la ampliación deberán producirse, en todo caso, antes del vencimiento del plazo de que se trate. En ningún caso podrá ser objeto de ampliación un plazo ya vencido. Los acuerdos sobre ampliación de plazos o sobre su denegación no serán susceptibles de recurso, sin perjuicio del procedente contra la resolución que ponga fin al procedimiento.

4. Cuando una incidencia técnica haya imposibilitado el funcionamiento ordinario del sistema o aplicación que corresponda, y hasta que se solucione el problema, la Administración podrá determinar una ampliación de los plazos no vencidos, debiendo publicar en la sede electrónica tanto la incidencia técnica acontecida como la ampliación concreta del plazo no vencido.

5[8]. Cuando como consecuencia de un ciberincidente se hayan visto gravemente afectados los servicios y sistemas utilizados para la tramitación de los procedimientos y el ejercicio de los derechos de los interesados que prevé la normativa vigente, la Administración podrá acordar la ampliación general de plazos de los procedimientos administrativos.

Artículo 33. Tramitación de urgencia

1. Cuando razones de interés público lo aconsejen, se podrá acordar, de oficio o a petición del interesado, la aplicación al procedimiento de la tramitación de urgencia, por la cual se reducirán a la mitad los plazos establecidos para el procedimiento ordinario, salvo los relativos a la presentación de solicitudes y recursos.

2. No cabrá recurso alguno contra el acuerdo que declare la aplicación de la tramitación de urgencia al procedimiento, sin perjuicio del procedente contra la resolución que ponga fin al procedimiento.

TÍTULO III. DE LOS ACTOS ADMINISTRATIVOS

CAPÍTULO I. REQUISITOS DE LOS ACTOS ADMINISTRATIVOS

Artículo 34. Producción y contenido

1. Los actos administrativos que dicten las Administraciones Públicas, bien de oficio o a instancia del interesado, se producirán por el órgano competente ajustándose a los requisitos y al procedimiento establecido.

2. El contenido de los actos se ajustará a lo dispuesto por el ordenamiento jurídico y será determinado y adecuado a los fines de aquéllos.

---

[8]   Apartado añadido por el Real Decreto-ley 6/2022, de 29 de marzo.

Artículo 35. Motivación

1. Serán motivados, con sucinta referencia de hechos y fundamentos de derecho:

a) Los actos que limiten derechos subjetivos o intereses legítimos.

b) Los actos que resuelvan procedimientos de revisión de oficio de disposiciones o actos administrativos, recursos administrativos y procedimientos de arbitraje y los que declaren su inadmisión.

c) Los actos que se separen del criterio seguido en actuaciones precedentes o del dictamen de órganos consultivos.

d) Los acuerdos de suspensión de actos, cualquiera que sea el motivo de ésta, así como la adopción de medidas provisionales previstas en el artículo 56.

e) Los acuerdos de aplicación de la tramitación de urgencia, de ampliación de plazos y de realización de actuaciones complementarias.

f) Los actos que rechacen pruebas propuestas por los interesados.

g) Los actos que acuerden la terminación del procedimiento por la imposibilidad material de continuarlo por causas sobrevenidas, así como los que acuerden el desistimiento por la Administración en procedimientos iniciados de oficio.

h) Las propuestas de resolución en los procedimientos de carácter sancionador, así como los actos que resuelvan procedimientos de carácter sancionador o de responsabilidad patrimonial.

i) Los actos que se dicten en el ejercicio de potestades discrecionales, así como los que deban serlo en virtud de disposición legal o reglamentaria expresa.

2. La motivación de los actos que pongan fin a los procedimientos selectivos y de concurrencia competitiva se realizará de conformidad con lo que dispongan las normas que regulen sus convocatorias, debiendo, en todo caso, quedar acreditados en el procedimiento los fundamentos de la resolución que se adopte.

Artículo 36. Forma

1. Los actos administrativos se producirán por escrito a través de medios electrónicos, a menos que su naturaleza exija otra forma más adecuada de expresión y constancia.

2. En los casos en que los órganos administrativos ejerzan su competencia de forma verbal, la constancia escrita del acto, cuando sea necesaria, se efectuará y firmará por el titular del órgano inferior o funcionario que la reciba oralmente, expresando en la comunicación del mismo la autoridad de la que procede. Si se tratara de resoluciones, el titular de la competencia deberá autorizar una relación de las que haya dictado de forma verbal, con expresión de su contenido.

3. Cuando deba dictarse una serie de actos administrativos de la misma naturaleza, tales como nombramientos, concesiones o licencias, podrán refundirse en un único acto, acordado por el órgano competente, que especificará las personas u otras circunstancias que individualicen los efectos del acto para cada interesado.

CAPÍTULO II. EFICACIA DE LOS ACTOS

Artículo 37. Inderogabilidad singular

1. Las resoluciones administrativas de carácter particular no podrán vulnerar lo establecido en una disposición de carácter general, aunque aquéllas procedan de un órgano de igual o superior jerarquía al que dictó la disposición general.

2. Son nulas las resoluciones administrativas que vulneren lo establecido en una disposición reglamentaria, así como aquellas que incurran en alguna de las causas recogidas en el artículo 47.

Artículo 38. Ejecutividad

Los actos de las Administraciones Públicas sujetos al Derecho Administrativo serán ejecutivos con arreglo a lo dispuesto en esta Ley.

Artículo 39. Efectos

1. Los actos de las Administraciones Públicas sujetos al Derecho Administrativo se presumirán válidos y producirán efectos desde la fecha en que se dicten, salvo que en ellos se disponga otra cosa.

2. La eficacia quedará demorada cuando así lo exija el contenido del acto o esté supeditada a su notificación, publicación o aprobación superior.

3. Excepcionalmente, podrá otorgarse eficacia retroactiva a los actos cuando se dicten en sustitución de actos anulados, así como cuando produzcan efectos favorables al interesado, siempre que los supuestos de hecho necesarios existieran ya en la fecha a que se retrotraiga la eficacia del acto y ésta no lesione derechos o intereses legítimos de otras personas.

4. Las normas y actos dictados por los órganos de las Administraciones Públicas en el ejercicio de su propia competencia deberán ser observadas por el resto de los órganos administrativos, aunque no dependan jerárquicamente entre sí o pertenezcan a otra Administración.

5. Cuando una Administración Pública tenga que dictar, en el ámbito de sus competencias, un acto que necesariamente tenga por base otro dictado por una Administración Pública distinta y aquélla entienda que es ilegal, podrá requerir a ésta previamente para que anule o revise el acto de acuerdo con lo dispuesto en el artículo 44 de la Ley 29/1998, de 13 de julio, reguladora de la Jurisdicción Contencioso-Administrativa, y, de rechazar el requerimiento, podrá interponer recurso contencioso-administrativo. En estos casos, quedará suspendido el procedimiento para dictar resolución.

Artículo 40. Notificación

1. El órgano que dicte las resoluciones y actos administrativos los notificará a los interesados cuyos derechos e intereses sean afectados por aquéllos, en los términos previstos en los artículos siguientes.

2. Toda notificación deberá ser cursada dentro del plazo de diez días a partir de la fecha en que el acto haya sido dictado, y deberá

contener el texto íntegro de la resolución, con indicación de si pone fin o no a la vía administrativa, la expresión de los recursos que procedan, en su caso, en vía administrativa y judicial, el órgano ante el que hubieran de presentarse y el plazo para interponerlos, sin perjuicio de que los interesados puedan ejercitar, en su caso, cualquier otro que estimen procedente.

3. Las notificaciones que, conteniendo el texto íntegro del acto, omitiesen alguno de los demás requisitos previstos en el apartado anterior, surtirán efecto a partir de la fecha en que el interesado realice actuaciones que supongan el conocimiento del contenido y alcance de la resolución o acto objeto de la notificación, o interponga cualquier recurso que proceda.

4. Sin perjuicio de lo establecido en el apartado anterior, y a los solos efectos de entender cumplida la obligación de notificar dentro del plazo máximo de duración de los procedimientos, será suficiente la notificación que contenga, cuando menos, el texto íntegro de la resolución, así como el intento de notificación debidamente acreditado.

5. Las Administraciones Públicas podrán adoptar las medidas que consideren necesarias para la protección de los datos personales que consten en las resoluciones y actos administrativos, cuando éstos tengan por destinatarios a más de un interesado.

Artículo 41. Condiciones generales para la práctica de las notificaciones

1. Las notificaciones se practicarán preferentemente por medios electrónicos y, en todo caso, cuando el interesado resulte obligado a recibirlas por esta vía.

No obstante lo anterior, las Administraciones podrán practicar las notificaciones por medios no electrónicos en los siguientes supuestos:

a) Cuando la notificación se realice con ocasión de la comparecencia espontánea del interesado o su representante en las oficinas de asistencia en materia de registro y solicite la comunicación o notificación personal en ese momento.

b) Cuando para asegurar la eficacia de la actuación administrativa resulte necesario practicar la notificación por entrega directa de un empleado público de la Administración notificante.

Con independencia del medio utilizado, las notificaciones serán válidas siempre que permitan tener constancia de su envío o puesta a disposición, de la recepción o acceso por el interesado o su representante, de sus fechas y horas, del contenido íntegro, y de la identidad fidedigna del remitente y destinatario de la misma. La acreditación de la notificación efectuada se incorporará al expediente.

Los interesados que no estén obligados a recibir notificaciones electrónicas, podrán decidir y comunicar en cualquier momento a la Administración Pública, mediante los modelos normalizados que se establezcan al efecto, que las notificaciones sucesivas se practiquen o dejen de practicarse por medios electrónicos.

Reglamentariamente, las Administraciones podrán establecer la obligación de practicar electrónicamente las notificaciones para determinados procedimientos y para ciertos colectivos de personas físicas que por razón de su capacidad económica, técnica, dedicación profesional u otros motivos quede acreditado que tienen acceso y disponibilidad de los medios electrónicos necesarios.

Adicionalmente, el interesado podrá identificar un dispositivo electrónico y/o una dirección de correo electrónico que servirán para el envío de los avisos regulados en este artículo, pero no para la práctica de notificaciones.

2. En ningún caso se efectuarán por medios electrónicos las siguientes notificaciones:

a) Aquellas en las que el acto a notificar vaya acompañado de elementos que no sean susceptibles de conversión en formato electrónico.

b) Las que contengan medios de pago a favor de los obligados, tales como cheques.

3. En los procedimientos iniciados a solicitud del interesado, la notificación se practicará por el medio señalado al efecto por aquel. Esta

notificación será electrónica en los casos en los que exista obligación de relacionarse de esta forma con la Administración.

Cuando no fuera posible realizar la notificación de acuerdo con lo señalado en la solicitud, se practicará en cualquier lugar adecuado a tal fin, y por cualquier medio que permita tener constancia de la recepción por el interesado o su representante, así como de la fecha, la identidad y el contenido del acto notificado.

4. En los procedimientos iniciados de oficio, a los solos efectos de su iniciación, las Administraciones Públicas podrán recabar, mediante consulta a las bases de datos del Instituto Nacional de Estadística, los datos sobre el domicilio del interesado recogidos en el Padrón Municipal, remitidos por las Entidades Locales en aplicación de lo previsto en la Ley 7/1985, de 2 de abril, reguladora de las Bases del Régimen Local.

5. Cuando el interesado o su representante rechace la notificación de una actuación administrativa, se hará constar en el expediente, especificándose las circunstancias del intento de notificación y el medio, dando por efectuado el trámite y siguiéndose el procedimiento.

6. Con independencia de que la notificación se realice en papel o por medios electrónicos, las Administraciones Públicas enviarán un aviso al dispositivo electrónico y/o a la dirección de correo electrónico del interesado que éste haya comunicado, informándole de la puesta a disposición de una notificación en la sede electrónica de la Administración u Organismo correspondiente o en la dirección electrónica habilitada única. La falta de práctica de este aviso no impedirá que la notificación sea considerada plenamente válida.

7. Cuando el interesado fuera notificado por distintos cauces, se tomará como fecha de notificación la de aquélla que se hubiera producido en primer lugar.

Artículo 42. Práctica de las notificaciones en papel

1. Todas las notificaciones que se practiquen en papel deberán ser puestas a disposición del interesado en la sede electrónica de la Admi-

nistración u Organismo actuante para que pueda acceder al contenido de las mismas de forma voluntaria.

2. Cuando la notificación se practique en el domicilio del interesado, de no hallarse presente éste en el momento de entregarse la notificación, podrá hacerse cargo de la misma cualquier persona mayor de catorce años que se encuentre en el domicilio y haga constar su identidad. Si nadie se hiciera cargo de la notificación, se hará constar esta circunstancia en el expediente, junto con el día y la hora en que se intentó la notificación, intento que se repetirá por una sola vez y en una hora distinta dentro de los tres días siguientes. En caso de que el primer intento de notificación se haya realizado antes de las quince horas, el segundo intento deberá realizarse después de las quince horas y viceversa, dejando en todo caso al menos un margen de diferencia de tres horas entre ambos intentos de notificación. Si el segundo intento también resultara infructuoso, se procederá en la forma prevista en el artículo 44.

3. Cuando el interesado accediera al contenido de la notificación en sede electrónica, se le ofrecerá la posibilidad de que el resto de notificaciones se puedan realizar a través de medios electrónicos.

Artículo 43. Práctica de las notificaciones a través de medios electrónicos

1. Las notificaciones por medios electrónicos se practicarán mediante comparecencia en la sede electrónica de la Administración u Organismo actuante, a través de la dirección electrónica habilitada única o mediante ambos sistemas, según disponga cada Administración u Organismo.

A los efectos previstos en este artículo, se entiende por comparecencia en la sede electrónica, el acceso por el interesado o su representante debidamente identificado al contenido de la notificación.

2. Las notificaciones por medios electrónicos se entenderán practicadas en el momento en que se produzca el acceso a su contenido.

Cuando la notificación por medios electrónicos sea de carácter obligatorio, o haya sido expresamente elegida por el interesado, se entenderá rechazada cuando hayan transcurrido diez días naturales desde la puesta a disposición de la notificación sin que se acceda a su contenido.

3. Se entenderá cumplida la obligación a la que se refiere el artículo 40.4 con la puesta a disposición de la notificación en la sede electrónica de la Administración u Organismo actuante o en la dirección electrónica habilitada única.

4. Los interesados podrán acceder a las notificaciones desde el Punto de Acceso General electrónico de la Administración, que funcionará como un portal de acceso.

Artículo 44. Notificación infructuosa

Cuando los interesados en un procedimiento sean desconocidos, se ignore el lugar de la notificación o bien, intentada ésta, no se hubiese podido practicar, la notificación se hará por medio de un anuncio publicado en el «Boletín Oficial del Estado».

Asimismo, previamente y con carácter facultativo, las Administraciones podrán publicar un anuncio en el boletín oficial de la Comunidad Autónoma o de la Provincia, en el tablón de edictos del Ayuntamiento del último domicilio del interesado o del Consulado o Sección Consular de la Embajada correspondiente.

Las Administraciones Públicas podrán establecer otras formas de notificación complementarias a través de los restantes medios de difusión, que no excluirán la obligación de publicar el correspondiente anuncio en el «Boletín Oficial del Estado».

Artículo 45. Publicación

1. Los actos administrativos serán objeto de publicación cuando así lo establezcan las normas reguladoras de cada procedimiento o cuando lo aconsejen razones de interés público apreciadas por el órgano competente.

En todo caso, los actos administrativos serán objeto de publicación, surtiendo ésta los efectos de la notificación, en los siguientes casos:

a) Cuando el acto tenga por destinatario a una pluralidad indeterminada de personas o cuando la Administración estime que la notificación efectuada a un solo interesado es insuficiente para garantizar la notificación a todos, siendo, en este último caso, adicional a la individualmente realizada.

b) Cuando se trate de actos integrantes de un procedimiento selectivo o de concurrencia competitiva de cualquier tipo. En este caso, la convocatoria del procedimiento deberá indicar el medio donde se efectuarán las sucesivas publicaciones, careciendo de validez las que se lleven a cabo en lugares distintos.

2. La publicación de un acto deberá contener los mismos elementos que el artículo 40.2 exige respecto de las notificaciones. Será también aplicable a la publicación lo establecido en el apartado 3 del mismo artículo.

En los supuestos de publicaciones de actos que contengan elementos comunes, podrán publicarse de forma conjunta los aspectos coincidentes, especificándose solamente los aspectos individuales de cada acto.

3. La publicación de los actos se realizará en el diario oficial que corresponda, según cual sea la Administración de la que proceda el acto a notificar.

4. Sin perjuicio de lo dispuesto en el artículo 44, la publicación de actos y comunicaciones que, por disposición legal o reglamentaria deba practicarse en tablón de anuncios o edictos, se entenderá cumplida por su publicación en el Diario oficial correspondiente.

Artículo 46. Indicación de notificaciones y publicaciones

Si el órgano competente apreciase que la notificación por medio de anuncios o la publicación de un acto lesiona derechos o intereses legítimos, se limitará a publicar en el Diario oficial que corresponda una somera indicación del contenido del acto y del lugar donde los interesados podrán comparecer, en el plazo que se establezca, para conocimiento del contenido íntegro del mencionado acto y constancia de tal conocimiento.

Adicionalmente y de manera facultativa, las Administraciones podrán establecer otras formas de notificación complementarias a través de los restantes medios de difusión que no excluirán la obligación de publicar en el correspondiente Diario oficial.

CAPÍTULO III. NULIDAD Y ANULABILIDAD

Artículo 47. Nulidad de pleno derecho

1. Los actos de las Administraciones Públicas son nulos de pleno derecho en los casos siguientes:

a) Los que lesionen los derechos y libertades susceptibles de amparo constitucional.

b) Los dictados por órgano manifiestamente incompetente por razón de la materia o del territorio.

c) Los que tengan un contenido imposible.

d) Los que sean constitutivos de infracción penal o se dicten como consecuencia de ésta.

e) Los dictados prescindiendo total y absolutamente del procedimiento legalmente establecido o de las normas que contienen las reglas esenciales para la formación de la voluntad de los órganos colegiados.

f) Los actos expresos o presuntos contrarios al ordenamiento jurídico por los que se adquieren facultades o derechos cuando se carezca de los requisitos esenciales para su adquisición.

g) Cualquier otro que se establezca expresamente en una disposición con rango de Ley.

2. También serán nulas de pleno derecho las disposiciones administrativas que vulneren la Constitución, las leyes u otras disposiciones administrativas de rango superior, las que regulen materias reservadas

a la Ley, y las que establezcan la retroactividad de disposiciones sancionadoras no favorables o restrictivas de derechos individuales.

Artículo 48. Anulabilidad

1. Son anulables los actos de la Administración que incurran en cualquier infracción del ordenamiento jurídico, incluso la desviación de poder.

2. No obstante, el defecto de forma sólo determinará la anulabilidad cuando el acto carezca de los requisitos formales indispensables para alcanzar su fin o dé lugar a la indefensión de los interesados.

3. La realización de actuaciones administrativas fuera del tiempo establecido para ellas sólo implicará la anulabilidad del acto cuando así lo imponga la naturaleza del término o plazo.

Artículo 49. Límites a la extensión de la nulidad o anulabilidad de los actos

1. La nulidad o anulabilidad de un acto no implicará la de los sucesivos en el procedimiento que sean independientes del primero.

2. La nulidad o anulabilidad en parte del acto administrativo no implicará la de las partes del mismo independientes de aquélla, salvo que la parte viciada sea de tal importancia que sin ella el acto administrativo no hubiera sido dictado.

Artículo 50. Conversión de actos viciados

Los actos nulos o anulables que, sin embargo, contengan los elementos constitutivos de otro distinto producirán los efectos de éste.

Artículo 51. Conservación de actos y trámites

El órgano que declare la nulidad o anule las actuaciones dispondrá siempre la conservación de aquellos actos y trámites cuyo contenido se hubiera mantenido igual de no haberse cometido la infracción.

Artículo 52. Convalidación

1. La Administración podrá convalidar los actos anulables, subsanando los vicios de que adolezcan.

2. El acto de convalidación producirá efecto desde su fecha, salvo lo dispuesto en el artículo 39.3 para la retroactividad de los actos administrativos.

3. Si el vicio consistiera en incompetencia no determinante de nulidad, la convalidación podrá realizarse por el órgano competente cuando sea superior jerárquico del que dictó el acto viciado.

4. Si el vicio consistiese en la falta de alguna autorización, podrá ser convalidado el acto mediante el otorgamiento de la misma por el órgano competente.

TÍTULO IV. DE LAS DISPOSICIONES SOBRE EL PROCEDIMIENTO ADMINISTRATIVO COMÚN

CAPÍTULO I. GARANTÍAS DEL PROCEDIMIENTO

Artículo 53. Derechos del interesado en el procedimiento administrativo

1. Además del resto de derechos previstos en esta Ley, los interesados en un procedimiento administrativo, tienen los siguientes derechos:

a) A conocer, en cualquier momento, el estado de la tramitación de los procedimientos en los que tengan la condición de interesados; el sentido del silencio administrativo que corresponda, en caso de que la Administración no dicte ni notifique resolución expresa en plazo; el órgano competente para su instrucción, en su caso, y resolución; y los actos de trámite dictados. Asimismo, también tendrán derecho a acceder y a obtener copia de los documentos contenidos en los citados procedimientos.

Quienes se relacionen con las Administraciones Públicas a través de medios electrónicos, tendrán derecho a consultar la información a la que se refiere el párrafo anterior, en el Punto de Acceso General electrónico de la Administración que funcionará como un portal de acceso. Se entenderá cumplida la obligación de la Administración de facilitar copias de los documentos contenidos en los procedimientos mediante la puesta a disposición de las mismas en el Punto de Acceso General electrónico de la Administración competente o en las sedes electrónicas que correspondan.

b) A identificar a las autoridades y al personal al servicio de las Administraciones Públicas bajo cuya responsabilidad se tramiten los procedimientos.

c) A no presentar documentos originales salvo que, de manera excepcional, la normativa reguladora aplicable establezca lo contrario. En caso de que, excepcionalmente, deban presentar un documento original, tendrán derecho a obtener una copia autenticada de éste.

d) A no presentar datos y documentos no exigidos por las normas aplicables al procedimiento de que se trate, que ya se encuentren en poder de las Administraciones Públicas o que hayan sido elaborados por éstas.

e) A formular alegaciones, utilizar los medios de defensa admitidos por el Ordenamiento Jurídico, y a aportar documentos en cualquier fase del procedimiento anterior al trámite de audiencia, que deberán ser tenidos en cuenta por el órgano competente al redactar la propuesta de resolución.

f) A obtener información y orientación acerca de los requisitos jurídicos o técnicos que las disposiciones vigentes impongan a los proyectos, actuaciones o solicitudes que se propongan realizar.

g) A actuar asistidos de asesor cuando lo consideren conveniente en defensa de sus intereses.

h) A cumplir las obligaciones de pago a través de los medios electrónicos previstos en el artículo 98.2.

i) Cualesquiera otros que les reconozcan la Constitución y las leyes.

2. Además de los derechos previstos en el apartado anterior, en el caso de procedimientos administrativos de naturaleza sancionadora, los presuntos responsables tendrán los siguientes derechos:

a) A ser notificado de los hechos que se le imputen, de las infracciones que tales hechos puedan constituir y de las sanciones que, en su caso, se les pudieran imponer, así como de la identidad del instructor, de la autoridad competente para imponer la sanción y de la norma que atribuya tal competencia.

b) A la presunción de no existencia de responsabilidad administrativa mientras no se demuestre lo contrario.

CAPÍTULO II. INICIACIÓN DEL PROCEDIMIENTO

SECCIÓN 1ª. DISPOSICIONES GENERALES

Artículo 54. Clases de iniciación

Los procedimientos podrán iniciarse de oficio o a solicitud del interesado.

Artículo 55. Información y actuaciones previas

1. Con anterioridad al inicio del procedimiento, el órgano competente podrá abrir un período de información o actuaciones previas con el fin de conocer las circunstancias del caso concreto y la conveniencia o no de iniciar el procedimiento.

2. En el caso de procedimientos de naturaleza sancionadora las actuaciones previas se orientarán a determinar, con la mayor precisión posible, los hechos susceptibles de motivar la incoación del procedimiento, la identificación de la persona o personas que pudieran resultar responsables y las circunstancias relevantes que concurran en unos y otros.

Las actuaciones previas serán realizadas por los órganos que tengan atribuidas funciones de investigación, averiguación e inspección en la materia y, en defecto de éstos, por la persona u órgano administrativo que se determine por el órgano competente para la iniciación o resolución del procedimiento.

Artículo 56. Medidas provisionales

1. Iniciado el procedimiento, el órgano administrativo competente para resolver, podrá adoptar, de oficio o a instancia de parte y de forma motivada, las medidas provisionales que estime oportunas para asegurar la eficacia de la resolución que pudiera recaer, si existiesen elementos de juicio suficientes para ello, de acuerdo con los principios de proporcionalidad, efectividad y menor onerosidad.

2. Antes de la iniciación del procedimiento administrativo, el órgano competente para iniciar o instruir el procedimiento, de oficio o a instancia de parte, en los casos de urgencia inaplazable y para la protección provisional de los intereses implicados, podrá adoptar de forma motivada las medidas provisionales que resulten necesarias y proporcionadas. Las medidas provisionales deberán ser confirmadas, modificadas o levantadas en el acuerdo de iniciación del procedimiento, que deberá efectuarse dentro de los quince días siguientes a su adopción, el cual podrá ser objeto del recurso que proceda.

En todo caso, dichas medidas quedarán sin efecto si no se inicia el procedimiento en dicho plazo o cuando el acuerdo de iniciación no contenga un pronunciamiento expreso acerca de las mismas.

3. De acuerdo con lo previsto en los dos apartados anteriores, podrán acordarse las siguientes medidas provisionales, en los términos previstos en la Ley 1/2000, de 7 de enero, de Enjuiciamiento Civil:

a) Suspensión temporal de actividades.

b) Prestación de fianzas.

c) Retirada o intervención de bienes productivos o suspensión temporal de servicios por razones de sanidad, higiene o seguridad, el cierre temporal del establecimiento por estas u otras causas previstas en la normativa reguladora aplicable.

d) Embargo preventivo de bienes, rentas y cosas fungibles computables en metálico por aplicación de precios ciertos.

e) El depósito, retención o inmovilización de cosa mueble.

f) La intervención y depósito de ingresos obtenidos mediante una actividad que se considere ilícita y cuya prohibición o cesación se pretenda.

g) Consignación o constitución de depósito de las cantidades que se reclamen.

h) La retención de ingresos a cuenta que deban abonar las Administraciones Públicas.

i) Aquellas otras medidas que, para la protección de los derechos de los interesados, prevean expresamente las leyes, o que se estimen necesarias para asegurar la efectividad de la resolución.

4. No se podrán adoptar medidas provisionales que puedan causar perjuicio de difícil o imposible reparación a los interesados o que impliquen violación de derechos amparados por las leyes.

5. Las medidas provisionales podrán ser alzadas o modificadas durante la tramitación del procedimiento, de oficio o a instancia de parte, en virtud de circunstancias sobrevenidas o que no pudieron ser tenidas en cuenta en el momento de su adopción.

En todo caso, se extinguirán cuando surta efectos la resolución administrativa que ponga fin al procedimiento correspondiente.

Artículo 57. Acumulación

El órgano administrativo que inicie o tramite un procedimiento, cualquiera que haya sido la forma de su iniciación, podrá disponer, de oficio o a instancia de parte, su acumulación a otros con los que guarde identidad sustancial o íntima conexión, siempre que sea el mismo órgano quien deba tramitar y resolver el procedimiento.

Contra el acuerdo de acumulación no procederá recurso alguno.

SECCIÓN 2ª. INICIACIÓN DEL PROCEDIMIENTO DE OFICIO POR LA ADMINISTRACIÓN

Artículo 58. Iniciación de oficio

Los procedimientos se iniciarán de oficio por acuerdo del órgano competente, bien por propia iniciativa o como consecuencia de orden superior, a petición razonada de otros órganos o por denuncia.

Artículo 59. Inicio del procedimiento a propia iniciativa

Se entiende por propia iniciativa, la actuación derivada del conocimiento directo o indirecto de las circunstancias, conductas o hechos objeto del procedimiento por el órgano que tiene atribuida la competencia de iniciación.

Artículo 60. Inicio del procedimiento como consecuencia de orden superior

1. Se entiende por orden superior, la emitida por un órgano administrativo superior jerárquico del competente para la iniciación del procedimiento.

2. En los procedimientos de naturaleza sancionadora, la orden expresará, en la medida de lo posible, la persona o personas presuntamente responsables; las conductas o hechos que pudieran constituir infracción administrativa y su tipificación; así como el lugar, la fecha, fechas o período de tiempo continuado en que los hechos se produjeron.

Artículo 61. Inicio del procedimiento por petición razonada de otros órganos

1. Se entiende por petición razonada, la propuesta de iniciación del procedimiento formulada por cualquier órgano administrativo que no tiene competencia para iniciar el mismo y que ha tenido conocimiento de las circunstancias, conductas o hechos objeto del procedimiento, bien ocasionalmente o bien por tener atribuidas funciones de inspección, averiguación o investigación.

2. La petición no vincula al órgano competente para iniciar el procedimiento, si bien deberá comunicar al órgano que la hubiera formulado los motivos por los que, en su caso, no procede la iniciación.

3. En los procedimientos de naturaleza sancionadora, las peticiones deberán especificar, en la medida de lo posible, la persona o personas presuntamente responsables; las conductas o hechos que pudieran constituir infracción administrativa y su tipificación; así como el lugar,

la fecha, fechas o período de tiempo continuado en que los hechos se produjeron.

4. En los procedimientos de responsabilidad patrimonial, la petición deberá individualizar la lesión producida en una persona o grupo de personas, su relación de causalidad con el funcionamiento del servicio público, su evaluación económica si fuera posible, y el momento en que la lesión efectivamente se produjo.

Artículo 62. Inicio del procedimiento por denuncia

1. Se entiende por denuncia, el acto por el que cualquier persona, en cumplimiento o no de una obligación legal, pone en conocimiento de un órgano administrativo la existencia de un determinado hecho que pudiera justificar la iniciación de oficio de un procedimiento administrativo.

2. Las denuncias deberán expresar la identidad de la persona o personas que las presentan y el relato de los hechos que se ponen en conocimiento de la Administración. Cuando dichos hechos pudieran constituir una infracción administrativa, recogerán la fecha de su comisión y, cuando sea posible, la identificación de los presuntos responsables.

3. Cuando la denuncia invocara un perjuicio en el patrimonio de las Administraciones Públicas la no iniciación del procedimiento deberá ser motivada y se notificará a los denunciantes la decisión de si se ha iniciado o no el procedimiento.

4. Cuando el denunciante haya participado en la comisión de una infracción de esta naturaleza y existan otros infractores, el órgano competente para resolver el procedimiento deberá eximir al denunciante del pago de la multa que le correspondería u otro tipo de sanción de carácter no pecuniario, cuando sea el primero en aportar elementos de prueba que permitan iniciar el procedimiento o comprobar la infracción, siempre y cuando en el momento de aportarse aquellos no se disponga de elementos suficientes para ordenar la misma y se repare el perjuicio causado.

Asimismo, el órgano competente para resolver deberá reducir el importe del pago de la multa que le correspondería o, en su caso, la sanción de carácter no pecuniario, cuando no cumpliéndose alguna de las condiciones anteriores, el denunciante facilite elementos de prueba que aporten un valor añadido significativo respecto de aquellos de los que se disponga.

En ambos casos será necesario que el denunciante cese en la participación de la infracción y no haya destruido elementos de prueba relacionados con el objeto de la denuncia.

5. La presentación de una denuncia no confiere, por sí sola, la condición de interesado en el procedimiento.

Artículo 63. Especialidades en el inicio de los procedimientos de naturaleza sancionadora

1. Los procedimientos de naturaleza sancionadora se iniciarán siempre de oficio por acuerdo del órgano competente y establecerán la debida separación entre la fase instructora y la sancionadora, que se encomendará a órganos distintos.

Se considerará que un órgano es competente para iniciar el procedimiento cuando así lo determinen las normas reguladoras del mismo.

2. En ningún caso se podrá imponer una sanción sin que se haya tramitado el oportuno procedimiento.

3. No se podrán iniciar nuevos procedimientos de carácter sancionador por hechos o conductas tipificadas como infracciones en cuya comisión el infractor persista de forma continuada, en tanto no haya recaído una primera resolución sancionadora, con carácter ejecutivo.

Artículo 64. Acuerdo de iniciación en los procedimientos de naturaleza sancionadora

1. El acuerdo de iniciación se comunicará al instructor del procedimiento, con traslado de cuantas actuaciones existan al respecto, y se notificará a los interesados, entendiendo en todo caso por tal al inculpado.

Asimismo, la incoación se comunicará al denunciante cuando las normas reguladoras del procedimiento así lo prevean.

2. El acuerdo de iniciación deberá contener al menos:

a) Identificación de la persona o personas presuntamente responsables.

b) Los hechos que motivan la incoación del procedimiento, su posible calificación y las sanciones que pudieran corresponder, sin perjuicio de lo que resulte de la instrucción.

c) Identificación del instructor y, en su caso, Secretario del procedimiento, con expresa indicación del régimen de recusación de los mismos.

d) Órgano competente para la resolución del procedimiento y norma que le atribuya tal competencia, indicando la posibilidad de que el presunto responsable pueda reconocer voluntariamente su responsabilidad, con los efectos previstos en el artículo 85.

e) Medidas de carácter provisional que se hayan acordado por el órgano competente para iniciar el procedimiento sancionador, sin perjuicio de las que se puedan adoptar durante el mismo de conformidad con el artículo 56.

f) Indicación del derecho a formular alegaciones y a la audiencia en el procedimiento y de los plazos para su ejercicio, así como indicación de que, en caso de no efectuar alegaciones en el plazo previsto sobre el contenido del acuerdo de iniciación, éste podrá ser considerado propuesta de resolución cuando contenga un pronunciamiento preciso acerca de la responsabilidad imputada.

3. Excepcionalmente, cuando en el momento de dictar el acuerdo de iniciación no existan elementos suficientes para la calificación inicial de los hechos que motivan la incoación del procedimiento, la citada calificación podrá realizarse en una fase posterior mediante la elaboración de un Pliego de cargos, que deberá ser notificado a los interesados.

Artículo 65. Especialidades en el inicio de oficio de los procedimientos de responsabilidad patrimonial

1. Cuando las Administraciones Públicas decidan iniciar de oficio un procedimiento de responsabilidad patrimonial será necesario que no haya prescrito el derecho a la reclamación del interesado al que se refiere el artículo 67.

2. El acuerdo de iniciación del procedimiento se notificará a los particulares presuntamente lesionados, concediéndoles un plazo de diez días para que aporten cuantas alegaciones, documentos o información estimen conveniente a su derecho y propongan cuantas pruebas sean pertinentes para el reconocimiento del mismo. El procedimiento iniciado se instruirá aunque los particulares presuntamente lesionados no se personen en el plazo establecido.

SECCIÓN 3ª. INICIO DEL PROCEDIMIENTO A SOLICITUD DEL INTERESADO

Artículo 66. Solicitudes de iniciación

1. Las solicitudes que se formulen deberán contener:

a) Nombre y apellidos del interesado y, en su caso, de la persona que lo represente.

b) Identificación del medio electrónico, o en su defecto, lugar físico en que desea que se practique la notificación. Adicionalmente, los interesados podrán aportar su dirección de correo electrónico y/o dispositivo electrónico con el fin de que las Administraciones Públicas les avisen del envío o puesta a disposición de la notificación.

c) Hechos, razones y petición en que se concrete, con toda claridad, la solicitud.

d) Lugar y fecha.

e) Firma del solicitante o acreditación de la autenticidad de su voluntad expresada por cualquier medio.

f) Órgano, centro o unidad administrativa a la que se dirige y su correspondiente código de identificación.

Las oficinas de asistencia en materia de registros estarán obligadas a facilitar a los interesados el código de identificación si el interesado lo desconoce. Asimismo, las Administraciones Públicas deberán mantener y actualizar en la sede electrónica correspondiente un listado con los códigos de identificación vigentes.

2. Cuando las pretensiones correspondientes a una pluralidad de personas tengan un contenido y fundamento idéntico o sustancialmente similar, podrán ser formuladas en una única solicitud, salvo que las normas reguladoras de los procedimientos específicos dispongan otra cosa.

3. De las solicitudes, comunicaciones y escritos que presenten los interesados electrónicamente o en las oficinas de asistencia en materia de registros de la Administración, podrán éstos exigir el correspondiente recibo que acredite la fecha y hora de presentación.

4. Las Administraciones Públicas deberán establecer modelos y sistemas de presentación masiva que permitan a los interesados presentar simultáneamente varias solicitudes. Estos modelos, de uso voluntario, estarán a disposición de los interesados en las correspondientes sedes electrónicas y en las oficinas de asistencia en materia de registros de las Administraciones Públicas.

Los solicitantes podrán acompañar los elementos que estimen convenientes para precisar o completar los datos del modelo, los cuales deberán ser admitidos y tenidos en cuenta por el órgano al que se dirijan.

5. Los sistemas normalizados de solicitud podrán incluir comprobaciones automáticas de la información aportada respecto de datos almacenados en sistemas propios o pertenecientes a otras Administraciones u ofrecer el formulario cumplimentado, en todo o en parte, con objeto de que el interesado verifique la información y, en su caso, la modifique y complete.

6. Cuando la Administración en un procedimiento concreto establezca expresamente modelos específicos de presentación de solicitudes, éstos serán de uso obligatorio por los interesados.

Artículo 67[9]. Solicitudes de iniciación en los procedimientos de responsabilidad patrimonial

1. Los interesados sólo podrán solicitar el inicio de un procedimiento de responsabilidad patrimonial, cuando no haya prescrito su derecho a reclamar. El derecho a reclamar prescribirá al año de producido el hecho o el acto que motive la indemnización o se manifieste su efecto lesivo. En caso de daños de carácter físico o psíquico a las personas, el plazo empezará a computarse desde la curación o la determinación del alcance de las secuelas.

En los casos en que proceda reconocer derecho a indemnización por anulación en vía administrativa o contencioso-administrativa de un acto o disposición de carácter general, el derecho a reclamar prescribirá al año de haberse notificado la resolución administrativa o la sentencia definitiva.

---

[9]   La Sentencia del Tribunal de Justicia (Gran Sala) de 28 de junio de 2022, asunto C 278/20, Comisión Europea contra Reino de España, declara que «el Reino de España ha incumplido las obligaciones que le incumben en virtud del principio de efectividad al adoptar y mantener en vigor los artículos 32, apartados 3 a 6, y 34, apartado 1, párrafo segundo, de la Ley 40/2015, de 1 de octubre, de Régimen Jurídico del Sector Público, y el artículo 67, apartado 1, párrafo tercero, de la Ley 39/2015, de 1 de octubre, del Procedimiento Administrativo Común de las Administraciones Públicas, en la medida en que dichas disposiciones someten la indemnización de los daños ocasionados a los particulares por el legislador español como consecuencia de la infracción del Derecho de la Unión:

– al requisito de que exista una sentencia del Tribunal de Justicia que haya declarado el carácter contrario al Derecho de la Unión de la norma con rango de ley aplicada;

– al requisito de que el particular perjudicado haya obtenido, en cualquier instancia, una sentencia firme desestimatoria de un recurso contra la actuación administrativa que ocasionó el daño, sin establecer ninguna excepción para los supuestos en los que el daño deriva directamente de un acto u omisión del legislador, contrarios al Derecho de la Unión, cuando no exista una actuación administrativa impugnable;

– a un plazo de prescripción de un año desde la publicación en el Diario Oficial de la Unión Europea de la sentencia del Tribunal de Justicia que declare el carácter contrario al Derecho de la Unión de la norma con rango de ley aplicada, sin abarcar aquellos supuestos en los que no exista tal sentencia, y

– al requisito de que solo son indemnizables los daños producidos en los cinco años anteriores a la fecha de dicha publicación, salvo que la sentencia disponga otra cosa».

En los casos de responsabilidad patrimonial a que se refiere el artículo 32, apartados 4 y 5, de la Ley de Régimen Jurídico del Sector Público, el derecho a reclamar prescribirá al año de la publicación en el «Boletín Oficial del Estado» o en el «Diario Oficial de la Unión Europea», según el caso, de la sentencia que declare la inconstitucionalidad de la norma o su carácter contrario al Derecho de la Unión Europea.

2. Además de lo previsto en el artículo 66, en la solicitud que realicen los interesados se deberán especificar las lesiones producidas, la presunta relación de causalidad entre éstas y el funcionamiento del servicio público, la evaluación económica de la responsabilidad patrimonial, si fuera posible, y el momento en que la lesión efectivamente se produjo, e irá acompañada de cuantas alegaciones, documentos e informaciones se estimen oportunos y de la proposición de prueba, concretando los medios de que pretenda valerse el reclamante.

Artículo 68. Subsanación y mejora de la solicitud

1. Si la solicitud de iniciación no reúne los requisitos que señala el artículo 66, y, en su caso, los que señala el artículo 67 u otros exigidos por la legislación específica aplicable, se requerirá al interesado para que, en un plazo de diez días, subsane la falta o acompañe los documentos preceptivos, con indicación de que, si así no lo hiciera, se le tendrá por desistido de su petición, previa resolución que deberá ser dictada en los términos previstos en el artículo 21.

2. Siempre que no se trate de procedimientos selectivos o de concurrencia competitiva, este plazo podrá ser ampliado prudencialmente, hasta cinco días, a petición del interesado o a iniciativa del órgano, cuando la aportación de los documentos requeridos presente dificultades especiales.

3. En los procedimientos iniciados a solicitud de los interesados, el órgano competente podrá recabar del solicitante la modificación o mejora voluntarias de los términos de aquélla. De ello se levantará acta sucinta, que se incorporará al procedimiento.

4. Si alguno de los sujetos a los que hace referencia el artículo 14.2 y 14.3 presenta su solicitud presencialmente, las Administraciones Públicas requerirán al interesado para que la subsane a través de su presentación electrónica. A estos efectos, se considerará como fecha de presentación de la solicitud aquella en la que haya sido realizada la subsanación.

Artículo 69. Declaración responsable y comunicación

1. A los efectos de esta Ley, se entenderá por declaración responsable el documento suscrito por un interesado en el que éste manifiesta, bajo su responsabilidad, que cumple con los requisitos establecidos en la normativa vigente para obtener el reconocimiento de un derecho o facultad o para su ejercicio, que dispone de la documentación que así lo acredita, que la pondrá a disposición de la Administración cuando le sea requerida, y que se compromete a mantener el cumplimiento de las anteriores obligaciones durante el período de tiempo inherente a dicho reconocimiento o ejercicio.

Los requisitos a los que se refiere el párrafo anterior deberán estar recogidos de manera expresa, clara y precisa en la correspondiente declaración responsable. Las Administraciones podrán requerir en cualquier momento que se aporte la documentación que acredite el cumplimiento de los mencionados requisitos y el interesado deberá aportarla.

2. A los efectos de esta Ley, se entenderá por comunicación aquel documento mediante el que los interesados ponen en conocimiento de la Administración Pública competente sus datos identificativos o cualquier otro dato relevante para el inicio de una actividad o el ejercicio de un derecho.

3. Las declaraciones responsables y las comunicaciones permitirán, el reconocimiento o ejercicio de un derecho o bien el inicio de una actividad, desde el día de su presentación, sin perjuicio de las facultades de comprobación, control e inspección que tengan atribuidas las Administraciones Públicas.

No obstante lo dispuesto en el párrafo anterior, la comunicación podrá presentarse dentro de un plazo posterior al inicio de la actividad cuando la legislación correspondiente lo prevea expresamente.

4. La inexactitud, falsedad u omisión, de carácter esencial, de cualquier dato o información que se incorpore a una declaración responsable o a una comunicación, o la no presentación ante la Administración competente de la declaración responsable, la documentación que sea en su caso requerida para acreditar el cumplimiento de lo declarado, o la comunicación, determinará la imposibilidad de continuar con el ejercicio del derecho o actividad afectada desde el momento en que se tenga constancia de tales hechos, sin perjuicio de las responsabilidades penales, civiles o administrativas a que hubiera lugar.

Asimismo, la resolución de la Administración Pública que declare tales circunstancias podrá determinar la obligación del interesado de restituir la situación jurídica al momento previo al reconocimiento o al ejercicio del derecho o al inicio de la actividad correspondiente, así como la imposibilidad de instar un nuevo procedimiento con el mismo objeto durante un período de tiempo determinado por la ley, todo ello conforme a los términos establecidos en las normas sectoriales de aplicación.

5. Las Administraciones Públicas tendrán permanentemente publicados y actualizados modelos de declaración responsable y de comunicación, fácilmente accesibles a los interesados.

6. Únicamente será exigible, bien una declaración responsable, bien una comunicación para iniciar una misma actividad u obtener el reconocimiento de un mismo derecho o facultad para su ejercicio, sin que sea posible la exigencia de ambas acumulativamente.

CAPÍTULO III. ORDENACIÓN DEL PROCEDIMIENTO

Artículo 70. Expediente Administrativo

1. Se entiende por expediente administrativo el conjunto ordenado de documentos y actuaciones que sirven de antecedente y fundamento

a la resolución administrativa, así como las diligencias encaminadas a ejecutarla.

2. Los expedientes tendrán formato electrónico y se formarán mediante la agregación ordenada de cuantos documentos, pruebas, dictámenes, informes, acuerdos, notificaciones y demás diligencias deban integrarlos, así como un índice numerado de todos los documentos que contenga cuando se remita. Asimismo, deberá constar en el expediente copia electrónica certificada de la resolución adoptada.

3. Cuando en virtud de una norma sea preciso remitir el expediente electrónico, se hará de acuerdo con lo previsto en el Esquema Nacional de Interoperabilidad y en las correspondientes Normas Técnicas de Interoperabilidad, y se enviará completo, foliado, autentificado y acompañado de un índice, asimismo autentificado, de los documentos que contenga. La autenticación del citado índice garantizará la integridad e inmutabilidad del expediente electrónico generado desde el momento de su firma y permitirá su recuperación siempre que sea preciso, siendo admisible que un mismo documento forme parte de distintos expedientes electrónicos.

4. No formará parte del expediente administrativo la información que tenga carácter auxiliar o de apoyo, como la contenida en aplicaciones, ficheros y bases de datos informáticas, notas, borradores, opiniones, resúmenes, comunicaciones e informes internos o entre órganos o entidades administrativas, así como los juicios de valor emitidos por las Administraciones Públicas, salvo que se trate de informes, preceptivos y facultativos, solicitados antes de la resolución administrativa que ponga fin al procedimiento.

Artículo 71. Impulso

1. El procedimiento, sometido al principio de celeridad, se impulsará de oficio en todos sus trámites y a través de medios electrónicos, respetando los principios de transparencia y publicidad.

2. En el despacho de los expedientes se guardará el orden riguroso de incoación en asuntos de homogénea naturaleza, salvo que por el

titular de la unidad administrativa se dé orden motivada en contrario, de la que quede constancia.

El incumplimiento de lo dispuesto en el párrafo anterior dará lugar a la exigencia de responsabilidad disciplinaria del infractor y, en su caso, será causa de remoción del puesto de trabajo.

3. Las personas designadas como órgano instructor o, en su caso, los titulares de las unidades administrativas que tengan atribuida tal función serán responsables directos de la tramitación del procedimiento y, en especial, del cumplimiento de los plazos establecidos.

Artículo 72. Concentración de trámites

1. De acuerdo con el principio de simplificación administrativa, se acordarán en un solo acto todos los trámites que, por su naturaleza, admitan un impulso simultáneo y no sea obligado su cumplimiento sucesivo.

2. Al solicitar los trámites que deban ser cumplidos por otros órganos, deberá consignarse en la comunicación cursada el plazo legal establecido al efecto.

Artículo 73. Cumplimiento de trámites

1. Los trámites que deban ser cumplimentados por los interesados deberán realizarse en el plazo de diez días a partir del siguiente al de la notificación del correspondiente acto, salvo en el caso de que en la norma correspondiente se fije plazo distinto.

2. En cualquier momento del procedimiento, cuando la Administración considere que alguno de los actos de los interesados no reúne los requisitos necesarios, lo pondrá en conocimiento de su autor, concediéndole un plazo de diez días para cumplimentarlo.

3. A los interesados que no cumplan lo dispuesto en los apartados anteriores, se les podrá declarar decaídos en su derecho al trámite correspondiente. No obstante, se admitirá la actuación del interesado y producirá sus efectos legales, si se produjera antes o dentro del día que se notifique la resolución en la que se tenga por transcurrido el plazo.

Artículo 74. Cuestiones incidentales

Las cuestiones incidentales que se susciten en el procedimiento, incluso las que se refieran a la nulidad de actuaciones, no suspenderán la tramitación del mismo, salvo la recusación.

CAPÍTULO IV. INSTRUCCIÓN DEL PROCEDIMIENTO

SECCIÓN 1ª. DISPOSICIONES GENERALES

Artículo 75. Actos de instrucción

1. Los actos de instrucción necesarios para la determinación, conocimiento y comprobación de los hechos en virtud de los cuales deba pronunciarse la resolución, se realizarán de oficio y a través de medios electrónicos, por el órgano que tramite el procedimiento, sin perjuicio del derecho de los interesados a proponer aquellas actuaciones que requieran su intervención o constituyan trámites legal o reglamentariamente establecidos.

2. Las aplicaciones y sistemas de información utilizados para la instrucción de los procedimientos deberán garantizar el control de los tiempos y plazos, la identificación de los órganos responsables y la tramitación ordenada de los expedientes, así como facilitar la simplificación y la publicidad de los procedimientos.

3. Los actos de instrucción que requieran la intervención de los interesados habrán de practicarse en la forma que resulte más conveniente para ellos y sea compatible, en la medida de lo posible, con sus obligaciones laborales o profesionales.

4. En cualquier caso, el órgano instructor adoptará las medidas necesarias para lograr el pleno respeto a los principios de contradicción y de igualdad de los interesados en el procedimiento.

Artículo 76. Alegaciones

1. Los interesados podrán, en cualquier momento del procedimiento anterior al trámite de audiencia, aducir alegaciones y aportar documentos u otros elementos de juicio.

Unos y otros serán tenidos en cuenta por el órgano competente al redactar la correspondiente propuesta de resolución.

2. En todo momento podrán los interesados alegar los defectos de tramitación y, en especial, los que supongan paralización, infracción de los plazos preceptivamente señalados o la omisión de trámites que pueden ser subsanados antes de la resolución definitiva del asunto. Dichas alegaciones podrán dar lugar, si hubiere razones para ello, a la exigencia de la correspondiente responsabilidad disciplinaria.

SECCIÓN 2ª. PRUEBA

Artículo 77. Medios y período de prueba

1. Los hechos relevantes para la decisión de un procedimiento podrán acreditarse por cualquier medio de prueba admisible en Derecho, cuya valoración se realizará de acuerdo con los criterios establecidos en la Ley 1/2000, de 7 de enero, de Enjuiciamiento Civil.

2. Cuando la Administración no tenga por ciertos los hechos alegados por los interesados o la naturaleza del procedimiento lo exija, el instructor del mismo acordará la apertura de un período de prueba por un plazo no superior a treinta días ni inferior a diez, a fin de que puedan practicarse cuantas juzgue pertinentes. Asimismo, cuando lo considere necesario, el instructor, a petición de los interesados, podrá decidir la apertura de un período extraordinario de prueba por un plazo no superior a diez días.

3. El instructor del procedimiento sólo podrá rechazar las pruebas propuestas por los interesados cuando sean manifiestamente improcedentes o innecesarias, mediante resolución motivada.

3 bis[10]. Cuando el interesado alegue discriminación y aporte indicios fundados sobre su existencia, corresponderá a la persona a quien se impute la situación discriminatoria la aportación de una justifica-

---

[10]   Apartado añadido por la Ley 15/2022, de 12 de julio.

ción objetiva y razonable, suficientemente probada, de las medidas adoptadas y de su proporcionalidad.

A los efectos de lo dispuesto en el párrafo anterior, el órgano administrativo podrá recabar informe de los organismos públicos competentes en materia de igualdad.

4. En los procedimientos de carácter sancionador, los hechos declarados probados por resoluciones judiciales penales firmes vincularán a las Administraciones Públicas respecto de los procedimientos sancionadores que substancien.

5. Los documentos formalizados por los funcionarios a los que se reconoce la condición de autoridad y en los que, observándose los requisitos legales correspondientes se recojan los hechos constatados por aquéllos harán prueba de éstos salvo que se acredite lo contrario.

6. Cuando la prueba consista en la emisión de un informe de un órgano administrativo, organismo público o Entidad de derecho público, se entenderá que éste tiene carácter preceptivo.

7. Cuando la valoración de las pruebas practicadas pueda constituir el fundamento básico de la decisión que se adopte en el procedimiento, por ser pieza imprescindible para la correcta evaluación de los hechos, deberá incluirse en la propuesta de resolución.

Artículo 78. Práctica de prueba

1. La Administración comunicará a los interesados, con antelación suficiente, el inicio de las actuaciones necesarias para la realización de las pruebas que hayan sido admitidas.

2. En la notificación se consignará el lugar, fecha y hora en que se practicará la prueba, con la advertencia, en su caso, de que el interesado puede nombrar técnicos para que le asistan.

3. En los casos en que, a petición del interesado, deban efectuarse pruebas cuya realización implique gastos que no deba soportar la Administración, ésta podrá exigir el anticipo de los mismos, a reserva de la liquidación definitiva, una vez practicada la prueba. La liquidación

de los gastos se practicará uniendo los comprobantes que acrediten la realidad y cuantía de los mismos.

SECCIÓN 3ª. INFORMES

Artículo 79. Petición

1. A efectos de la resolución del procedimiento, se solicitarán aquellos informes que sean preceptivos por las disposiciones legales, y los que se juzguen necesarios para resolver, citándose el precepto que los exija o fundamentando, en su caso, la conveniencia de reclamarlos.

2. En la petición de informe se concretará el extremo o extremos acerca de los que se solicita.

Artículo 80. Emisión de informes

1. Salvo disposición expresa en contrario, los informes serán facultativos y no vinculantes.

2. Los informes serán emitidos a través de medios electrónicos y de acuerdo con los requisitos que señala el artículo 26 en el plazo de diez días, salvo que una disposición o el cumplimiento del resto de los plazos del procedimiento permita o exija otro plazo mayor o menor.

3. De no emitirse el informe en el plazo señalado, y sin perjuicio de la responsabilidad en que incurra el responsable de la demora, se podrán proseguir las actuaciones salvo cuando se trate de un informe preceptivo, en cuyo caso se podrá suspender el transcurso del plazo máximo legal para resolver el procedimiento en los términos establecidos en la letra d) del apartado 1 del artículo 22.

4. Si el informe debiera ser emitido por una Administración Pública distinta de la que tramita el procedimiento en orden a expresar el punto de vista correspondiente a sus competencias respectivas, y transcurriera el plazo sin que aquél se hubiera emitido, se podrán proseguir las actuaciones.

El informe emitido fuera de plazo podrá no ser tenido en cuenta al adoptar la correspondiente resolución.

Artículo 81. Solicitud de informes y dictámenes en los procedimientos de responsabilidad patrimonial

1. En el caso de los procedimientos de responsabilidad patrimonial será preceptivo solicitar informe al servicio cuyo funcionamiento haya ocasionado la presunta lesión indemnizable, no pudiendo exceder de diez días el plazo de su emisión.

2. Cuando las indemnizaciones reclamadas sean de cuantía igual o superior a 50.000 euros o a la que se establezca en la correspondiente legislación autonómica, así como en aquellos casos que disponga la Ley Orgánica 3/1980, de 22 de abril, del Consejo de Estado, será preceptivo solicitar dictamen del Consejo de Estado o, en su caso, del órgano consultivo de la Comunidad Autónoma.

A estos efectos, el órgano instructor, en el plazo de diez días a contar desde la finalización del trámite de audiencia, remitirá al órgano competente para solicitar el dictamen una propuesta de resolución, que se ajustará a lo previsto en el artículo 91, o, en su caso, la propuesta de acuerdo por el que se podría terminar convencionalmente el procedimiento.

El dictamen se emitirá en el plazo de dos meses y deberá pronunciarse sobre la existencia o no de relación de causalidad entre el funcionamiento del servicio público y la lesión producida y, en su caso, sobre la valoración del daño causado y la cuantía y modo de la indemnización de acuerdo con los criterios establecidos en esta Ley.

3. En el caso de reclamaciones en materia de responsabilidad patrimonial del Estado por el funcionamiento anormal de la Administración de Justicia, será preceptivo el informe del Consejo General del Poder Judicial que será evacuado en el plazo máximo de dos meses. El plazo para dictar resolución quedará suspendido por el tiempo que medie en-

tre la solicitud, del informe y su recepción, no pudiendo exceder dicho plazo de los citados dos meses.

SECCIÓN 4ª. PARTICIPACIÓN DE LOS INTERESADOS

Artículo 82. Trámite de audiencia

1. Instruidos los procedimientos, e inmediatamente antes de redactar la propuesta de resolución, se pondrán de manifiesto a los interesados o, en su caso, a sus representantes, para lo que se tendrán en cuenta las limitaciones previstas en su caso en la Ley 19/2013, de 9 de diciembre.

La audiencia a los interesados será anterior a la solicitud del informe del órgano competente para el asesoramiento jurídico o a la solicitud del Dictamen del Consejo de Estado u órgano consultivo equivalente de la Comunidad Autónoma, en el caso que éstos formaran parte del procedimiento.

2. Los interesados, en un plazo no inferior a diez días ni superior a quince, podrán alegar y presentar los documentos y justificaciones que estimen pertinentes.

3. Si antes del vencimiento del plazo los interesados manifiestan su decisión de no efectuar alegaciones ni aportar nuevos documentos o justificaciones, se tendrá por realizado el trámite.

4. Se podrá prescindir del trámite de audiencia cuando no figuren en el procedimiento ni sean tenidos en cuenta en la resolución otros hechos ni otras alegaciones y pruebas que las aducidas por el interesado.

5. En los procedimientos de responsabilidad patrimonial a los que se refiere el artículo 32.9 de la Ley de Régimen Jurídico del Sector Público, será necesario en todo caso dar audiencia al contratista, notificándole cuantas actuaciones se realicen en el procedimiento, al efecto de que se persone en el mismo, exponga lo que a su derecho convenga y proponga cuantos medios de prueba estime necesarios.

Artículo 83. Información pública

1. El órgano al que corresponda la resolución del procedimiento, cuando la naturaleza de éste lo requiera, podrá acordar un período de información pública.

2. A tal efecto, se publicará un anuncio en el Diario oficial correspondiente a fin de que cualquier persona física o jurídica pueda examinar el expediente, o la parte del mismo que se acuerde.

El anuncio señalará el lugar de exhibición, debiendo estar en todo caso a disposición de las personas que lo soliciten a través de medios electrónicos en la sede electrónica correspondiente, y determinará el plazo para formular alegaciones, que en ningún caso podrá ser inferior a veinte días.

3. La incomparecencia en este trámite no impedirá a los interesados interponer los recursos procedentes contra la resolución definitiva del procedimiento.

La comparecencia en el trámite de información pública no otorga, por sí misma, la condición de interesado. No obstante, quienes presenten alegaciones u observaciones en este trámite tienen derecho a obtener de la Administración una respuesta razonada, que podrá ser común para todas aquellas alegaciones que planteen cuestiones sustancialmente iguales.

4. Conforme a lo dispuesto en las leyes, las Administraciones Públicas podrán establecer otras formas, medios y cauces de participación de las personas, directamente o a través de las organizaciones y asociaciones reconocidas por la ley en el procedimiento en el que se dictan los actos administrativos.

CAPÍTULO V. FINALIZACIÓN DEL PROCEDIMIENTO

SECCIÓN 1ª. DISPOSICIONES GENERALES

Artículo 84. Terminación

1. Pondrán fin al procedimiento la resolución, el desistimiento, la renuncia al derecho en que se funde la solicitud, cuando tal renuncia

no esté prohibida por el ordenamiento jurídico, y la declaración de caducidad.

2. También producirá la terminación del procedimiento la imposibilidad material de continuarlo por causas sobrevenidas. La resolución que se dicte deberá ser motivada en todo caso.

Artículo 85. Terminación en los procedimientos sancionadores

1. Iniciado un procedimiento sancionador, si el infractor reconoce su responsabilidad, se podrá resolver el procedimiento con la imposición de la sanción que proceda.

2. Cuando la sanción tenga únicamente carácter pecuniario o bien quepa imponer una sanción pecuniaria y otra de carácter no pecuniario pero se ha justificado la improcedencia de la segunda, el pago voluntario por el presunto responsable, en cualquier momento anterior a la resolución, implicará la terminación del procedimiento, salvo en lo relativo a la reposición de la situación alterada o a la determinación de la indemnización por los daños y perjuicios causados por la comisión de la infracción.

3. En ambos casos, cuando la sanción tenga únicamente carácter pecuniario, el órgano competente para resolver el procedimiento aplicará reducciones de, al menos, el 20% sobre el importe de la sanción propuesta, siendo éstos acumulables entre sí. Las citadas reducciones, deberán estar determinadas en la notificación de iniciación del procedimiento y su efectividad estará condicionada al desistimiento o renuncia de cualquier acción o recurso en vía administrativa contra la sanción.

El porcentaje de reducción previsto en este apartado podrá ser incrementado reglamentariamente.

Artículo 86. Terminación convencional

1. Las Administraciones Públicas podrán celebrar acuerdos, pactos, convenios o contratos con personas tanto de Derecho público como privado, siempre que no sean contrarios al ordenamiento jurídico ni

versen sobre materias no susceptibles de transacción y tengan por objeto satisfacer el interés público que tienen encomendado, con el alcance, efectos y régimen jurídico específico que, en su caso, prevea la disposición que lo regule, pudiendo tales actos tener la consideración de finalizadores de los procedimientos administrativos o insertarse en los mismos con carácter previo, vinculante o no, a la resolución que les ponga fin.

2. Los citados instrumentos deberán establecer como contenido mínimo la identificación de las partes intervinientes, el ámbito personal, funcional y territorial, y el plazo de vigencia, debiendo publicarse o no según su naturaleza y las personas a las que estuvieran destinados.

3. Requerirán en todo caso la aprobación expresa del Consejo de Ministros u órgano equivalente de las Comunidades Autónomas, los acuerdos que versen sobre materias de la competencia directa de dicho órgano.

4. Los acuerdos que se suscriban no supondrán alteración de las competencias atribuidas a los órganos administrativos, ni de las responsabilidades que correspondan a las autoridades y funcionarios, relativas al funcionamiento de los servicios públicos.

5. En los casos de procedimientos de responsabilidad patrimonial, el acuerdo alcanzado entre las partes deberá fijar la cuantía y modo de indemnización de acuerdo con los criterios que para calcularla y abonarla establece el artículo 34 de la Ley de Régimen Jurídico del Sector Público.

SECCIÓN 2ª. RESOLUCIÓN

Artículo 87. Actuaciones complementarias

Antes de dictar resolución, el órgano competente para resolver podrá decidir, mediante acuerdo motivado, la realización de las actuaciones complementarias indispensables para resolver el procedimiento. No tendrán la consideración de actuaciones complementarias los informes que preceden inmediatamente a la resolución final del procedimiento.

El acuerdo de realización de actuaciones complementarias se notificará a los interesados, concediéndoseles un plazo de siete días para formular las alegaciones que tengan por pertinentes tras la finalización de las mismas. Las actuaciones complementarias deberán practicarse en un plazo no superior a quince días. El plazo para resolver el procedimiento quedará suspendido hasta la terminación de las actuaciones complementarias.

Artículo 88. Contenido

1. La resolución que ponga fin al procedimiento decidirá todas las cuestiones planteadas por los interesados y aquellas otras derivadas del mismo.

Cuando se trate de cuestiones conexas que no hubieran sido planteadas por los interesados, el órgano competente podrá pronunciarse sobre las mismas, poniéndolo antes de manifiesto a aquéllos por un plazo no superior a quince días, para que formulen las alegaciones que estimen pertinentes y aporten, en su caso, los medios de prueba.

2. En los procedimientos tramitados a solicitud del interesado, la resolución será congruente con las peticiones formuladas por éste, sin que en ningún caso pueda agravar su situación inicial y sin perjuicio de la potestad de la Administración de incoar de oficio un nuevo procedimiento, si procede.

3. Las resoluciones contendrán la decisión, que será motivada en los casos a que se refiere el artículo 35. Expresarán, además, los recursos que contra la misma procedan, órgano administrativo o judicial ante el que hubieran de presentarse y plazo para interponerlos, sin perjuicio de que los interesados puedan ejercitar cualquier otro que estimen oportuno.

4. Sin perjuicio de la forma y lugar señalados por el interesado para la práctica de las notificaciones, la resolución del procedimiento se dictará electrónicamente y garantizará la identidad del órgano com-

petente, así como la autenticidad e integridad del documento que se formalice mediante el empleo de alguno de los instrumentos previstos en esta Ley.

5. En ningún caso podrá la Administración abstenerse de resolver so pretexto de silencio, oscuridad o insuficiencia de los preceptos legales aplicables al caso, aunque podrá acordarse la inadmisión de las solicitudes de reconocimiento de derechos no previstos en el ordenamiento jurídico o manifiestamente carentes de fundamento, sin perjuicio del derecho de petición previsto por el artículo 29 de la Constitución.

6. La aceptación de informes o dictámenes servirá de motivación a la resolución cuando se incorporen al texto de la misma.

7. Cuando la competencia para instruir y resolver un procedimiento no recaiga en un mismo órgano, será necesario que el instructor eleve al órgano competente para resolver una propuesta de resolución.

En los procedimientos de carácter sancionador, la propuesta de resolución deberá ser notificada a los interesados en los términos previstos en el artículo siguiente.

Artículo 89. Propuesta de resolución en los procedimientos de carácter sancionador

1. El órgano instructor resolverá la finalización del procedimiento, con archivo de las actuaciones, sin que sea necesaria la formulación de la propuesta de resolución, cuando en la instrucción procedimiento se ponga de manifiesto que concurre alguna de las siguientes circunstancias:

a) La inexistencia de los hechos que pudieran constituir la infracción.

b) Cuando lo hechos no resulten acreditados.

c) Cuando los hechos probados no constituyan, de modo manifiesto, infracción administrativa.

d) Cuando no exista o no se haya podido identificar a la persona o personas responsables o bien aparezcan exentos de responsabilidad.

e) Cuando se concluyera, en cualquier momento, que ha prescrito la infracción.

2. En el caso de procedimientos de carácter sancionador, una vez concluida la instrucción del procedimiento, el órgano instructor formulará una propuesta de resolución que deberá ser notificada a los interesados. La propuesta de resolución deberá indicar la puesta de manifiesto del procedimiento y el plazo para formular alegaciones y presentar los documentos e informaciones que se estimen pertinentes.

3. En la propuesta de resolución se fijarán de forma motivada los hechos que se consideren probados y su exacta calificación jurídica, se determinará la infracción que, en su caso, aquéllos constituyan, la persona o personas responsables y la sanción que se proponga, la valoración de las pruebas practicadas, en especial aquellas que constituyan los fundamentos básicos de la decisión, así como las medidas provisionales que, en su caso, se hubieran adoptado. Cuando la instrucción concluya la inexistencia de infracción o responsabilidad y no se haga uso de la facultad prevista en el apartado primero, la propuesta declarará esa circunstancia.

Artículo 90. Especialidades de la resolución en los procedimientos sancionadores

1. En el caso de procedimientos de carácter sancionador, además del contenido previsto en los dos artículos anteriores, la resolución incluirá la valoración de las pruebas practicadas, en especial aquellas que constituyan los fundamentos básicos de la decisión, fijarán los hechos y, en su caso, la persona o personas responsables, la infracción o infracciones cometidas y la sanción o sanciones que se imponen, o bien la declaración de no existencia de infracción o responsabilidad.

2. En la resolución no se podrán aceptar hechos distintos de los determinados en el curso del procedimiento, con independencia de su diferente valoración jurídica. No obstante, cuando el órgano competente para resolver considere que la infracción o la sanción revisten mayor gravedad que la determinada en la propuesta de resolución, se notificará al inculpado para que aporte cuantas alegaciones estime convenientes en el plazo de quince días.

3. La resolución que ponga fin al procedimiento será ejecutiva cuando no quepa contra ella ningún recurso ordinario en vía administrativa, pudiendo adoptarse en la misma las disposiciones cautelares precisas para garantizar su eficacia en tanto no sea ejecutiva y que podrán consistir en el mantenimiento de las medidas provisionales que en su caso se hubieran adoptado.

Cuando la resolución sea ejecutiva, se podrá suspender cautelarmente, si el interesado manifiesta a la Administración su intención de interponer recurso contencioso-administrativo contra la resolución firme en vía administrativa. Dicha suspensión cautelar finalizará cuando:

a) Haya transcurrido el plazo legalmente previsto sin que el interesado haya interpuesto recurso contencioso administrativo.

b) Habiendo el interesado interpuesto recurso contencioso-administrativo:

1.º No se haya solicitado en el mismo trámite la suspensión cautelar de la resolución impugnada.

2.º El órgano judicial se pronuncie sobre la suspensión cautelar solicitada, en los términos previstos en ella.

4. Cuando las conductas sancionadas hubieran causado daños o perjuicios a las Administraciones y la cuantía destinada a indemnizar estos daños no hubiera quedado determinada en el expediente, se fijará mediante un procedimiento complementario, cuya resolución será inmediatamente ejecutiva. Este procedimiento será susceptible de terminación convencional, pero ni ésta ni la aceptación por el infractor de la resolución que pudiera recaer implicarán el reconocimiento voluntario de su responsabilidad. La resolución del procedimiento pondrá fin a la vía administrativa.

Artículo 91. Especialidades de la resolución en los procedimientos en materia de responsabilidad patrimonial

1. Una vez recibido, en su caso, el dictamen al que se refiere el artículo 81.2 o, cuando éste no sea preceptivo, una vez finalizado el trámite de audiencia, el órgano competente resolverá o someterá la

propuesta de acuerdo para su formalización por el interesado y por el órgano administrativo competente para suscribirlo. Cuando no se estimase procedente formalizar la propuesta de terminación convencional, el órgano competente resolverá en los términos previstos en el apartado siguiente.

2. Además de lo previsto en el artículo 88, en los casos de procedimientos de responsabilidad patrimonial, será necesario que la resolución se pronuncie sobre la existencia o no de la relación de causalidad entre el funcionamiento del servicio público y la lesión producida y, en su caso, sobre la valoración del daño causado, la cuantía y el modo de la indemnización, cuando proceda, de acuerdo con los criterios que para calcularla y abonarla se establecen en el artículo 34 de la Ley de Régimen Jurídico del Sector Público.

3. Transcurridos seis meses desde que se inició el procedimiento sin que haya recaído y se notifique resolución expresa o, en su caso, se haya formalizado el acuerdo, podrá entenderse que la resolución es contraria a la indemnización del particular.

Artículo 92. Competencia para la resolución de los procedimientos de responsabilidad patrimonial

En el ámbito de la Administración General del Estado, los procedimientos de responsabilidad patrimonial se resolverán por el Ministro respectivo o por el Consejo de Ministros en los casos del artículo 32.3 de la Ley de Régimen Jurídico del Sector Público o cuando una ley así lo disponga.

En el ámbito autonómico y local, los procedimientos de responsabilidad patrimonial se resolverán por los órganos correspondientes de las Comunidades Autónomas o de las Entidades que integran la Administración Local.

En el caso de las Entidades de Derecho Público, las normas que determinen su régimen jurídico podrán establecer los órganos a quien corresponde la resolución de los procedimientos de responsabilidad patrimonial. En su defecto, se aplicarán las normas previstas en este artículo.

SECCIÓN 3ª. DESISTIMIENTO Y RENUNCIA

Artículo 93. Desistimiento por la Administración

En los procedimientos iniciados de oficio, la Administración podrá desistir, motivadamente, en los supuestos y con los requisitos previstos en las Leyes.

Artículo 94. Desistimiento y renuncia por los interesados

1. Todo interesado podrá desistir de su solicitud o, cuando ello no esté prohibido por el ordenamiento jurídico, renunciar a sus derechos.

2. Si el escrito de iniciación se hubiera formulado por dos o más interesados, el desistimiento o la renuncia sólo afectará a aquellos que la hubiesen formulado.

3. Tanto el desistimiento como la renuncia podrán hacerse por cualquier medio que permita su constancia, siempre que incorpore las firmas que correspondan de acuerdo con lo previsto en la normativa aplicable.

4. La Administración aceptará de plano el desistimiento o la renuncia, y declarará concluso el procedimiento salvo que, habiéndose personado en el mismo terceros interesados, instasen éstos su continuación en el plazo de diez días desde que fueron notificados del desistimiento o renuncia.

5. Si la cuestión suscitada por la incoación del procedimiento entrañase interés general o fuera conveniente sustanciarla para su definición y esclarecimiento, la Administración podrá limitar los efectos del desistimiento o la renuncia al interesado y seguirá el procedimiento.

SECCIÓN 4ª. CADUCIDAD

Artículo 95. Requisitos y efectos

1. En los procedimientos iniciados a solicitud del interesado, cuando se produzca su paralización por causa imputable al mismo, la Administración le advertirá que, transcurridos tres meses, se producirá la caducidad del procedimiento. Consumido este plazo sin que el par-

ticular requerido realice las actividades necesarias para reanudar la tramitación, la Administración acordará el archivo de las actuaciones, notificándoselo al interesado. Contra la resolución que declare la caducidad procederán los recursos pertinentes.

2. No podrá acordarse la caducidad por la simple inactividad del interesado en la cumplimentación de trámites, siempre que no sean indispensables para dictar resolución. Dicha inactividad no tendrá otro efecto que la pérdida de su derecho al referido trámite.

3. La caducidad no producirá por sí sola la prescripción de las acciones del particular o de la Administración, pero los procedimientos caducados no interrumpirán el plazo de prescripción.

En los casos en los que sea posible la iniciación de un nuevo procedimiento por no haberse producido la prescripción, podrán incorporarse a éste los actos y trámites cuyo contenido se hubiera mantenido igual de no haberse producido la caducidad. En todo caso, en el nuevo procedimiento deberán cumplimentarse los trámites de alegaciones, proposición de prueba y audiencia al interesado.

4. Podrá no ser aplicable la caducidad en el supuesto de que la cuestión suscitada afecte al interés general, o fuera conveniente sustanciarla para su definición y esclarecimiento.

CAPÍTULO VI. DE LA TRAMITACIÓN SIMPLIFICADA DEL PROCEDIMIENTO ADMINISTRATIVO COMÚN

Artículo 96. Tramitación simplificada del procedimiento administrativo común

1. Cuando razones de interés público o la falta de complejidad del procedimiento así lo aconsejen, las Administraciones Públicas podrán acordar, de oficio o a solicitud del interesado, la tramitación simplificada del procedimiento.

En cualquier momento del procedimiento anterior a su resolución, el órgano competente para su tramitación podrá acordar continuar con arreglo a la tramitación ordinaria.

2. Cuando la Administración acuerde de oficio la tramitación simplificada del procedimiento deberá notificarlo a los interesados. Si alguno de ellos manifestara su oposición expresa, la Administración deberá seguir la tramitación ordinaria.

3. Los interesados podrán solicitar la tramitación simplificada del procedimiento. Si el órgano competente para la tramitación aprecia que no concurre alguna de las razones previstas en el apartado 1, podrá desestimar dicha solicitud, en el plazo de cinco días desde su presentación, sin que exista posibilidad de recurso por parte del interesado. Transcurrido el mencionado plazo de cinco días se entenderá desestimada la solicitud.

4. En el caso de procedimientos en materia de responsabilidad patrimonial de las Administraciones Públicas, si una vez iniciado el procedimiento administrativo el órgano competente para su tramitación considera inequívoca la relación de causalidad entre el funcionamiento del servicio público y la lesión, así como la valoración del daño y el cálculo de la cuantía de la indemnización, podrá acordar de oficio la suspensión del procedimiento general y la iniciación de un procedimiento simplificado.

5. En el caso de procedimientos de naturaleza sancionadora, se podrá adoptar la tramitación simplificada del procedimiento cuando el órgano competente para iniciar el procedimiento considere que, de acuerdo con lo previsto en su normativa reguladora, existen elementos de juicio suficientes para calificar la infracción como leve, sin que quepa la oposición expresa por parte del interesado prevista en el apartado 2.

6. Salvo que reste menos para su tramitación ordinaria, los procedimientos administrativos tramitados de manera simplificada deberán ser resueltos en treinta días, a contar desde el siguiente al que se notifique al interesado el acuerdo de tramitación simplificada del procedimiento, y constarán únicamente de los siguientes trámites:

a) Inicio del procedimiento de oficio o a solicitud del interesado.

b) Subsanación de la solicitud presentada, en su caso.

c) Alegaciones formuladas al inicio del procedimiento durante el plazo de cinco días.

d) Trámite de audiencia, únicamente cuando la resolución vaya a ser desfavorable para el interesado.

e) Informe del servicio jurídico, cuando éste sea preceptivo.

f) Informe del Consejo General del Poder Judicial, cuando éste sea preceptivo.

g) Dictamen del Consejo de Estado u órgano consultivo equivalente de la Comunidad Autónoma en los casos en que sea preceptivo. Desde que se solicite el Dictamen al Consejo de Estado, u órgano equivalente, hasta que éste sea emitido, se producirá la suspensión automática del plazo para resolver.

El órgano competente solicitará la emisión del Dictamen en un plazo tal que permita cumplir el plazo de resolución del procedimiento. El Dictamen podrá ser emitido en el plazo de quince días si así lo solicita el órgano competente.

En todo caso, en el expediente que se remita al Consejo de Estado u órgano consultivo equivalente, se incluirá una propuesta de resolución. Cuando el Dictamen sea contrario al fondo de la propuesta de resolución, con independencia de que se atienda o no este criterio, el órgano competente para resolver acordará continuar el procedimiento con arreglo a la tramitación ordinaria, lo que se notificará a los interesados. En este caso, se entenderán convalidadas todas las actuaciones que se hubieran realizado durante la tramitación simplificada del procedimiento, a excepción del Dictamen del Consejo de Estado u órgano consultivo equivalente.

h) Resolución.

7. En el caso que un procedimiento exigiera la realización de un trámite no previsto en el apartado anterior, deberá ser tramitado de manera ordinaria.

CAPÍTULO VII. EJECUCIÓN

Artículo 97. Título

1. Las Administraciones Públicas no iniciarán ninguna actuación material de ejecución de resoluciones que limite derechos de los particulares sin que previamente haya sido adoptada la resolución que le sirva de fundamento jurídico.

2. El órgano que ordene un acto de ejecución material de resoluciones estará obligado a notificar al particular interesado la resolución que autorice la actuación administrativa.

Artículo 98. Ejecutoriedad

1. Los actos de las Administraciones Públicas sujetos al Derecho Administrativo serán inmediatamente ejecutivos, salvo que:

a) Se produzca la suspensión de la ejecución del acto.

b) Se trate de una resolución de un procedimiento de naturaleza sancionadora contra la que quepa algún recurso en vía administrativa, incluido el potestativo de reposición.

c) Una disposición establezca lo contrario.

d) Se necesite aprobación o autorización superior.

2. Cuando de una resolución administrativa, o de cualquier otra forma de finalización del procedimiento administrativo prevista en esta ley, nazca una obligación de pago derivada de una sanción pecuniaria, multa o cualquier otro derecho que haya de abonarse a la Hacienda pública, éste se efectuará preferentemente, salvo que se justifique la imposibilidad de hacerlo, utilizando alguno de los medios electrónicos siguientes:

a) Tarjeta de crédito y débito.

b) Transferencia bancaria.

c) Domiciliación bancaria.

d) Cualesquiera otros que se autoricen por el órgano competente en materia de Hacienda Pública.

Artículo 99. Ejecución forzosa

Las Administraciones Públicas, a través de sus órganos competentes en cada caso, podrán proceder, previo apercibimiento, a la ejecución forzosa de los actos administrativos, salvo en los supuestos en que se suspenda la ejecución de acuerdo con la Ley, o cuando la Constitución o la Ley exijan la intervención de un órgano judicial.

Artículo 100. Medios de ejecución forzosa

1. La ejecución forzosa por las Administraciones Públicas se efectuará, respetando siempre el principio de proporcionalidad, por los siguientes medios:

a) Apremio sobre el patrimonio.

b) Ejecución subsidiaria.

c) Multa coercitiva.

d) Compulsión sobre las personas.

2. Si fueran varios los medios de ejecución admisibles se elegirá el menos restrictivo de la libertad individual.

3. Si fuese necesario entrar en el domicilio del afectado o en los restantes lugares que requieran la autorización de su titular, las Administraciones Públicas deberán obtener el consentimiento del mismo o, en su defecto, la oportuna autorización judicial.

Artículo 101. Apremio sobre el patrimonio

1. Si en virtud de acto administrativo hubiera de satisfacerse cantidad líquida se seguirá el procedimiento previsto en las normas reguladoras del procedimiento de apremio.

2. En cualquier caso no podrá imponerse a los administrados una obligación pecuniaria que no estuviese establecida con arreglo a una norma de rango legal.

Artículo 102. Ejecución subsidiaria

1. Habrá lugar a la ejecución subsidiaria cuando se trate de actos que por no ser personalísimos puedan ser realizados por sujeto distinto del obligado.

2. En este caso, las Administraciones Públicas realizarán el acto, por sí o a través de las personas que determinen, a costa del obligado.

3. El importe de los gastos, daños y perjuicios se exigirá conforme a lo dispuesto en el artículo anterior.

4. Dicho importe podrá liquidarse de forma provisional y realizarse antes de la ejecución, a reserva de la liquidación definitiva.

Artículo 103. Multa coercitiva

1. Cuando así lo autoricen las Leyes, y en la forma y cuantía que éstas determinen, las Administraciones Públicas pueden, para la ejecución de determinados actos, imponer multas coercitivas, reiteradas por lapsos de tiempo que sean suficientes para cumplir lo ordenado, en los siguientes supuestos:

a) Actos personalísimos en que no proceda la compulsión directa sobre la persona del obligado.

b) Actos en que, procediendo la compulsión, la Administración no la estimara conveniente.

c) Actos cuya ejecución pueda el obligado encargar a otra persona.

2. La multa coercitiva es independiente de las sanciones que puedan imponerse con tal carácter y compatible con ellas.

Artículo 104. Compulsión sobre las personas

1. Los actos administrativos que impongan una obligación personalísima de no hacer o soportar podrán ser ejecutados por compulsión directa sobre las personas en los casos en que la ley expresamente lo autorice, y dentro siempre del respeto debido a su dignidad y a los derechos reconocidos en la Constitución.

2. Si, tratándose de obligaciones personalísimas de hacer, no se realizase la prestación, el obligado deberá resarcir los daños y perjuicios, a cuya liquidación y cobro se procederá en vía administrativa.

Artículo 105. Prohibición de acciones posesorias

No se admitirán a trámite acciones posesorias contra las actuaciones de los órganos administrativos realizadas en materia de su competencia y de acuerdo con el procedimiento legalmente establecido.

TÍTULO V. DE LA REVISIÓN DE LOS ACTOS EN VÍA ADMINISTRATIVA

CAPÍTULO I. REVISIÓN DE OFICIO

Artículo 106. Revisión de disposiciones y actos nulos

1. Las Administraciones Públicas, en cualquier momento, por iniciativa propia o a solicitud de interesado, y previo dictamen favorable del Consejo de Estado u órgano consultivo equivalente de la Comunidad Autónoma, si lo hubiere, declararán de oficio la nulidad de los actos administrativos que hayan puesto fin a la vía administrativa o que no hayan sido recurridos en plazo, en los supuestos previstos en el artículo 47.1.

2. Asimismo, en cualquier momento, las Administraciones Públicas de oficio, y previo dictamen favorable del Consejo de Estado u órgano consultivo equivalente de la Comunidad Autónoma si lo hubiere, podrán declarar la nulidad de las disposiciones administrativas en los supuestos previstos en el artículo 47.2.

3. El órgano competente para la revisión de oficio podrá acordar motivadamente la inadmisión a trámite de las solicitudes formuladas por los interesados, sin necesidad de recabar Dictamen del Consejo de Estado u órgano consultivo de la Comunidad Autónoma, cuando las mismas no se basen en alguna de las causas de nulidad del artículo 47.1 o carezcan manifiestamente de fundamento, así como en el supuesto de que se hubieran desestimado en cuanto al fondo otras solicitudes sustancialmente iguales.

4. Las Administraciones Públicas, al declarar la nulidad de una disposición o acto, podrán establecer, en la misma resolución, las indemnizaciones que proceda reconocer a los interesados, si se dan las circunstancias previstas en los artículos 32.2 y 34.1 de la Ley de

Régimen Jurídico del Sector Público sin perjuicio de que, tratándose de una disposición, subsistan los actos firmes dictados en aplicación de la misma.

5. Cuando el procedimiento se hubiera iniciado de oficio, el transcurso del plazo de seis meses desde su inicio sin dictarse resolución producirá la caducidad del mismo. Si el procedimiento se hubiera iniciado a solicitud de interesado, se podrá entender la misma desestimada por silencio administrativo.

Artículo 107. Declaración de lesividad de actos anulables

1. Las Administraciones Públicas podrán impugnar ante el orden jurisdiccional contencioso-administrativo los actos favorables para los interesados que sean anulables conforme a lo dispuesto en el artículo 48, previa su declaración de lesividad para el interés público.

2. La declaración de lesividad no podrá adoptarse una vez transcurridos cuatro años desde que se dictó el acto administrativo y exigirá la previa audiencia de cuantos aparezcan como interesados en el mismo, en los términos establecidos por el artículo 82.

Sin perjuicio de su examen como presupuesto procesal de admisibilidad de la acción en el proceso judicial correspondiente, la declaración de lesividad no será susceptible de recurso, si bien podrá notificarse a los interesados a los meros efectos informativos.

3. Transcurrido el plazo de seis meses desde la iniciación del procedimiento sin que se hubiera declarado la lesividad, se producirá la caducidad del mismo.

4. Si el acto proviniera de la Administración General del Estado o de las Comunidades Autónomas, la declaración de lesividad se adoptará por el órgano de cada Administración competente en la materia.

5. Si el acto proviniera de las entidades que integran la Administración Local, la declaración de lesividad se adoptará por el Pleno de la Corporación o, en defecto de éste, por el órgano colegiado superior de la entidad.

Artículo 108. Suspensión

Iniciado el procedimiento de revisión de oficio al que se refieren los artículos 106 y 107, el órgano competente para declarar la nulidad o lesividad, podrá suspender la ejecución del acto, cuando ésta pudiera causar perjuicios de imposible o difícil reparación.

Artículo 109. Revocación de actos y rectificación de errores

1. Las Administraciones Públicas podrán revocar, mientras no haya transcurrido el plazo de prescripción, sus actos de gravamen o desfavorables, siempre que tal revocación no constituya dispensa o exención no permitida por las leyes, ni sea contraria al principio de igualdad, al interés público o al ordenamiento jurídico.

2. Las Administraciones Públicas podrán, asimismo, rectificar en cualquier momento, de oficio o a instancia de los interesados, los errores materiales, de hecho o aritméticos existentes en sus actos.

Artículo 110. Límites de la revisión

Las facultades de revisión establecidas en este Capítulo, no podrán ser ejercidas cuando por prescripción de acciones, por el tiempo transcurrido o por otras circunstancias, su ejercicio resulte contrario a la equidad, a la buena fe, al derecho de los particulares o a las leyes.

Artículo 111. Competencia para la revisión de oficio de las disposiciones y de actos nulos y anulables en la Administración General del Estado

En el ámbito estatal, serán competentes para la revisión de oficio de las disposiciones y los actos administrativos nulos y anulables:

a) El Consejo de Ministros, respecto de sus propios actos y disposiciones y de los actos y disposiciones dictados por los Ministros.

b) En la Administración General del Estado:

1.º Los Ministros, respecto de los actos y disposiciones de los Secretarios de Estado y de los dictados por órganos directivos de su Departamento no dependientes de una Secretaría de Estado.

2.º Los Secretarios de Estado, respecto de los actos y disposiciones dictados por los órganos directivos de ellos dependientes.

c) En los Organismos públicos y entidades derecho público vinculados o dependientes de la Administración General del Estado:

1.º Los órganos a los que estén adscritos los Organismos públicos y entidades de derecho público, respecto de los actos y disposiciones dictados por el máximo órgano rector de éstos.

2.º Los máximos órganos rectores de los Organismos públicos y entidades de derecho público, respecto de los actos y disposiciones dictados por los órganos de ellos dependientes.

CAPÍTULO II. RECURSOS ADMINISTRATIVOS

SECCIÓN 1ª. PRINCIPIOS GENERALES

Artículo 112. Objeto y clases

1. Contra las resoluciones y los actos de trámite, si estos últimos deciden directa o indirectamente el fondo del asunto, determinan la imposibilidad de continuar el procedimiento, producen indefensión o perjuicio irreparable a derechos e intereses legítimos, podrán interponerse por los interesados los recursos de alzada y potestativo de reposición, que cabrá fundar en cualquiera de los motivos de nulidad o anulabilidad previstos en los artículos 47 y 48 de esta Ley.

La oposición a los restantes actos de trámite podrá alegarse por los interesados para su consideración en la resolución que ponga fin al procedimiento.

2. Las leyes podrán sustituir el recurso de alzada, en supuestos o ámbitos sectoriales determinados, y cuando la especificidad de la materia así lo justifique, por otros procedimientos de impugnación, reclamación, conciliación, mediación y arbitraje, ante órganos colegiados o Comisiones específicas no sometidas a instrucciones jerárquicas, con respeto a los principios, garantías y plazos que la presente Ley reconoce a las personas y a los interesados en todo procedimiento administrativo.

En las mismas condiciones, el recurso de reposición podrá ser sustituido por los procedimientos a que se refiere el párrafo anterior, respetando su carácter potestativo para el interesado.

La aplicación de estos procedimientos en el ámbito de la Administración Local no podrá suponer el desconocimiento de las facultades resolutorias reconocidas a los órganos representativos electos establecidos por la Ley.

3. Contra las disposiciones administrativas de carácter general no cabrá recurso en vía administrativa.

Los recursos contra un acto administrativo que se funden únicamente en la nulidad de alguna disposición administrativa de carácter general podrán interponerse directamente ante el órgano que dictó dicha disposición.

4. Las reclamaciones económico-administrativas se ajustarán a los procedimientos establecidos por su legislación específica.

Artículo 113. Recurso extraordinario de revisión

Contra los actos firmes en vía administrativa, sólo procederá el recurso extraordinario de revisión cuando concurra alguna de las circunstancias previstas en el artículo 125.1.

Artículo 114. Fin de la vía administrativa

1. Ponen fin a la vía administrativa:

a) Las resoluciones de los recursos de alzada.

b) Las resoluciones de los procedimientos a que se refiere el artículo 112.2.

c) Las resoluciones de los órganos administrativos que carezcan de superior jerárquico, salvo que una Ley establezca lo contrario.

d) Los acuerdos, pactos, convenios o contratos que tengan la consideración de finalizadores del procedimiento.

e) La resolución administrativa de los procedimientos de responsabilidad patrimonial, cualquiera que fuese el tipo de relación, pública o privada, de que derive.

f) La resolución de los procedimientos complementarios en materia sancionadora a los que se refiere el artículo 90.4.

g) Las demás resoluciones de órganos administrativos cuando una disposición legal o reglamentaria así lo establezca.

2. Además de lo previsto en el apartado anterior, en el ámbito estatal ponen fin a la vía administrativa los actos y resoluciones siguientes:

a) Los actos administrativos de los miembros y órganos del Gobierno.

b) Los emanados de los Ministros y los Secretarios de Estado en el ejercicio de las competencias que tienen atribuidas los órganos de los que son titulares.

c) Los emanados de los órganos directivos con nivel de Director general o superior, en relación con las competencias que tengan atribuidas en materia de personal.

d) En los Organismos públicos y entidades derecho público vinculados o dependientes de la Administración General del Estado, los emanados de los máximos órganos de dirección unipersonales o colegiados, de acuerdo con lo que establezcan sus estatutos, salvo que por ley se establezca otra cosa.

Artículo 115. Interposición de recurso

1. La interposición del recurso deberá expresar:

a) El nombre y apellidos del recurrente, así como la identificación personal del mismo.

b) El acto que se recurre y la razón de su impugnación.

c) Lugar, fecha, firma del recurrente, identificación del medio y, en su caso, del lugar que se señale a efectos de notificaciones.

d) Órgano, centro o unidad administrativa al que se dirige y su correspondiente código de identificación.

e) Las demás particularidades exigidas, en su caso, por las disposiciones específicas.

2. El error o la ausencia de la calificación del recurso por parte del recurrente no será obstáculo para su tramitación, siempre que se deduzca su verdadero carácter.

3. Los vicios y defectos que hagan anulable un acto no podrán ser alegados por quienes los hubieren causado.

Artículo 116. Causas de inadmisión

Serán causas de inadmisión las siguientes:

a) Ser incompetente el órgano administrativo, cuando el competente perteneciera a otra Administración Pública. El recurso deberá remitirse al órgano competente, de acuerdo con lo establecido en el artículo 14.1 de la Ley de Régimen Jurídico del Sector Público.

b) Carecer de legitimación el recurrente.

c) Tratarse de un acto no susceptible de recurso.

d) Haber transcurrido el plazo para la interposición del recurso.

e) Carecer el recurso manifiestamente de fundamento.

Artículo 117. Suspensión de la ejecución

1. La interposición de cualquier recurso, excepto en los casos en que una disposición establezca lo contrario, no suspenderá la ejecución del acto impugnado.

2. No obstante lo dispuesto en el apartado anterior, el órgano a quien competa resolver el recurso, previa ponderación, suficientemente razonada, entre el perjuicio que causaría al interés público o a terceros la suspensión y el ocasionado al recurrente como consecuencia de la eficacia inmediata del acto recurrido, podrá suspender, de oficio o a solicitud del recurrente, la ejecución del acto impugnado cuando concurran alguna de las siguientes circunstancias:

a) Que la ejecución pudiera causar perjuicios de imposible o difícil reparación.

b) Que la impugnación se fundamente en alguna de las causas de nulidad de pleno derecho previstas en el artículo 47.1 de esta Ley.

3. La ejecución del acto impugnado se entenderá suspendida si transcurrido un mes desde que la solicitud de suspensión haya tenido entrada en el registro electrónico de la Administración u Organismo competente para decidir sobre la misma, el órgano a quien competa resolver el recurso no ha dictado y notificado resolución expresa al respecto. En estos casos, no será de aplicación lo establecido en el artículo 21.4 segundo párrafo, de esta Ley.

4. Al dictar el acuerdo de suspensión podrán adoptarse las medidas cautelares que sean necesarias para asegurar la protección del interés público o de terceros y la eficacia de la resolución o el acto impugnado.

Cuando de la suspensión puedan derivarse perjuicios de cualquier naturaleza, aquélla sólo producirá efectos previa prestación de caución o garantía suficiente para responder de ellos, en los términos establecidos reglamentariamente.

La suspensión se prolongará después de agotada la vía administrativa cuando, habiéndolo solicitado previamente el interesado, exista medida cautelar y los efectos de ésta se extiendan a la vía contencioso-administrativa. Si el interesado interpusiera recurso contencioso-administrativo, solicitando la suspensión del acto objeto del proceso, se mantendrá la suspensión hasta que se produzca el correspondiente pronunciamiento judicial sobre la solicitud.

5. Cuando el recurso tenga por objeto la impugnación de un acto administrativo que afecte a una pluralidad indeterminada de personas, la suspensión de su eficacia habrá de ser publicada en el periódico oficial en que aquél se insertó.

Artículo 118. Audiencia de los interesados

1. Cuando hayan de tenerse en cuenta nuevos hechos o documentos no recogidos en el expediente originario, se pondrán de manifiesto a los interesados para que, en un plazo no inferior a diez días ni superior a quince, formulen las alegaciones y presenten los documentos y justificantes que estimen procedentes.

No se tendrán en cuenta en la resolución de los recursos, hechos, documentos o alegaciones del recurrente, cuando habiendo podido aportarlos en el trámite de alegaciones no lo haya hecho. Tampoco podrá solicitarse la práctica de pruebas cuando su falta de realización en el procedimiento en el que se dictó la resolución recurrida fuera imputable al interesado.

2. Si hubiera otros interesados se les dará, en todo caso, traslado del recurso para que en el plazo antes citado, aleguen cuanto estimen procedente.

3. El recurso, los informes y las propuestas no tienen el carácter de documentos nuevos a los efectos de este artículo. Tampoco lo tendrán los que los interesados hayan aportado al expediente antes de recaer la resolución impugnada.

Artículo 119. Resolución

1. La resolución del recurso estimará en todo o en parte o desestimará las pretensiones formuladas en el mismo o declarará su inadmisión.

2. Cuando existiendo vicio de forma no se estime procedente resolver sobre el fondo se ordenará la retroacción del procedimiento al momento en el que el vicio fue cometido, sin perjuicio de que eventualmente pueda acordarse la convalidación de actuaciones por el órgano competente para ello, de acuerdo con lo dispuesto en el artículo 52.

3. El órgano que resuelva el recurso decidirá cuantas cuestiones, tanto de forma como de fondo, plantee el procedimiento, hayan sido o no alegadas por los interesados. En este último caso se les oirá previamente. No obstante, la resolución será congruente con las peticiones formuladas por el recurrente, sin que en ningún caso pueda agravarse su situación inicial.

Artículo 120. Pluralidad de recursos administrativos

1. Cuando deban resolverse una pluralidad de recursos administrativos que traigan causa de un mismo acto administrativo y se hubiera

interpuesto un recurso judicial contra una resolución administrativa o bien contra el correspondiente acto presunto desestimatorio, el órgano administrativo podrá acordar la suspensión del plazo para resolver hasta que recaiga pronunciamiento judicial.

2. El acuerdo de suspensión deberá ser notificado a los interesados, quienes podrán recurrirlo.

La interposición del correspondiente recurso por un interesado, no afectará a los restantes procedimientos de recurso que se encuentren suspendidos por traer causa del mismo acto administrativo.

3. Recaído el pronunciamiento judicial, será comunicado a los interesados y el órgano administrativo competente para resolver podrá dictar resolución sin necesidad de realizar ningún trámite adicional, salvo el de audiencia, cuando proceda.

SECCIÓN 2ª. RECURSO DE ALZADA

Artículo 121. Objeto

1. Las resoluciones y actos a que se refiere el artículo 112.1, cuando no pongan fin a la vía administrativa, podrán ser recurridos en alzada ante el órgano superior jerárquico del que los dictó. A estos efectos, los Tribunales y órganos de selección del personal al servicio de las Administraciones Públicas y cualesquiera otros que, en el seno de éstas, actúen con autonomía funcional, se considerarán dependientes del órgano al que estén adscritos o, en su defecto, del que haya nombrado al presidente de los mismos.

2. El recurso podrá interponerse ante el órgano que dictó el acto que se impugna o ante el competente para resolverlo.

Si el recurso se hubiera interpuesto ante el órgano que dictó el acto impugnado, éste deberá remitirlo al competente en el plazo de diez días, con su informe y con una copia completa y ordenada del expediente.

El titular del órgano que dictó el acto recurrido será responsable directo del cumplimiento de lo previsto en el párrafo anterior.

Artículo 122. Plazos

1. El plazo para la interposición del recurso de alzada será de un mes, si el acto fuera expreso. Transcurrido dicho plazo sin haberse interpuesto el recurso, la resolución será firme a todos los efectos.

Si el acto no fuera expreso el solicitante y otros posibles interesados podrán interponer recurso de alzada en cualquier momento a partir del día siguiente a aquel en que, de acuerdo con su normativa específica, se produzcan los efectos del silencio administrativo.

2. El plazo máximo para dictar y notificar la resolución será de tres meses. Transcurrido este plazo sin que recaiga resolución, se podrá entender desestimado el recurso, salvo en el supuesto previsto en el artículo 24.1, tercer párrafo.

3. Contra la resolución de un recurso de alzada no cabrá ningún otro recurso administrativo, salvo el recurso extraordinario de revisión, en los casos establecidos en el artículo 125.1.

SECCIÓN 3ª. RECURSO POTESTATIVO DE REPOSICIÓN

Artículo 123. Objeto y naturaleza

1. Los actos administrativos que pongan fin a la vía administrativa podrán ser recurridos potestativamente en reposición ante el mismo órgano que los hubiera dictado o ser impugnados directamente ante el orden jurisdiccional contencioso-administrativa.

2. No se podrá interponer recurso contencioso-administrativo hasta que sea resuelto expresamente o se haya producido la desestimación presunta del recurso de reposición interpuesto.

Artículo 124. Plazos

1. El plazo para la interposición del recurso de reposición será de un mes, si el acto fuera expreso. Transcurrido dicho plazo, únicamente podrá interponerse recurso contencioso-administrativo, sin perjuicio, en su caso, de la procedencia del recurso extraordinario de revisión.

Si el acto no fuera expreso, el solicitante y otros posibles interesados podrán interponer recurso de reposición en cualquier momento a partir del día siguiente a aquel en que, de acuerdo con su normativa específica, se produzca el acto presunto.

2. El plazo máximo para dictar y notificar la resolución del recurso será de un mes.

3. Contra la resolución de un recurso de reposición no podrá interponerse de nuevo dicho recurso.

SECCIÓN 4ª. RECURSO EXTRAORDINARIO DE REVISIÓN

Artículo 125. Objeto y plazos

1. Contra los actos firmes en vía administrativa podrá interponerse el recurso extraordinario de revisión ante el órgano administrativo que los dictó, que también será el competente para su resolución, cuando concurra alguna de las circunstancias siguientes:

a) Que al dictarlos se hubiera incurrido en error de hecho, que resulte de los propios documentos incorporados al expediente.

b) Que aparezcan documentos de valor esencial para la resolución del asunto que, aunque sean posteriores, evidencien el error de la resolución recurrida.

c) Que en la resolución hayan influido esencialmente documentos o testimonios declarados falsos por sentencia judicial firme, anterior o posterior a aquella resolución.

d) Que la resolución se hubiese dictado como consecuencia de prevaricación, cohecho, violencia, maquinación fraudulenta u otra conducta punible y se haya declarado así en virtud de sentencia judicial firme.

2. El recurso extraordinario de revisión se interpondrá, cuando se trate de la causa a) del apartado anterior, dentro del plazo de cuatro años siguientes a la fecha de la notificación de la resolución impugnada. En los demás casos, el plazo será de tres meses a contar desde el conocimiento de los documentos o desde que la sentencia judicial quedó firme.

3. Lo establecido en el presente artículo no perjudica el derecho de los interesados a formular la solicitud y la instancia a que se refieren los artículos 106 y 109.2 de la presente Ley ni su derecho a que las mismas se sustancien y resuelvan.

Artículo 126. Resolución

1. El órgano competente para la resolución del recurso podrá acordar motivadamente la inadmisión a trámite, sin necesidad de recabar dictamen del Consejo de Estado u órgano consultivo de la Comunidad Autónoma, cuando el mismo no se funde en alguna de las causas previstas en el apartado 1 del artículo anterior o en el supuesto de que se hubiesen desestimado en cuanto al fondo otros recursos sustancialmente iguales.

2. El órgano al que corresponde conocer del recurso extraordinario de revisión debe pronunciarse no sólo sobre la procedencia del recurso, sino también, en su caso, sobre el fondo de la cuestión resuelta por el acto recurrido.

3. Transcurrido el plazo de tres meses desde la interposición del recurso extraordinario de revisión sin haberse dictado y notificado la resolución, se entenderá desestimado, quedando expedita la vía jurisdiccional contencioso-administrativa.

TÍTULO VI. DE LA INICIATIVA LEGISLATIVA Y DE LA POTESTAD PARA DICTAR REGLAMENTOS Y OTRAS DISPOSICIONES

Artículo 127. Iniciativa legislativa y potestad para dictar normas con rango de ley

El Gobierno de la Nación ejercerá la iniciativa legislativa prevista en la Constitución mediante la elaboración y aprobación de los anteproyectos de Ley y la ulterior remisión de los proyectos de ley a las Cortes Generales.

La iniciativa legislativa se ejercerá por los órganos de gobierno de las Comunidades Autónomas en los términos establecidos por la Constitución y sus respectivos Estatutos de Autonomía.

Asimismo, el Gobierno de la Nación podrá aprobar reales decretos-leyes y reales decretos legislativos en los términos previstos en la Constitución. Los respectivos órganos de gobierno de las Comunidades Autónomas podrán aprobar normas equivalentes a aquéllas en su ámbito territorial, de conformidad con lo establecido en la Constitución y en sus respectivos Estatutos de Autonomía.

Artículo 128. Potestad reglamentaria

1. El ejercicio de la potestad reglamentaria corresponde al Gobierno de la Nación, a los órganos de Gobierno de las Comunidades Autónomas, de conformidad con lo establecido en sus respectivos Estatutos, y a los órganos de gobierno locales, de acuerdo con lo previsto en la Constitución, los Estatutos de Autonomía y la Ley 7/1985, de 2 de abril, reguladora de las Bases del Régimen Local.

2. Los reglamentos y disposiciones administrativas no podrán vulnerar la Constitución o las leyes ni regular aquellas materias que la Constitución o los Estatutos de Autonomía reconocen de la competencia de las Cortes Generales o de las Asambleas Legislativas de las Comunidades Autónomas. Sin perjuicio de su función de desarrollo o colaboración con respecto a la ley, no podrán tipificar delitos, faltas o infracciones administrativas, establecer penas o sanciones, así como tributos, exacciones parafiscales u otras cargas o prestaciones personales o patrimoniales de carácter público.

3. Las disposiciones administrativas se ajustarán al orden de jerarquía que establezcan las leyes. Ninguna disposición administrativa podrá vulnerar los preceptos de otra de rango superior.

Artículo 129. Principios de buena regulación[11]

1. En el ejercicio de la iniciativa legislativa y la potestad reglamentaria, las Administraciones Públicas actuarán de acuerdo con los

---

[11] La STC 55/2018, de 24 de mayo, declara contrario al orden constitucional de competencias este precepto en los términos del FJ 7 b), salvo los párrafos segundo y tercero del

principios de necesidad, eficacia, proporcionalidad, seguridad jurídica, transparencia, y eficiencia. En la exposición de motivos o en el preámbulo, según se trate, respectivamente, de anteproyectos de ley o de proyectos de reglamento, quedará suficientemente justificada su adecuación a dichos principios.

2. En virtud de los principios de necesidad y eficacia, la iniciativa normativa debe estar justificada por una razón de interés general, basarse en una identificación clara de los fines perseguidos y ser el instrumento más adecuado para garantizar su consecución.

3. En virtud del principio de proporcionalidad, la iniciativa que se proponga deberá contener la regulación imprescindible para atender la necesidad a cubrir con la norma, tras constatar que no existen otras medidas menos restrictivas de derechos, o que impongan menos obligaciones a los destinatarios.

4. A fin de garantizar el principio de seguridad jurídica, la iniciativa normativa se ejercerá de manera coherente con el resto del ordenamiento jurídico, nacional y de la Unión Europea, para generar un marco normativo estable, predecible, integrado, claro y de certidumbre, que facilite su conocimiento y comprensión y, en consecuencia, la actuación y toma de decisiones de las personas y empresas.

Cuando en materia de procedimiento administrativo la iniciativa normativa establezca trámites adicionales o distintos a los contemplados en esta Ley, éstos deberán ser justificados atendiendo a la singularidad de la materia o a los fines perseguidos por la propuesta.

Las habilitaciones para el desarrollo reglamentario de una ley serán conferidas, con carácter general, al Gobierno *o Consejo de Gobierno respectivo*. La atribución directa a los titulares de los departamentos ministeriales *o de las consejerías del Gobierno*, o a otros órganos dependientes o subordinados de ellos, tendrá carácter excepcional y deberá justificarse en la ley habilitante.

---

apartado 4, y la inconstitucionalidad y nulidad de los incisos destacados en cursiva del párrafo tercero del apartado 4.

Las leyes podrán habilitar directamente a Autoridades Independientes u otros organismos que tengan atribuida esta potestad para aprobar normas en desarrollo o aplicación de las mismas, cuando la naturaleza de la materia así lo exija.

5. En aplicación del principio de transparencia, las Administraciones Públicas posibilitarán el acceso sencillo, universal y actualizado a la normativa en vigor y los documentos propios de su proceso de elaboración, en los términos establecidos en el artículo 7 de la Ley 19/2013, de 9 de diciembre, de transparencia, acceso a la información pública y buen gobierno; definirán claramente los objetivos de las iniciativas normativas y su justificación en el preámbulo o exposición de motivos; y posibilitarán que los potenciales destinatarios tengan una participación activa en la elaboración de las normas.

6. En aplicación del principio de eficiencia, la iniciativa normativa debe evitar cargas administrativas innecesarias o accesorias y racionalizar, en su aplicación, la gestión de los recursos públicos.

7. Cuando la iniciativa normativa afecte a los gastos o ingresos públicos presentes o futuros, se deberán cuantificar y valorar sus repercusiones y efectos, y supeditarse al cumplimiento de los principios de estabilidad presupuestaria y sostenibilidad financiera.

Artículo 130. Evaluación normativa y adaptación de la normativa vigente a los principios de buena regulación[12]

1. Las Administraciones Públicas revisarán periódicamente su normativa vigente para adaptarla a los principios de buena regulación y para comprobar la medida en que las normas en vigor han conseguido los objetivos previstos y si estaba justificado y correctamente cuantificado el coste y las cargas impuestas en ellas.

---

[12] La STC 55/2018, de 24 de mayo, declara contrario al orden constitucional de competencias este precepto en los términos del FJ 7 b).

El resultado de la evaluación se plasmará en un informe que se hará público, con el detalle, periodicidad y por el órgano que determine la normativa reguladora de la Administración correspondiente.

2. Las Administraciones Públicas promoverán la aplicación de los principios de buena regulación y cooperarán para promocionar el análisis económico en la elaboración de las normas y, en particular, para evitar la introducción de restricciones injustificadas o desproporcionadas a la actividad económica.

Artículo 131. Publicidad de las normas

Las normas con rango de ley, los reglamentos y disposiciones administrativas habrán de publicarse en el diario oficial correspondiente para que entren en vigor y produzcan efectos jurídicos. Adicionalmente, y de manera facultativa, las Administraciones Públicas podrán establecer otros medios de publicidad complementarios.

La publicación de los diarios o boletines oficiales en las sedes electrónicas de la Administración, Órgano, Organismo público o Entidad competente tendrá, en las condiciones y con las garantías que cada Administración Pública determine, los mismos efectos que los atribuidos a su edición impresa.

La publicación del «Boletín Oficial del Estado» en la sede electrónica del Organismo competente tendrá carácter oficial y auténtico en las condiciones y con las garantías que se determinen reglamentariamente, derivándose de dicha publicación los efectos previstos en el título preliminar del Código Civil y en las restantes normas aplicables.

Artículo 132. Planificación normativa[13]

1. Anualmente, las Administraciones Públicas harán público un Plan Normativo que contendrá las iniciativas legales o reglamentarias que vayan a ser elevadas para su aprobación en el año siguiente.

---

[13]   La STC 55/2018, de 24 de mayo, declara contrario al orden constitucional de competencias este precepto en los términos del FJ 7 b) y 7 c).

2. Una vez aprobado, el Plan Anual Normativo se publicará en el Portal de la Transparencia de la Administración Pública correspondiente.

Artículo 133. Participación de los ciudadanos en el procedimiento de elaboración de normas con rango de Ley y reglamentos[14]

1. Con carácter previo a la elaboración del proyecto o anteproyecto de ley o de reglamento, se sustanciará una consulta pública, a través del portal web de la Administración competente en la que se recabará la opinión de los sujetos y de las organizaciones más representativas potencialmente afectados por la futura norma acerca de:

a) Los problemas que se pretenden solucionar con la iniciativa.

b) La necesidad y oportunidad de su aprobación.

c) Los objetivos de la norma.

d) Las posibles soluciones alternativas regulatorias y no regulatorias.

2. Sin perjuicio de la consulta previa a la redacción del texto de la iniciativa, cuando la norma afecte a los derechos e intereses legítimos de las personas, el centro directivo competente publicará el texto en el portal web correspondiente, con el objeto de dar audiencia a los ciudadanos afectados y recabar cuantas aportaciones adicionales puedan hacerse por otras personas o entidades. Asimismo, podrá también recabarse directamente la opinión de las organizaciones o asociaciones reconocidas por ley que agrupen o representen a las personas cuyos derechos o intereses legítimos se vieren afectados por la norma y cuyos fines guarden relación directa con su objeto.

---

[14]   La STC 55/2018, de 24 de mayo, declara contrario al orden constitucional de competencias este precepto en los términos del FJ 7 b) y, asimismo, y salvo el inciso de su apartado primero «Con carácter previo a la elaboración del proyecto o anteproyecto de ley o de reglamento, se sustanciará una consulta pública» y el primer párrafo de su apartado 4, en los términos del FJ 7 c).

3. La consulta, audiencia e información públicas reguladas en este artículo deberán realizarse de forma tal que los potenciales destinatarios de la norma y quienes realicen aportaciones sobre ella tengan la posibilidad de emitir su opinión, para lo cual deberán ponerse a su disposición los documentos necesarios, que serán claros, concisos y reunir toda la información precisa para poder pronunciarse sobre la materia.

4. Podrá prescindirse de los trámites de consulta, audiencia e información públicas previstos en este artículo en el caso de normas presupuestarias u organizativas de la Administración General del Estado, la Administración autonómica, la Administración local o de las organizaciones dependientes o vinculadas a éstas, o cuando concurran razones graves de interés público que lo justifiquen.

Cuando la propuesta normativa no tenga un impacto significativo en la actividad económica, no imponga obligaciones relevantes a los destinatarios o regule aspectos parciales de una materia, podrá omitirse la consulta pública regulada en el apartado primero. Si la normativa reguladora del ejercicio de la iniciativa legislativa o de la potestad reglamentaria por una Administración prevé la tramitación urgente de estos procedimientos, la eventual excepción del trámite por esta circunstancia se ajustará a lo previsto en aquella.

Disposición adicional primera. Especialidades por razón de materia

1. Los procedimientos administrativos regulados en leyes especiales por razón de la materia que no exijan alguno de los trámites previstos en esta Ley o regulen trámites adicionales o distintos se regirán, respecto a éstos, por lo dispuesto en dichas leyes especiales.

2. Las siguientes actuaciones y procedimientos se regirán por su normativa específica y supletoriamente por lo dispuesto en esta Ley:

a) Las actuaciones y procedimientos de aplicación de los tributos en materia tributaria y aduanera, así como su revisión en vía administrativa.

b) Las actuaciones y procedimientos de gestión, inspección, liquidación, recaudación, impugnación y revisión en materia de Seguridad Social y Desempleo.

c) Las actuaciones y procedimientos sancionadores en materia tributaria y aduanera, en el orden social, en materia de tráfico y seguridad vial y en materia de extranjería.

d) Las actuaciones y procedimientos en materia de extranjería y asilo.

Disposición adicional segunda. Adhesión de las Comunidades Autónomas y Entidades Locales a las plataformas y registros de la Administración General del Estado

Para cumplir con lo previsto en materia de registro electrónico de apoderamientos, registro electrónico, archivo electrónico único, plataforma de intermediación de datos y punto de acceso general electrónico de la Administración, las Comunidades Autónomas y las Entidades Locales podrán adherirse voluntariamente y a través de medios electrónicos a las plataformas y registros establecidos al efecto por la Administración General del Estado. Su no adhesión, deberá justificarse en términos de eficiencia conforme al artículo 7 de la Ley Orgánica 2/2012, de 27 de abril, de Estabilidad Presupuestaria y Sostenibilidad Financiera.

En el caso que una Comunidad Autónoma o una Entidad Local justifique ante el Ministerio de Hacienda y Administraciones Públicas que puede prestar el servicio de un modo más eficiente, de acuerdo con los criterios previstos en el párrafo anterior, y opte por mantener su propio registro o plataforma, las citadas Administraciones deberán garantizar que éste cumple con los requisitos del Esquema Nacional de Interoperabilidad, el Esquema Nacional de Seguridad, y sus normas técnicas de desarrollo, de modo que se garantice su compatibilidad informática e interconexión, así como la transmisión telemática de las solicitudes, escritos y comunicaciones que se realicen en sus correspondientes registros y plataformas[15].

---

[15] La STC 55/2018, de 24 de mayo, declara que el párrafo segundo no es inconstitucional interpretado en los términos del FJ 11 f).

Disposición adicional tercera. Notificación por medio de anuncio publicado en el «Boletín Oficial del Estado»

1. El «Boletín Oficial del Estado» pondrá a disposición de las diversas Administraciones Públicas, un sistema automatizado de remisión y gestión telemática para la publicación de los anuncios de notificación en el mismo previstos en el artículo 44 de esta Ley y en esta disposición adicional. Dicho sistema, que cumplirá con lo establecido en esta Ley, y su normativa de desarrollo, garantizará la celeridad de la publicación, su correcta y fiel inserción, así como la identificación del órgano remitente.

2. En aquellos procedimientos administrativos que cuenten con normativa específica, de concurrir los supuestos previstos en el artículo 44 de esta Ley, la práctica de la notificación se hará, en todo caso, mediante un anuncio publicado en el «Boletín Oficial del Estado», sin perjuicio de que previamente y con carácter facultativo pueda realizarse en la forma prevista por dicha normativa específica.

3. La publicación en el «Boletín Oficial del Estado» de los anuncios a que se refieren los dos párrafos anteriores se efectuará sin contraprestación económica alguna por parte de quienes la hayan solicitado.

Disposición adicional cuarta. Oficinas de asistencia en materia de registros

Las Administraciones Públicas deberán mantener permanentemente actualizado en la correspondiente sede electrónica un directorio geográfico que permita al interesado identificar la oficina de asistencia en materia de registros más próxima a su domicilio.

Disposición adicional quinta. Actuación administrativa de los órganos constitucionales del Estado y de los órganos legislativos y de control autonómicos

La actuación administrativa de los órganos competentes del Congreso de los Diputados, del Senado, del Consejo General del Poder Judicial, del Tribunal Constitucional, del Tribunal de Cuentas, del Defensor del Pueblo, de las Asambleas Legislativas de las Comunidades Autónomas y de las instituciones autonómicas análogas al Tribunal de Cuentas y al Defensor del Pueblo, se regirá por lo previsto en su normativa específica, en el marco de los principios que inspiran la actuación administrativa de acuerdo con esta Ley.

Disposición adicional sexta. Sistemas de identificación y firma previstos en los artículos 9.2 c) y 10.2 c)[16]

1. No obstante lo dispuesto en los artículos 9.2 c) y 10.2 c) de la presente Ley, en las relaciones de los interesados con los sujetos sometidos al ámbito de aplicación de esta Ley, no serán admisibles en ningún caso y, por lo tanto, no podrán ser autorizados, los sistemas de identificación basados en tecnologías de registro distribuido y los sistemas de firma basados en los anteriores, en tanto que no sean objeto de regulación específica por el Estado en el marco del Derecho de la Unión Europea.

2. En todo caso, cualquier sistema de identificación basado en tecnología de registro distribuido que prevea la legislación estatal a que hace referencia el apartado anterior deberá contemplar asimismo que la Administración General del Estado actuará como autoridad intermedia que ejercerá las funciones que corresponda para garantizar la seguridad pública.

Disposición adicional séptima[17].

La Secretaría General de Administración Digital del Ministerio de Asuntos Económicos y Transformación Digital informará a la Conferencia Sectorial para asuntos de Seguridad Nacional de las resoluciones denegatorias de la autorización prevista en los artículos 9.2.c) y 10.2.c) de esta ley, que, en su caso, se hayan dictado en el plazo máximo de tres meses desde la adopción de la citada resolución.

---

[16] Disposición añadida por el Real Decreto-ley 14/2019, de 31 de octubre.
[17] Disposición añadida por la Ley 11/2022, de 28 de junio.

Disposición adicional octava[18]. **Resoluciones de Secretaría General de Administración Digital del Ministerio de Asuntos Económicos y Transformación Digital que establezcan las condiciones de uso de sistemas de identificación y/o firma no criptográfica**

Cuando se trate de sistemas establecidos por medio de Resolución de la Secretaría General de Administración Digital del Ministerio de Asuntos Económicos y Transformación Digital para su ámbito competencial con objeto de determinar las circunstancias en las que un sistema de firma electrónica no basado en certificados electrónicos será considerado como válido en las relaciones de los interesados con los órganos administrativos de la Administración General del Estado, sus organismos públicos y entidades de Derecho Público vinculados o dependientes, no será preciso el transcurso del plazo de dos meses para la eficacia jurídica del sistema a que se refiere el artículo 10.2.c) de la presente ley, adquiriendo eficacia jurídica al día siguiente de la publicación de la Resolución, salvo que esta disponga otra cosa.

Disposición adicional novena[19]. **Suspensión de plazos administrativos en los acuerdos de declaración de zonas afectadas gravemente por emergencias de protección civil**

El acuerdo de Consejo de Ministros por el que se declare una zona afectada gravemente por una emergencia de protección civil, previsto en el artículo 23 de la Ley 17/2015, de 9 de julio, del Sistema Nacional de Protección Civil, podrá establecer la suspensión de los plazos para el cumplimiento de los trámites de los procedimientos administrativos del sector público que correspondan a los interesados residentes en los términos municipales incluidos en el ámbito de aplicación del acuerdo y, en su caso, a aquellos otros interesados que acrediten el carácter imposible o gravoso de su cumplimiento en atención a los efectos de la emergencia. La suspensión se mantendrá hasta el momento en que se

---

[18]   Disposición añadida por el Real Decreto-ley 18/2022, de 18 de octubre.
[19]   Disposición añadida por el Real Decreto-ley 6/2024, de 5 de noviembre.

dicte un nuevo acuerdo de Consejo de Ministros decretando la finalización de esta medida, tras lo cual se reanudarán los plazos suspendidos.

Disposición transitoria primera. Archivo de documentos

1. El archivo de los documentos correspondientes a procedimientos administrativos ya iniciados antes de la entrada en vigor de la presente Ley, se regirán por lo dispuesto en la normativa anterior.

2. Siempre que sea posible, los documentos en papel asociados a procedimientos administrativos finalizados antes de la entrada en vigor de esta Ley, deberán digitalizarse de acuerdo con los requisitos establecidos en la normativa reguladora aplicable.

Disposición transitoria segunda. Registro electrónico y archivo electrónico único

Mientras no entren en vigor las previsiones relativas al registro electrónico y el archivo electrónico único, en el ámbito de la Administración General del Estado se aplicarán las siguientes reglas:

a) Durante el primer año, tras la entrada en vigor de la Ley, podrán mantenerse los registros y archivos existentes en el momento de la entrada en vigor de esta ley.

b) Durante el segundo año, tras la entrada en vigor de la Ley, se dispondrá como máximo, de un registro electrónico y un archivo electrónico por cada Ministerio, así como de un registro electrónico por cada Organismo público.

Disposición transitoria tercera. Régimen transitorio de los procedimientos

a) A los procedimientos ya iniciados antes de la entrada en vigor de la Ley no les será de aplicación la misma, rigiéndose por la normativa anterior.

b) Los procedimientos de revisión de oficio iniciados después de la entrada en vigor de la presente Ley se sustanciarán por las normas establecidas en ésta.

c) Los actos y resoluciones dictados con posterioridad a la entrada en vigor de esta Ley se regirán, en cuanto al régimen de recursos, por las disposiciones de la misma.

d) Los actos y resoluciones pendientes de ejecución a la entrada en vigor de esta Ley se regirán para su ejecución por la normativa vigente cuando se dictaron.

e) A falta de previsiones expresas establecidas en las correspondientes disposiciones legales y reglamentarias, las cuestiones de Derecho transitorio que se susciten en materia de procedimiento administrativo se resolverán de acuerdo con los principios establecidos en los apartados anteriores.

Disposición transitoria cuarta. Régimen transitorio de los archivos, registros y punto de acceso general

Mientras no entren en vigor las previsiones relativas al registro electrónico de apoderamientos, registro electrónico, punto de acceso general electrónico de la Administración y archivo único electrónico, las Administraciones Públicas mantendrán los mismos canales, medios o sistemas electrónicos vigentes relativos a dichas materias, que permitan garantizar el derecho de las personas a relacionarse electrónicamente con las Administraciones.

Disposición transitoria quinta. Procedimientos de responsabilidad patrimonial derivados de la declaración de inconstitucionalidad de una norma o su carácter contrario al Derecho de la Unión Europea

Los procedimientos administrativos de responsabilidad patrimonial derivados de la declaración de inconstitucionalidad de una norma o su carácter contrario al Derecho de la Unión Europea iniciados con anterioridad a la entrada en vigor de esta Ley, se resolverán de acuerdo con la normativa vigente en el momento de su iniciación.

Disposición derogatoria única. Derogación normativa

1. Quedan derogadas todas las normas de igual o inferior rango en lo que contradigan o se opongan a lo dispuesto en la presente Ley.

2. Quedan derogadas expresamente las siguientes disposiciones:

a) Ley 30/1992, de 26 de noviembre, de Régimen Jurídico de las Administraciones Públicas y del Procedimiento Administrativo Común.

b) Ley 11/2007, de 22 de junio, de acceso electrónico de los ciudadanos a los Servicios Públicos.

c) Los artículos 4 a 7 de la Ley 2/2011, de 4 de marzo, de Economía Sostenible.

d) Real Decreto 429/1993, de 26 de marzo, por el que se aprueba el Reglamento de los procedimientos de las Administraciones Públicas en materia de responsabilidad patrimonial.

e) Real Decreto 1398/1993, de 4 de agosto, por el que se aprueba el Reglamento del Procedimiento para el Ejercicio de la Potestad Sancionadora.

f) Real Decreto 772/1999, de 7 de mayo, por el que se regula la presentación de solicitudes, escritos y comunicaciones ante la Administración General del Estado, la expedición de copias de documentos y devolución de originales y el régimen de las oficinas de registro.

g) Los artículos 2.3, 10, 13, 14, 15, 16, 26, 27, 28, 29.1.a), 29.1.d), 31, 32, 33, 35, 36, 39, 48, 50, los apartados 1, 2 y 4 de la disposición adicional primera, la disposición adicional tercera, la disposición transitoria primera, la disposición transitoria segunda, la disposición transitoria tercera y la disposición transitoria cuarta del Real Decreto 1671/2009, de 6 de noviembre, por el que se desarrolla parcialmente la Ley 11/2007, de 22 de junio, de acceso electrónico de los ciudadanos a los Servicios Públicos.

Hasta que, de acuerdo con lo dispuesto en la disposición final séptima, produzcan efectos las previsiones relativas al registro electrónico de apoderamientos, registro electrónico, punto de acceso general electrónico de la Administración y archivo único electrónico, se mantendrán en vigor los artículos de las normas previstas en las letras a), b) y g) relativos a las materias mencionadas.

3. Las referencias contenidas en normas vigentes a las disposiciones que se derogan expresamente deberán entenderse efectuadas a las disposiciones de esta Ley que regulan la misma materia que aquéllas.

Disposición final primera. Título competencial

1. Esta Ley se aprueba al amparo de lo dispuesto en el artículo 149.1.18.ª de la Constitución Española, que atribuye al Estado la competencia para dictar las bases del régimen jurídico de las Administraciones Públicas y competencia en materia de procedimiento administrativo común y sistema de responsabilidad de todas las Administraciones Públicas.

2. *El título VI de iniciativa legislativa y de la potestad para dictar reglamentos y otras disposiciones y la disposición adicional segunda de adhesión de las Comunidades Autónomas y Entidades Locales a las plataformas y registros de la Administración General del Estado, se aprueban también al amparo de lo dispuesto en el artículo 149.1.14.ª, relativo a la Hacienda general, así como el artículo 149.1.13.ª que atribuye al Estado la competencia en materia de bases y coordinación de la planificación general de la actividad económica*[20].

3. Lo previsto en los artículos 92 primer párrafo, 111, 114.2 y disposición transitoria segunda, serán de aplicación únicamente a la Administración General del Estado, así como el resto de apartados de los distintos preceptos que prevén su aplicación exclusiva en el ámbito de la Administración General del Estado.

Disposición final segunda. Modificación de la Ley 59/2003, de 19 de diciembre, de firma electrónica

(...)

---

[20] La STC 55/2018, de 24 de mayo, declara la inconstitucionalidad y nulidad del apartado 2.

Disposición final tercera. Modificación de la Ley 36/2011, de 10 de octubre, reguladora de la jurisdicción social

(…)

Disposición final cuarta. Referencias normativas

Las referencias hechas a la Ley 30/1992, de 26 de noviembre, de Régimen Jurídico de las Administraciones Públicas y del Procedimiento Administrativo Común, se entenderán hechas a la Ley del Procedimiento Administrativo Común de las Administraciones Públicas o a la Ley de Régimen Jurídico del Sector Público, según corresponda.

Disposición final quinta. Adaptación normativa

En el plazo de un año a partir de la entrada en vigor de la Ley, se deberán adecuar a la misma las normas reguladoras estatales, autonómicas y locales de los distintos procedimientos normativos que sean incompatibles con lo previsto en esta Ley.

Disposición final sexta. Desarrollo normativo de la Ley

Se faculta al Consejo de Ministros y al Ministro de Hacienda y Administraciones Públicas, en el ámbito de sus competencias, para dictar cuantas disposiciones reglamentarias sean necesarias para el desarrollo de la presente Ley, así como para acordar las medidas necesarias para garantizar la efectiva ejecución e implantación de las previsiones de esta Ley.

Disposición final séptima. Entrada en vigor[21]

La presente Ley entrará en vigor al año de su publicación en el «Boletín Oficial del Estado».

No obstante, las previsiones relativas al registro electrónico de apoderamientos, registro electrónico, registro de empleados públicos habilitados, punto de acceso general electrónico de la Administración y archivo único electrónico producirán efectos a partir del día 2 de abril de 2021.

---

[21]   Disposición modificada por la Ley 10/2021, de 9 de julio.

§3. Ley 29/1998, de 13 de julio, reguladora de la Jurisdicción Contencioso-Administrativa

(BOE núm. 167, de 14 de julio)

EXPOSICIÓN DE MOTIVOS

I. Justificación de la reforma

La Jurisdicción Contencioso-Administrativa es una pieza capital de nuestro Estado de Derecho. Desde que fue instaurada en nuestro suelo por las Leyes de 2 de abril y 6 de julio de 1845, y a lo largo de muchas vicisitudes, ha dado sobrada muestra de sus virtualidades. Sobre todo desde que la Ley de 27 de diciembre de 1956 la dotó de las características que hoy tiene y de las atribuciones imprescindibles para asumir la misión que le corresponde de controlar la legalidad de la actividad administrativa, garantizando los derechos e intereses legítimos de los ciudadanos frente a las extralimitaciones de la Administración.

Dicha Ley, en efecto, universalmente apreciada por los principios en los que se inspira y por la excelencia de su técnica, que combina a la perfección rigor y sencillez, acertó a generalizar el control judicial de la actuación administrativa, aunque con algunas excepciones notorias que imponía el régimen político bajo el que fue aprobada. Ratificó con énfasis el carácter judicial del orden contencioso-administrativo, ya establecido por la legislación precedente, preocupándose por la especialización de sus Magistrados. Y dio luz a un procedimiento simple y en teoría ágil, coherente con su propósito de lograr una justicia eficaz y ajena a interpretaciones y prácticas formalistas que pudieran enervar su buen fin. De esta manera, la Ley de la Jurisdicción Contencioso-Administrativa de 1956 abrió una vía necesaria, aunque no suficiente, para colmar las numerosas lagunas y limitaciones históricas de nuestro Estado de Derecho, oportunidad que fue adecuadamente aprovechada por una jurisprudencia innovadora, alentada por el espectacular desarrollo que ha experimentado la doctrina española del Derecho Administrativo.

Sin embargo, las cuatro décadas transcurridas desde que aquella Ley se aprobó han traído consigo numerosos y trascendentales cambios, en el ordenamiento jurídico, en las instituciones político-administrativas y en la sociedad. Estos cambios exigen, para alcanzar los mismos fines institucionales, soluciones necesariamente nuevas, pues, no obstante la versatilidad de buena parte de su articulado, la Ley de 1956 no está ajustada a la evolución del ordenamiento y a las demandas que la sociedad dirige a la Administración de Justicia.

Ante todo, hay que tener en cuenta el impacto producido por la Constitución de 1978. Si bien algunos de los principios en que ésta se funda son los mismos que inspiraron la reforma jurisdiccional de 1956 y que fue deduciendo la jurisprudencia elaborada a su amparo, es evidente que las consecuencias que el texto constitucional depara en el punto al control judicial de la actividad administrativa son muy superiores. Sólo a raíz de la Constitución de 1978 se garantizan en nuestro país plenamente los postulados del Estado de Derecho y, entre ellos, el derecho de toda persona a la tutela judicial efectiva de sus derechos e intereses legítimos, el sometimiento de la Administración pública a la ley y al derecho y el control de la potestad reglamentaria y de la legalidad de la actuación administrativa por los Tribunales. La proclamación de estos derechos y principios en la Constitución y su eficacia jurídica directa han producido la derogación implícita de aquellos preceptos de la Ley Jurisdiccional que establecían limitaciones en el acceso a los recursos o en su eficacia carentes de justificación en un sistema democrático. Pero el alcance de este efecto derogatorio en relación a algunos extremos de la Ley de 1956 ha seguido siendo objeto de polémica, lo que hacía muy conveniente una clarificación legal. Además, la jurisprudencia, tanto constitucional como contencioso-administrativa, ha extraído de los principios y preceptos constitucionales otras muchas reglas, que imponen determinadas interpretaciones de dicha Ley, o incluso sostienen potestades y actuaciones judiciales no contempladas expresamente en su texto. Por último, la influencia de la Constitución en el régimen de la Jurisdicción Contencioso-Administrativa no se reduce a lo que disponen los artículos 9.1, 24, 103.1 y 106.1. De manera más o menos mediata, la organización, el ámbito y extensión material y el funcionamiento de este orden jurisdiccional se ve afectado por otras muchas disposiciones constitucionales, tanto las que regulan principios sustantivos y derechos fundamentales, como las que diseñan la estructura de nuestra Monarquía parlamentaria y la organización territorial del Estado. Como el resto del ordenamiento, también el régimen legal de la Jurisdicción Contencioso-Administrativa debe adecuarse por entero a la letra y al espíritu de la Constitución.

Por otra parte, durante los últimos lustros la sociedad y la Administración españolas han experimentado enormes transformaciones. La primera es hoy incomparablemente más desarrollada, más libre y plural, emancipada y consciente de sus derechos que hace cuarenta años. Mientras, la Administración reducida, centralizada y jerarquizada de antaño se ha convertido en una organización extensa y compleja, dotada de funciones múltiples y considerables recursos, descentralizada territorial y funcionalmente. Al hilo de estas transformaciones han variado en buena medida y se han diversificado las formas jurídicas de la organización administrativa, los fines, el contenido y las formas de la actividad de la Administración, los derechos que las personas y los grupos sociales ostentan frente a ella y, en definitiva, el sistema de relaciones regido por el Derecho Administrativo.

Todos estos cambios repercuten de una u otra forma sobre la Jurisdicción Contencioso-Administrativa. Concebida en origen como jurisdicción especializada en la resolución de un limitado número de conflictos jurídicos, ha sufrido hasta la saturación el extraordinario incremento de la litigiosidad entre ciudadanos y Administraciones y de éstas entre sí que se ha producido en los últimos tiempos. En este aspecto los problemas son comunes a los que los sistemas de control judicial de la Administración están soportando en otros muchos países. Pero además, el instrumental jurídico que en el nuestro se otorga a la Jurisdicción para el cumplimiento de sus fines ha quedado relativamente desfasado. En particular, para someter a control jurídico las actividades materiales y la inactividad de la Administración, pero también para hacer ejecutar con prontitud las propias decisiones judiciales y para adoptar medidas cautelares que aseguren la eficacia del proceso. De ahí que, pese al aumento de los efectivos de la Jurisdicción, pese al esfuerzo creativo de la jurisprudencia, pese al desarrollo de la justicia cautelar y a otros remedios parciales, la Jurisdicción Contencioso-Administrativa esté atravesando un período crítico ante el que es preciso reaccionar mediante las oportunas reformas.

Algunas de ellas, ciertamente, ya han venido afrontándose por el legislador en diferentes textos, más lejanos o recientes. De hecho, las normas que han modificado o que complementan en algún aspecto el régimen de la Jurisdicción son ya tan numerosas y dispersas que justificarían de por sí una refundición.

La reforma que ahora se aborda, que toma como base los trabajos parlamentarios realizados durante la anterior Legislatura —en los que se alcanzó un estimable grado de consenso en muchos aspectos—, va bastante más allá. De un lado tiene en cuenta esas modificaciones parciales o indirectas, pero no sólo para incorporarlas a un texto único, sino también para corregir aquellos de sus elementos que la práctica judicial o la crítica doctrinal han revelado inapropiados o susceptibles de mejora. De otro lado, pretende completar la adecuación del régimen jurídico del recurso contencioso-administrativo a los valores y principios constitucionales, tomando en consideración las aportaciones de la jurisprudencia del Tribunal Constitucional y del Tribunal Supremo, la nueva organización del Estado y la evolución de la doctrina jurídica. Por último, persigue dotar a la Jurisdicción Contencioso-Administrativa de los instrumentos necesarios para el ejercicio de su función, a la vista de las circunstancias en que hoy en día se enmarca.

Desde este último punto de vista, la reforma compagina las medidas que garantizan la plenitud material de la tutela judicial en el orden contencioso-administrativo y el criterio favorable al ejercicio de las acciones y recursos y a la defensa de las partes, sin concesión alguna a tentaciones formalistas, con las que tienen por finalidad agilizar la resolución de los litigios. La preocupación por conseguir un equilibrio entre las garantías, tanto de los derechos e intereses públicos y privados en juego como del acierto y calidad de las decisiones judiciales, con la celeridad de los procesos y la efectividad de lo juzgado constituye uno de los ejes de la reforma. Pues es evidente que una justicia tardía o la meramente cautelar no satisfacen el derecho que reconoce el artículo 24.1 de la Constitución.

Bien es verdad que lograr una justicia ágil y de calidad no depende solamente de una reforma legal. También es cierto que el control de la legalidad de las actividades administrativas puede y debe ejercerse asimismo por otras vías complementarias de la judicial, que sería necesario perfeccionar para evitar la proliferación de recursos innecesarios y para ofrecer fórmulas poco costosas y rápidas de resolución de numerosos conflictos. Pero, en cualquier caso, el régimen legal de la Jurisdicción Contencioso-Administrativa, insustituible en su doble función garantizadora y creadora de jurisprudencia, debe adaptarse a las condiciones del momento para hacer posible aquel objetivo.

En virtud de estas premisas, la reforma es a la vez continuista y profundamente renovadora. Continuista porque mantiene la naturaleza estrictamente judicial que la Jurisdicción Contencioso-Administrativa ya tenía en la legislación anterior y que la Constitución ha venido a consolidar definitivamente; porque mantiene asimismo el carácter de juicio entre partes que el recurso contencioso-administrativo tiene y su doble finalidad de garantía individual y control del sometimiento de la Administración al derecho, y porque se ha querido conservar, conscientemente, todo aquello que en la práctica ha funcionado bien, de conformidad con los imperativos constitucionales.

No obstante, la trascendencia y amplitud de las transformaciones a las que la institución debe acomodarse hacían inevitable una revisión general de su régimen jurídico, imposible de abordar mediante simples retoques de la legislación anterior. Además, la reforma no sólo pre tende responder a los retos de nuestro tiempo, sino que, en la medida de lo posible y con la necesaria prudencia, mira al futuro e introduce aquí y allá preceptos y cláusulas generales que a la doctrina y a la jurisprudencia corresponde dotar de contenido preciso, con el fin de perfeccionar el funcionamiento de la Jurisdicción.

II. Ámbito y extensión de la Jurisdicción Contencioso-Administrativa

Fiel al propósito de no alterar más de lo necesario la sistemática de la Ley anterior, el nuevo texto legal comienza definiendo el ámbito propio, el alcance y los límites de la Jurisdicción Contencioso-Administrativa. Respetando la tradición y de conformidad con el artículo 106.1 de la Constitución, se le asigna el control de la potestad reglamentaria y de la legalidad de la actuación administrativa sujeta a Derecho Administrativo. Sin embargo, la Ley incorpora a la definición del ámbito de la Jurisdicción ciertas novedades, en parte obligadas y todas ellas trascendentales.

En primer lugar, era necesario actualizar el concepto de Administración pública válido a los efectos de la Ley, en atención a los cambios organizativos que se han venido produciendo y en conexión con lo que disponen otras Leyes. También era imprescindible confirmar en ésta la sujeción al enjuiciamiento de la Jurisdicción Contencioso-Administrativa de actos y disposiciones emanados de otros órganos públicos que no forman parte de la Administración, cuando dichos actos y disposiciones tienen, por su contenido y efectos, una naturaleza materialmente administrativa. Sin intención de inmiscuirse en ningún debate dogmático, que no es tarea del legislador, la Ley atiende a un problema práctico, consistente en asegurar la tutela judicial de quienes resulten afectados en sus derechos o intereses por dichos actos y disposiciones, en casi todo semejantes a los que emanan de las Administraciones públicas.

En segundo término, es evidente que a la altura de nuestro tiempo histórico el ámbito material de la Jurisdicción quedaría muy incompleto si aquélla se limitara a enjuiciar las pretensiones que se deduzcan en relación con las disposiciones de rango inferior a la Ley y con los actos y contratos administrativos en sentido estricto. Lo que realmente importa y lo que justifica la existencia de la propia Jurisdicción Contencioso-Administrativa es asegurar, en beneficio de los interesados y del interés general, el exacto sometimiento de la Administración al derecho en todas las actuaciones que realiza en su condición de poder público y en uso de las prerrogativas que como tal le corresponde. No toda la actuación administrativa, como es notorio, se expresa a través de reglamentos, actos administrativos o contratos públicos, sino que la actividad prestacional, las actividades negociables de diverso tipo, las actuaciones materiales, las inactividades u omisiones de actuaciones debidas expresan también la voluntad de la Administración, que ha de estar sometida en todo caso al imperio de la ley. La imposibilidad legal de controlar mediante los recursos contencioso-administrativos estas otras manifestaciones de la acción administrativa, desde hace tiempo criticada, resulta ya injustificable, tanto a la luz de los principios constitucionales como en virtud de la crecida importancia cuantitativa y cualitativa de tales manifestaciones. Por eso la nueva Ley somete a control de la Jurisdicción la actividad de la Administración pública de cualquier clase que esté sujeta al Derecho Administrativo, articulando para ello las acciones procesales oportunas.

En esta línea, la Ley precisa la competencia del orden jurisdiccional contencioso-administrativo para conocer de las cuestiones que se susciten en relación no sólo con los contratos administrativos, sino también con los actos separables de preparación y adjudicación de los demás contratos sujetos a la legislación de contratos de las Administraciones públicas. Se trata, en definitiva, de adecuar la vía contencioso-administrativa a la legislación de contratos, evitando que la pura y simple aplicación del Derecho privado en actuaciones directamente conectadas a fines de utilidad pública se realice, cualquiera que sean las razones que la determinen, en infracción de los principios generales que han de regir, por imperativo constitucional y del Derecho comunitario europeo, el comportamiento contractual de los sujetos públicos. La garantía de la necesaria observancia de tales principios, muy distintos de los que rigen la contratación puramente privada, debe corresponder, como es natural, a la Jurisdicción Contencioso-Administrativa.

Algo parecido debe decirse de las cuestiones que se susciten en relación con la responsabilidad patrimonial de la Administración pública. Los principios de su peculiar régimen jurídico, que tiene cobertura constitucional, son de naturaleza pública y hoy en día la Ley impone que en todo caso la responsabilidad se exija a través de un mismo tipo de procedimiento administrativo. Por eso parece muy conveniente unificar la competencia para conocer de este tipo de asuntos en la Jurisdicción Contencioso-Administrativa, evitando la dispersión de acciones que actualmente existe y garantizando la uniformidad jurisprudencial, salvo, como es lógico, en aquellos casos en que la responsabilidad derive de la comisión de una infracción penal.

La delimitación del ámbito material de la Jurisdicción lleva también a precisar algunas exclusiones. La nueva Ley respeta en tal sentido la atribución de ciertas competencias relacionadas con la actividad administrativa a otros órdenes jurisdiccionales que establecen otras Leyes, en su mayor parte por razones pragmáticas, y tiene en cuenta lo dispuesto por la más reciente legislación sobre los conflictos jurisdiccionales y de atribuciones. En cambio, la Ley no recoge ya, entre estas exclusiones, la relativa a los llamados actos políticos del Gobierno, a que se refería la Ley de 1956.

Sobre este último aspecto conviene hacer alguna precisión. La Ley parte del principio de sometimiento pleno de los poderes públicos al ordenamiento jurídico, verdadera cláusula regia del Estado de Derecho. Semejante principio es incompatible con el reconocimiento de cualquier categoría genérica de actos de autoridad —llámense actos políticos, de Gobierno, o de dirección política— excluida «per se» del control jurisdiccional. Sería ciertamente un contrasentido que una Ley que pretende adecuar el régimen legal de la Jurisdicción Contencioso-Administrativa a la letra y al espíritu de la Constitución, llevase a cabo la introducción de toda una esfera de actuación gubernamental inmune al derecho. En realidad, el propio concepto de «acto político» se halla hoy en franca retirada en el Derecho público europeo. Los intentos encaminados a mantenerlo, ya sea delimitando genéricamente un ámbito en la actuación del poder ejecutivo regido sólo por el Derecho Constitucional, y exento del control de la Jurisdicción Contencioso-Administrativa, ya sea estableciendo una lista de supuestos excluidos del control judicial, resultan inadmisibles en un Estado de Derecho.

Por el contrario, y por si alguna duda pudiera caber al respecto, la Ley señala —en términos positivos— una serie de aspectos sobre los que en todo caso siempre será posible el control judicial, por amplia que sea la discrecionalidad de la resolución gubernamental: los derechos fundamentales, los elementos reglados del acto y la determinación de las indemnizaciones procedentes.

III. Los órganos de la Jurisdicción y sus competencias

Dado que, como se ha expuesto, la Jurisdicción Contencioso-Administrativa se enfrenta a un gravísimo problema por la avalancha creciente de recursos, es obvio que la reforma de sus aspectos organizativos debía considerarse prioritaria.

La novedad más importante en este capítulo consiste en la regulación de las competencias de los Juzgados de lo Contencioso-Administrativo. La creación de estos órganos judiciales, que previó la Ley Orgánica del Poder Judicial, fue recibida en su día con división de opiniones. Si, por un lado, parecía imprescindible descongestionar a los Tribunales de lo Contencioso-Administrativo de un buen número de asuntos, por otro surgieron dudas acerca de la idoneidad de los Juzgados, órganos unipersonales, para afrontar el ejercicio de las competencias que habrían de corresponderles en virtud de la cláusula general establecida en la citada Ley Orgánica.

Ciertamente, la complejidad técnica de muchos de los asuntos y la trascendencia política de otros que habrían de enjuiciar a tenor de dicha cláusula ha dado origen a una larga controversia, que era necesario resolver para implantar definitivamente los Juzgados.

La presente reforma aborda el problema con decisión y con cautela a la vez. Define la competencia de los Juzgados mediante un sistema de lista tasada. En la elaboración de esta lista se ha tenido en cuenta la conveniencia de atribuir a estos órganos unipersonales un conjunto de competencias relativamente uniformes y de menor trascendencia económica y social, pero que cubren un elevado porcentaje de los recursos que cotidianamente se interponen ante los órganos de la Jurisdicción. De esta manera es posible aportar remedio a la saturación que soportan los Tribunales Superiores de Justicia, que se verán descargados de buen número de pleitos, aunque conservan la competencia para juzgar en primera instancia los más importantes «a priori» y toda la variedad de los que se incluyen en la cláusula residual, que ahora se traslada a su ámbito competencial. Por su parte, los Juzgados obtienen un conjunto de competencias que pueden razonablemente ejercer y que parecen suficientes para consolidar la experiencia. Nada impide, antes al contrario, que tras un primer período de rodaje la lista de competencias se revise a la vista de esa experiencia. De todas formas, es evidente que el éxito de la reforma depende más que nada de la pronta y adecuada selección y formación de los titulares de los Juzgados.

No termina aquí la reforma en cuanto a órganos unipersonales. Se regulan también las competencias de los Juzgados Centrales de lo Contencioso-Administrativo, con jurisdicción en toda España, para contribuir a paliar la sobrecarga de trabajo de órganos jurisdiccionales actualmente muy saturados.

IV. Las partes

La regulación de las partes que se contenía en la Ley de 27 de diciembre de 1956, fundada en un criterio sustancialmente individualista con ciertos ribetes corporativos, ha quedado hace tiempo superada y ha venido siendo corregida por otras normas posteriores, además de reinterpretada por la jurisprudencia en un sentido muy distinto al que originariamente tenía. La nueva Ley se limita a recoger las sucesivas modificaciones, clarificando algunos puntos todavía oscuros y sistematizando los preceptos de la manera más sencilla posible. Lo que se pretende es que nadie, persona física o jurídica, privada o pública, que tenga capacidad jurídica suficiente y sea titular de un interés legítimo que tutelar, concepto comprensivo de los derechos subjetivos pero más amplio, pueda verse privado del acceso a la justicia.

Sobre esta base, que ya se deduce de la Constitución, las novedades de la Ley tienen un carácter esencialmente técnico. Las más significativas se incorporan en los preceptos que regulan la legitimación. En cuanto a la activa, se han reducido a sistema todas las normas generales o especiales que pueden considerarse vigentes y conformes con el criterio elegido. El enunciado de supuestos da idea, en cualquier caso, de la evolución que ha experimentado el recurso contencioso-administrativo, hoy en día instrumento útil para una pluralidad de fines: la defensa del interés personal, la de los intereses colectivos y cualesquiera otros legítimos, incluidos los de naturaleza política, mecanismo de control de legalidad de las Administraciones inferiores, instrumento de defensa de su autonomía, cauce para la defensa de derechos y libertades encomendados a ciertas instituciones públicas y para la del interés objetivo de la ley en los supuestos legales de acción popular, entre otros.

Por lo que se refiere a la legitimación pasiva, el criterio de fondo es el mismo y conduce a simplificar las reglas anteriores. En particular, carece de sentido mantener la figura del coadyuvante, cuando ninguna diferencia hay ya entre la legitimación por derecho subjetivo y por interés legítimo. En cambio, ha parecido necesario precisar un poco más qué Administración tiene carácter de demandada en caso de impugnación de actos sujetos a fiscalización previa y, sobre todo, atribuir también este carácter, en caso de impugnación indirecta de una disposición general, a la Administración autora de la misma, aunque no lo sea de la actuación directamente recurrida. Esta previsión viene a dar cauce procesal al interés de cada Administración en defender en todo caso la legalidad de las normas que aprueba y constituye una de las especialidades de los recursos que versan sobre la conformidad a derecho de disposiciones generales, que se desgranan a lo largo de todo el articulado.

En cuanto a la representación y defensa, se distingue entre órganos colegiados y unipersonales. En los primeros, procurador y abogado son obligatorios; en los segundos, el procurador es potestativo y el abogado obligatorio. Los funcionarios públicos podrán comparecer por sí mismos en cuestiones de personal que no impliquen separación de empleados públicos inamovibles.

Por lo que atañe a la representación y defensa de las Administraciones públicas y órganos constitucionales, la Ley se remite a lo que disponen la Ley Orgánica del Poder Judicial y la Ley de Asistencia Jurídica al Estado e Instituciones Públicas para todo tipo de procesos, así como a las normas que sobre la materia y en el marco de sus competencias hayan dictado las Comunidades Autónomas, pues no hay en los contencioso-administrativos ninguna peculiaridad que merezca recogerse en norma con rango de ley.

V. Objeto del recurso

Los escasos preceptos incluidos en los dos primeros capítulos del Título III contienen algunas de las innovaciones más importantes que la Ley introduce en nuestro sistema de control judicial de la Administración. Se trata nada menos que de superar la tradicional y restringida concepción del recurso contencioso-administrativo como una revisión judicial de actos administrativos previos, es decir, como un recurso al acto, y de abrir definitivamente las puertas para obtener justicia frente a cualquier comportamiento ilícito de la Administración. Pero al mismo tiempo, es necesario diferenciar las pretensiones que pueden deducirse en cada caso, pues es evidente que la diversidad de actuaciones y omisiones que pueden ser objeto del recurso no permiten seguir configurando éste como una acción procesal uniforme. Sin merma de sus características comunes, empezando por el «nomen iuris», el recurso admite modulaciones de relieve en función del objeto sobre el que recae. Cohonestar los elementos comunes y los diferenciales en un esquema simple y flexible es otro de los objetivos de la reforma.

Por razón de su objeto se establecen cuatro modalidades de recurso: el tradicional dirigido contra actos administrativos, ya sean expresos o presuntos; el que, de manera directa o indirecta, versa sobre la legalidad de alguna disposición general, que precisa de algunas reglas especiales; el recurso contra la inactividad de la Administración y el que se interpone contra actuaciones materiales constitutivas de vía de hecho.

Del recurso contra actos, el mejor modelado en el período precedente, poco hay que renovar. La Ley, no obstante, depura el ordenamiento anterior de algunas normas limitativas que carecen de justificación, aunque mantiene la inadmisibilidad del recurso contra actos confirmatorios de otros firmes y consentidos. Esta última regla se apoya en elementales razones de seguridad jurídica, que no sólo deben tenerse en cuenta en favor del perjudicado por un acto administrativo, sino también en favor del interés general y de quienes puedan resultar individual o colectivamente beneficiados o amparados por él. Por lo demás, el relativo sacrificio del acceso a la tutela judicial que se mantiene por dicha causa resulta hoy menos gravoso que antaño, si se tiene en cuenta la reciente ampliación de los plazos del recurso administrativo ordinario, la falta de eficacia que la legislación en vigor atribuye, sin límite temporal alguno, a las notificaciones defectuosas e inclusive la ampliación de las facultades de revisión, de oficio. Conservar esa excepción es una opción razonable y equilibrada.

En cambio, ha parecido necesario destacar en el texto de la Ley las peculiaridades de los recursos en que se enjuicia la conformidad a derecho de las disposiciones generales, hasta ahora no suficientemente consideradas. En realidad, los efectos que tienen estos tipos de recurso y, en particular, la declaración de ilegalidad de una disposición general por cualquier vía que se produzca, no pueden compararse, en términos generales, con los del recurso contra actos. La diferencia asume cada vez mayor relieve en la práctica, si se tiene en cuenta la extensión y relevancia que en el polifacético Estado moderno ha asumido la producción reglamentaria.

La nueva Ley asegura las más amplias posibilidades de someter a control judicial la legalidad de las disposiciones generales, preservando los que se han dado en llamar recursos directo e indirecto y eliminando todo rastro de las limitaciones para recurrir que estableció la legislación anterior. Ahora bien, al mismo tiempo procura que la impugnación de las disposiciones generales se trámite con celeridad y que aboque siempre a una decisión judicial clara y única, de efectos generales, con el fin de evitar innecesarios vacíos normativos y situaciones de inseguridad o interinidad en torno a la validez y vigencia de las normas. Este criterio se plasma, entre otras muchas reglas de detalle, en el tratamiento procesal que se da al denominado recurso indirecto.

Hasta ahora ha existido una cierta confusión en la teoría jurídica y en la práctica judicial sobre los efectos de esta clase de recurso, cuando la norma que aplica el acto impugnado es considerada contraria a derecho. Y, lo que es más grave, el carácter difuso de este tipo de control ha generado situaciones de inseguridad jurídica y desigualdad manifiesta, pues según el criterio de cada órgano judicial y a falta de una instancia unificadora, que no siempre existe, determinadas disposiciones se aplican en unos casos o ámbitos y se inaplican en otros. La solución pasa por unificar la decisión judicial sobre la legalidad de las disposiciones generales en un solo órgano, el que en cada caso es competente para conocer del recurso directo contra ellas, dotando siempre a esa decisión de efectos «erga omnes». De ahí que, cuando sea ese mismo órgano el que conoce de un recurso indirecto, la Ley disponga que declarará la validez o nulidad de la disposición general. Para cuando el órgano competente en un recurso de este tipo sea otro distinto del que puede conocer del recurso directo contra la disposición de que se trate, la Ley introduce la cuestión de ilegalidad.

La regulación de este procedimiento ha tenido en cuenta la experiencia de la cuestión de inconstitucionalidad prevista por el artículo 163 de la Constitución y se inspira parcialmente en su mecánica; las analogías acaban aquí. La cuestión de ilegalidad no tiene otro significado que el de un remedio técnico tendente a reforzar la seguridad jurídica, que no impide el enjuiciamiento de las normas por el Juez o Tribunal competente para decidir sobre la legalidad del acto aplicativo del reglamento cuya ilegalidad se aduce, pero que pretende alcanzar una decisión unitaria a todo eventual pronunciamiento indirecto sobre su validez.

Largamente reclamado por la doctrina jurídica, la Ley crea un recurso contra la inactividad de la Administración, que tiene precedentes en otros ordenamientos europeos. El recurso se dirige a obtener de la Administración, mediante la correspondiente sentencia de condena, una prestación material debida o la adopción de un acto expreso en procedimientos iniciados de oficio, allí donde no juega el mecanismo del silencio administrativo. De esta manera se otorga un instrumento jurídico al ciudadano para combatir la pasividad y las dilaciones administrativas. Claro está que este remedio no permite a los órganos judiciales sustituir a la Administración en aspectos de su actividad no prefigurados por el derecho, incluida la discrecionalidad en el «cuando» de una decisión o de una actuación material, ni les faculta para traducir en mandatos precisos las genéricas e indeterminadas habilitaciones u obligaciones legales de creación de servicios o realización de actividades, pues en tal caso estarían invadiendo las funciones propias de aquélla. De ahí que la Ley se refiera siempre a prestaciones concretas y actos que tengan un plazo legal para su adopción y de ahí que la eventual sentencia de condena haya de ordenar estrictamente el cumplimiento de las obligaciones administrativas en los concretos términos en que estén establecidas. El recurso contencioso-administrativo, por su naturaleza, no puede poner remedio a todos los casos de indolencia, lentitud e ineficacia administrativas, sino tan sólo garantizar el exacto cumplimiento de la legalidad.

Otra novedad destacable es el recurso contra las actuaciones materiales en vía de hecho. Mediante este recurso se pueden combatir aquellas actuaciones materiales de la Administración que carecen de la necesaria cobertura jurídica y lesionan derechos e intereses legítimos de cualquier clase. La acción tiene una naturaleza declarativa y de condena y a la vez, en cierto modo, interdictal, a cuyo efecto no puede dejar de relacionarse con la regulación de las medidas cautelares. Por razón de la materia, la competencia del orden jurisdiccional contencioso-administrativo para conocer de estos recursos se explica sobradamente.

En el caso del recurso contra la inactividad de la Administración, la Ley establece una reclamación previa en sede administrativa; en el del recurso contra la vía de hecho, un requerimiento previo de carácter potestativo, asimismo en sede administrativa. Pero eso no convierte a estos recursos en procesos contra la desestimación, en su caso por silencio, de tales reclamaciones o requerimientos. Ni, como se ha dicho, estas nuevas acciones se atienen al tradicional carácter revisor del recurso contencioso-administrativo, ni puede considerarse que la falta de estimación, total o parcial, de la reclamación o el requerimiento constituyan auténticos actos administrativos, expresos o presuntos. Lo que se persigue es sencillamente dar a la Administración la oportunidad de resolver el conflicto y de evitar la intervención judicial. En caso contrario, lo que se impugna sin más trámites es, directamente, la inactividad o actuación material correspondiente, cuyas circunstancias delimitan el objeto material del proceso.

El resto de los preceptos del Título III se ciñe a introducir algunas mejoras técnicas. La preocupación por agilizar la tramitación de las causas es dominante y, en particular, explica la regla que permite al Juez o Tribunal suspender la tramitación de los recursos masivos que tengan idéntico objeto y resolver con carácter preferente uno o varios de ellos. De esta manera se puede eludir la reiteración de trámites, pues los efectos de la primera o primeras sentencias resultantes podrían aplicarse a los demás casos en vía de ejecución o, eventualmente, podrían inducir al desistimiento de otros recursos.

VI. El procedimiento

1. La regulación del procedimiento contencioso-administrativo ordinario se basa en el esquema de la legislación anterior. Sin embargo, las modificaciones son muy numerosas, pues, por una parte, se han tenido muy en cuenta la experiencia práctica y las aportaciones doctrinales y, por otra, se han establecido normas especiales para diferentes tipos de recursos, que no precisan de un procedimiento especial. Basado en principios comunes y en un mismo esquema procesal, la Ley arbitra un procedimiento dúctil, que ofrece respuestas parcialmente distintas para cada supuesto. En todo momento se ha buscado conciliar las garantías de eficacia y celeridad del proceso con las de defensa de las partes.

Constituye una novedad importante la introducción de un procedimiento abreviado para determinadas materias de cuantía determinada limitada, basado en el principio de oralidad.

Las garantías que la Ley establece para lograr la pronta y completa remisión del expediente administrativo al órgano judicial han sido reformadas con la intención de poner definitivamente coto a prácticas administrativas injustificables y demasiado extendidas, que alargan la tramitación de muchas causas. Incompatibles con los deberes que la Administración tiene para con los ciudadanos y con el de colaboración con la Administración de Justicia, es necesario que dichas prácticas queden desterradas para siempre.

En la línea de procurar la rápida resolución de los procesos, la Ley arbitra varias facultades en manos de las partes o del órgano judicial, tales como la posibilidad de iniciar el recurso mediante demanda en algunos casos, la de solicitar que se falle sin necesidad de prueba, vista o conclusiones o la de llevar a cabo un intento de conciliación. Del criterio de los Jueces y Magistrados y de la colaboración de las partes dependerá que estas medidas alcancen sus fines.

Por lo que se refiere a la sentencia, la Ley sigue de cerca la regulación anterior. En particular, se mantiene la referencia de la conformidad o disconformidad de la disposición, actuación o acto genéricamente al derecho, al ordenamiento jurídico, por entender —en frase de la exposición de motivos de la Ley de 1956— que reconducirla simplemente a las leyes equivale a olvidar que lo jurídico no se encierra y circunscribe a las disposiciones escritas, sino que se extiende a los principios y a la normatividad inmanente en la naturaleza de las instituciones. Añade, no obstante, algunas prescripciones sobre el contenido y efectos de algunos fallos estimatorios: los que condenen a la Administración a hacer algo, los que estimen pretensiones de resarcimiento de daños y perjuicios, los que anulen disposiciones generales y los que versen sobre actuaciones discrecionales. En relación con estos últimos, la Ley recuerda la naturaleza de control en derecho que tiene el recurso contencioso-administrativo y de ahí que precise que no pueden los Jueces y Tribunales determinar el contenido discrecional de los actos que anulen. Como es lógico, esta regla no pretende coartar en absoluto la potestad de los órganos judiciales para extender su control de los actos discrecionales hasta donde lo exija el sometimiento de la Administración al derecho, es decir mediante el enjuiciamiento de los elementos reglados de dichos actos y la garantía de los límites jurídicos de la discrecionalidad.

2. Por lo que se refiere a los recursos contra las resoluciones judiciales, la Ley se atiene en general a los que dispuso la reciente Ley 10/1992, de 30 de abril, de Medidas Urgentes de Reforma Procesal. Pero introduce algunos cambios necesarios, motivados unos por la creación de los Juzgados de lo Contencioso-Administrativo, que conduce a reimplantar los recursos de apelación contra sus resoluciones, y otros por la experiencia, breve pero significativa, derivada de aquella última reforma procesal.

El nuevo recurso de apelación ordinario contra las sentencias de los Juzgados no tiene, sin embargo, carácter universal. No siendo la doble instancia en todo tipo de procesos una exigencia constitucional, ha parecido conveniente descargar a los Tribunales Superiores de Justicia de conocer también en segunda instancia de los asuntos de menor entidad, para resolver el agobio que hoy padecen. Sin embargo, la apelación procede siempre que el asunto no ha sido resuelto en cuanto al fondo, en garantía del contenido normal del derecho a la tutela judicial efectiva, así como en el procedimiento para la protección de los derechos fundamentales, en los litigios entre Administraciones y cuando se resuelve la impugnación indirecta de disposiciones generales, por la mayor trascendencia que «a priori» tienen todos estos asuntos.

La Ley eleva sustancialmente la cuantía de los que tienen acceso a la casación ordinaria y en menor medida la de los que pueden acceder a la casación para unificación de doctrina. Aunque rigurosa, la medida es necesaria a la vista de la experiencia de los últimos años, pues las cuantías fijadas por la Ley 10/1992 no han permitido reducir la abrumadora carga de trabajo que pesa sobre la Sala de lo Contencioso-Administrativo del Tribunal Supremo. Si bien las nuevas reglas eliminan la posibilidad de doble instancia en muchos supuestos, la alternativa sería consentir el agravamiento progresivo de aquella carga, ya hoy muy superior a lo que sería razonable. Los efectos de tal situación son mucho más perniciosos, pues se corre el riesgo de alargar la resolución de los recursos pendientes ante el Tribunal Supremo hasta extremos totalmente incompatibles con el derecho a una justicia efectiva. Por otro lado, no es posible aumentar sustancialmente el número de Secciones y Magistrados del Alto Tribunal, que ha de poder atender a su importantísima función objetiva de fijar la doctrina jurisprudencial.

Se regulan dos modalidades de recurso para la unificación de doctrina, cuyo conocimiento corresponderá, respectivamente, al Tribunal Supremo y a los Tribunales Superiores de Justicia.

Se ha considerado oportuno mantener el recurso de casación en interés de la Ley, que se adapta a la creación de los Juzgados de lo

Contencioso-Administrativo y que, junto al tradicional recurso de revisión, cierra el sistema de impugnaciones en este orden jurisdiccional.

3. La Ley ha realizado un importante esfuerzo para incrementar las garantías de ejecución de las sentencias, desde siempre una de las zonas grises de nuestro sistema contencioso-administrativo. El punto de partida reside en la imperiosa obligación de cumplir las resoluciones judiciales y colaborar en la ejecución de lo resuelto, que la Constitución prescribe, y en la potestad de los órganos judiciales de hacer ejecutar lo juzgado, que la propia Constitución les atribuye. Prescripciones que entroncan directamente con el derecho a la tutela judicial efectiva, ya que, como viene señalando la jurisprudencia, ese derecho no se satisface mediante una justicia meramente teórica, sino que conlleva el derecho a la ejecución puntual de lo fallado en sus propios términos. La negativa, expresa o implícita, a cumplir una resolución judicial constituye un atentado a la Constitución frente al que no caben excusas.

La Ley Orgánica del Poder Judicial, que eliminó la potestad gubernativa de suspensión e inejecución de sentencias, abrió paso, en cambio, a la expropiación de los derechos reconocidos por éstas frente a la Administración. Sin embargo, no especificó las causas de utilidad pública e interés social que habrían de legitimar el ejercicio de esta potestad expropiatoria. La Ley atiende a esta necesidad, concretando tres supuestos muy determinados, entre los que debe destacarse el de la preservación del libre ejercicio de los derechos fundamentales y libertades públicas.

A salvo lo anterior, la Ley regula la forma de ejecutar las sentencias que condenan a la Administración al pago de cantidad, sin eliminar la prerrogativa de inembargabilidad de los bienes y derechos de la Hacienda Pública, ya que dicha modificación no puede abordarse aisladamente en la Ley Jurisdiccional, sino —en su caso— a través de una nueva regulación, completa y sistemática, del estatuto jurídico de los bienes públicos. Pero compensa al interesado económicamente frente a cualquier retraso injustificado; previene frente a las ejecuciones aparentes, declarando la nulidad de pleno derecho de los actos contrarios a los pronunciamientos y estableciendo una forma rápida para anularlos, y especifica las formas posibles de ejecución forzosa de las sentencias que condenan a la Administración a realizar una actividad o dictar un acto y otorga a los órganos judiciales potestades sancionadoras para lograr la efectividad de lo mandado, aparte las consecuencias que se deduzcan en el ámbito penal.

Dos novedades importantes completan este capítulo de la Ley. La primera se refiere a la posibilidad de extender los efectos de una sentencia firme en materia de personal y en materia tributaria a personas distintas de las partes que se encuentren en situación idéntica. Aun regulada con la necesaria cautela, la apertura puede ahorrar la reiteración de múltiples procesos innecesarios contra los llamados actos en masa. La segunda consiste en otorgar al acuerdo de conciliación judicial la misma fuerza que a la sentencia a efectos de ejecución forzosa, lo que refuerza el interés de la Ley por esta forma de terminación del procedimiento.

4. De los recursos especiales se ha suprimido el de personal, aunque subsisten algunas especialidades relativas a esta materia a lo largo del articulado. Se trae al texto de la Ley Jurisdiccional la regulación del proceso especial en materia de derechos fundamentales, con el mismo carácter preferente y urgente que ya tiene y con importantes variaciones sobre la normativa vigente, cuyo carácter restrictivo ha conducido, en la práctica, a un importante deterioro de esta vía procesal. La más relevante novedad es el tratamiento del objeto del recurso —y, por tanto, de la sentencia— de acuerdo con el fundamento común de los procesos contencioso-administrativos, esto es, contemplando la lesión de los derechos susceptibles de amparo desde la perspectiva de la conformidad de la actuación administrativa con el ordenamiento jurídico. La Ley pretende superar, por tanto, la rígida distinción entre legalidad ordinaria y derechos fundamentales, por entender que la protección del derecho fundamental o libertad pública no será factible, en muchos casos, si no se tiene en cuenta el desarrollo legal de los mismos.

El procedimiento de la cuestión de ilegalidad, que se inicia de oficio, aúna la garantía de defensa de las partes con la celeridad que le es inherente.

Por último, el procedimiento en caso de suspensión administrativa previa de acuerdos se adapta a los supuestos legales de suspensión previstos en la legislación vigente, al tiempo que establece las reglas que permiten su rápida tramitación.

5. De las disposiciones comunes sobresale la regulación de las medidas cautelares. El espectacular desarrollo de estas medidas en la jurisprudencia y la práctica procesal de los últimos años ha llegado a desbordar las moderadas previsiones de la legislación anterior, certificando su antigüedad en este punto. La nueva Ley actualiza considerablemente la regulación de la materia, amplía los tipos de medidas cautelares posibles y determina los criterios que han de servir de guía a su adopción.

Se parte de la base de que la justicia cautelar forma parte del derecho a la tutela efectiva, tal como tiene declarado la jurisprudencia más reciente, por lo que la adopción de medidas provisionales que permitan asegurar el resultado del proceso no debe contemplarse como una excepción, sino como facultad que el órgano judicial puede ejercitar siempre que resulte necesario.

La Ley aborda esta cuestión mediante una regulación común a todas las medidas cautelares, cualquiera que sea su naturaleza. El criterio para su adopción consiste en que la ejecución del acto o la aplicación de la disposición pueden hacer perder la finalidad del recurso, pero siempre sobre la base de una ponderación suficientemente motivada de todos los intereses en conflicto.

Además, teniendo en cuenta la experiencia de los últimos años y la mayor amplitud que hoy tiene el objeto del recurso contencioso-administrativo, la suspensión de la disposición o acto recurrido no puede constituir ya la única medida cautelar posible. La Ley introduce en consecuencia la posibilidad de adoptar cualquier medida cautelar, incluso las de carácter positivo. No existen para ello especiales restricciones, dado el fundamento común a todas las medidas cautelares. Corresponderá al Juez o Tribunal determinar las que, según las circunstancias, fuesen necesarias. Se regulan medidas «inaudita parte debitoris» —con comparecencia posterior sobre el levantamiento, mantenimiento o modificación de la medida adoptada—, así como medidas previas a la interposición del recurso en los supuestos de inactividad o vía de hecho.

TÍTULO I. DEL ORDEN JURISDICCIONAL CONTENCIOSO-ADMINISTRATIVO

CAPÍTULO I. ÁMBITO

Art. 1. 1. Los Juzgados y Tribunales del orden contencioso-administrativo conocerán de las pretensiones que se deduzcan en relación con la actuación de las Administraciones públicas sujeta al Derecho Administrativo, con las disposiciones generales de rango inferior a la Ley y con los Decretos legislativos cuando excedan los límites de la delegación[1].

2. Se entenderá a estos efectos por Administraciones públicas:

a) La Administración General del Estado.

b) Las Administraciones de las Comunidades Autónomas.

c) Las Entidades que integran la Administración Local.

d) Las Entidades de Derecho público que sean dependientes o estén vinculadas al Estado, las Comunidades Autónomas o las Entidades locales.

3. Conocerán también de las pretensiones que se deduzcan en relación con:

a) Los actos y disposiciones en materia de personal, administración y gestión patrimonial sujetos al derecho público adoptados por los órganos competentes del Congreso de los Diputados, del Senado,

---

[1]   Vid. arts. 82 y 106.1 CE y 9.4 y 24 de la Ley Orgánica 6/1985, de 1 de julio, del Poder Judicial.

del Tribunal Constitucional, del Tribunal de Cuentas y del Defensor del Pueblo, así como de las Asambleas Legislativas de las Comunidades Autónomas y de las instituciones autonómicas análogas al Tribunal de Cuentas y al Defensor del Pueblo.

b) Los actos y disposiciones del Consejo General del Poder Judicial y la actividad administrativa de los órganos de gobierno de los Juzgados y Tribunales, en los términos de la Ley Orgánica del Poder Judicial.

c) La actuación de la Administración electoral, en los términos previstos en la Ley Orgánica del Régimen Electoral General.

Art. 2. El orden jurisdiccional contencioso-administrativo conocerá de las cuestiones que se susciten en relación con:

a) La protección jurisdiccional de los derechos fundamentales, los elementos reglados y la determinación de las indemnizaciones que fueran procedentes, todo ello en relación con los actos del Gobierno o de los Consejos de Gobierno de las Comunidades Autónomas, cualquiera que fuese la naturaleza de dichos actos.

b) Los contratos administrativos y los actos de preparación y adjudicación de los demás contratos sujetos a la legislación de contratación de las Administraciones públicas.

c) Los actos y disposiciones de las Corporaciones de Derecho público, adoptados en el ejercicio de funciones públicas.

d) Los actos administrativos de control o fiscalización dictados por la Administración concedente, respecto de los dictados por los concesionarios de los servicios públicos que impliquen el ejercicio de potestades administrativas conferidas a los mismos, así como los actos de los propios concesionarios cuando puedan ser recurridos directamente ante este orden jurisdiccional de conformidad con la legislación sectorial correspondiente.

e) La responsabilidad patrimonial de las Administraciones públicas, cualquiera que sea la naturaleza de la actividad o el tipo de relación de que derive, no pudiendo ser demandadas aquellas por este motivo ante los órdenes jurisdiccionales civil o social, aun cuando en la producción del daño concurran con particulares o cuenten con un seguro de responsabilidad[2].

f) Las restantes materias que le atribuya expresamente una Ley.

Art. 3. No corresponden al orden jurisdiccional contencioso-administrativo:

a) Las cuestiones expresamente atribuidas a los órdenes jurisdiccionales civil, penal y social, aunque estén relacionadas con la actividad de la Administración Pública.

b) El recurso contencioso-disciplinario militar.

c) Los conflictos de jurisdicción entre los Juzgados y Tribunales y la Administración Pública y los conflictos de atribuciones entre órganos de una misma Administración.

d) Los recursos directos o indirectos que se interpongan contra las Normas Forales fiscales de las Juntas Generales de los Territorios Históricos de Álava, Guipúzcoa y Vizcaya, que corresponderán, en exclusiva, al Tribunal Constitucional en los términos establecidos por la disposición adicional quinta de su Ley Orgánica[3].

Art. 4. 1. La competencia del orden jurisdiccional contencioso-administrativo se extiende al conocimiento y decisión de las cuestiones prejudiciales e incidentales no pertenecientes al orden administrativo, directamente relacionadas con un recurso contencioso-administrativo, salvo las de carácter constitucional y penal y lo dispuesto en los Tratados internacionales.

2. La decisión que se pronuncie no producirá efectos fuera del proceso en que se dicte y no vinculará al orden jurisdiccional correspondiente.

---

[2] Párrafo redactado con arreglo a la disposición adicional 14 de la Ley orgánica 19/2003, de 23 de diciembre, de modificación de la Ley orgánica 6/1985, de 1 de julio, del Poder Judicial.

[3] Letra añadida por la Ley orgánica 1/2010, de 19 de febrero, de modificación de las Leyes orgánicas del Tribunal Constitucional y del Poder Judicial.

Art. 5. 1. La Jurisdicción Contencioso-Administrativa es improrrogable.

2. Los órganos de este orden jurisdiccional apreciarán de oficio la falta de jurisdicción y resolverán sobre la misma, previa audiencia de las partes y del Ministerio Fiscal por plazo común de diez días.

3. En el supuesto previsto en el apartado anterior, si la nueva demanda que se formule ante el juzgado o tribunal competente del orden jurisdiccional indicado en la referida resolución se presenta en el plazo de un mes desde que fuera notificada, se entenderá presentada en la fecha en que se inició el plazo para interponer el recurso contencioso-administrativo, si se hubiere formulado éste siguiendo las indicaciones de la notificación del acto o ésta fuese defectuosa. Al objeto de acreditar tales extremos la parte interesada podrá solicitar testimonio de los particulares necesarios al órgano judicial que haya dictado la resolución a que se refiere el apartado anterior[4].

CAPÍTULO II. ÓRGANOS Y COMPETENCIAS[5]

Art. 6[6]**.** El orden jurisdiccional contencioso-administrativo se halla integrado por los siguientes órganos:

---

[4]   Apartado modificado por el Real Decreto-ley 6/2023, de 19 de diciembre. Esta modificación entra en vigor el 20 de marzo de 2024.

[5]   Téngase en cuenta que conforme a la Ley orgánica 1/2025, de 2 de enero, de medidas en materia de eficiencia del Servicio Público de Justicia, el artículo 26 de la Ley orgánica 6/1985, de 1 de julio, del Poder Judicial, queda redactado como sigue: «los Tribunales a los que se atribuye el ejercicio de la potestad jurisdiccional son los siguientes:
a) Jueces y juezas de paz.
b) Tribunales de Instancia.
c) Audiencias Provinciales.
d) Tribunales Superiores de Justicia.
e) Tribunal Central de Instancia.
f) Audiencia Nacional.
g) Tribunal Supremo».

[6]   Téngase en cuenta que conforme a la Ley orgánica 1/2025, de 2 de enero, de medidas en materia de eficiencia del Servicio Público de Justicia, el artículo 84 de la Ley orgánica 6/1985, de 1 de julio, del Poder Judicial, queda redactado como sigue: «1. Habrá un

a) Juzgados de lo Contencioso-Administrativo.

b) Juzgados Centrales de lo Contencioso-Administrativo.

c) Salas de lo Contencioso-Administrativo de los Tribunales Superiores de Justicia.

d) Sala de lo Contencioso-Administrativo de la Audiencia Nacional.

e) Sala de lo Contencioso-Administrativo del Tribunal Supremo.

Art. 7. 1. Los órganos del orden jurisdiccional contencioso-administrativo que fueren competentes para conocer de un asunto lo serán también para todas sus incidencias y para hacer ejecutar las sentencias que dictaren en los términos señalados en el artículo 103.1.

2. La competencia de los Juzgados y Salas de lo Contencioso-Administrativo no será prorrogable y deberá ser apreciada por los mismos,

Tribunal de Instancia en cada partido judicial, con sede en su capital, de la que tomará su nombre.

2. Los Tribunales de Instancia estarán integrados por una Sección Única, de Civil y de Instrucción. En los supuestos determinados por la Ley 38/1988, de 28 de diciembre, de Demarcación y de Planta Judicial, el Tribunal de Instancia se integrará por una Sección Civil y otra Sección de Instrucción.

Además de las anteriores, los Tribunales de Instancia podrán estar integrados por alguna o varias de las siguientes Secciones:

a) De Familia, Infancia y Capacidad.

b) De lo Mercantil.

c) De Violencia sobre la Mujer.

d) De Violencia contra la Infancia y la Adolescencia.

e) De lo Penal.

f) De Menores.

g) De Vigilancia Penitenciaria.

h) De lo Contencioso-Administrativo.

i) De lo Social.

3. Cada Tribunal de Instancia contará con una Presidencia. Las Secciones del Tribunal de Instancia contarán con una Presidencia de Sección cuando concurran las siguientes circunstancias:

a) Que en el Tribunal de Instancia hubiere dos o más Secciones.

b) Que en la Sección de que se trate existan ocho o más plazas judiciales.

c) Que el número total de plazas judiciales del Tribunal de Instancia sea igual o superior a doce».

incluso de oficio, previa audiencia de las partes y del Ministerio Fiscal por plazo común de diez días.

3. La declaración de incompetencia adoptará la forma de auto y deberá efectuarse antes de la sentencia, remitiéndose las actuaciones al órgano de la jurisdicción que se estime competente para que ante él siga el curso del proceso, con emplazamiento a las partes para que en el plazo de diez días comparezcan ante el mismo. Si la competencia pudiera corresponder a un tribunal superior en grado, se acompañará una exposición razonada, estándose a lo que resuelva éste[7].

Art. 8[8] [9]. 1. Los Juzgados de lo Contencioso-administrativo conocerán, en única o primera instancia según lo dispuesto en esta ley, de los recursos que se deduzcan frente a los actos de las entidades locales

---

[7]   Apartado modificado por el Real Decreto-ley 6/2023, de 19 de diciembre. Esta modificación entra en vigor el 20 de marzo de 2024.

[8]   Artículo redactado con arreglo a la disposición adicional 14 de la Ley orgánica 19/2003, de 23 de diciembre, de modificación de la Ley orgánica 6/1985, de 1 de julio, del Poder Judicial.

[9]   Téngase en cuenta que conforme a la Ley orgánica 1/2025, de 2 de enero, de medidas en materia de eficiencia del Servicio Público de Justicia, el artículo 93 de la Ley orgánica 6/1985, de 1 de julio, del Poder Judicial, queda redactado como sigue: «1. Con carácter general, en el Tribunal de Instancia con sede en la capital de cada provincia, y con jurisdicción en toda ella, existirá una Sección de lo Contencioso-Administrativo.

2. Cuando el volumen de asuntos lo requiera, se podrán establecer Secciones de lo Contencioso-Administrativo en Tribunales de Instancia que tengan su sede en poblaciones distintas de la capital de provincia, delimitándose en cada caso el ámbito territorial de su jurisdicción.

3. También podrán crearse excepcionalmente Secciones de lo Contencioso-Administrativo que extiendan su jurisdicción a más de una provincia dentro de la misma comunidad autónoma.

4. Las Secciones de lo Contencioso-Administrativo conocerán, en primera o única instancia, de los recursos contencioso-administrativos contra actos que expresamente les atribuya la ley.

5. También les corresponde autorizar, mediante auto, la entrada en los domicilios y en los restantes edificios o lugares cuyo acceso requiera el consentimiento de su titular, cuando ello proceda para la ejecución forzosa de actos de la Administración, salvo que se trate de la ejecución de medidas de protección de menores acordadas por la entidad pública competente en la materia.

o de las entidades y corporaciones dependientes o vinculadas a las mismas, excluidas las impugnaciones de cualquier clase de instrumentos de planeamiento urbanístico.

2. Conocerán, asimismo, en única o primera instancia de los recursos que se deduzcan frente a los actos administrativos de la Administración de las Comunidades Autónomas, salvo cuando procedan del respectivo Consejo de Gobierno, cuando tengan por objeto:

a) Cuestiones de personal, salvo que se refieran al nacimiento o extinción de la relación de servicio de funcionarios públicos de carrera.

b) Las sanciones administrativas que consistan en multas no superiores a 60.000 euros y en ceses de actividades o privación de ejercicio de derechos que no excedan de seis meses.

c) Las reclamaciones por responsabilidad patrimonial cuya cuantía no exceda de 30.050 euros.

3. Conocerán en única o primera instancia de los recursos que se deduzcan frente a disposiciones y actos de la Administración periférica del Estado y de las Comunidades Autónomas, contra los actos de los organismos, entes, entidades o corporaciones de derecho público, cuya competencia no se extienda a todo el territorio nacional y contra las resoluciones de los órganos superiores cuando confirmen íntegramente los dictados por aquéllos en vía de recurso, fiscalización o tutela.

Se exceptúan los actos de cuantía superior a 60.000 euros dictados por la Administración periférica del Estado y los organismos públicos estatales cuya competencia no se extienda a todo el territorio nacional, o cuando se dicten en ejercicio de sus competencias sobre dominio público, obras públicas del Estado, expropiación forzosa y propiedades especiales.

6. A dichas Secciones les compete igualmente la autorización para la entrada en domicilios y otros lugares constitucionalmente protegidos, que haya sido acordada por la Administración Tributaria en el marco de una actuación o procedimiento de aplicación de los tributos aún con carácter previo a su inicio formal cuando, requiriendo dicho acceso el consentimiento de su titular, este se oponga a ello o exista riesgo de tal oposición».

4[10]. Conocerán, igualmente, de todas las resoluciones que se dicten en materia de extranjería por la Administración periférica del Estado o por los órganos competentes de las Comunidades Autónomas.

5. Corresponde conocer a los Juzgados de las impugnaciones contra actos de las Juntas Electorales de Zona y de las formuladas en materia de proclamación de candidaturas y candidatos efectuada por cualquiera de las Juntas Electorales, en los términos previstos en la legislación electoral.

6[11]. Conocerán también los Juzgados de lo Contencioso-administrativo de las autorizaciones para la entrada en domicilios y restantes lugares cuyo acceso requiera el consentimiento de su titular, siempre que ello proceda para la ejecución forzosa de actos de la administración pública, salvo que se trate de la ejecución de medidas de protección de menores acordadas por la Entidad Pública competente en la materia.

Asimismo, corresponderá a los Juzgados de lo Contencioso-administrativo la autorización o ratificación judicial de las medidas adoptadas con arreglo a la legislación sanitaria que las autoridades sanitarias consideren urgentes y necesarias para la salud pública e impliquen limitación o restricción de derechos fundamentales cuando dichas medidas estén plasmadas en actos administrativos singulares que afecten únicamente a uno o varios particulares concretos e identificados de manera individualizada.

Además, los Juzgados de lo Contencioso-administrativo conocerán de las autorizaciones para la entrada e inspección de domicilios, locales, terrenos y medios de transporte que haya sido acordada por la Comisión Nacional de los Mercados y la Competencia, cuando, requiriendo dicho acceso e inspección el consentimiento de su titular, este se oponga a ello o exista riesgo de tal oposición.

---

[10] Apartado redactado conforme a la Ley 37/2011, de 10 de octubre, de medidas de agilización procesal.
[11] Apartado modificado por la Ley 11/2021, de 9 de julio.

Los Juzgados de lo Contencioso-administrativo conocerán también de las autorizaciones para la entrada en domicilios y otros lugares constitucionalmente protegidos, que haya sido acordada por la Administración Tributaria en el marco de una actuación o procedimiento de aplicación de los tributos aún con carácter previo a su inicio formal cuando, requiriendo dicho acceso el consentimiento de su titular, este se oponga a ello o exista riesgo de tal oposición.

Art. 9[12]. 1[13] [14]. Los Juzgados Centrales de lo Contencioso-administrativo conocerán de los recursos que se deduzcan frente a los actos administrativos que tengan por objeto:

[12]   Artículo redactado con arreglo a la disposición adicional 14 de la Ley orgánica 19/2003, de 23 de diciembre, de modificación de la Ley orgánica 6/1985, de 1 de julio, del Poder Judicial.

[13]   Apartado renumerado por la Ley 2/2011, de 4 de marzo, de economía sostenible.

[14]   Téngase en cuenta que conforme a la Ley orgánica 1/2025, de 2 de enero, de medidas en materia de eficiencia del Servicio Público de Justicia, el artículo 95 de la Ley orgánica 6/1985, de 1 de julio, del Poder Judicial, queda redactado como sigue: «En la Villa de Madrid y con jurisdicción en todo el territorio nacional existirá un Tribunal Central de Instancia, que contará con las siguientes Secciones:

(...)

e) Sección de lo Contencioso-Administrativo, que conocerá, en primera o única instancia, de los recursos contencioso-administrativos contra disposiciones y actos emanados de autoridades, organismos, órganos y entidades públicas con competencia en todo el territorio nacional, en los términos que la ley establezca.

Corresponde también a la Sección de lo Contencioso-Administrativo autorizar, mediante auto, la cesión de los datos que permitan la identificación a que se refiere el artículo 8.2 de la Ley 34/2002, de 11 de julio, de servicios de la sociedad de la información y de comercio electrónico, la ejecución material de las resoluciones adoptadas por el órgano competente para que se interrumpa la prestación de servicios de la sociedad de la información o para que se retiren contenidos que vulneran la propiedad intelectual, en aplicación de la citada Ley 34/2002, de 11 de julio, así como la limitación al acceso de los destinatarios al servicio intermediario prevista en el artículo 51.2 b) del Reglamento (UE) 2022/2065 del Parlamento Europeo y del Consejo de 19 de octubre de 2022, relativo a un mercado único de servicios digitales y por el que se modifica la Directiva 2000/31/CE. Igualmente conocerá la Sección de lo Contencioso-Administrativo del procedimiento previsto en el artículo 12 bis de la Ley Orgánica 6/2002, de 27 de junio, de Partidos Políticos.

a) En primera o única instancia en las materias de personal cuando se trate de actos dictados por Ministros y Secretarios de Estado, salvo que confirmen en vía de recurso, fiscalización o tutela, actos dictados por órganos inferiores, o se refieran al nacimiento o extinción de la relación de servicio de funcionarios de carrera, o a las materias recogidas en el artículo 11.1.a) sobre personal militar.

b) En única o primera instancia contra los actos de los órganos centrales de la Administración General del Estado en los supuestos previstos en el apartado 2.b) del artículo 8.

c) En primera o única instancia de los recursos contencioso-administrativos que se interpongan contra las disposiciones generales y contra los actos emanados de los organismos públicos con personalidad jurídica propia y entidades pertenecientes al sector público estatal con competencia en todo el territorio nacional, sin perjuicio de lo dispuesto en el párrafo i) del apartado 1 del artículo 10.

d) En primera o única instancia, de los recursos contra las resoluciones dictadas por los Ministros y Secretarios de Estado en materia de responsabilidad patrimonial cuando lo reclamado no exceda de 30.050 euros.

e) En primera instancia, de las resoluciones que acuerden la inadmisión de las peticiones de asilo político.

f)[15] En única o primera instancia, de las resoluciones que, en vía de fiscalización, sean dictadas por el Comité Español de Disciplina Deportiva en materia de disciplina deportiva.

Corresponde a la Sección de lo Contencioso-Administrativo autorizar, mediante auto, el requerimiento de información por parte de la Agencia Española de Protección de Datos y otras autoridades administrativas independientes de ámbito estatal a los operadores que presten servicios de comunicaciones electrónicas disponibles al público y de los prestadores de servicios de la sociedad de la información, cuando ello sea necesario de acuerdo con la legislación específica».

[15] Letra introducida por la Ley orgánica 7/2006, de 21 de noviembre, de protección de la salud y de la lucha contra el dopaje en el deporte. Las referencias al Comité Español de Disciplina Deportiva se entenderán hechas al Tribunal Administrativo del Deporte,

2. Corresponderá a los Juzgados Centrales de lo Contencioso-Administrativo, la autorización a que se refiere el artículo 8.2 de la Ley 34/2002 así como autorizar la ejecución de los actos adoptados por la Sección Segunda de la Comisión de Propiedad Intelectual para que se interrumpa la prestación de servicios de la sociedad de la información o para que se retiren contenidos que vulneren la propiedad intelectual, en aplicación de la Ley 34/2002, de 11 de julio, de Servicios de la Sociedad de la información y de Comercio Electrónico[16].

3. Igualmente conocerán los Juzgados Centrales de lo Contencioso Administrativo del procedimiento previsto en el artículo 12 bis de la Ley Orgánica 6/2002, de 27 de junio, de Partidos Políticos[17].

Art. 10[18]. 1. Las Salas de lo Contencioso-Administrativo de los Tribunales Superiores de Justicia conocerán en única instancia de los recursos que se deduzcan en relación con:

a) Los actos de las Entidades locales y de las Administraciones de las Comunidades Autónomas, cuyo conocimiento no esté atribuido a los Juzgados de lo Contencioso-Administrativo.

b) Las disposiciones generales emanadas de las Comunidades Autónomas y de las Entidades locales.

c) Los actos y disposiciones de los órganos de gobierno de las asambleas legislativas de las Comunidades Autónomas, y de las instituciones autonómicas análogas al Tribunal de Cuentas y al Defensor del Pueblo, en materia de personal, administración y gestión patrimonial.

---

conforme establece el número 2 de la disposición adicional cuarta de la Ley orgánica 3/2013, de 20 de junio.

[16]   Apartado introducido por la Ley 2/2011, de 4 de marzo, de economía sostenible.

[17]   Apartado introducido por la Ley orgánica 3/2015, de 30 de marzo, de control de la actividad económico-financiera de los Partidos Políticos, por la que se modifican la Ley orgánica 8/2007, de 4 de julio, sobre financiación de los Partidos Políticos, la Ley orgánica 6/2002, de 27 de junio, de Partidos Políticos y la Ley orgánica 2/1982, de 12 de mayo, del Tribunal de Cuentas.

[18]   Artículo modificado por Ley 3/2020, de 18 de septiembre.

d) Los actos y resoluciones dictados por los Tribunales Económico-Administrativos Regionales y Locales que pongan fin a la vía económico-administrativa.

e) Las resoluciones dictadas por el Tribunal Económico-Administrativo Central en materia de tributos cedidos.

f) Los actos y disposiciones de las Juntas Electorales Provinciales y de Comunidades Autónomas, así como los recursos contencioso-electorales contra acuerdos de las Juntas Electorales sobre proclamación de electos y elección y proclamación de Presidentes de Corporaciones locales, en los términos de la legislación electoral.

g) Los convenios entre Administraciones públicas cuyas competencias se ejerzan en el ámbito territorial de la correspondiente Comunidad Autónoma.

h) La prohibición o la propuesta de modificación de reuniones previstas en la Ley Orgánica 9/1983, de 15 de julio, Reguladora del Derecho de Reunión.

i) Los actos y resoluciones dictados por órganos de la Administración General del Estado cuya competencia se extienda a todo el territorio nacional y cuyo nivel orgánico sea inferior al de Ministro o Secretario de Estado en materias de personal, propiedades especiales y expropiación forzosa.

j) Los actos y resoluciones de los órganos de las Comunidades Autónomas competentes para la aplicación de la Ley de Defensa de la Competencia.

k) Las resoluciones dictadas por el órgano competente para la resolución de recursos en materia de contratación previsto en el artículo 311 de la Ley 30/2007, de 30 de octubre, de Contratos del Sector Público, en relación con los contratos incluidos en el ámbito competencial de las Comunidades Autónomas o de las Corporaciones locales.

l) Las resoluciones dictadas por los Tribunales Administrativos Territoriales de Recursos Contractuales.

m) Los actos y disposiciones dictados por las autoridades independientes autonómicas u órganos competentes de las comunidades autónomas referidos en la Ley reguladora de la protección de las personas que informen sobre infracciones normativas y de lucha contra la corrupción[19].

n) Cualesquiera otras actuaciones administrativas no atribuidas expresamente a la competencia de otros órganos de este orden jurisdiccional[20].

2. Conocerán, en segunda instancia, de las apelaciones promovidas contra sentencias y autos dictados por los Juzgados de lo Contencioso-administrativo, y de los correspondientes recursos de queja.

3. También les corresponde, con arreglo a lo establecido en esta Ley, el conocimiento de los recursos de revisión contra las sentencias firmes de los Juzgados de lo Contencioso-administrativo.

4. Conocerán de las cuestiones de competencia entre los Juzgados de lo Contencioso-administrativo con sede en la Comunidad Autónoma.

5. Conocerán del recurso de casación para la unificación de doctrina previsto en el artículo 99.

6. Conocerán del recurso de casación en interés de la ley previsto en el artículo 101.

7. Conocerán de la solicitud de autorización al amparo del artículo 122 ter, cuando sea formulada por la autoridad de protección de datos de la Comunidad Autónoma respectiva.

8[21]. *Conocerán de la autorización o ratificación judicial de las medidas adoptadas con arreglo a la legislación sanitaria que las autoridades sanitarias de ámbito distinto al estatal consideren urgentes y necesarias para la salud pública e impliquen la limitación o restricción de derechos fundamentales cuando sus destinatarios no estén identificados individualmente.*

---

[19]   Se modifica la letra m) por la Ley 2/2023, de 20 de febrero.
[20]   Se añade la letra n) por la Ley 2/2023, de 20 de febrero.
[21]   La STC 70/2022, de 2 de junio, declara la inconstitucionalidad y nulidad del apartado 8, en la redacción dada por la Ley 3/2020, de 18 de septiembre.

Art. 11. 1[22]. La Sala de lo Contencioso-administrativo de la Audiencia Nacional conocerá en única instancia:

a)[23] De los recursos que se deduzcan en relación con las disposiciones generales y los actos de los Ministros, aun cuando se adopten previo informe o acuerdo del Consejo de Ministros o de las Comisiones Delegadas del Gobierno, y de los Secretarios de Estado, en general y en materia de personal cuando se refieran al nacimiento o extinción de la relación de servicio de funcionarios de carrera. Asimismo, conocerá de los recursos contra los actos de cualesquiera órganos centrales del Ministerio de Defensa referidos a ascensos, orden y antigüedad en el escalafón y destinos.

b) De los recursos contra los actos de los Ministros y Secretarios de Estado cuando rectifiquen en vía de recurso o en procedimiento de fiscalización o de tutela los dictados por órganos o entes distintos con competencia en todo el territorio nacional.

c) De los recursos en relación con los convenios entre Administraciones públicas no atribuidos a los Tribunales Superiores de Justicia.

d) De los actos de naturaleza económico-administrativa dictados por el Ministro de Economía y Hacienda y por el Tribunal Económico-Administrativo Central, con excepción de lo dispuesto en el artículo 10.1.e).

e) De los recursos contra los actos dictados por la Comisión de Vigilancia de Actividades de Financiación del Terrorismo, y de la autorización de prórroga de los plazos de las medidas de dicha Comisión, conforme a lo previsto en la Ley de Prevención y Bloqueo de la Financiación del Terrorismo.

f) Las resoluciones dictadas por el Tribunal Administrativo Central de Recursos Contractuales, con excepción de lo dispuesto en el artículo 10.1.k).

---

[22]　Apartado modificado por la Ley 3/2020, de 18 de septiembre.
[23]　Letra modificada por la Ley orgánica 1/2025, de 2 de enero.

g) De los recursos contra los actos del Banco de España, de la Comisión Nacional del Mercado de Valores y del FROB adoptados conforme a lo previsto en la Ley 11/2015, de 18 de junio, de recuperación y resolución de entidades de crédito y empresas de servicios de inversión.

h) De los recursos interpuestos por la Comisión Nacional de los Mercados y de la Competencia en defensa de la unidad de mercado.

i)[24] *De la autorización o ratificación judicial de las medidas adoptadas con arreglo a la legislación sanitaria que la autoridad sanitaria estatal considere urgentes y necesarias para la salud pública e impliquen la limitación o restricción de derechos fundamentales, cuando sus destinatarios no estén identificados individualmente.*

2. Conocerá, en segunda instancia, de las apelaciones contra autos y sentencias dictados por los Juzgados Centrales de lo Contencioso-Administrativo y de los correspondientes recursos de queja.

3. Conocerá de los recursos de revisión contra sentencias firmes dictadas por los Juzgados Centrales de lo Contencioso-Administrativo.

4. También conocerá de las cuestiones de competencia que se puedan plantear entre los Juzgados Centrales de lo Contencioso-Administrativo.

5. Conocerá de la solicitud de autorización al amparo del artículo 122 ter, cuando sea formulada por la Agencia Española de Protección de Datos[25].

Art. 12. 1. La Sala de lo Contencioso-Administrativo del Tribunal Supremo conocerá en única instancia de los recursos que se deduzcan en relación con:

a) Los actos y disposiciones del Consejo de Ministros y de las Comisiones Delegadas del Gobierno.

---

[24] La STC 70/2022, de 2 de junio, declara la inconstitucionalidad y nulidad del apartado 1.i), en la redacción dada por la Ley 3/2020, de 18 de septiembre.
[25] Apartado añadido por la disposición final 6.2 de la Ley Orgánica 3/2018, de 5 de diciembre.

b) Los actos y disposiciones del Consejo General del Poder Judicial y del Fiscal General del Estado[26].

c) Los actos y disposiciones en materia de personal, administración y gestión patrimonial adoptados por los órganos competentes del Congreso de los Diputados, del Senado, del Tribunal Constitucional, del Tribunal de Cuentas y del Defensor del Pueblo.

2. Conocerá también de:

a) Los recursos de casación de cualquier modalidad, en los términos establecidos por esta Ley, y los correspondientes recursos de queja.

b) Los recursos de casación y revisión contra las resoluciones dictadas por el Tribunal de Cuentas, con arreglo a lo establecido en su Ley de Funcionamiento.

c) Los recursos de revisión contra sentencias firmes dictadas por las Salas de lo Contencioso-Administrativo de los Tribunales Superiores de Justicia, de la Audiencia Nacional y del Tribunal Supremo, salvo lo dispuesto en el artículo 61.1.1.° de la Ley Orgánica del Poder Judicial.

3. Asimismo conocerá de:

a) Los recursos que se deduzcan en relación con los actos y disposiciones de la Junta Electoral Central, así como los recursos contencioso-electorales que se deduzcan contra los acuerdos sobre proclamación de electos en los términos previstos en la legislación electoral.

b) Los recursos deducidos contra actos de las Juntas Electorales adoptados en el procedimiento para elección de miembros de las Salas de Gobierno de los Tribunales, en los términos de la Ley Orgánica del Poder Judicial.

4. Conocerá de la solicitud de autorización al amparo del artículo 122 ter, cuando sea formulada por el Consejo General del Poder Judicial[27].

---

[26] Se modifica la letra b) del apartado 1 por la Ley 16/2022, de 5 de septiembre.
[27] Apartado añadido por la disposición final 6.3 de la Ley Orgánica 3/2018, de 5 de diciembre.

Art. 13. Para aplicar las reglas de distribución de competencia contenidas en los artículos anteriores, se tendrán en cuenta los siguientes criterios:

a) Las referencias que se hacen a la Administración del Estado, Comunidades Autónomas y Entidades locales comprenden a las Entidades y Corporaciones dependientes o vinculadas a cada una de ellas.

b) La competencia atribuida a los Juzgados y Tribunales para el conocimiento de recursos contra actos administrativos incluye la relativa a la inactividad y a las actuaciones constitutivas de vía de hecho.

c) Salvo disposición expresa en contrario, la atribución de competencia por razón de la materia prevalece sobre la efectuada en razón del órgano administrativo autor del acto.

CAPÍTULO III. COMPETENCIA TERRITORIAL DE LOS JUZGADOS Y TRIBUNALES

Art. 14. 1. La competencia territorial de los Juzgados y de los Tribunales Superiores de Justicia se determinará conforme a las siguientes reglas:

Primera. Con carácter general, será competente el órgano jurisdiccional en cuya circunscripción tenga su sede el órgano que hubiere dictado la disposición o el acto originario impugnado.

Segunda. Cuando el recurso tenga por objeto actos de las Administraciones Públicas en materia de responsabilidad patrimonial, personal, propiedades especiales y sanciones será competente, a elección del demandante, el Juzgado o el Tribunal en cuya circunscripción tenga aquél su domicilio o se halle la sede del órgano autor del acto originario impugnado[28].

Cuando el recurso tenga por objeto actos de las Administraciones de las Comunidades Autónomas o de las entidades de la Administración

---

[28]   Apartado redactado conforme a la Ley 37/2011, de 10 de octubre, de medidas de agilización procesal.

Local, la elección a que se refiere esta regla segunda se entenderá limitada a la circunscripción del Tribunal Superior de Justicia en que tenga su sede el órgano que hubiere dictado el acto originario impugnado[29].

Tercera. La competencia corresponderá al órgano jurisdiccional en cuya circunscripción radiquen los inmuebles afectados cuando se impugnen planes de ordenación urbana y actuaciones urbanísticas, expropiatorias y, en general, las que comporten intervención administrativa en la propiedad privada.

2. Cuando el acto originario impugnado afectase a una pluralidad de destinatarios y fueran diversos los Juzgados o Tribunales competentes según las reglas anteriores, la competencia vendrá atribuida al órgano jurisdiccional en cuya circunscripción tenga su sede el órgano que hubiere dictado el acto originario impugnado.

CAPÍTULO IV. CONSTITUCIÓN Y ACTUACIÓN DE LAS SALAS DE LO CONTENCIOSO-ADMINISTRATIVO

Art. 15. 1. La Sala de lo Contencioso-Administrativo del Tribunal Supremo actuará dividida en Secciones, cuyo Presidente será el que lo fuere de la Sala o el Magistrado más antiguo de los que integren la Sección, salvo en el supuesto previsto en el artículo 96.6 en el que la Sección a que se refiere será presidida por el Presidente del Tribunal Supremo.

2. Para la vista o deliberación y fallo será necesaria la concurrencia del que presida y de los Magistrados siguientes:

a) Todos los que componen la Sección para decidir los recursos de casación y revisión.

b) Cuatro en los demás casos.

3. Para el despacho ordinario será suficiente la concurrencia del que presida y dos Magistrados.

---

[29]   Párrafo introducido por la Ley 13/2009, de 3 de noviembre, de reforma de la legislación procesal para la implantación de la nueva Oficina judicial.

Art. 16. 1. La Sala de lo Contencioso-Administrativo de la Audiencia Nacional se compondrá de las Secciones que aconseje el número de asuntos, cuyo Presidente será el que lo fuere de la Sala o el Magistrado más antiguo de los integrantes de la Sección.

2. Las Salas de lo Contencioso-Administrativo de los Tribunales Superiores de Justicia, cuando el número de sus miembros exceda de cinco, actuarán divididas en Secciones, cuyo Presidente será el que lo fuere de la Sala o el Magistrado más antiguo de los que integren la Sección.

3. Para la vista o deliberación y fallo, y despacho ordinario, será suficiente la concurrencia del que presida y dos Magistrados.

4. La resolución de los recursos de casación en interés de la ley, de casación para la unificación de doctrina y de revisión se encomendará a una Sección de la Sala de lo Contencioso-Administrativo que tenga su sede en el Tribunal Superior de Justicia compuesta por el Presidente de dicha Sala que la presidirá, por el Presidente o Presidentes de las demás Salas de lo Contencioso-Administrativo y, en su caso, de las Secciones de las mismas, en número no superior a dos; y por los Magistrados de la referida Sala o Salas que fueran necesarios para completar un total de cinco miembros.

Si la Sala o Salas de lo Contencioso-Administrativo tuviesen más de una Sección, la Sala de Gobierno del Tribunal Superior de Justicia establecerá para cada año judicial el turno con arreglo al cual los Presidentes de Sección ocuparán los puestos de la regulada en este apartado. También lo establecerá entre todos los Magistrados que presten servicio en la Sala o Salas.

CAPÍTULO V. DISTRIBUCIÓN DE ASUNTOS[30]

Art. 17. 1. La distribución de asuntos entre las diversas Salas de un mismo Tribunal, o entre las diversas Secciones de una misma Sala,

---

[30] Téngase en cuenta que conforme a la Ley orgánica 1/2025, de 2 de enero, de medidas en materia de eficiencia del Servicio Público de Justicia, el artículo 167 de la Ley orgánica 6/1985, de 1 de julio, del Poder Judicial, queda redactado como sigue: «1. En

será acordada por la Sala de Gobierno del respectivo Tribunal, teniendo en cuenta la naturaleza y homogeneidad de la materia a que se refieren los recursos.

2. Idéntico criterio se tendrá en cuenta para la distribución de asuntos entre los diversos Juzgados de lo Contencioso-Administrativo

los Tribunales de Instancia los asuntos se distribuirán entre los jueces y las juezas, por razón de las plazas en que se integren conforme a normas de reparto predeterminadas y públicas. Las normas de reparto se aprobarán por la Sala de Gobierno del Tribunal Superior de Justicia, a propuesta de la Junta de Jueces y Juezas de la respectiva Sección del Tribunal de Instancia. En el caso del Tribunal Central de Instancia, las normas de reparto se aprobarán por la Sala de Gobierno de la Audiencia Nacional, a propuesta de la Junta de Jueces y Juezas de la respectiva Sección.

2. A solicitud del interesado, la Junta de Jueces y Juezas de la Sección respectiva podrá proponer que se libere, total o parcialmente, a un juez, jueza, magistrado o magistrada del reparto de asuntos, por tiempo limitado, cuando la buena administración de justicia lo haga necesario. El acuerdo se trasladará por la Presidencia del Tribunal de Instancia a la Sala de Gobierno para que ésta, si lo entiende pertinente, proceda a su aprobación y publicación. En el caso del Tribunal Central de Instancia, la propuesta de liberación deberá hacerse por la Junta de Jueces y Juezas de la respectiva Sección. Las modificaciones que se adopten en las normas de reparto no podrán afectar a los procedimientos en trámite.

3. La Sala de Gobierno podrá acordar las modificaciones precisas en las normas de reparto de jueces, juezas, magistrados y magistradas de las Secciones de lo Mercantil, de lo Penal, de Menores, de Vigilancia Penitenciaria, de lo Contencioso-administrativo o de lo Social de los Tribunales de Instancia, para equilibrar la distribución de asuntos que por materia les corresponde a cada uno de ellos según su clase, aun cuando alguno tuviese atribuido, por disposición legal o por acuerdo del Pleno del propio Consejo General del Poder Judicial, el despacho de asuntos de su competencia a una circunscripción de ámbito inferior a la provincia.

4. La Presidencia del Tribunal de Instancia, valoradas las circunstancias concurrentes, podrá proponer el nombramiento de los jueces, las juezas, los magistrados y las magistradas a que se refiere el apartado 6 del artículo 84. El acuerdo se trasladará a la Sala de Gobierno para que ésta, si lo estima pertinente, lo remita al Consejo General del Poder Judicial para su aprobación.

5. El reparto se realizará por el letrado o la letrada de la Administración de Justicia bajo la supervisión de la Presidencia del Tribunal de Instancia y le corresponderá a ésta resolver con carácter gubernativo interno las cuestiones que se planteen y corregir las irregularidades que puedan producirse, adoptando las medidas necesarias y promoviendo, en su caso, la exigencia de las responsabilidades que procedan. En el caso del Tribunal Central de Instancia, estas funciones corresponderán a su Presidencia».

de una misma población. La aprobación corresponderá a la Sala de Gobierno del Tribunal Superior de Justicia, a propuesta de la Junta de Jueces de este orden jurisdiccional.

3. Los acuerdos sobre distribución de asuntos se adoptarán cada dos años y se comunicarán al Consejo General del Poder Judicial al solo efecto de su publicación, antes de la apertura de Tribunales, en el «Boletín Oficial del Estado» o en el de la Comunidad Autónoma, según corresponda.

En caso de resultar alterada la competencia de los distintos Juzgados con sede en un mismo partido judicial, de las diversas Salas de un mismo Tribunal o de las diversas Secciones de una Sala por razón de una nueva distribución de asuntos, de los procesos en tramitación continuará conociendo y fallará el órgano jurisdiccional que resultare competente al tiempo de la interposición del recurso, según los acuerdos entonces vigentes.

TÍTULO II. LAS PARTES

CAPÍTULO I. CAPACIDAD PROCESAL

Art. 18. Tienen capacidad procesal ante el orden jurisdiccional contencioso-administrativo, además de las personas que la ostenten con arreglo a la Ley de Enjuiciamiento Civil, los menores de edad para la defensa de aquellos de sus derechos e intereses legítimos cuya actuación les esté permitida por el ordenamiento jurídico sin necesidad de asistencia de la persona que ejerza la patria potestad, tutela o curatela.

Los grupos de afectados, uniones sin personalidad o patrimonios independientes o autónomos, entidades todas ellas aptas para ser titulares de derechos y obligaciones al margen de su integración en las estructuras formales de las personas jurídicas, también tendrán capacidad procesal ante el orden jurisdiccional contencioso-administrativo cuando la Ley así lo declare expresamente.

CAPÍTULO II. LEGITIMACIÓN

Art. 19. 1. Están legitimados ante el orden jurisdiccional contencioso-administrativo:

a) Las personas físicas o jurídicas que ostenten un derecho o interés legítimo.

b) Las corporaciones, asociaciones, sindicatos y grupos y entidades a que se refiere el artículo 18 que resulten afectados o estén legalmente habilitados para la defensa de los derechos e intereses legítimos colectivos.

c) La Administración del Estado, cuando ostente un derecho o interés legítimo, para impugnar los actos y disposiciones de la Administración de las Comunidades Autónomas y de los Organismos públicos vinculados a éstas, así como los de las Entidades locales, de conformidad con lo dispuesto en la legislación de régimen local, y los de cualquier otra entidad pública no sometida a su fiscalización.

d) La Administración de las Comunidades Autónomas, para impugnar los actos y disposiciones que afecten al ámbito de su autonomía, emanados de la Administración del Estado y de cualquier otra Administración u Organismo público, así como los de las Entidades locales, de conformidad con lo dispuesto en la legislación de régimen local.

e) Las Entidades locales territoriales, para impugnar los actos y disposiciones que afecten al ámbito de su autonomía, emanados de las Administraciones del Estado y de las Comunidades Autónomas, así como los de Organismos públicos con personalidad jurídica propia vinculados a una y otras o los de otras Entidades locales.

f) El Ministerio Fiscal para intervenir en los procesos que determine la Ley.

g) Las Entidades de Derecho público con personalidad jurídica propia vinculadas o dependientes de cualquiera de las Administraciones públicas para impugnar los actos o disposiciones que afecten al ámbito de sus fines.

h) Cualquier ciudadano, en ejercicio de la acción popular, en los casos expresamente previstos por las Leyes.

i)[31] Para la defensa del derecho a la igualdad de trato y no discriminación e intolerancia, además de las personas afectadas y siempre con su autorización, estará también legitimada la Autoridad Independiente para la Igualdad de Trato y la No Discriminación, así como, en relación con las personas afiliadas o asociadas a los mismos, los partidos políticos, los sindicatos, las asociaciones profesionales de trabajadores autónomos, las organizaciones de personas consumidoras y usuarias y las asociaciones y organizaciones legalmente constituidas que tengan entre sus fines la defensa y promoción de los derechos humanos, de acuerdo con lo establecido en la Ley integral para la igualdad de trato y la no discriminación.

Cuando las personas afectadas sean una pluralidad indeterminada o de difícil determinación, la legitimación para instar acciones judiciales en defensa de derechos o intereses difusos corresponderá a la Autoridad Independiente para la Igualdad de Trato y la No Discriminación, a los partidos políticos, los sindicatos y las asociaciones profesionales de trabajadores autónomos más representativos, así como a las organizaciones de personas consumidoras y usuarias de ámbito estatal, y a las organizaciones, de ámbito estatal o del ámbito territorial en el que se produce la situación de discriminación, que tengan entre sus fines la defensa y promoción de los derechos humanos, de acuerdo con lo establecido en la Ley integral para la igualdad de trato y la no discriminación, sin perjuicio en todo caso de la legitimación individual de aquellas personas afectadas que estuviesen determinadas.

La persona acosada será la única legitimada en los litigios sobre acoso sexual y acoso discriminatorio.

j)[32] Para la defensa de los derechos e intereses de las personas víctimas de discriminación por orientación e identidad sexual, expresión

---

[31]   Letra modificada por la Ley 15/2022, de 12 de julio.
[32]   Se añade la letra j) por la Ley 4/2023, de 28 de febrero.

de género o características sexuales, además de las personas afectadas y siempre que cuenten con su autorización expresa, estarán también legitimados los partidos políticos, las organizaciones sindicales, las organizaciones empresariales, las asociaciones profesionales de personas trabajadoras autónomas, las asociaciones de personas consumidoras y usuarias y las asociaciones y organizaciones legalmente constituidas que tengan entre sus fines la defensa y promoción de los derechos de las personas lesbianas, gais, bisexuales, trans e intersexuales o de sus familias, de acuerdo con lo establecido en la Ley para la igualdad real y efectiva de las personas trans y para la garantía de los derechos de las personas LGTBI.

Cuando las personas afectadas sean una pluralidad indeterminada o de difícil determinación, la legitimación para demandar en juicio la defensa de estos intereses difusos corresponderá exclusivamente a los organismos públicos con competencia en la materia, a los partidos políticos, las organizaciones sindicales, las organizaciones empresariales, las asociaciones profesionales de personas trabajadoras autónomas, las asociaciones de personas consumidoras y usuarias y las asociaciones y organizaciones legalmente constituidas que tengan entre sus fines la defensa y promoción de los derechos de las personas lesbianas, gais, bisexuales, trans e intersexuales o de sus familias.

La persona acosada será la única legitimada en los litigios sobre acoso discriminatorio por razón de orientación e identidad sexual, expresión de género o características sexuales.

k)[33] Los sindicatos estarán también legitimados para actuar, en nombre interés del personal funcionario y estatutario afiliado a ellos que así lo autorice, en defensa de sus derechos individuales, recayendo sobre dichos afiliados los efectos de aquella actuación.

2. La Administración autora de un acto está legitimada para impugnarlo ante este orden jurisdiccional, previa su declaración de lesividad para el interés público en los términos establecidos por la Ley.

---

[33]   Letra introducida por la Ley orgánica 1/2025, de 2 de enero.

3. El ejercicio de acciones por los vecinos en nombre e interés de las Entidades locales se rige por lo dispuesto en la legislación de régimen local.

4. Las Administraciones públicas y los particulares podrán interponer recurso contencioso-administrativo contra las decisiones adoptadas por los órganos administrativos a los que corresponde resolver los recursos especiales y las reclamaciones en materia de contratación a que se refiere la legislación de Contratos del Sector Público sin necesidad, en el primer caso, de declaración de lesividad[34].

5. Tendrán legitimación para recurrir ante el orden jurisdiccional contencioso-administrativo las resoluciones del Tribunal Administrativo del Deporte que se dicten en asuntos de disciplina deportiva en materia de dopaje, todas las personas mencionadas en el artículo 40.4 de la Ley Orgánica de Protección de la Salud del Deportista y Lucha contra el Dopaje en la Actividad Deportiva[35].

Art. 20. No pueden interponer recurso contencioso-administrativo contra la actividad de una Administración pública:

a) Los órganos de la misma y los miembros de sus órganos colegiados, salvo que una Ley lo autorice expresamente.

b) Los particulares cuando obren por delegación o como meros agentes o mandatarios de ella.

c) Las Entidades de Derecho público que sean dependientes o estén vinculadas al Estado, las Comunidades Autónomas o las Entidades locales, respecto de la actividad de la Administración de la que dependan.

---

[34] Apartado introducido por la Ley 34/2010, de 5 de agosto, de modificación de las Leyes 30/2007, de 30 de octubre, de Contratos del Sector Público, 31/2007, de 30 de octubre, sobre procedimientos de contratación en los sectores del agua, la energía, los transportes y los servicios postales, y 29/1998, de 13 de julio, reguladora de la Jurisdicción Contencioso-Administrativa para adaptación a la normativa comunitaria de las dos primeras.

[35] Apartado 5 añadido por la Ley Orgánica 3/2013, de 20 de junio.

Se exceptúan aquellos a los que por Ley se haya dotado de un estatuto específico de autonomía respecto de dicha Administración.

Art. 21. 1. Se considera parte demandada:

a) Las Administraciones públicas o cualesquiera de los órganos mencionados en el artículo 1.3 contra cuya actividad se dirija el recurso.

b) Las personas o entidades cuyos derechos o intereses legítimos pudieran quedar afectados por la estimación de las pretensiones del demandante.

c) Las aseguradoras de las Administraciones públicas, que siempre serán parte codemandada junto con la Administración a quien aseguren[36].

2. A efectos de lo dispuesto en el párrafo a) del apartado anterior, cuando se trate de Organismos o Corporaciones públicos sujetos a fiscalización de una Administración territorial, se entiende por Administración demandada:

a) El Organismo o Corporación autores del acto o disposición fiscalizados, si el resultado de la fiscalización es aprobatorio.

b) La que ejerza la fiscalización, si mediante ella no se aprueba íntegramente el acto o disposición.

3. En los recursos contra las decisiones adoptadas por los órganos administrativos a los que corresponde resolver los recursos especiales y las reclamaciones en materia de contratación a que se refiere la legislación de Contratos del Sector Público los citados órganos no tendrán la consideración de parte demandada, siéndolo las personas o Administraciones favorecidas por el acto objeto del recurso, o que se personen en tal concepto, conforme a lo dispuesto en el artículo 49[37].

---

[36]   Apartado redactado con arreglo a la Ley orgánica 19/2003, de 23 de diciembre, de modificación de la Ley orgánica 6/1985, de 1 de julio, del Poder Judicial.

[37]   Apartado introducido por la Ley 34/2010, de 5 de agosto, de modificación de las Leyes 30/2007, de 30 de octubre, de Contratos del Sector Público, 31/2007, de 30 de octubre, sobre procedimientos de contratación en los sectores del agua, la energía, los trans-

4. Si el demandante fundara sus pretensiones en la ilegalidad de una disposición general, se considerará también parte demandada a la Administración autora de la misma, aunque no proceda de ella la actuación recurrida[38].

Art. 22. Si la legitimación de las partes derivare de alguna relación jurídica transmisible, el causahabiente podrá suceder en cualquier estado del proceso a la persona que inicialmente hubiere actuado como parte.

CAPÍTULO III. REPRESENTACIÓN Y DEFENSA DE LAS PARTES

Art. 23. 1. En sus actuaciones ante órganos unipersonales, las partes podrán conferir su representación a un Procurador y serán asistidas, en todo caso, por Abogado. Cuando las partes confieran su representación al Abogado, será a éste a quien se notifiquen las actuaciones.

2. En sus actuaciones ante órganos colegiados, las partes deberán conferir su representación a un Procurador y ser asistidas por Abogado.

3. Podrán, no obstante, comparecer por sí mismos los funcionarios públicos en defensa de sus derechos estatutarios, cuando se refieran a cuestiones de personal que no impliquen separación de empleados públicos inamovibles.

En este caso, estarán obligados al empleo de los sistemas electrónicos existentes, tanto para la remisión de escritos, iniciadores o no, y demás documentos, como para la recepción de notificaciones, de forma

portes y los servicios postales, y 29/1998, de 13 de julio, reguladora de la Jurisdicción Contencioso-Administrativa para adaptación a la normativa comunitaria de las dos primeras.

[38] Apartado renumerado por la Ley 34/2010, de 5 de agosto, de modificación de las Leyes 30/2007, de 30 de octubre, de Contratos del Sector Público, 31/2007, de 30 de octubre, sobre procedimientos de contratación en los sectores del agua, la energía, los transportes y los servicios postales, y 29/1998, de 13 de julio, reguladora de la Jurisdicción Contencioso-Administrativa para adaptación a la normativa comunitaria de las dos primeras.

tal que esté garantizada su autenticidad y quede constancia fehaciente de la remisión y la recepción íntegras, así como de la fecha en que éstas se hicieren[39].

4. En todo caso, la representación prevista en este artículo podrá conferirse electrónicamente a través de los medios establecidos para ello[40].

Art. 24. La representación y defensa de las Administraciones públicas y de los órganos constitucionales se rige por lo dispuesto en la Ley Orgánica del Poder Judicial y en la Ley de Asistencia Jurídica al Estado e Instituciones Públicas, así como en las normas que sobre la materia y en el marco de sus competencias hayan dictado las Comunidades Autónomas.

TÍTULO III. OBJETO DEL RECURSO CONTENCIOSO-ADMINISTRATIVO

CAPÍTULO I. ACTIVIDAD ADMINISTRATIVA IMPUGNABLE

Art. 25. 1. El recurso contencioso-administrativo es admisible en relación con las disposiciones de carácter general y con los actos expresos y presuntos de la Administración pública que pongan fin a la vía administrativa, ya sean definitivos o de trámite, si estos últimos deciden directa o indirectamente el fondo del asunto, determinan la imposibilidad de continuar el procedimiento, producen indefensión o perjuicio irreparable a derechos o intereses legítimos.

2. También es admisible el recurso contra la inactividad de la Administración y contra sus actuaciones materiales que constituyan vía de hecho, en los términos establecidos en esta Ley.

---

[39] Apartado modificado por el Real Decreto-ley 6/2023, de 19 de diciembre. Esta modificación entra en vigor el 20 de marzo de 2024.

[40] Apartado introducido por el Real Decreto-ley 6/2023, de 19 de diciembre. Esta modificación entra en vigor el 20 de marzo de 2024.

Art. 26. 1. Además de la impugnación directa de las disposiciones de carácter general, también es admisible la de los actos que se produzcan en aplicación de las mismas, fundada en que tales disposiciones no son conformes a Derecho.

2. La falta de impugnación directa de una disposición general o la desestimación del recurso que frente a ella se hubiera interpuesto no impiden la impugnación de los actos de aplicación con fundamento en lo dispuesto en el apartado anterior.

Art. 27. 1. Cuando un Juez o Tribunal de lo Contencioso-Administrativo hubiere dictado sentencia firme estimatoria por considerar ilegal el contenido de la disposición general aplicada, deberá plantear la cuestión de ilegalidad ante el Tribunal competente para conocer del recurso directo contra la disposición, salvo lo dispuesto en los dos apartados siguientes.

2. Cuando el Juez o Tribunal competente para conocer de un recurso contra un acto fundado en la invalidez de una disposición general lo fuere también para conocer del recurso directo contra ésta, la sentencia declarará la validez o nulidad de la disposición general.

3. Sin necesidad de plantear cuestión de ilegalidad, el Tribunal Supremo anulará cualquier disposición general cuando, en cualquier grado, conozca de un recurso contra un acto fundado en la ilegalidad de aquella norma.

Art. 28. No es admisible el recurso contencioso-administrativo respecto de los actos que sean reproducción de otros anteriores definitivos y firmes y los confirmatorios de actos consentidos por no haber sido recurridos en tiempo y forma.

Art. 29. 1. Cuando la Administración, en virtud de una disposición general que no precise de actos de aplicación o en virtud de un acto, contrato o convenio administrativo, está obligada a realizar una prestación concreta en favor de una o varias personas determinadas, quienes tuvieran derecho a ella pueden reclamar de la Administración el cumplimiento de dicha obligación. Si en el plazo de tres meses desde la fecha de la reclamación, la Administración no hubiera dado cumplimiento a lo solicitado o no hubiera llegado a un acuerdo con los interesados, éstos pueden deducir recurso contencioso-administrativo contra la inactividad de la Administración.

2. Cuando la Administración no ejecute sus actos firmes podrán los afectados solicitar su ejecución, y si ésta no se produce en el plazo de un mes desde tal petición, podrán los solicitantes formular recurso contencioso-administrativo, que se tramitará por el procedimiento abreviado regulado en el artículo 78.

Art. 30. En caso de vía de hecho, el interesado podrá formular requerimiento a la Administración actuante, intimando su cesación. Si dicha intimación no hubiere sido formulada o no fuere atendida dentro de los diez días siguientes a la presentación del requerimiento, podrá deducir directamente recurso contencioso-administrativo.

CAPÍTULO II. PRETENSIONES DE LAS PARTES

Art. 31. 1. El demandante podrá pretender la declaración de no ser conformes a Derecho y, en su caso, la anulación de los actos y disposiciones susceptibles de impugnación según el capítulo precedente.

2. También podrá pretender el reconocimiento de una situación jurídica individualizada y la adopción de las medidas adecuadas para el pleno restablecimiento de la misma, entre ellas la indemnización de los daños y perjuicios, cuando proceda.

Art. 32. 1. Cuando el recurso se dirija contra la inactividad de la Administración pública, conforme a lo dispuesto en el artículo 29, el demandante podrá pretender del órgano jurisdiccional que condene a la Administración al cumplimiento de sus obligaciones en los concretos términos en que estén establecidas.

2. Si el recurso tiene por objeto una actuación material constitutiva de vía de hecho, el demandante podrá pretender que se declare

contraria a Derecho, que se ordene el cese de dicha actuación y que se adopten, en su caso, las demás medidas previstas en el artículo 31.2.

Art. 33. 1. Los órganos del orden jurisdiccional contencioso-administrativo juzgarán dentro del límite de las pretensiones formuladas por las partes y de los motivos que fundamenten el recurso y la oposición.

2. Si el Juez o Tribunal, al dictar sentencia, estimare que la cuestión sometida a su conocimiento pudiera no haber sido apreciada debidamente por las partes, por existir en apariencia otros motivos susceptibles de fundar el recurso o la oposición, lo someterá a aquéllas mediante providencia en que, advirtiendo que no se prejuzga el fallo definitivo, los expondrá y concederá a los interesados un plazo común de diez días para que formulen las alegaciones que estimen oportunas, con suspensión del plazo para pronunciar el fallo. Contra la expresada providencia no cabrá recurso alguno.

3. Esto mismo se observará si, impugnados directamente determinados preceptos de una disposición general, el Tribunal entendiera necesario extender el enjuiciamiento a otros de la misma disposición por razones de conexión o consecuencia con los preceptos recurridos.

CAPÍTULO III. ACUMULACIÓN

Art. 34. 1. Serán acumulables en un proceso las pretensiones que se deduzcan en relación con un mismo acto, disposición o actuación.

2. Lo serán también las que se refieran a varios actos, disposiciones o actuaciones cuando unos sean reproducción, confirmación o ejecución de otros o exista entre ellos cualquier otra conexión directa.

Art. 35. 1. El actor podrá acumular en su demanda cuantas pretensiones reúnan los requisitos señalados en el artículo anterior.

2. Si el Secretario judicial no estimare pertinente la acumulación, dará cuenta al Tribunal, quien, en su caso, ordenará a la parte que interponga por separado los recursos en el plazo de treinta días. Si no lo

efectuare, el Juez tendrá por caducado aquel recurso respecto del cual no se hubiere dado cumplimiento a lo ordenado[41].

Art. 36. 1. Si antes de la sentencia se dictare o se tuviere conocimiento de la existencia de algún acto, disposición o actuación que guarde con el que sea objeto del recurso en tramitación la relación prevista en el artículo 34, el demandante podrá solicitar, dentro del plazo que señala el artículo 46, la ampliación del recurso a aquel acto administrativo, disposición o actuación.

2. De esta petición, que producirá la suspensión del curso del procedimiento, el letrado o letrada de la Administración de Justicia dará traslado a las partes para que presenten alegaciones en el plazo común de cinco días. No obstante lo anterior, se mantendrán los señalamientos ya acordados, siempre que la decisión sobre la ampliación se produzca antes de la celebración de aquellos actos y no interfiera en los derechos de las partes ni en el interés de terceros[42].

3. Si el órgano jurisdiccional accediere a la ampliación, continuará la suspensión de la tramitación del proceso en tanto no se alcance respecto de aquélla el mismo estado que tuviere el procedimiento inicial.

4. Será asimismo aplicable lo dispuesto en el apartado 1 de este artículo cuando en los recursos contencioso-administrativos interpuestos contra actos presuntos la Administración dictare durante su tramitación resolución expresa respecto de la pretensión inicialmente deducida. En tal caso podrá el recurrente desistir del recurso interpuesto con fundamento en la aceptación de la resolución expresa que se hubiere dictado o solicitar la ampliación a la resolución expresa. Una vez producido el desistimiento del recurso inicialmente interpuesto, el plazo para recurrir la resolución expresa, que será de dos meses, se contará desde el día siguiente al de la notificación de la misma.

---

[41]   Apartado redactado conforme a la Ley 13/2009, de 3 de noviembre, de reforma de la legislación procesal para la implantación de la nueva Oficina judicial.

[42]   Apartado modificado por el Real Decreto-ley 6/2023, de 19 de diciembre. Esta modificación entra en vigor el 20 de marzo de 2024.

Art. 37[43]. 1. Interpuestos varios recursos contencioso-administrativos con ocasión de actos, disposiciones o actuaciones en los que concurra alguna de las circunstancias señaladas en el artículo 34, el órgano jurisdiccional podrá en cualquier momento procesal, previa audiencia de las partes por plazo común de cinco días, acordar la acumulación de oficio o a instancia de alguna de ellas.

2[44]. Cuando ante un juez o tribunal estuviera pendiente una pluralidad de recursos con idéntico objeto, el órgano jurisdiccional, si no se hubiesen acumulado, tramitará uno o varios con carácter preferente previa audiencia de las partes por plazo común de cinco días, suspendiendo el curso de los demás, en el estado en que se encuentren, hasta que se dicte sentencia en los primeros.

En caso de que esa pluralidad de recursos con idéntico objeto pudiera, a su vez, agruparse por categorías o grupos que planteen una controversia sustancialmente análoga, el órgano jurisdiccional, si no se hubieran acumulado, tramitará uno o varios de cada grupo o categoría con carácter preferente, previa audiencia de las partes por plazo común de cinco días, suspendiendo el curso de los demás en el estado en que se encuentren hasta que se dicte sentencia en los tramitados preferentemente para cada grupo o categoría.

3. Una vez firme, el Secretario judicial llevará testimonio de la sentencia a los recursos suspendidos y la notificará a los recurrentes afectados por la suspensión a fin de que en el plazo de cinco días puedan interesar la extensión de sus efectos en los términos previstos en el artículo 111, la continuación del procedimiento o bien desistir del recurso[45].

---

[43]   Artículo redactado con arreglo a la disposición adicional 14 de la Ley Orgánica 19/2003, de 23 de diciembre, de modificación de la Ley orgánica 6/1985, de 1 de julio, del Poder Judicial.

[44]   Apartado modificado por el Real Decreto-ley 5/2023, de 28 de junio.

[45]   Apartado redactado conforme a la Ley 13/2009, de 3 de noviembre, de reforma de la legislación procesal para la implantación de la nueva Oficina judicial.

Art. 38. 1. La Administración comunicará al Tribunal, al remitirle el expediente administrativo, si tiene conocimiento de la existencia de otros recursos contencioso-administrativos en los que puedan concurrir los supuestos de acumulación que previene el presente capítulo.

2. El Secretario judicial pondrá en conocimiento del Juez o Tribunal los procesos que se tramiten en la Oficina judicial en los que puedan concurrir los supuestos de acumulación que previene el presente Capítulo[46].

Art. 39. Contra las resoluciones sobre acumulación, ampliación y tramitación preferente solo se dará recurso de reposición[47].

CAPÍTULO IV. CUANTÍA DEL RECURSO

Art. 40[48]. 1. El Secretario judicial fijará la cuantía del recurso contencioso-administrativo una vez formulados los escritos de demanda y contestación, en los que las partes podrán exponer, por medio de otrosí, su parecer al respecto.

2. Cuando así no se hiciere, el Secretario judicial requerirá al demandante para que fije la cuantía, concediéndole al efecto un plazo no superior a diez días, transcurrido el cual sin haberlo realizado se estará a la que fije el Secretario judicial, previa audiencia del demandado.

3. Cuando el demandado no estuviere de acuerdo con la cuantía fijada por el demandante, lo expondrá por escrito dentro del término de diez días, resolviendo el Secretario judicial lo procedente. En este caso el Juez o Tribunal, en la sentencia, resolverá definitivamente la cuestión.

---

[46]   Apartado redactado conforme a la Ley 13/2009, de 3 de noviembre, de reforma de la legislación procesal para la implantación de la nueva Oficina judicial.

[47]   Precepto modificado por el Real Decreto-ley 6/2023, de 19 de diciembre. Esta modificación entra en vigor el 20 de marzo de 2024.

[48]   Artículo redactado conforme a la Ley 13/2009, de 3 de noviembre, de reforma de la legislación procesal para la implantación de la nueva Oficina judicial.

4. La parte perjudicada por la resolución prevista en el apartado anterior podrá fundar el recurso de queja en la indebida determinación de la cuantía si por causa de ésta no se tuviere por preparado el recurso de casación o no se admitiera el recurso de casación para la unificación de doctrina o el de apelación.

Art. 41. 1. La cuantía del recurso contencioso-administrativo vendrá determinada por el valor económico de la pretensión objeto del mismo.

2. Cuando existan varios demandantes, se atenderá al valor económico de la pretensión deducida por cada uno de ellos, y no a la suma de todos.

3. En los supuestos de acumulación o de ampliación, la cuantía vendrá determinada por la suma del valor económico de las pretensiones objeto de aquéllas, pero no comunicará a las de cuantía inferior la posibilidad de casación o apelación.

Art. 42. 1. Para fijar el valor económico de la pretensión se tendrán en cuenta las normas de la legislación procesal civil, con las especialidades siguientes:

a) Cuando el demandante solicite solamente la anulación del acto, se atenderá al contenido económico del mismo, para lo cual se tendrá en cuenta el débito principal, pero no los recargos, las costas ni cualquier otra clase de responsabilidad, salvo que cualquiera de éstos fuera de importe superior a aquél.

b) Cuando el demandante solicite, además de la anulación, el reconocimiento de una situación jurídica individualizada, o cuando solicite el cumplimiento de una obligación administrativa, la cuantía vendrá determinada:

Primero.- Por el valor económico total del objeto de la reclamación, si la Administración Pública hubiere denegado totalmente, en vía administrativa, las pretensiones del demandante.

Segundo.- Por la diferencia de la cuantía entre el objeto de la reclamación y el del acto que motivó el recurso, si la Administración hubiera reconocido parcialmente, en vía administrativa, las pretensiones del demandante.

2. Se reputarán de cuantía indeterminada los recursos dirigidos a impugnar directamente las disposiciones generales, incluidos los instrumentos normativos de planeamiento urbanístico, los que se refieran a los funcionarios públicos cuando no versen sobre derechos o sanciones susceptibles de valoración económica, así como aquellos en los que junto a pretensiones evaluables económicamente se acumulen otras no susceptibles de tal valoración.

También se reputarán de cuantía indeterminada los recursos interpuestos contra actos, en materia de Seguridad Social, que tengan por objeto la inscripción de empresas, formalización de la protección frente a riesgos profesionales, tarifación, cobertura de la prestación de incapacidad temporal, afiliación, alta, baja y variaciones de datos de trabajadores[49].

TÍTULO IV. PROCEDIMIENTO CONTENCIOSO-ADMINISTRATIVO

CAPÍTULO I. PROCEDIMIENTO EN PRIMERA O ÚNICA INSTANCIA

SECCIÓN 1.ª DILIGENCIAS PRELIMINARES

Art. 43. Cuando la propia Administración autora de algún acto pretenda demandar su anulación ante la Jurisdicción Contencioso-Administrativa deberá, previamente, declararlo lesivo para el interés público.

Art. 44. 1. En los litigios entre Administraciones públicas no cabrá interponer recurso en vía administrativa. No obstante, cuando una

---

[49] Apartado redactado conforme a la Ley 13/2009, de 3 de noviembre, de reforma de la legislación procesal para la implantación de la nueva Oficina judicial.

Administración interponga recurso contencioso-administrativo contra otra, podrá requerirla previamente para que derogue la disposición, anule o revoque el acto, haga cesar o modifique la actuación material, o inicie la actividad a que esté obligada.

Cuando la Administración contratante, el contratista o terceros pretendan recurrir las decisiones adoptadas por los órganos administrativos a los que corresponde resolver los recursos especiales y las reclamaciones en materia de contratación a que se refiere la legislación de Contratos del Sector Público interpondrán el recurso directamente y sin necesidad de previo requerimiento o recurso administrativo[50].

2. El requerimiento deberá dirigirse al órgano competente mediante escrito razonado que concretará la disposición, acto, actuación o inactividad, y deberá producirse en el plazo de dos meses contados desde la publicación de la norma o desde que la Administración requirente hubiera conocido o podido conocer el acto, actuación o inactividad.

3. El requerimiento se entenderá rechazado si, dentro del mes siguiente a su recepción, el requerido no lo contestara.

4. Queda a salvo lo dispuesto sobre esta materia en la legislación de régimen local.

SECCIÓN 2.ª INTERPOSICIÓN DEL RECURSO Y RECLAMACIÓN DEL EXPEDIENTE

Art. 45. 1. El recurso contencioso-administrativo se iniciará por un escrito reducido a citar la disposición, acto, inactividad o actuación constitutiva de vía de hecho que se impugne y a solicitar que se tenga por interpuesto el recurso, salvo cuando esta Ley disponga otra cosa.

---

[50] Párrafo introducido por la Ley 34/2010, de 5 de agosto, de modificación de las Leyes 30/2007, de 30 de octubre, de Contratos del Sector Público, 31/2007, de 30 de octubre, sobre procedimientos de contratación en los sectores del agua, la energía, los transportes y los servicios postales, y 29/1998, de 13 de julio, reguladora de la Jurisdicción Contencioso-Administrativa para adaptación a la normativa comunitaria de las dos primeras.

2. A este escrito se acompañará:

a) El documento que acredite la representación del compareciente, salvo si figurase unido a las actuaciones de otro recurso pendiente ante el mismo Juzgado o Tribunal, en cuyo caso podrá solicitarse que se expida certificación para su unión a los autos.

b) El documento o documentos que acrediten la legitimación del actor cuando la ostente por habérsela transmitido otro por herencia o por cualquier otro título.

c) La copia o traslado de la disposición o del acto expreso que se recurran, o indicación del expediente en que haya recaído el acto o el periódico oficial en que la disposición se haya publicado. Si el objeto del recurso fuera la inactividad de la Administración o una vía de hecho, se mencionará el órgano o dependencia al que se atribuya una u otra, en su caso, el expediente en que tuvieran origen, o cualesquiera otros datos que sirvan para identificar suficientemente el objeto del recurso.

d) El documento o documentos que acrediten el cumplimiento de los requisitos exigidos para entablar acciones las personas jurídicas con arreglo a las normas o estatutos que les sean de aplicación, salvo que se hubieran incorporado o insertado en lo pertinente dentro del cuerpo del documento mencionado en la letra a) de este mismo apartado.

e)[51] En los casos en que el recurso se haya interpuesto por un sindicato que actúe en nombre e interés del personal funcionario y estatutario conforme dispone la letra k) del artículo 19.1, el documento o documentos que acrediten la afiliación de dicho personal y la existencia de comunicación por el sindicato al afiliado de la voluntad de iniciar el proceso, así como la autorización expresa del afiliado al sindicato para dicha iniciación.

3. El Secretario judicial examinará de oficio la validez de la comparecencia tan pronto como se haya presentado el escrito de interposi-

---

[51]   Letra introducida por la Ley orgánica 1/2025, de 2 de enero.

ción. Si estima que es válida, admitirá a trámite el recurso. Si con el escrito de interposición no se acompañan los documentos expresados en el apartado anterior o los presentados son incompletos y, en general, siempre que el Secretario judicial estime que no concurren los requisitos exigidos por esta Ley para la validez de la comparecencia, requerirá inmediatamente la subsanación de los mismos, señalando un plazo de diez días para que el recurrente pueda llevarla a efecto y, si no lo hiciere, el Juez o Tribunal se pronunciará sobre el archivo de las actuaciones[52].

4. El recurso de lesividad se iniciará por demanda formulada con arreglo al artículo 56.1, que fijará con precisión la persona o personas demandadas y su sede o domicilio si constara. A esta demanda se acompañarán en todo caso la declaración de lesividad, el expediente administrativo y, si procede, los documentos de las letras a) y d) del apartado 2 de este artículo.

5. El recurso dirigido contra una disposición general, acto, inactividad o vía de hecho en que no existan terceros interesados podrá iniciarse también mediante demanda en que se concretará la disposición, acto o conducta impugnados y se razonará su disconformidad a Derecho. Con la demanda se acompañarán los documentos que procedan de los previstos en el apartado 2 de este artículo.

Art. 46. 1. El plazo para interponer el recurso contencioso-administrativo será de dos meses contados desde el día siguiente al de la publicación de la disposición impugnada o al de la notificación o publicación del acto que ponga fin a la vía administrativa, si fuera expreso. Si no lo fuera, el plazo será de seis meses y se contará, para el solicitante y otros posibles interesados, a partir del día siguiente a

---

[52] Apartado redactado conforme a la Ley 13/2009, de 3 de noviembre, de reforma de la legislación procesal para la implantación de la nueva Oficina judicial.

aquel en que, de acuerdo con su normativa específica, se produzca el acto presunto[53].

2. En los supuestos previstos en el artículo 29, los dos meses se contarán a partir del día siguiente al vencimiento de los plazos señalados en dicho artículo.

3. Si el recurso contencioso-administrativo se dirigiera contra una actuación en vía de hecho, el plazo para interponer el recurso será de diez días a contar desde el día siguiente a la terminación del plazo establecido en el artículo 30. Si no hubiere requerimiento, el plazo será de veinte días desde el día en que se inició la actuación administrativa en vía de hecho.

4. El plazo para interponer el recurso contencioso-administrativo se contará desde el día siguiente a aquel en que se notifique la resolución expresa del recurso potestativo de reposición o en que éste deba entenderse presuntamente desestimado.

5. El plazo para interponer recurso de lesividad será de dos meses a contar desde el día siguiente a la fecha de la declaración de lesividad.

6. En los litigios entre Administraciones, el plazo para interponer recurso contencioso-administrativo será de dos meses, salvo que por Ley se establezca otra cosa. Cuando hubiera precedido el requerimiento regulado en los tres primeros apartados del artículo 44, el plazo se contará desde el día siguiente a aquel en que se reciba la comunicación del acuerdo expreso o se entienda presuntamente rechazado.

Art. 47[54]. 1. Una vez cumplido lo dispuesto en el artículo 45.3, el letrado de la Administración de Justicia en el siguiente día hábil acordará, si lo solicita el recurrente, que se anuncie la interposición del recurso y remitirá el oficio electrónicamente para su publicación por el órgano competente, sin perjuicio de que sea costeada por el recurren-

---

[53]   La STC 52/2014, de 10 abril, ha desestimado la cuestión de inconstitucionalidad suscitada contra el inciso segundo del apartado 1 del artículo 46.

[54]   Artículo redactado conforme a la Ley 13/2009, de 3 de noviembre, de reforma de la legislación procesal para la implantación de la nueva Oficina judicial.

te, en el periódico oficial que proceda atendiendo al ámbito territorial de competencia del órgano autor de la actividad administrativa recurrida. El letrado de la Administración de Justicia podrá también acordar de oficio la publicación, si lo estima conveniente[55].

2. Si se hubiera iniciado el recurso mediante demanda en los supuestos previstos por el artículo 45.5 y éste se dirige contra una disposición general, deberá procederse a la publicación del anuncio de interposición de aquél, en el que se concederán quince días para la personación de quienes tengan interés legítimo en sostener la conformidad a Derecho de la disposición, acto o conducta impugnados. Transcurrido este plazo, el Secretario judicial procederá a dar traslado de la demanda y de los documentos que la acompañen para que sea contestada primero por la Administración y luego por los demás demandados que se hubieran personado.

Art. 48[56]. 1. El letrado o letrada de la Administración de Justicia, al acordar lo previsto en el apartado 1 del artículo anterior, o mediante diligencia si la publicación no fuere necesaria, requerirá a la Administración que le remita el expediente administrativo, ordenándole que practique los emplazamientos previstos en el artículo 49. El expediente se reclamará al órgano autor de la disposición o acto impugnado o a aquél al que se impute la inactividad o vía de hecho.

2. No se reclamará el expediente en el caso del apartado 2 del artículo anterior, sin perjuicio de la facultad otorgada por el apartado 5 de este artículo 48.

3. El expediente deberá ser remitido en el plazo improrrogable de veinte días, a contar desde que la comunicación judicial tenga entrada en el registro general del órgano requerido. La entrada se pondrá en conocimiento del órgano jurisdiccional.

---

[55] Apartado modificado por el Real Decreto-ley 6/2023, de 19 de diciembre. Esta modificación entra en vigor el 20 de marzo de 2024.
[56] Artículo redactado conforme al Real Decreto-ley 6/2023, de 19 de diciembre. La modificación entra en vigor el 20 de marzo de 2024.

4. El expediente se enviará completo, en soporte electrónico, foliado, autentificado y acompañado de un índice, asimismo autentificado, de los documentos que contenga. Al remitir el expediente, la Administración deberá identificar al órgano responsable del cumplimiento de la resolución judicial.

Si el expediente fuera reclamado por varios juzgados o tribunales, la Administración enviará copias en soporte electrónico del mismo, que deberán reunir los requisitos anteriormente expresados.

5. Cuando el recurso contra la disposición se hubiere iniciado por demanda, el tribunal podrá recabar de oficio o a petición del actor el expediente de elaboración, que se remitirá en soporte electrónico. Recibido el expediente, el letrado o letrada de la Administración de Justicia lo entregará a las partes por cinco días para que formulen alegaciones.

6. Se excluirán del expediente, mediante resolución motivada, los documentos clasificados como secreto oficial, haciéndolo constar así en el índice de documentos y en el lugar del expediente donde se encontraran los documentos excluidos.

7. Transcurrido el plazo de remisión del expediente sin haberse recibido completo, se reiterará la reclamación y, si no se enviara en el término de diez días contados como dispone el apartado 3, tras constatarse su responsabilidad, previo apercibimiento del letrado o letrada de la Administración de Justicia notificado personalmente para formulación de alegaciones, el juez, la jueza o el tribunal impondrán una multa coercitiva de trescientos a mil doscientos euros a la autoridad o empleado responsable. La multa será reiterada cada veinte días, hasta el cumplimiento de lo requerido.

De darse la causa de imposibilidad de determinación individualizada de la autoridad o empleado responsable, la Administración será la responsable del pago de la multa sin perjuicio de que se repercuta contra el responsable.

8. Contra los autos en los que se acuerde la imposición de multas a las que se refiere el apartado anterior podrá interponerse recurso de reposición en los términos previstos en el artículo 79.

9. Si no se hubieran satisfecho voluntariamente, las multas firmes se harán efectivas por vía judicial de apremio.

10. Impuestas las tres primeras multas coercitivas sin lograr que se remita el expediente completo, el Juez o Tribunal pondrá los hechos en conocimiento del Ministerio Fiscal, sin perjuicio de seguir imponiendo nuevas multas. El requerimiento cuya desatención pueda dar lugar a la tercera multa coercitiva contendrá el oportuno apercibimiento.

11. La Administración remitirá el expediente electrónicamente, utilizando, a tal efecto, los sistemas de interoperabilidad que resulten aplicables, al objeto de que el expediente administrativo en soporte electrónico así remitido quede automáticamente integrado en los sistemas de gestión procesal correspondientes.

SECCIÓN 3.ª EMPLAZAMIENTO DE LOS DEMANDADOS Y ADMISIÓN DEL RECURSO

Art. 49. 1. La resolución por la que se acuerde remitir el expediente se notificará en los cinco días siguientes a su adopción, a cuantos aparezcan como interesados en él, emplazándoles para que puedan personarse como demandados en el plazo de nueve días. La notificación se practicará con arreglo a lo dispuesto en la Ley que regule el procedimiento administrativo común.

En los recursos contra las decisiones adoptadas por los órganos administrativos a los que corresponde resolver los recursos especiales y las reclamaciones en materia de contratación a que se refiere la legislación de Contratos del Sector Público se emplazará como parte demandada a las personas, distintas del recurrente, que hubieren comparecido en el recurso administrativo, para que puedan personarse como demandados en el plazo de nueve días[57].

---

[57]   Párrafo introducido por la Ley 34/2010, de 5 de agosto, de modificación de las leyes 30/2007, de 30 de octubre, de Contratos del Sector Público, 31/2007, de 30 de octubre, sobre procedimientos de contratación en los sectores del agua, la energía, los transportes y los servicios postales, y 29/1998, de 13 de julio, reguladora de la Jurisdicción

2. Hechas las notificaciones, se enviará el expediente al Juzgado o Tribunal, incorporando la justificación del emplazamiento o emplazamientos efectuados, salvo que no hubieran podido practicarse dentro del plazo fijado para la remisión del expediente, en cuyo caso éste se enviará sin demora, y la justificación de los emplazamientos una vez se ultimen.

3. Recibido el expediente, el letrado o letrada de la Administración de Justicia, a la vista del resultado de las actuaciones administrativas y del contenido del escrito de interposición y documentos anejos, comprobará que se han efectuado las debidas notificaciones para emplazamiento y, si advirtiere que son incompletas, ordenará a la Administración que se practiquen las necesarias para asegurar la defensa de los interesados que sean identificables[58].

4. Cuando no hubiera sido posible emplazar a algún interesado en el domicilio que conste, el letrado o letrada de la Administración de Justicia mandará insertar el correspondiente edicto en el Tablón Edictal Judicial Único. Los emplazados por edictos podrán personarse hasta el momento en que hubiere de dárseles traslado para contestar a la demanda[59].

5. En el supuesto previsto en el artículo 47.2 se estará a lo que en él se dispone.

6. El emplazamiento de los demandados en el recurso de lesividad se efectuará personalmente por plazo de nueve días.

Art. 50. 1. El emplazamiento de la Administración se entenderá efectuado por la reclamación del expediente.

Contencioso-Administrativa para adaptación a la normativa comunitaria de las dos primeras.

[58] Apartado modificado por el Real Decreto-ley 6/2023, de 19 de diciembre. Esta modificación entra en vigor el 20 de marzo de 2024.

[59] Apartado modificado por el Real Decreto-ley 6/2023, de 19 de diciembre. Esta modificación entra en vigor el 20 de marzo de 2024.

2. Las Administraciones Públicas se entenderán personadas por el envío del expediente[60].

3. Los demandados legalmente emplazados podrán personarse en autos dentro del plazo concedido. Si lo hicieren posteriormente, se les tendrá por parte para los trámites no precluidos. Si no se personaren oportunamente continuará el procedimiento por sus trámites, sin que haya lugar a practicarles, en estrados o en cualquier otra forma, notificaciones de clase alguna.

Art. 51. 1. El Juzgado o Sala, tras el examen del expediente administrativo, declarará no haber lugar a la admisión del recurso cuando constare de modo inequívoco y manifiesto[61]:

---

[60]   Conforme al artículo 16 de la Ley 52/1997, de 27 de noviembre, de Asistencia Jurídica al Estado e Instituciones Públicas: «1. En los procesos ante el orden jurisdiccional civil, penal, contencioso- administrativo, laboral o militar en los que sea parte el Estado, los organismos públicos, los órganos constitucionales o cualquier entidad del sector público institucional cuya representación y defensa venga atribuida normativa o convencionalmente a los abogados del Estado, éstos podrán intervenir en las actuaciones a través de videoconferencia u otro sistema similar que permita la comunicación bidireccional y simultánea de la imagen y el sonido y la interacción visual, auditiva y verbal entre dos personas o grupos de personas geográficamente distantes.

En el orden jurisdiccional penal, cuando se disponga la presencia física del investigado o acusado, será también necesaria la presencia física del abogado del Estado encargado de su representación y defensa. Cuando se permita la declaración telemática del investigado o acusado, el abogado del Estado encargado de su representación y defensa comparecerá junto con aquel o en la sede del órgano judicial.

La comparecencia por videoconferencia por parte de la Abogacía del Estado se comunicará al órgano judicial con al menos diez días hábiles de antelación. Este plazo no deberá respetarse cuando el señalamiento de la actuación se haya notificado con una antelación inferior a la indicada.

2. En los procesos en los que el abogado del Estado intervenga por medios electrónicos, las demás partes procesales podrán comparecer del mismo modo en los términos expuestos en el apartado anterior, si así lo solicitan». Esta comparecencia por videoconferencia ha sido añadida por el Real Decreto-ley 8/2023, de 27 de diciembre.

[61]   Inciso redactado conforme a la Ley 13/2009, de 3 de noviembre, de reforma de la legislación procesal para la implantación de la nueva Oficina judicial.

a) La falta de jurisdicción o la incompetencia del Juzgado o Tribunal.

b) La falta de legitimación del recurrente.

c) Haberse interpuesto el recurso contra actividad no susceptible de impugnación.

d) Haber caducado el plazo de interposición del recurso.

2. El Juzgado o Sala podrá inadmitir el recurso cuando se hubieran desestimado en el fondo otros recursos sustancialmente iguales por sentencia firme, mencionando, en este último caso, la resolución o resoluciones desestimatorias.

3. Cuando se impugne una actuación material constitutiva de vía de hecho, el Juzgado o Sala podrá también inadmitir el recurso si fuera evidente que la actuación administrativa se ha producido dentro de la competencia y en conformidad con las reglas del procedimiento legalmente establecido.

Asimismo, cuando se impugne la no realización por la Administración de las obligaciones a que se refiere el artículo 29, el recurso se inadmitirá si fuera evidente la ausencia de obligación concreta de la Administración respecto de los recurrentes.

4. El Juzgado o la Sala, antes de pronunciarse sobre la inadmisión del recurso, hará saber a las partes el motivo en que pudiera fundarse para que, en el plazo común de diez días, aleguen lo que estimen procedente y acompañen los documentos a que hubiera lugar.

5. Contra el auto que declare la inadmisión podrán interponerse los recursos previstos en esta Ley. El auto de admisión no será recurrible pero no impedirá oponer cualquier motivo de inadmisibilidad en momento procesal posterior.

6. Declarada la inadmisión al amparo de lo establecido en el párrafo a) del apartado 1 de este artículo, se estará a lo que determinan los artículos 5. 3 y 7.3.

SECCIÓN 4.ª DEMANDA Y CONTESTACIÓN

Art. 52. 1. Recibido el expediente administrativo en soporte electrónico en el juzgado o tribunal y comprobados, y en su caso completados, los emplazamientos, por el letrado o letrada de la Administración de Justicia se acordará su incorporación a los autos en ese mismo soporte y su entrega al recurrente para que se deduzca la demanda en el plazo de veinte días, salvo que concurra alguno de los supuestos del artículo 51, en cuyo caso dará cuenta al tribunal para que resuelva lo que proceda. Cuando los recurrentes fuesen varios, y aunque no actuasen bajo una misma dirección, la demanda se formulará simultáneamente por todos ellos. La entrega del expediente a las partes se efectuará mediante su remisión por vía telemática al tiempo de notificar la resolución en que así se disponga o a través del punto de acceso electrónico al expediente judicial[62].

2. Si la demanda no se hubiere presentado dentro del plazo, el Juzgado o Sala, de oficio, declarará por auto la caducidad del recurso. No obstante, se admitirá el escrito de demanda, y producirá sus efectos legales, si se presentare dentro del día en que se notifique el auto.

Art. 53[63]. 1. Transcurrido el término para la remisión del expediente administrativo sin que éste hubiera sido enviado, la parte recurrente podrá pedir, por sí o a iniciativa del Secretario judicial, que se le conceda plazo para formalizar la demanda.

2. Si después de que la parte demandante hubiera usado del derecho establecido en el apartado anterior se recibiera el expediente, el Secretario judicial pondrá éste de manifiesto a las partes demandantes y, en su caso, demandadas por plazo común de diez días para que puedan efectuar las alegaciones complementarias que estimen oportunas.

---

[62]   Apartado modificado por el Real Decreto-ley 6/2023, de 19 de diciembre. Esta modificación entra en vigor el 20 de marzo de 2024.

[63]   Artículo redactado conforme a la Ley 13/2009, de 3 de noviembre, de reforma de la legislación procesal para la implantación de la nueva Oficina judicial.

Art. 54[64]. 1. Presentada la demanda, el Secretario judicial dará traslado de la misma, con entrega del expediente administrativo, a las partes demandadas que hubieran comparecido, para que la contesten en el plazo de veinte días. Si la demanda se hubiere formalizado sin haberse recibido el expediente administrativo, emplazará a la Administración demandada para contestar, apercibiéndola de que no se admitirá la contestación si no va acompañada de dicho expediente.

2. Si el defensor de la Administración demandada estima que la disposición o actuación administrativa recurrida pudiera no ajustarse a Derecho, podrá solicitar la suspensión del procedimiento por un plazo de veinte días para comunicar su parecer razonado a aquélla. El Secretario judicial, previa audiencia del demandante, acordará lo procedente.

3. La contestación se formulará primero por la Administración demandada. Cuando hubieren de hacerlo, además de la Administración, otros demandados, y aunque no actuaren bajo una misma dirección, la contestación se formulará simultáneamente por todos ellos. En todos los casos la entrega del expediente se efectuará mediante su remisión por vía telemática al tiempo de notificar la resolución en que así se disponga o a través del punto de acceso electrónico al expediente judicial[65].

4. Si la Administración demandada fuere una entidad local y no se hubiere personado en el proceso pese a haber sido emplazada, se le dará no obstante traslado de la demanda para que, en el plazo de veinte días, pueda designar representante en juicio o comunicar al órgano judicial, por escrito, los fundamentos por los que estimare improcedente la pretensión del actor.

---

[64]   Artículo redactado conforme a la Ley 13/2009, de 3 de noviembre, de reforma de la legislación procesal para la implantación de la nueva Oficina judicial.

[65]   Apartado modificado por el Real Decreto-ley 6/2023, de 19 de diciembre. Esta modificación entra en vigor el 20 de marzo de 2024.

Art. 55[66]. 1. Si las partes estimasen que el expediente administrativo no está completo, podrán solicitar, dentro del plazo para formular la demanda o la contestación, que se reclamen los antecedentes para completarlo. A estos efectos se entenderá que el expediente administrativo está integrado por los documentos y demás actuaciones que lo conforman según lo dispuesto en el artículo 70 de la Ley 39/2015, de 1 de octubre. Los documentos o elementos de prueba que formen parte de un expediente administrativo distinto no podrán solicitarse a través del trámite previsto en el presente artículo.

2. La solicitud a que se refiere el apartado anterior suspenderá el curso del plazo correspondiente.

3. El letrado o letrada de la Administración de Justicia resolverá lo pertinente en el plazo de tres días.

Si acepta la solicitud y esta se hubiera formulado dentro de los diez primeros días del plazo para formular la demanda o la contestación, el plazo se reiniciará una vez el expediente completo remitido por la Administración se haya puesto a disposición de la parte solicitante. Si rechazara la solicitud o si, aun aceptándola, esta se hubiera presentado una vez transcurridos los diez primeros días antes referidos, el cómputo del plazo simplemente se reanudará, salvo que, en este último caso, el letrado o letrada de la Administración de Justicia considere oportuno que el plazo se reinicie atendido el volumen o la importancia para la causa de los documentos añadidos.

En ningún caso el plazo se reiniciará cuando la solicitud de complemento la hubiera formulado la Administración demandada.

La Administración, al remitir de nuevo el expediente, deberá indicar en el índice a que se refiere el artículo 48.4 los documentos que se han adicionado.

---

[66]   Artículo redactado conforme al Real Decreto-ley 6/2023, de 19 de diciembre. Esta modificación entra en vigor el 20 de marzo de 2024.

Art. 56. 1. En los escritos de demanda y de contestación se consignarán con la debida separación los hechos, los fundamentos de Derecho y las pretensiones que se deduzcan, en justificación de las cuales podrán alegarse cuantos motivos procedan, hayan sido o no planteados ante la Administración.

2. El Secretario judicial examinará de oficio la demanda y requerirá que se subsanen las faltas de que adolezca en plazo no superior a diez días. Realizada la subsanación, admitirá la demanda. En otro caso, dará cuenta al Juez para que resuelva lo que proceda sobre su admisión[67].

3. Con la demanda y la contestación las partes acompañarán los documentos en que directamente funden su derecho, y si no obraren en su poder, designarán el archivo, oficina, protocolo o persona en cuyo poder se encuentren.

4. Después de la demanda y contestación no se admitirán a las partes más documentos que los que se hallen en alguno de los casos previstos para el proceso civil. No obstante, el demandante podrá aportar, además, los documentos que tengan por objeto desvirtuar alegaciones contenidas en las contestaciones a la demanda y que pongan de manifiesto disconformidad en los hechos, antes de la citación de vista o conclusiones.

5[68]. Presentados los escritos de demanda y contestación, si un juzgado o tribunal, en cualquier momento anterior a dictar sentencia, tuviese conocimiento, por cualquier medio, de que la Sala de lo Contencioso-administrativo del Tribunal Supremo ha admitido un recurso de casación que presenta una identidad jurídica sustancial con la cuestión debatida en el recurso del que está conociendo, oirá a las partes personadas por el plazo común de diez días sobre su posible suspensión, adjuntándoles copia del referido auto.

---

[67]   Apartado redactado conforme a la Ley 13/2009, de 3 de noviembre, de reforma de la legislación procesal para la implantación de la nueva Oficina judicial.

[68]   Apartado añadido por el Real Decreto-ley 5/2023, de 28 de junio.

Una vez presentadas las alegaciones o transcurrido el plazo, si el juzgado o tribunal apreciase una identidad jurídica sustancial y que la resolución que se dicte en casación puede resultar relevante para resolver el procedimiento, acordará la suspensión hasta que se dicte resolución firme en el recurso de casación. Contra el auto que resuelva sobre la suspensión no cabrá recurso alguno.

El auto que acuerde la suspensión se remitirá a la Sección de Enjuiciamiento de la Sala de lo Contencioso-administrativo del Tribunal Supremo indicada en el auto de admisión, que, a su vez, remitirá testimonio de la sentencia que recaiga en el recurso de casación al juzgado o tribunal remitente.

Recibido el testimonio de la sentencia del recurso de casación, el juzgado o tribunal alzará la suspensión y dará un nuevo trámite de audiencia a las partes personadas, por plazo común de diez días, a fin de que aleguen sobre la incidencia que dicho pronunciamiento tiene para resolver el recurso. Evacuado el traslado o transcurrido el plazo conferido, se continuará la tramitación del procedimiento en el momento en que se encontrare antes de la suspensión, salvo que las partes desistan del recurso o se allanen, en cuyo caso el juzgado o tribunal resolverá lo procedente.

Art. 57[69]. El Secretario judicial declarará concluso el pleito, sin más trámite, para sentencia una vez contestada la demanda, salvo que el Juez o Tribunal haga uso de la facultad que le atribuye el artículo 61 en los siguientes supuestos:

1º Si el actor pide por otrosí en su demanda que el recurso se falle sin necesidad de recibimiento a prueba ni tampoco de vista o conclusiones y la parte demandada no se opone.

2º Si en los escritos de demanda y contestación no se solicita el recibimiento a prueba ni los trámites de vista o conclusiones, salvo

---

[69]   Artículo redactado conforme a la Ley 13/2009, de 3 de noviembre, de reforma de la legislación procesal para la implantación de la nueva Oficina judicial.

que el Juez o Tribunal, excepcionalmente, atendida la índole del asunto, acuerde la celebración de vista o la formulación de conclusiones escritas.

En los dos supuestos anteriores, si el demandado solicita la inadmisión del recurso, se dará traslado al demandante para que en el plazo de cinco días formule las alegaciones que estime procedentes sobre la posible causa de inadmisión, y seguidamente se declarará concluso el pleito.

SECCIÓN 5.ª ALEGACIONES PREVIAS

Art. 58. 1. Las partes demandadas podrán alegar, dentro de los primeros cinco días del plazo para contestar la demanda, los motivos que pudieren determinar la incompetencia del órgano jurisdiccional o la inadmisibilidad del recurso con arreglo a lo dispuesto en el artículo 69, sin perjuicio de que tales motivos, salvo la incompetencia del órgano jurisdiccional, puedan ser alegados en la contestación, incluso si hubiesen sido desestimados como alegación previa.

2. Para hacer uso de este trámite la Administración demandada habrá de acompañar el expediente administrativo si no lo hubiera remitido antes.

Art. 59. 1. Del escrito formulando alegaciones previas el Secretario judicial dará traslado por cinco días al actor, el cual podrá subsanar el defecto, si procediera, en el plazo de diez días[70].

2. Evacuado el traslado, se seguirá la tramitación prevista para los incidentes.

3. El auto desestimatorio de las alegaciones previas no será susceptible de recurso y dispondrá que se conteste la demanda en el plazo que reste.

---

[70]   Apartado redactado conforme a la Ley 13/2009, de 3 de noviembre, de reforma de la legislación procesal para la implantación de la nueva Oficina judicial.

4. El auto estimatorio de las alegaciones previas declarará la inadmisibilidad del recurso. Si se hubiere declarado la falta de jurisdicción o de competencia, se estará a lo que determinan los artículos 5.3 y 7.3[71].

SECCIÓN 6.ª PRUEBA

Art. 60. 1. Solamente se podrá pedir el recibimiento del proceso a prueba por medio de otrosí, en los escritos de demanda y contestación y en los de alegaciones complementarias. En dichos escritos deberán expresarse en forma ordenada los puntos de hecho sobre los que haya de versar la prueba y los medios de prueba que se propongan[72].

2. Si de la contestación a la demanda resultaran nuevos hechos de trascendencia para la resolución del pleito, el recurrente podrá pedir el recibimiento a prueba y expresar los medios de prueba que se propongan dentro de los cinco días siguientes a aquel en que se haya dado traslado de la misma, sin perjuicio de que pueda hacer uso de su derecho a aportar documentos conforme a lo dispuesto en el apartado 4 del artículo 56[73].

3. Se recibirá el proceso a prueba cuando exista disconformidad en los hechos y éstos fueran de trascendencia, a juicio del órgano jurisdiccional, para la resolución del pleito. Si el objeto del recurso fuera una sanción administrativa o disciplinaria, el proceso se recibirá siempre a prueba cuando exista disconformidad en los hechos.

4. La prueba se desarrollará con arreglo a las normas generales establecidas para el proceso civil, siendo el plazo para practicarla de treinta días. No obstante, se podrán aportar al proceso las pruebas

---

[71] Apartado modificado por el Real Decreto-ley 6/2023, de 19 de diciembre. Esta modificación entra en vigor el 20 de marzo de 2024.

[72] Apartado redactado conforme a la Ley 37/2011, de 10 de octubre, de medidas de agilización procesal.

[73] Apartado redactado conforme a la Ley 37/2011, de 10 de octubre, de medidas de agilización procesal.

practicadas fuera de este plazo por causas no imputables a la parte que las propuso[74].

5. Las Salas podrán delegar en uno de sus Magistrados o en un Juzgado de lo Contencioso-Administrativo la práctica de todas o algunas de las diligencias probatorias, y el representante en autos de la Administración podrá, a su vez, delegar en un funcionario público de la misma la facultad de intervenir en la práctica de pruebas.

6. En el acto de emisión de la prueba pericial, el Juez otorgará, a petición de cualquiera de las partes, un plazo no superior a cinco días para que las partes puedan solicitar aclaraciones al dictamen emitido[75].

7[76]. De acuerdo con las leyes procesales, en aquellos procedimientos en los que las alegaciones de la parte actora se fundamenten en actuaciones discriminatorias por razón de sexo, orientación e identidad sexual, expresión de género o características sexuales y aporte indicios fundados sobre su existencia, corresponderá a la parte demandada la aportación de una justificación objetiva y razonable, suficientemente probada, de las medidas adoptadas y de su proporcionalidad.

A los efectos de lo dispuesto en el párrafo anterior, el órgano judicial, de oficio o a instancia de parte, podrá recabar informe o dictamen de los organismos públicos competentes.

8. La presentación de documentos en el curso de actos judiciales o procesales celebrados por videoconferencia se ajustará a lo establecido por la Ley que regule el uso de las tecnologías en la Administración de Justicia[77].

---

[74] Apartado redactado conforme a la Ley 37/2011, de 10 de octubre, de medidas de agilización procesal.

[75] Apartado redactado conforme a la Ley 13/2009, de 3 de noviembre, de reforma de la legislación procesal para la implantación de la nueva Oficina judicial.

[76] Apartado modificado por la Ley 4/2023, de 28 de febrero

[77] Apartado añadido por el Real Decreto-ley 6/2023, de 19 de diciembre. Esta modificación entra en vigor el 20 de marzo de 2024.

Art. 61. 1. El Juez o Tribunal podrá acordar de oficio el recibimiento a prueba y disponer la práctica de cuantas estime pertinentes para la más acertada decisión del asunto.

2. Finalizado el período de prueba, y hasta que el pleito sea declarado concluso para sentencia, el órgano jurisdiccional podrá también acordar la práctica de cualquier diligencia de prueba que estimare necesaria.

3. Las partes tendrán intervención en las pruebas que se practiquen al amparo de lo previsto en los dos apartados anteriores.

4. Si el Juez o Tribunal hiciere uso de su facultad de acordar de oficio la práctica de una prueba, y las partes carecieran de oportunidad para alegar sobre ello en la vista o en el escrito de conclusiones, el Secretario judicial pondrá de manifiesto el resultado de la prueba a las partes, las cuales podrán, en el plazo de cinco días, alegar cuanto estimen conveniente acerca de su alcance e importancia[78].

5. El Juez podrá acordar de oficio, previa audiencia a las partes, o bien a instancia de las mismas la extensión de los efectos de las pruebas periciales a los procedimientos conexos. A los efectos de la aplicación de las normas sobre costas procesales en relación al coste de estas pruebas se entenderá que son partes todos los intervinientes en los procesos sobre los cuales se haya acordado la extensión de sus efectos, prorrateándose su coste entre los obligados en dichos procesos al pago de las costas.

SECCIÓN 7.ª VISTA Y CONCLUSIONES

Art. 62. 1. Salvo que en esta Ley se disponga otra cosa, las partes podrán solicitar que se celebre vista, que se presenten conclusiones o que el pleito sea declarado concluso, sin más trámites, para sentencia.

---

[78] Apartado redactado conforme a la Ley 13/2009, de 3 de noviembre, de reforma de la legislación procesal para la implantación de la nueva Oficina judicial.

2. Dicha solicitud habrá de formularse por medio de otrosí en los escritos de demanda o contestación o por escrito presentado en el plazo de cinco días contados desde que se notifique la diligencia de ordenación declarando concluso el período de prueba[79].

3. El Secretario judicial proveerá según lo que coincidentemente hayan solicitado las partes. En otro caso, sólo acordará la celebración de vista o la formulación de conclusiones escritas cuando lo solicite el demandante o cuando, habiéndose practicado prueba, lo solicite cualquiera de las partes; todo ello sin perjuicio de lo dispuesto en el apartado 4 del artículo 61[80].

4. Si las partes no hubieran formulado solicitud alguna el Juez o Tribunal, excepcionalmente, atendida la índole del asunto, podrá acordar la celebración de vista o la formulación de conclusiones escritas.

Art. 63[81]. 1. Si se acordara la celebración de vista, el Secretario judicial señalará la fecha de la audiencia por riguroso orden de antigüedad de los asuntos, excepto los referentes a materias que por prescripción de la Ley o por acuerdo motivado del órgano jurisdiccional, fundado en circunstancias excepcionales, deban tener preferencia, los cuales, estando conclusos, podrán ser antepuestos a los demás cuyo señalamiento aún no se hubiera hecho. En el señalamiento de las vistas el Secretario judicial atenderá asimismo a los criterios establecidos en el artículo 182 de la Ley de Enjuiciamiento Civil.

2. En el acto de la vista, se dará la palabra a las partes por su orden para que de forma sucinta expongan sus alegaciones. El Juez o el Presidente de la Sala, por sí o a través del Magistrado ponente, podrá invitar a los defensores de las partes, antes o después de los informes

---

[79]   Apartado redactado conforme a la Ley 13/2009, de 3 de noviembre, de reforma de la legislación procesal para la implantación de la nueva Oficina judicial.

[80]   Apartado redactado conforme a la Ley 13/2009, de 3 de noviembre, de reforma de la legislación procesal para la implantación de la nueva Oficina judicial.

[81]   Artículo redactado conforme a la Ley 13/2009, de 3 de noviembre, de reforma de la legislación procesal para la implantación de la nueva Oficina judicial.

orales, a que concreten los hechos y puntualicen, aclaren o rectifiquen cuanto sea preciso para delimitar el objeto de debate.

3. El desarrollo de las sesiones del juicio oral y resto de actuaciones orales se documentarán conforme a lo preceptuado en los artículos 146 y 147 de la Ley de Enjuiciamiento Civil. La oficina judicial deberá asegurar la correcta incorporación de la grabación al expediente judicial electrónico. Si los sistemas no proveen expediente judicial electrónico, el letrado de la Administración de Justicia deberá custodiar el documento electrónico que sirva de soporte a la grabación. Las partes podrán pedir a su costa copia o, en su caso, acceso electrónico de las grabaciones originales[82].

4. Siempre que se cuente con los medios tecnológicos necesarios, estos garantizarán la autenticidad e integridad de lo grabado o reproducido. A tal efecto, el letrado de la Administración de Justicia hará uso de la firma electrónica u otro sistema de seguridad que conforme a la ley ofrezca tales garantías. En este caso, la celebración del acto no requerirá la presencia en la sala del letrado de la Administración de Justicia salvo que lo hubieran solicitado las partes, al menos dos días antes de la celebración de la vista, o que excepcionalmente lo considere necesario el letrado de la Administración de Justicia atendiendo a la complejidad del asunto, al número y naturaleza de las pruebas a practicar, al número de intervinientes, a la posibilidad de que se produzcan incidencias que no pudieran registrarse, o a la concurrencia de otras circunstancias igualmente excepcionales que lo justifiquen. En estos casos, el letrado de la Administración de Justicia extenderá acta sucinta en los términos previstos en el apartado siguiente[83].

5. Si los mecanismos de garantía previstos en el apartado anterior no se pudiesen utilizar, el Secretario judicial deberá consignar en el

---

[82]   Apartado modificado por el Real Decreto-ley 6/2023, de 19 de diciembre. Esta modificación entra en vigor el 20 de marzo de 2024.
[83]   Apartado modificado por el Real Decreto-ley 6/2023, de 19 de diciembre. Esta modificación entra en vigor el 20 de marzo de 2024.

acta los siguientes extremos: número y clase de procedimiento; lugar y fecha de celebración; tiempo de duración, asistentes al acto; alegaciones de las partes; resoluciones que adopte el Juez o Tribunal; así como las circunstancias e incidencias que no pudieran constar en aquel soporte. A esta acta se incorporarán los soportes de la grabación de las sesiones.

6. Cuando los medios de registro previstos en este artículo no se pudiesen utilizar por cualquier causa, el Secretario judicial extenderá acta de cada sesión, recogiendo en ella, con la extensión y detalle necesarios, las alegaciones de las partes, las incidencias y reclamaciones producidas y las resoluciones adoptadas.

7. El acta prevista en los apartados 5 y 6 de este artículo, se extenderá por procedimientos informáticos, sin que pueda ser manuscrita más que en las ocasiones en que la sala en que se esté celebrando la actuación careciera de medios informáticos. En estos casos, al terminar la sesión el Secretario judicial leerá el acta, haciendo en ella las rectificaciones que las partes reclamen, si las estima procedentes. Este acta se firmará por el Secretario judicial tras el Juez o Presidente, las partes, sus representantes o defensores y los peritos, en su caso.

Art. 64. 1. Cuando se acuerde el trámite de conclusiones, las partes presentarán unas alegaciones sucintas acerca de los hechos, la prueba practicada y los fundamentos jurídicos en que apoyen sus pretensiones.

2. El plazo para formular el escrito será de diez días sucesivos para los demandantes y demandados, siendo simultáneo para cada uno de estos grupos de partes si en alguno de ellos hubiere comparecido más de una persona y no actuaran unidos bajo una misma representación.

3. El señalamiento de día para votación y fallo se ajustará al orden expresado en el apartado 1 del artículo anterior.

4. Celebrada la vista o presentadas las conclusiones, el Juez o Tribunal declarará que el pleito ha quedado concluso para sentencia, salvo que haga uso de la facultad a que se refiere el apartado 2 del artículo 61, en cuyo caso dicha declaración se hará inmediatamente

después de que finalice la práctica de la diligencia o diligencias de prueba acordadas.

Art. 65. 1. En el acto de la vista o en el escrito de conclusiones no podrán plantearse cuestiones que no hayan sido suscitadas en los escritos de demanda y contestación.

2. Cuando el Juez o Tribunal juzgue oportuno que en el acto de la vista o en las conclusiones se traten motivos relevantes para el fallo y distintos de los alegados, lo pondrá en conocimiento de las partes mediante providencia, dándoles plazo de diez días para ser oídas sobre ello. Contra esta providencia no cabrá recurso alguno.

3. En el acto de la vista, o en el escrito de conclusiones, el demandante podrá solicitar que la sentencia formule pronunciamiento concreto sobre la existencia y cuantía de los daños y perjuicios de cuyo resarcimiento se trate, si constasen ya probados en autos.

Art. 66. Los recursos directos contra disposiciones generales gozarán de preferencia y, una vez conclusos, serán antepuestos para su votación y fallo a cualquier otro recurso contencioso-administrativo, sea cual fuere su instancia o grado, salvo el proceso especial de protección de derechos fundamentales.

SECCIÓN 8.ª SENTENCIA

Art. 67. 1. La sentencia se dictará en el plazo de diez días desde que el pleito haya sido declarado concluso y decidirá todas las cuestiones controvertidas en el proceso.

2. Cuando el Juez o Tribunal apreciase que la sentencia no podrá dictarse dentro del plazo indicado, lo razonará debidamente y señalará una fecha posterior concreta en la que se dictará la misma, notificándolo a las partes.

Art. 68. 1. La sentencia pronunciará alguno de los fallos siguientes:

a) Inadmisibilidad del recurso contencioso-administrativo.

b) Estimación o desestimación del recurso contencioso-administrativo.

2. La sentencia contendrá además el pronunciamiento que corresponda respecto de las costas.

Art. 69. La sentencia declarará la inadmisibilidad del recurso o de alguna de las pretensiones en los casos siguientes:

a) Que el Juzgado o Tribunal Contencioso-Administrativo carezca de jurisdicción.

b) Que se hubiera interpuesto por persona incapaz, no debidamente representada o no legitimada.

c) Que tuviera por objeto disposiciones, actos o actuaciones no susceptibles de impugnación.

d) Que recayera sobre cosa juzgada o existiera litispendencia.

e) Que se hubiera presentado el escrito inicial del recurso fuera del plazo establecido.

Art. 70. 1. La sentencia desestimará el recurso cuando se ajusten a Derecho la disposición, acto o actuación impugnados.

2. La sentencia estimará el recurso contencioso-administrativo cuando la disposición, la actuación o el acto incurrieran en cualquier infracción del ordenamiento jurídico, incluso la desviación de poder.

Se entiende por desviación de poder el ejercicio de potestades administrativas para fines distintos de los fijados por el ordenamiento jurídico.

Art. 71. 1. Cuando la sentencia estimase el recurso contencioso-administrativo:

a) Declarará no ser conforme a Derecho y, en su caso, anulará total o parcialmente la disposición o acto recurrido o dispondrá que cese o se modifique la actuación impugnada.

b) Si se hubiese pretendido el reconocimiento y restablecimiento de una situación jurídica individualizada, reconocerá dicha situación jurídica y adoptará cuantas medidas sean necesarias para el pleno restablecimiento de la misma.

c) Si la medida consistiera en la emisión de un acto o en la práctica de una actuación jurídicamente obligatoria, la sentencia podrá establecer plazo para que se cumpla el fallo.

d) Si fuera estimada una pretensión de resarcir daños y perjuicios, se declarará en todo caso el derecho a la reparación, señalando asimismo quién viene obligado a indemnizar. La sentencia fijará también la cuantía de la indemnización cuando lo pida expresamente el demandante y consten probados en autos elementos suficientes para ello. En otro caso, se establecerán las bases para la determinación de la cuantía, cuya definitiva concreción quedará diferida al período de ejecución de sentencia.

2. Los órganos jurisdiccionales no podrán determinar la forma en que han de quedar redactados los preceptos de una disposición general en sustitución de los que anularen ni podrán determinar el contenido discrecional de los actos anulados.

Art. 72. 1. La sentencia que declare la inadmisibilidad o desestimación del recurso contencioso-administrativo sólo producirá efectos entre las partes.

2. La anulación de una disposición o acto producirá efectos para todas las personas afectadas. Las sentencias firmes que anulen una disposición general tendrán efectos generales desde el día en que sea publicado su fallo y preceptos anulados en el mismo periódico oficial en que lo hubiera sido la disposición anulada. También se publicarán las sentencias firmes que anulen un acto administrativo que afecte a una pluralidad indeterminada de personas.

3. La estimación de pretensiones de reconocimiento o restablecimiento de una situación jurídica individualizada sólo producirá efectos entre las partes. No obstante, tales efectos podrán extenderse a terceros en los términos previstos en los artículos 110 y 111.

Art. 73. Las sentencias firmes que anulen un precepto de una disposición general no afectarán por sí mismas a la eficacia de las sentencias o actos administrativos firmes que lo hayan aplicado antes de que la anulación alcanzara efectos generales, salvo en el caso de que la anulación del precepto supusiera la exclusión o la reducción de las sanciones aún no ejecutadas completamente.

SECCIÓN 9.ª OTROS MODOS DE TERMINACIÓN DEL PROCEDIMIENTO

Art. 74. 1. El recurrente podrá desistir del recurso en cualquier momento anterior a la sentencia.

2. Para que el desistimiento del representante en juicio produzca efectos será necesario que lo ratifique el recurrente o que esté autorizado para ello. Si desistiere la Administración pública, habrá de presentarse testimonio del acuerdo adoptado por el órgano competente con arreglo a los requisitos exigidos por las leyes o reglamentos respectivos.

3. El letrado o letrada de la Administración de Justicia dará traslado a las demás partes, y en los supuestos de acción popular al Ministerio Fiscal, por plazo común de cinco días. Si prestaren su conformidad al desistimiento o no se opusieren a él, dictará decreto en el que declarará terminado el procedimiento, ordenando el archivo de los autos[84].

4. En otro caso, o cuando apreciare daño para el interés público, dará cuenta al Juez o Tribunal para que resuelva lo que proceda[85].

5. Si fueren varios los recurrentes, el procedimiento continuará respecto de aquellos que no hubieren desistido.

6. El desistimiento no implicará necesariamente la condena en costas.

---

[84] Apartado modificado por el Real Decreto-ley 6/2023, de 19 de diciembre. Esta modificación entra en vigor el 20 de marzo de 2024.

[85] Apartado redactado conforme a la Ley 13/2009, de 3 de noviembre, de reforma de la legislación procesal para la implantación de la nueva Oficina judicial.

7. Cuando se hubiera desistido del recurso porque la Administración demandada hubiera reconocido totalmente en vía administrativa las pretensiones del demandante, y después la Administración dictase un nuevo acto total o parcialmente revocatorio del reconocimiento, el actor podrá pedir que continúe el procedimiento en el estado en que se encontrase, extendiéndose al acto revocatorio. Si el Juez o Tribunal lo estimase conveniente, concederá a las partes un plazo común de diez días para que formulen por escrito alegaciones complementarias sobre la revocación.

8[86]. Desistido un recurso de apelación o de casación, el letrado o la letrada de la Administración de Justicia sin más trámites declarará terminado el procedimiento por decreto, ordenando el archivo de los autos y la devolución de las actuaciones recibidas al órgano jurisdiccional de procedencia.

Art. 75. 1. Los demandados podrán allanarse cumpliendo los requisitos exigidos en el apartado 2 del artículo anterior.

2. Producido el allanamiento, el Juez o Tribunal, sin más trámites, dictará sentencia de conformidad con las pretensiones del demandante, salvo si ello supusiere infracción manifiesta del ordenamiento jurídico, en cuyo caso el órgano jurisdiccional comunicará a las partes los motivos que pudieran oponerse a la estimación de las pretensiones y las oirá por plazo común de diez días, dictando luego la sentencia que estime ajustada a Derecho.

3. Si fueren varios los demandados, el procedimiento seguirá respecto de aquellos que no se hubiesen allanado.

Art. 76. 1. Si interpuesto recurso contencioso-administrativo la Administración demandada reconociese totalmente en vía administrativa las pretensiones del demandante, cualquiera de las partes podrá

---

[86]   Apartado redactado conforme a la Ley orgánica 1/2025, de 2 de enero.

ponerlo en conocimiento del Juez o Tribunal, cuando la Administración no lo hiciera.

2. El letrado o letrada de la Administración de Justicia mandará oír a las partes por plazo común de cinco días y, previa comprobación de lo alegado, el juez, la jueza o el tribunal dictarán auto en el que declarará terminado el procedimiento y ordenará el archivo del recurso, si el reconocimiento no infringiera manifiestamente el ordenamiento jurídico. En este último caso dictará sentencia ajustada a Derecho[87].

Art. 77. 1. En los procedimientos en primera o única instancia, el Juez o Tribunal, de oficio o a solicitud de parte, una vez formuladas la demanda y la contestación, podrá someter a la consideración de las partes el reconocimiento de hechos o documentos, así como la posibilidad de alcanzar un acuerdo que ponga fin a la controversia, cuando el juicio se promueva sobre materias susceptibles de transacción y, en particular, cuando verse sobre estimación de cantidad.

Los representantes de las Administraciones públicas demandadas necesitarán la autorización oportuna para llevar a efecto la transacción, con arreglo a las normas que regulan la disposición de la acción por parte de los mismos.

2. El intento de conciliación no suspenderá el curso de las actuaciones salvo que todas las partes personadas lo solicitasen y podrá producirse en cualquier momento anterior al día en que el pleito haya sido declarado concluso para sentencia.

3. Si las partes llegaran a un acuerdo que implique la desaparición de la controversia, el Juez o Tribunal dictará auto declarando terminado el procedimiento, siempre que lo acordado no fuera manifiestamente contrario al ordenamiento jurídico ni lesivo del interés público o de terceros.

---

[87] Apartado modificado por el Real Decreto-ley 6/2023, de 19 de diciembre. Esta modificación entra en vigor el 20 de marzo de 2024.

4. En todo caso, las actuaciones previstas en este artículo podrán llevarse a cabo por medios electrónicos[88].

CAPÍTULO II. PROCEDIMIENTO ABREVIADO

Art. 78. 1[89]. Los Juzgados de lo Contencioso-Administrativo y, en su caso, los Juzgados Centrales de lo Contencioso-Administrativo de este Orden Jurisdiccional conocen, por el procedimiento abreviado, de los asuntos de su competencia que se susciten sobre cuestiones de personal al servicio de las Administraciones Públicas, sobre extranjería y sobre inadmisión de peticiones de asilo político, asuntos de disciplina deportiva en materia de dopaje, así como todas aquellas cuya cuantía no supere los 30.000 euros[90].

2. El recurso se iniciará por demanda, a la que se acompañará el documento o documentos en que el actor funde su derecho y aquellos previstos en el artículo 45.2.

3[91]. Presentada la demanda, el letrado o la letrada de la Administración de Justicia, apreciada la jurisdicción y competencia objetiva del Tribunal, admitirá la demanda. En otro caso, dará cuenta a éste para que resuelva lo que proceda.

Admitida la demanda, el letrado o la letrada de la Administración de Justicia acordará su traslado a la persona demandada, citando a las partes para la celebración de vista, con indicación de día y hora, y requerirá a la Administración demandada que remita el expediente administrativo en soporte electrónico, con al menos quince días de antelación del término señalado para la vista. Si en la demanda se solicitasen diligencias de preparación de la prueba a practicar en juicio,

---

[88]   Apartado añadido por el Real Decreto-ley 6/2023, de 19 de diciembre. Esta modificación entra en vigor el 20 de marzo de 2024.

[89]   Apartado redactado con arreglo a la Ley orgánica 7/2006, de 21 de noviembre, de protección de la salud y de la lucha contra el dopaje en el deporte.

[90]   Apartado redactado conforme a la Ley 37/2011, de 10 de octubre, de medidas de agilización procesal.

[91]   Apartado redactado conforme a la Ley orgánica 1/2025, de 2 de enero.

el letrado o la letrada de la Administración de Justicia acordará lo que corresponda para posibilitar su práctica, sin perjuicio de lo que el juez o tribunal decida sobre su admisión o inadmisión en el acto del juicio. En el señalamiento de las vistas atenderá a los criterios establecidos en el artículo 182 de la Ley 1/2000, de 7 de enero, de Enjuiciamiento Civil.

No obstante, si el actor pide por otrosí en su demanda que el recurso se falle sin necesidad de recibimiento a prueba ni tampoco de vista, el letrado o la letrada de la Administración de Justicia dará traslado de la misma a las partes demandadas para que la contesten en el plazo de veinte días, con el apercibimiento a que se refiere el apartado 1 del artículo 54. Una vez contestada la demanda, el letrado o la letrada de la Administración de Justicia procederán de acuerdo con lo dispuesto en el artículo 57, declarando concluso el pleito, salvo que el juez o la jueza hagan uso de la facultad que le atribuye el artículo 61.

Dentro de los diez primeros días del plazo para contestar la demanda, las partes demandadas podrán solicitar que se celebre la vista, argumentando a tal fin en qué hechos existe disconformidad y qué medios de prueba, distintos de los ya obrantes en actuaciones, habrían de ser practicados para despejar esa disconformidad. El juez o la jueza decidirá sobre dicha solicitud mediante auto.

El auto que acuerde la celebración de vista no será recurrible y, tras su notificación, el letrado o la letrada de la Administración de Justicia citarán a las partes al acto conforme a lo previsto en el párrafo segundo de este apartado.

El auto que rechace la celebración de vista dispondrá, además, que se conteste la demanda en el plazo que reste y contra el mismo podrá interponerse recurso de reposición. Presentada la contestación se abrirá un trámite de conclusiones, por plazo de cinco días sucesivos, si la parte actora lo hubiese solicitado en su demanda.

4[92]. Recibido el expediente administrativo, el letrado o la letrada de la Administración de Justicia lo entregarán al actor y a las personas interesadas que se hubieren personado para que puedan hacer alegaciones en el acto de la vista.

5. Comparecidas las partes, o alguna de ellas, el Juez declarará abierta la vista.

Si las partes no comparecieren o lo hiciere sólo el demandado, el Juez o Tribunal tendrá al actor por desistido del recurso y le condenará en costas, y si compareciere sólo el actor, acordará que prosiga la vista en ausencia del demandado[93].

6. La vista comenzará con exposición por el demandante de los fundamentos de lo que pida o ratificación de los expuestos en la demanda.

7. Acto seguido, el demandado podrá formular las alegaciones que a su derecho convengan, comenzando, en su caso, por las cuestiones relativas a la jurisdicción, a la competencia objetiva y territorial y a cualquier otro hecho o circunstancia que pueda obstar a la válida prosecución y término del proceso mediante sentencia sobre el fondo.

8. Oído el demandante sobre estas cuestiones, el Juez resolverá lo que proceda, y si mandase proseguir el juicio, el demandado podrá pedir que conste en acta su disconformidad. Lo mismo podrá hacer el demandante si el Juez, al resolver sobre alguna de dichas cuestiones, declinara el conocimiento del asunto en favor de otro Juzgado o Tribunal o entendiese que debe declarar la inadmisibilidad del recurso.

9. Si en sus alegaciones el demandado hubiese impugnado la adecuación del procedimiento por razón de la cuantía, el Juez, antes de practicarse la prueba o, en su caso, las conclusiones, exhortará a las partes a ponerse de acuerdo sobre tal extremo. Si no se alcanzare el acuerdo, decidirá el Juez, que dará al proceso el curso procedimental

---

[92] Apartado redactado conforme a la Ley orgánica 1/2025, de 2 de enero.
[93] Apartado redactado conforme a la ley 13/2009, de 3 de noviembre, de reforma de la legislación procesal para la implantación de la nueva Oficina judicial.

que corresponda según la cuantía que él determine. Frente a la decisión del Juez no se dará recurso alguno.

10. Si no se suscitasen las cuestiones procesales a que se refieren los apartados anteriores o si, habiéndose suscitado, se resolviese por el Juez la continuación del juicio, se dará la palabra a las partes para fijar con claridad los hechos en que fundamenten sus pretensiones. Si no hubiere conformidad sobre ellos, se propondrán las pruebas y, una vez admitidas las que no sean impertinentes o inútiles, se practicarán seguidamente.

11. Cuando de las alegaciones de las partes se desprenda la conformidad de todos los demandados con las pretensiones del actor, el carácter meramente jurídico de la controversia, la ausencia de proposición de la prueba o la inadmisibilidad de toda la prueba propuesta, y las partes no deseasen formular conclusiones, el Juez apreciará tal circunstancia en el acto y, si ninguna parte se opusiere, dictará sentencia sin más dilación.

Formulada oposición, el Juez resolverá estimándola, en cuyo caso proseguirá la vista conforme a lo reglado en los apartados siguientes, o desestimándola en la misma sentencia que dicte conforme a lo previsto en el párrafo anterior, antes de resolver sobre el fondo, como especial pronunciamiento.

12. Los medios de prueba se practicarán en los juicios abreviados, en cuanto no sea incompatible con sus trámites, del modo previsto para el juicio ordinario.

13. Las preguntas para la prueba de interrogatorio de parte se propondrán verbalmente, sin admisión de pliegos[94].

14. No se admitirán escritos de preguntas y repreguntas para la prueba testifical. Cuando el número de testigos fuese excesivo y, a criterio del órgano judicial, sus manifestaciones pudieran constituir inútil

---

[94]   Apartado redactado conforme a la Ley 13/2009, de 3 de noviembre, de reforma de la legislación procesal para la implantación de la nueva Oficina judicial.

reiteración del testimonio sobre hechos suficientemente esclarecidos, aquél podrá limitarlos discrecionalmente.

15. Los testigos no podrán ser tachados y, únicamente en conclusiones, las partes podrán hacer las observaciones que sean oportunas respecto de sus circunstancias personales y de la veracidad de sus manifestaciones.

16. En la práctica de la prueba pericial no serán de aplicación las reglas generales sobre insaculación de peritos.

17. Contra las resoluciones del Juez sobre denegación de pruebas o sobre admisión de las que se denunciaran como obtenidas con violación de derechos fundamentales, las partes podrán interponer en el acto recurso de súplica, que se sustanciará y resolverá seguidamente.

18[95]. Si el juez o la jueza estimase que alguna prueba relevante no puede practicarse en la vista, sin mala fe por parte de quien tuviera la carga de aportarla, la suspenderá, señalando el letrado o la letrada de la Administración de Justicia competente, en el acto y sin necesidad de nueva notificación, el lugar, día y hora en que deba reanudarse. Si no hubiera asistido a la vista, el letrado o la letrada de la Administración de Justicia efectuarán nuevo señalamiento en el día hábil siguiente a aquel en que se hubiera acordado la suspensión.

19. Tras la práctica de la prueba, si la hubiere, y, en su caso, de las conclusiones, oídos los Letrados, las personas que sean parte en los asuntos podrán, con la venia del Juez, exponer de palabra lo que crean oportuno para su defensa a la conclusión de la vista, antes de darla por terminada.

20[96]. El juez o la jueza dictarán sentencia en el plazo de diez días desde la celebración de la vista. No obstante, la sentencia se podrá dictar oralmente al concluir dicho acto con los requisitos de forma y consecuencias previstas en los apartados 3 y 4 del artículo 210 de la Ley

---

[95]   Apartado redactado conforme a la Ley orgánica 1/2025, de 2 de enero.
[96]   Apartado redactado conforme a la Ley orgánica 1/2025, de 2 de enero.

1/2000, de 7 de enero, de Enjuiciamiento Civil, y pronunciando su fallo de acuerdo con lo dispuesto en los artículos 68 a 71 de la presente ley.

21. La vista se documentará en la forma establecida en los apartados 3 y 4 del artículo 63[97].

22[98]. Si los mecanismos de garantía previstos en el apartado anterior no se pudiesen utilizar deberán consignarse en el acta los siguientes extremos: número y clase de procedimiento; lugar y fecha de celebración; tiempo de duración, asistentes al acto; alegaciones de las partes; resoluciones que adopte el juez, la jueza o el tribunal; así como las circunstancias e incidencias que no pudieran constar en aquel soporte. A esta acta se incorporarán los soportes de la grabación de las sesiones.

Cuando no se pudiesen utilizar los medios de registro por cualquier causa, el letrado o letrada de la Administración de Justicia extenderá acta de cada sesión, en la que se hará constar:

a) Lugar, fecha, juez o jueza que preside el acto, partes comparecientes, representantes, en su caso, y defensores que las asisten.

b) Breve resumen de las alegaciones de las partes, medios de prueba propuestos por ellas, declaración expresa de su pertinencia o impertinencia, razones de la denegación y protesta, en su caso.

c) En cuanto a las pruebas admitidas y practicadas:

1º Resumen suficiente de las de interrogatorio de parte y testifical.

2º Relación circunstanciada de los documentos presentados, o datos suficientes que permitan identificarlos, en el caso de que su excesivo número haga desaconsejable la citada relación.

3º Relación de las incidencias planteadas en el juicio respecto a la prueba documental.

---

[97] Apartado redactado conforme a la Ley 13/2009, de 3 de noviembre, de reforma de la legislación procesal para la implantación de la nueva Oficina judicial.

[98] Apartado redactado conforme a la Ley orgánica 1/2025, de 2 de enero.

4º Resumen suficiente de los informes periciales, así como también de la resolución del juez o la jueza en torno a las propuestas de recusación de los peritos.

5º Resumen de las declaraciones realizadas en la vista.

d) Conclusiones y peticiones concretas formuladas por las partes; en caso de que fueran de condena a cantidad, ésta deberá recogerse en el acta.

e) Declaración hecha por el juez o la jueza de conclusión de los autos, mandando traerlos a la vista para sentencia.

Las actas previstas en este apartado se extenderán por procedimientos informáticos, sin que puedan ser manuscritas más que en las ocasiones en que la sala en que se esté celebrando la actuación careciera de medios informáticos. En estos casos, al terminar la sesión el letrado o letrada de la Administración de Justicia leerá el acta, haciendo en ella las rectificaciones que las partes reclamen, si las estima procedentes. Esta acta se firmará por el letrado o letrada de la Administración de Justicia tras el juez, la jueza o el presidente o la presidenta, las partes, sus representantes o defensores y los peritos, en su caso.

23. El procedimiento abreviado, en lo no dispuesto en este capítulo, se regirá por las normas generales de la presente Ley.

CAPÍTULO III. RECURSOS CONTRA RESOLUCIONES PROCESALES[99]

SECCIÓN 1.ª RECURSOS CONTRA PROVIDENCIAS Y AUTOS

Art. 79. 1. Contra las providencias y los autos no susceptibles de apelación o casación podrá interponerse recurso de reposición, sin perjuicio del cual se llevará a efecto la resolución impugnada, salvo

---

[99]   Rúbrica redactada conforme a la Ley 13/2009, de 3 de noviembre, de reforma de la legislación procesal para la implantación de la nueva Oficina judicial.

que el órgano jurisdiccional, de oficio o a instancia de parte, acuerde lo contrario[100].

2. No es admisible el recurso de reposición contra las resoluciones expresamente exceptuadas del mismo en esta Ley, ni contra los autos que resuelvan los recursos de reposición y los de aclaración[101].

3. El recurso de reposición se interpondrá en el plazo de cinco días a contar desde el siguiente al de la notificación de la resolución impugnada[102].

4. Interpuesto el recurso en tiempo y forma, el Secretario judicial dará traslado de las copias del escrito a las demás partes, por término común de cinco días, a fin de que puedan impugnarlo si lo estiman conveniente. Transcurrido dicho plazo, el órgano jurisdiccional resolverá por auto dentro del tercer día[103].

Art. 80. 1. Son apelables en un solo efecto los autos dictados por los Juzgados de lo Contencioso-Administrativo y los Juzgados Centrales de lo Contencioso-Administrativo, en procesos de los que conozcan en primera instancia, en los siguientes casos:

a) Los que pongan término a la pieza separada de medidas cautelares.

b) Los recaídos en ejecución de sentencia.

c) Los que declaren la inadmisión del recurso contencioso-administrativo o hagan imposible su continuación.

d) Los recaídos sobre las autorizaciones previstas en el artículo 8.6 y en los artículos 9.2 y 122 bis[104].

---

[100] Apartado modificado por el Real Decreto-ley 6/2023, de 19 de diciembre. Esta modificación entra en vigor el 20 de marzo de 2024.
[101] Apartado redactado conforme a la Ley 13/2009, de 3 de noviembre, de reforma de la legislación procesal para la implantación de la nueva Oficina judicial.
[102] Apartado modificado por el Real Decreto-ley 6/2023, de 19 de diciembre. Esta modificación entra en vigor el 20 de marzo de 2024.
[103] Apartado redactado conforme a la Ley 13/2009, de 3 de noviembre, de reforma de la legislación procesal para la implantación de la nueva Oficina judicial.
[104] Apartado redactado conforme a la Ley 2/2011, de 4 de marzo, de economía sostenible.

e) Los recaídos en aplicación de los artículos 83 y 84.

2[105]. La apelación de los autos dictados por los Juzgados de lo Contencioso-Administrativo y los Juzgados Centrales de lo Contencioso-Administrativo en los supuestos de los artículos 110 y 111, se regirá por el mismo régimen de admisión de la apelación que corresponda a la sentencia cuya extensión se pretende.

3. La tramitación de los recursos de apelación interpuestos contra los autos de los Juzgados de lo Contencioso-Administrativo y los Juzgados Centrales de lo Contencioso-Administrativo se ajustará a lo establecido en la sección 2.ª de este capítulo.

SECCIÓN 2.ª RECURSO ORDINARIO DE APELACIÓN

Art. 81. 1. Las sentencias de los Juzgados de lo Contencioso-Administrativo y de los Juzgados Centrales de lo Contencioso-Administrativo serán susceptibles de recurso de apelación, salvo que se hubieran dictado en los asuntos siguientes:

a) Aquellos cuya cuantía no exceda de 30.000 euros[106].

b) Los relativos a materia electoral comprendidos en el artículo 8.4[107].

2. Serán siempre susceptibles de apelación las sentencias siguientes:

a) Las que declaren la inadmisibilidad del recurso en el caso de la letra a) del apartado anterior.

b) Las dictadas en el procedimiento para la protección de los derechos fundamentales de la persona.

c) Las que resuelvan litigios entre Administraciones públicas.

---

[105] Apartado redactado con arreglo a la disposición adicional 14 de la Ley orgánica 19/2003, de 23 de diciembre, de modificación de la Ley orgánica 6/1985, de 1 de julio, del Poder Judicial.

[106] Apartado redactado conforme a la Ley 37/2011, de 10 de octubre, de medidas de agilización procesal.

[107] Apartado redactado conforme a la Ley 13/2009, de 3 de noviembre, de reforma de la legislación procesal para la implantación de la nueva Oficina Judicial.

d) Las que resuelvan impugnaciones indirectas de disposiciones generales.

e) Las que, con independencia de la cuantía del procedimiento, sean susceptibles de extensión de efectos[108].

Art. 82. El recurso de apelación podrá interponerse por quienes, según esta Ley, se hallen legitimados como parte demandante o demandada.

Art. 83. 1. El recurso de apelación contra las sentencias es admisible en ambos efectos, salvo en los casos en que la presente Ley disponga otra cosa.

2. No obstante lo dispuesto en el apartado anterior, el Juez, en cualquier momento, a instancia de la parte interesada, podrá adoptar las medidas cautelares que sean pertinentes para asegurar, en su caso, la ejecución de la sentencia atendiendo a los criterios establecidos en el Capítulo II del Título VI.

Art. 84. 1. La interposición de un recurso de apelación no impedirá la ejecución provisional de la sentencia recurrida.

Las partes favorecidas por la sentencia podrán instar su ejecución provisional. Cuando de ésta pudieran derivarse perjuicios de cualquier naturaleza, podrán acordarse las medidas que sean adecuadas para evitar o paliar dichos perjuicios. Igualmente podrá exigirse la prestación de caución o garantía para responder de aquéllos. En este caso no podrá llevarse a cabo la ejecución provisional hasta que la caución o la medida acordada esté constituida y acreditada en autos.

2. La constitución de la caución se ajustará a lo establecido en el artículo 133.2.

---

[108]   Apartado modificado por el Real Decreto-ley 6/2023, de 19 de diciembre. Esta modificación entra en vigor el 20 de marzo de 2024.

3. No se acordará la ejecución provisional cuando la misma sea susceptible de producir situaciones irreversibles o perjuicios de imposible reparación.

4. Previa audiencia de las demás partes por plazo común de cinco días, el Juez resolverá sobre la ejecución provisional en el término de los cinco días siguientes[109].

5. Cuando quien inste la ejecución provisional sea una Administración pública, quedará exenta de la prestación de caución.

Art. 85. 1. El recurso de apelación se interpondrá ante el Juzgado que hubiere dictado la sentencia que se apele, dentro de los quince días siguientes al de su notificación, mediante escrito razonado que deberá contener las alegaciones en que se fundamente el recurso. Transcurrido el plazo de quince días sin haberse interpuesto el recurso de apelación, el Secretario judicial declarará la firmeza de la sentencia[110].

2. Si el escrito presentado cumple los requisitos previstos en el apartado anterior y se refiere a una sentencia susceptible de apelación, el Secretario judicial dictará resolución admitiendo el recurso, contra la que no cabrá recurso alguno, y dará traslado del mismo a las demás partes para que, en el plazo común de quince días, puedan formalizar su oposición. En otro caso, lo pondrá en conocimiento del Juez que, si lo estima oportuno, denegará la admisión por medio de auto, contra el que podrá interponerse recurso de queja, que se sustanciará en la forma establecida en la Ley de Enjuiciamiento Civil[111].

3. En los escritos de interposición del recurso y de oposición al mismo las partes podrán pedir el recibimiento a prueba para la práctica de las que hubieran sido denegadas o no hubieran sido debidamente

---

[109]   Apartado redactado conforme a la Ley 13/2009, de 3 de noviembre, de reforma de la legislación procesal para la implantación de la nueva Oficina judicial.

[110]   Apartado redactado conforme a la Ley 13/2009, de 3 de noviembre, de reforma de la legislación procesal para la implantación de la nueva Oficina judicial.

[111]   Apartado redactado conforme a la Ley 13/2009, de 3 de noviembre, de reforma de la legislación procesal para la implantación de la nueva Oficina judicial.

practicadas en primera instancia por causas que no les sean imputables[112].

4. En el escrito de oposición, la parte apelada, si entendiera admitida indebidamente la apelación, deberá hacerlo constar, en cuyo caso el letrado o letrada de la Administración de Justicia dará vista a la apelante, por cinco días, de esta alegación. También podrá el apelado, en el mismo escrito, impugnar la sentencia apelada en lo que le resulte desfavorable, razonando los puntos en que crea que le es perjudicial la sentencia, y en este caso el letrado o letrada de la Administración de Justicia dará traslado al apelante del escrito de oposición por plazo de diez días, al solo efecto de que pueda oponerse a la impugnación[113].

5. Transcurridos los plazos a que se refieren los apartados 2 y 4 anteriores, el Juzgado elevará los autos y el expediente administrativo, en unión de los escritos presentados, ordenándose el emplazamiento de las partes para su comparecencia en el plazo de treinta días ante la Sala de lo Contencioso-Administrativo competente, que resolverá, en su caso, lo que proceda sobre la discutida admisión del recurso o sobre el recibimiento a prueba[114].

6. Cuando la Sala estime procedente la prueba solicitada, su práctica tendrá lugar con citación de las partes.

7. Las partes, en los escritos de interposición y de oposición al recurso, podrán solicitar que se celebre vista, que se presenten conclusiones o que el pleito sea declarado concluso, sin más trámites, para sentencia.

8. El Secretario judicial acordará la celebración de vista, en cuyo caso hará el oportuno señalamiento, o la presentación de conclusiones si lo hubieren solicitado todas las partes o si se hubiere practicado

---

[112] Apartado modificado por el Real Decreto-ley 6/2023, de 19 de diciembre. Esta modificación entra en vigor el 20 de marzo de 2024.

[113] Apartado modificado por el Real Decreto-ley 6/2023, de 19 de diciembre. Esta modificación entra en vigor el 20 de marzo de 2024.

[114] Apartado redactado conforme a la Ley 13/2009, de 3 de noviembre, de reforma de la legislación procesal para la implantación de la nueva Oficina judicial.

prueba. La Sala también podrá acordar que se celebre vista, que señalará el secretario, o que se presenten conclusiones escritas cuando lo estimare necesario, atendida la índole del asunto. Será de aplicación a estos trámites lo dispuesto en los artículos 63 a 65.

Celebrada la vista o presentadas las conclusiones, el Secretario judicial declarará que el pleito ha quedado concluso para sentencia[115].

9. La Sala dictará sentencia en el plazo de diez días desde la declaración de que el pleito está concluso para sentencia.

10. Cuando la Sala revoque en apelación la sentencia impugnada que hubiere declarado la inadmisibilidad del recurso contencioso-administrativo, resolverá al mismo tiempo sobre el fondo del asunto.

SECCIÓN 3.ª *RECURSO DE CASACIÓN*[116]

Art. 86. 1. Las sentencias dictadas en única instancia por los Juzgados de lo Contencioso-administrativo y las dictadas en única instancia o en apelación por la Sala de lo Contencioso-administrativo de la Audiencia Nacional y por las Salas de lo Contencioso-administrativo de los Tribunales Superiores de Justicia serán susceptibles de recurso de casación ante la Sala de lo Contencioso-administrativo del Tribunal Supremo.

En el caso de las sentencias dictadas en única instancia por los Juzgados de lo Contencioso-administrativo, únicamente serán susceptibles de recurso las sentencias que contengan doctrina que se reputa gravemente dañosa para los intereses generales y sean susceptibles de extensión de efectos.

2. Se exceptúan de lo establecido en el apartado anterior las sentencias dictadas en el procedimiento para la protección del derecho fundamental de reunión y en los procesos contencioso-electorales.

---

[115]   Apartado redactado conforme a la Ley 13/2009, de 3 de noviembre, de reforma de la legislación procesal para la implantación de la nueva Oficina judicial.

[116]   Sección 3.ª del capítulo III del título IV, integrada por los artículos 86 a 93, redactada conforme a la Ley orgánica 7/2015, de 21 de julio, que suprime los artículos 94 y 95.

3. Las sentencias que, siendo susceptibles de casación, hayan sido dictadas por las Salas de lo Contencioso-administrativo de los Tribunales Superiores de Justicia sólo serán recurribles ante la Sala de lo Contencioso-administrativo del Tribunal Supremo si el recurso pretende fundarse en infracción de normas de Derecho estatal o de la Unión Europea que sea relevante y determinante del fallo impugnado, siempre que hubieran sido invocadas oportunamente en el proceso o consideradas por la Sala sentenciadora[117].

Cuando el recurso se fundare en infracción de normas emanadas de la Comunidad Autónoma será competente una Sección de la Sala de lo Contencioso-administrativo que tenga su sede en el Tribunal Superior de Justicia compuesta por el Presidente de dicha Sala, que la presidirá, por el Presidente o Presidentes de las demás Salas de lo Contencioso-administrativo y, en su caso, de las Secciones de las mismas, en número no superior a dos, y por los Magistrados de la referida Sala o Salas que fueran necesarios para completar un total de cinco miembros.

Si la Sala o Salas de lo Contencioso-administrativo tuviesen más de una Sección, la Sala de Gobierno del Tribunal Superior de Justicia establecerá para cada año judicial el turno con arreglo al cual los Presidentes de Sección ocuparán los puestos de la regulada en este apartado. También lo establecerá entre todos los Magistrados que presten servicio en la Sala o Salas.

4. Las resoluciones del Tribunal de Cuentas en materia de responsabilidad contable serán susceptibles de recurso de casación en los casos establecidos en su Ley de Funcionamiento.

---

[117] La STEDH de 30 de junio de 2020, asunto Saquetti Iglesias contra España, establece que, aunque ajustadas a la Ley, las limitaciones «del derecho a recurrir por parte del demandante impidieron que su sanción fuera revisada por un Tribunal Superior e infringen la esencia misma del derecho amparado por el artículo 2 del Protocolo número 7, ya que quedan fuera del margen de apreciación del que gozan los Estados contratantes con respecto a dicha disposición».

Art. 87. 1. También son susceptibles de recurso de casación los siguientes autos dictados por la Sala de lo Contencioso-administrativo de la Audiencia Nacional y por las Salas de lo Contencioso-administrativo de los Tribunales Superiores de Justicia, con la misma excepción e igual límite dispuestos en los apartados 2 y 3 del artículo anterior:

a) Los que declaren la inadmisión del recurso contencioso-administrativo o hagan imposible su continuación.

b) Los que pongan término a la pieza separada de suspensión o de otras medidas cautelares.

c) Los recaídos en ejecución de sentencia, siempre que resuelvan cuestiones no decididas, directa o indirectamente, en aquélla o que contradigan los términos del fallo que se ejecuta.

d) Los dictados en el caso previsto en el artículo 91.

e) Los dictados en aplicación de los artículos 110 y 111.

1 bis[118]. Serán susceptibles de recurso de casación, en todo caso, los autos dictados en aplicación del artículo 10.8 y del artículo 11.1.i) de esta ley.

2[119]. Para que pueda prepararse el recurso de casación en los casos previstos en el apartado 1, es requisito necesario interponer previamente el recurso de reposición. Sin embargo, no será requisito necesario interponer previamente recurso de reposición en los recursos de casación contra los autos a que se refiere el apartado 1 bis.

Art. 87 bis. 1. Sin perjuicio de lo dispuesto en el artículo 93. 3, el recurso de casación ante la Sala de lo Contencioso-administrativo del Tribunal Supremo se limitará a las cuestiones de derecho, con exclusión de las cuestiones de hecho.

2. Las pretensiones del recurso de casación deberán tener por objeto la anulación, total o parcial, de la sentencia o auto impugnado y, en su caso, la devolución de los autos al Tribunal de instancia o la

---

[118]   Apartado añadido por el Real Decreto-ley 8/2021, de 4 de mayo.
[119]   Apartado modificado por el Real Decreto-ley 8/2021, de 4 de mayo.

resolución del litigio por la Sala de lo Contencioso-administrativo del Tribunal Supremo dentro de los términos en que apareciese planteado el debate.

3. La Sala de Gobierno del Tribunal Supremo podrá determinar, mediante acuerdo que se publicará en el «Boletín Oficial del Estado», la extensión máxima y otras condiciones extrínsecas, incluidas las relativas a su presentación por medios telemáticos, de los escritos de interposición y de oposición de los recursos de casación.

Art. 87 ter[120]. 1. El recurso de casación contra autos dictados en aplicación del artículo 10.8 y del artículo 11.1.i) de esta ley, se iniciará mediante escrito presentado ante la Sala de lo Contencioso-Administrativo del Tribunal Supremo en el que las partes comparecerán e interpondrán directamente el recurso de casación.

2. La parte recurrente, el mismo día en que interponga el recurso, habrá de presentar escrito ante la Sala de instancia poniendo en su conocimiento el hecho de la interposición, debiendo dicha Sala, en el día siguiente hábil a esa comunicación, remitir el testimonio de las actuaciones seguidas en el procedimiento en que se dictó el auto recurrido a la Sala de lo Contencioso-administrativo del Tribunal Supremo.

3. El escrito de comparecencia e interposición habrá de presentarse en el plazo de tres días hábiles contados desde la fecha de notificación del auto impugnado y, con acompañamiento de testimonio de dicho auto, expondrá los requisitos de procedimiento, señalando la cuestión de interés casacional sobre la que se interesa se fije doctrina y las pretensiones relativas al enjuiciamiento del auto recurrido.

4. Si el objeto de la autorización o ratificación hubiera sido una medida adoptada por una autoridad sanitaria de ámbito distinto al estatal en cumplimiento de actuaciones coordinadas en salud pública declaradas por el Ministerio de Sanidad, en su caso previo acuerdo del Consejo Interterritorial del Sistema Nacional de Salud, también

---

[120]　Artículo añadido por el Real Decreto-ley 8/2021, de 4 de mayo.

ostentará legitimación activa en el presente recurso la Administración General del Estado.

5. Cuando las circunstancias del caso lo hagan necesario y, en todo caso, cuando la demora en la resolución pueda causar perjuicios irreversibles, las partes podrán solicitar en el escrito de interposición que se habiliten los días inhábiles para la tramitación y resolución del recurso de casación. Contra la decisión que deniegue la habilitación solicitada no cabrá recurso.

6. Presentado el escrito será turnado de inmediato a la Sección competente para la tramitación y decisión, que lo tramitará preferentemente, dando traslado al Ministerio Fiscal y a las partes para que comparezcan y formulen alegaciones por plazo común de tres días.

7. Transcurrido el plazo de alegaciones, y sin que resulte de aplicación lo previsto en el artículo 128.1 de la presente ley sobre la declaración de caducidad, la Sección competente para la tramitación y decisión fijará doctrina y resolverá sobre las cuestiones y pretensiones planteadas, en el plazo de los cinco días siguientes.

8. Se aplicarán a todos los escritos los requisitos de extensión máxima y normas de estilo establecidas por la Sala en cumplimiento de lo dispuesto en el artículo 87 bis.3 de la presente ley.

Art. 88. 1. El recurso de casación podrá ser admitido a trámite cuando, invocada una concreta infracción del ordenamiento jurídico, tanto procesal como sustantiva, o de la jurisprudencia, la Sala de lo Contencioso-Administrativo del Tribunal Supremo estime que el recurso presenta interés casacional objetivo para la formación de jurisprudencia.

2. El Tribunal de casación podrá apreciar que existe interés casacional objetivo, motivándolo expresamente en el auto de admisión, cuando, entre otras circunstancias, la resolución que se impugna:

a) Fije, ante cuestiones sustancialmente iguales, una interpretación de las normas de Derecho estatal o de la Unión Europea en las que se fundamenta el fallo contradictoria con la que otros órganos jurisdiccionales hayan establecido.

b) Siente una doctrina sobre dichas normas que pueda ser gravemente dañosa para los intereses generales.

c) Afecte a un gran número de situaciones, bien en sí misma o por trascender del caso objeto del proceso.

d) Resuelva un debate que haya versado sobre la validez constitucional de una norma con rango de ley, sin que la improcedencia de plantear la pertinente cuestión de inconstitucionalidad aparezca suficientemente esclarecida.

e) Interprete y aplique aparentemente con error y como fundamento de su decisión una doctrina constitucional.

f) Interprete y aplique el Derecho de la Unión Europea en contradicción aparente con la jurisprudencia del Tribunal de Justicia o en supuestos en que aun pueda ser exigible la intervención de éste a título prejudicial.

g) Resuelva un proceso en que se impugnó, directa o indirectamente, una disposición de carácter general.

h) Resuelva un proceso en que lo impugnado fue un convenio celebrado entre Administraciones públicas.

i) Haya sido dictada en el procedimiento especial de protección de derechos fundamentales.

3. Se presumirá que existe interés casacional objetivo:

a) Cuando en la resolución impugnada se hayan aplicado normas en las que se sustente la razón de decidir sobre las que no exista jurisprudencia.

b)[121] Cuando dicha resolución se aparte de la jurisprudencia existente de modo deliberado por considerarla errónea o de modo inmotivado pese a haber sido citada en el debate o ser doctrina asentada.

---

[121]   Letra modificada por el Real Decreto-ley 5/2023, de 28 de junio.

431 LEY 29/1998, DE 13 DE JULIO **Art. 89**

c) Cuando la sentencia recurrida declare nula una disposición de carácter general, salvo que esta, con toda evidencia, carezca de trascendencia suficiente.

d) Cuando resuelva recursos contra actos o disposiciones de los organismos reguladores o de supervisión o agencias estatales cuyo enjuiciamiento corresponde a la Sala de lo Contencioso-administrativo de la Audiencia Nacional.

e) Cuando resuelva recursos contra actos o disposiciones de los Gobiernos o Consejos de Gobierno de las Comunidades Autónomas.

No obstante, en los supuestos referidos en las letras a), d) y e) el recurso podrá inadmitirse por auto motivado cuando el Tribunal aprecie que el asunto carece manifiestamente de interés casacional objetivo para la formación de jurisprudencia.

Art. 89. 1. El recurso de casación se preparará ante la Sala de instancia en el plazo de treinta días, contados desde el siguiente al de la notificación de la resolución que se recurre, estando legitimados para ello quienes hayan sido parte en el proceso, o debieran haberlo sido.

2. El escrito de preparación deberá, en apartados separados que se encabezarán con un epígrafe expresivo de aquello de lo que tratan:

a) Acreditar el cumplimiento de los requisitos reglados en orden al plazo, la legitimación y la recurribilidad de la resolución que se impugna.

b) Identificar con precisión las normas o la jurisprudencia que se consideran infringidas, justificando que fueron alegadas en el proceso, o tomadas en consideración por la Sala de instancia, o que ésta hubiera debido observarlas aun sin ser alegadas.

c) Acreditar, si la infracción imputada lo es de normas o de jurisprudencia relativas a los actos o garantías procesales que produjo indefensión, que se pidió la subsanación de la falta o transgresión en la instancia, de haber existido momento procesal oportuno para ello.

d) Justificar que la o las infracciones imputadas han sido relevantes y determinantes de la decisión adoptada en la resolución que se pretende recurrir.

e) Justificar, en el caso de que ésta hubiera sido dictada por la Sala de lo Contencioso-administrativo de un Tribunal Superior de Justicia, que la norma supuestamente infringida forma parte del Derecho estatal o del de la Unión Europea.

f) Especialmente, fundamentar con singular referencia al caso, que concurren alguno o algunos de los supuestos que, con arreglo a los apartados 2 y 3 del artículo anterior, permiten apreciar el interés casacional objetivo y la conveniencia de un pronunciamiento de la Sala de lo Contencioso-administrativo del Tribunal Supremo.

3. Si el escrito de preparación no se presentara en el plazo de treinta días, la sentencia o auto quedará firme, declarándolo así el Letrado de la Administración de Justicia mediante decreto. Contra esta decisión sólo cabrá el recurso directo de revisión regulado en el artículo 102 bis de esta Ley.

4. Si, aun presentado en plazo, no cumpliera los requisitos que impone el apartado 2 de este artículo, la Sala de instancia, mediante auto motivado, tendrá por no preparado el recurso de casación, denegando el emplazamiento de las partes y la remisión de las actuaciones al Tribunal Supremo. Contra este auto únicamente podrá interponerse recurso de queja, que se sustanciará en la forma establecida por la Ley de Enjuiciamiento Civil.

5[122]. Si se cumplieran los requisitos exigidos por el apartado 2, dicha Sala, mediante auto en el que se motivará suficientemente su concurrencia, tendrá por preparado el recurso de casación, ordenando el emplazamiento de las partes para su comparecencia dentro del plazo de quince días ante la Sala de lo Contencioso-administrativo del Tribunal Supremo, así como la remisión a ésta de los autos originales y del expediente administrativo Y, si lo entiende oportuno, emitirá opinión

---

[122]　Apartado modificado por el Real Decreto-ley 5/2023, de 28 de junio.

sucinta y fundada sobre el interés objetivo del recurso para la formación de jurisprudencia, que unirá al oficio de remisión.

6. Contra el auto en que se tenga por preparado el recurso de casación, la parte recurrida no podrá interponer recurso alguno, pero podrá oponerse a su admisión al tiempo de comparecer ante el Tribunal Supremo, si lo hiciere dentro del término del emplazamiento.

Art. 90. 1[123]. Recibidos los autos originales y el expediente administrativo, la Sección de la Sala de lo Contencioso-administrativo del Tribunal Supremo a que se refiere el apartado siguiente podrá acordar, excepcionalmente y sólo si las características del asunto lo aconsejan, oír a las partes personadas por plazo común de veinte días acerca de si el recurso presenta interés casacional objetivo para la formación de jurisprudencia.

2. La admisión o inadmisión a trámite del recurso será decidida por una Sección de la Sala de lo Contencioso-administrativo del Tribunal Supremo integrada por el Presidente de la Sala y por al menos un Magistrado de cada una de sus restantes Secciones. Con excepción del Presidente de la Sala, dicha composición se renovará por mitad transcurrido un año desde la fecha de su primera constitución y en lo sucesivo cada seis meses, mediante acuerdo de la Sala de Gobierno del Tribunal Supremo que determinará sus integrantes para cada uno de los citados periodos y que se publicará en la página web del Poder Judicial.

3. La resolución sobre la admisión o inadmisión del recurso adoptará la siguiente forma:

a)[124] En los supuestos del apartado 2 del artículo 88, en los que ha de apreciarse la existencia de interés casacional objetivo para la formación de jurisprudencia, la resolución adoptará la forma de providencia sucintamente motivada, si decide la inadmisión, y de auto, si

[123]   Apartado modificado por el Real Decreto-ley 5/2023, de 28 de junio.
[124]   Letra modificada por el Real Decreto-ley 5/2023, de 28 de junio.

acuerda la admisión a trámite. No obstante, si el órgano que dictó la resolución recurrida hubiera emitido en el trámite que prevé el artículo 89.5 opinión que, además de fundada, sea favorable a la admisión del recurso, la inadmisión se acordará por auto motivado.

b) En los supuestos del apartado 3 del artículo 88, en los que se presume la existencia de interés casacional objetivo, la inadmisión se acordará por auto motivado en el que se justificará que concurren las salvedades que en aquél se establecen.

4. Los autos de admisión precisarán la cuestión o cuestiones en las que se entiende que existe interés casacional objetivo e identificarán la norma o normas jurídicas que en principio serán objeto de interpretación, sin perjuicio de que la sentencia haya de extenderse a otras si así lo exigiere el debate finalmente trabado en el recurso. Las providencias de inadmisión únicamente indicarán si en el recurso de casación concurre una de estas circunstancias:

a) ausencia de los requisitos reglados de plazo, legitimación o recurribilidad de la resolución impugnada;

b) incumplimiento de cualquiera de las exigencias que el artículo 89. 2 impone para el escrito de preparación;

c) no ser relevante y determinante del fallo ninguna de las infracciones denunciadas; o

d) carencia en el recurso de interés casacional objetivo para la formación de jurisprudencia.

5. Contra las providencias y los autos de admisión o inadmisión no cabrá recurso alguno.

6. El Letrado de la Administración de Justicia de Sala comunicará inmediatamente a la Sala de instancia la decisión adoptada y, si es de inadmisión, le devolverá las actuaciones procesales y el expediente administrativo recibidos.

7. Los autos de admisión del recurso de casación se publicarán en la página web del Tribunal Supremo. Con periodicidad semestral, su Sala de lo Contencioso-administrativo hará público, en la mencionada página web y en el «Boletín Oficial del Estado», el listado de recursos

de casación admitidos a trámite, con mención sucinta de la norma o normas que serán objeto de interpretación y de la programación para su resolución.

8. La inadmisión a trámite del recurso de casación comportará la imposición de las costas a la parte recurrente, pudiendo tal imposición ser limitada a una parte de ellas o hasta una cifra máxima.

Art. 91. 1. La preparación del recurso de casación no impedirá la ejecución provisional de la sentencia recurrida.

Las partes favorecidas por la sentencia podrán instar su ejecución provisional. Cuando de ésta pudieran derivarse perjuicios de cualquier naturaleza, podrán acordarse las medidas que sean adecuadas para evitar o paliar dichos perjuicios. Igualmente podrá exigirse la presentación de caución o garantía para responder de aquéllos. No podrá llevarse a efecto la ejecución provisional hasta que la caución o la medida acordada esté constituida y acreditada en autos.

2. La constitución de la caución se ajustará a lo establecido en el artículo 133. 2 de esta Ley.

3. El Tribunal de instancia denegará la ejecución provisional cuando pueda crear situaciones irreversibles o causar perjuicios de difícil reparación.

4. Cuando se tenga por preparado un recurso de casación, el Letrado de la Administración de Justicia dejara testimonio bastante de los autos y de la resolución recurrida a los efectos previstos en este artículo.

Art. 92. 1. Admitido el recurso, el letrado de la Administración de Justicia de la Sección de Admisión de la Sala de lo Contencioso-administrativo del Tribunal Supremo dictará diligencia de ordenación en la que dispondrá remitir las actuaciones a la Sección de dicha Sala competente para su tramitación y decisión y en la que hará saber a la parte recurrente que dispone de un plazo de treinta días, a contar desde la notificación de aquélla, para presentar en la Secretaría de esa

Sección competente el escrito de interposición del recurso de casación. Durante este plazo, las actuaciones procesales y el expediente administrativo estarán de manifiesto en la Oficina judicial o por medios electrónicos[125].

2. Transcurrido dicho plazo sin presentar el escrito de interposición, el Letrado de la Administración de Justicia declarará desierto el recurso, ordenando la devolución de las actuaciones recibidas a la Sala de que procedieran. Contra tal declaración sólo podrán interponerse los recursos que prevé el artículo 102 bis de esta Ley.

3. El escrito de interposición deberá, en apartados separados que se encabezarán con un epígrafe expresivo de aquello de lo que tratan:

a) Exponer razonadamente por qué han sido infringidas las normas o la jurisprudencia que como tales se identificaron en el escrito de preparación, sin poder extenderse a otra u otras no consideradas entonces, debiendo analizar, y no sólo citar, las sentencias del Tribunal Supremo que a juicio de la parte son expresivas de aquella jurisprudencia, para justificar su aplicabilidad al caso; y

b) Precisar el sentido de las pretensiones que la parte deduce y de los pronunciamientos que solicita.

4. Si el escrito de interposición no cumpliera lo exigido en el apartado anterior, la Sección de la Sala de lo Contencioso-administrativo del Tribunal Supremo competente para la resolución del recurso acordará oír a la parte recurrente sobre el incumplimiento detectado y, sin más trámites, dictará sentencia inadmitiéndolo si entendiera tras la audiencia que el incumplimiento fue cierto. En ella, impondrá a dicha parte las costas causadas, pudiendo tal imposición ser limitada a una parte de ellas o hasta una cifra máxima.

5. En otro caso, acordará dar traslado del escrito de interposición a la parte o partes recurridas y personadas para que puedan oponerse al recurso en el plazo común de treinta días. Durante este plazo estarán

[125]   Apartado modificado por el Real Decreto-ley 6/2023, de 19 de diciembre. Esta modificación entra en vigor el 20 de marzo de 2024.

de manifiesto las actuaciones procesales y el expediente administrativo en la Oficina judicial o por medios electrónicos. En el escrito de oposición no podrá pretenderse la inadmisión del recurso[126].

6. Transcurrido dicho plazo, háyanse presentado o no los escritos de oposición, la Sección competente para la decisión del recurso, de oficio o a petición de cualquiera de las partes formulada por otrosí en los escritos de interposición u oposición, acordará la celebración de vista pública salvo que entendiera que la índole del asunto la hace innecesaria, en cuyo caso declarará que el recurso queda concluso y pendiente de votación y fallo. El señalamiento del día en que haya de celebrarse la vista o en que haya de tener lugar el acto de votación y fallo respetará la programación que, atendiendo prioritariamente al criterio de mayor antigüedad del recurso, se haya podido establecer.

7. Cuando la índole del asunto lo aconsejara, el Presidente de la Sala de lo Contencioso-administrativo del Tribunal Supremo, de oficio o a petición de la mayoría de los Magistrados de la Sección antes indicada, podrá acordar que los actos de vista pública o de votación y fallo tengan lugar ante el Pleno de la Sala.

8. La Sección competente, o el Pleno de la Sala en el caso previsto en el apartado anterior, dictará sentencia en el plazo de diez días desde que termine la deliberación para votación y fallo.

Art. 93. 1. La sentencia fijará la interpretación de aquellas normas estatales o la que tenga por establecida o clara de las de la Unión Europea sobre las que, en el auto de admisión a trámite, se consideró necesario el pronunciamiento del Tribunal Supremo. Y, con arreglo a ella y a las restantes normas que fueran aplicables, resolverá las cuestiones y pretensiones deducidas en el proceso, anulando la sentencia o auto recurrido, en todo o en parte, o confirmándolos. Podrá asimismo, cuando justifique su necesidad, ordenar la retroacción de actuaciones a

---

[126] Apartado modificado por el Real Decreto-ley 6/2023, de 19 de diciembre. Esta modificación entra en vigor el 20 de marzo de 2024.

un momento determinado del procedimiento de instancia para que siga el curso ordenado por la ley hasta su culminación.

2. Si apreciara que el orden jurisdiccional contencioso-administrativo no es competente para el conocimiento de aquellas pretensiones, o que no lo era el órgano judicial de instancia, anulará la resolución recurrida e indicará, en el primer caso, el concreto orden jurisdiccional que se estima competente, con los efectos que prevé el artículo 5. 3 de esta Ley, o remitirá, en el segundo, las actuaciones al órgano judicial que hubiera debido conocer de ellas.

3. En la resolución de la concreta controversia jurídica que es objeto del proceso, el Tribunal Supremo podrá integrar en los hechos admitidos como probados por la Sala de instancia aquellos que, habiendo sido omitidos por ésta, estén suficientemente justificados según las actuaciones y cuya toma en consideración resulte necesaria para apreciar la infracción alegada de las normas del ordenamiento jurídico o de la jurisprudencia, incluso la desviación de poder.

4. La sentencia que se dicte en el momento procesal a que se refiere el apartado 8 del artículo anterior, resolverá sobre las costas de la instancia conforme a lo establecido en el artículo 139. 1 de esta ley y dispondrá, en cuanto a las del recurso de casación, que cada parte abone las causadas a su instancia y las comunes por mitad. No obstante, podrá imponer las del recurso de casación a una sola de ellas cuando la sentencia aprecie, y así lo motive, que ha actuado con mala fe o temeridad; imposición que podrá limitar a una parte de ellas o hasta una cifra máxima.

Art. 94[127]. 1. Cuando por la Sección de admisión de la Sala de lo Contencioso-administrativo del Tribunal Supremo se constate la existencia de un gran número de recursos que susciten una cuestión jurídica sustancialmente igual, podrá acordar la admisión de uno o varios de ellos, cuando cumplan las exigencias impuestas en el artículo 89.2 y

---

[127]   Artículo modificado por el Real Decreto-ley 5/2023, de 28 de junio.

presenten interés casacional objetivo, para su tramitación y resolución preferente, suspendiendo el trámite de admisión de los demás hasta que se dicte sentencia en el primero o primeros.

2. Una vez dictada sentencia de fondo se llevará testimonio de esta a los recursos suspendidos y se notificará a los interesados afectados por la suspensión, dándoles un plazo de alegaciones de diez días a fin de que puedan interesar la continuación del trámite de su recurso de casación, o bien desistir del mismo. En caso de que interesen la continuación valorarán la incidencia que la sentencia de fondo dictada por el Tribunal Supremo tiene sobre su recurso.

3. Efectuadas dichas alegaciones y cuando no se hubiera producido el desistimiento, si la sentencia impugnada en casación resulta coincidente, en su fallo y razón de decidir, con lo resuelto por la sentencia o sentencias del Tribunal Supremo, se inadmitirán por providencia los recursos de casación pendientes.

Por el contrario, si la sentencia impugnada en casación no resulta coincidente, en su fallo y razón de decidir, con lo resuelto por la sentencia o sentencias del Tribunal Supremo, se dictará auto de admisión y se remitirá el conocimiento del asunto a la Sección correspondiente, siempre que el escrito de preparación cumpla las exigencias impuestas en el artículo 89.2 y presente interés casacional objetivo.

4. Remitidas las actuaciones, la Sección resolverá si continua con la tramitación prevista en el artículo 92 o si dicta sentencia sin más trámite, remitiéndose a lo acordado en la sentencia de referencia y adoptando los demás pronunciamientos que considere necesarios.

Art. 95[128].

(…)

---

[128]   Artículo suprimido por la Ley orgánica 7/2015, de 21 de julio.

SECCIÓN 4.ª *RECURSOS DE CASACIÓN PARA LA UNIFICACIÓN DE DOCTRINA*[129]

(...)

SECCIÓN 5.ª *RECURSOS DE CASACIÓN DE INTERÉS DE LA LEY*[130]

(...)

SECCIÓN 6.ª *DE LA REVISIÓN DE SENTENCIAS*[131]

Art. 102[132]**.1.** Habrá lugar a la revisión de una sentencia firme:

a) Si después de pronunciada se recobraren documentos decisivos, no aportados por causa de fuerza mayor o por obra de la parte en cuyo favor se hubiere dictado.

b) Si hubiere recaído en virtud de documentos que, al tiempo de dictarse aquélla, ignoraba una de las partes haber sido reconocidos y declarados falsos o cuya falsedad se reconociese o declarase después.

c) Si habiéndose dictado en virtud de prueba testifical, los testigos hubieren sido condenados por falso testimonio dado en las declaraciones que sirvieron de fundamento a la sentencia.

d) Si se hubiere dictado sentencia en virtud de cohecho, prevaricación, violencia u otra maquinación fraudulenta.

2. Asimismo se podrá interponer recurso de revisión contra una resolución judicial firme cuando el Tribunal Europeo de Derechos Humanos haya declarado que dicha resolución ha sido dictada en violación de alguno de los derechos reconocidos en el Convenio Europeo para la Protección de los Derechos Humanos y Libertades Fundamentales y sus Protocolos, siempre que la violación, por su naturaleza y gravedad,

---

[129] La Ley orgánica 7/2015, de 21 de julio, suprime las secciones 4.ª y 5.ª del capítulo III del título IV, integradas por los artículos 96 a 101.

[130] La Ley orgánica 7/2015, de 21 de julio, suprime las secciones 4.ª y 5.ª del capítulo III del título IV, integradas por los artículos 96 a 101.

[131] Rúbrica redactada conforme a la Ley 13/2009, de 3 de noviembre, de reforma de la legislación procesal para la implantación de la nueva Oficina judicial.

[132] Artículo redactado conforme a la Ley orgánica 7/2015, de 21 de julio.

entrañe efectos que persistan y no puedan cesar de ningún otro modo que no sea mediante esta revisión, sin que la misma pueda perjudicar los derechos adquiridos de buena fe por terceras personas.

3. En lo referente a legitimación, plazos, procedimiento y efectos de las sentencias dictadas en este procedimiento de revisión, regirán las disposiciones de la Ley de Enjuiciamiento Civil. No obstante, sólo habrá lugar a la celebración de vista cuando lo pidan todas las partes o la Sala lo estime necesario.

4. La revisión en materia de responsabilidad contable procederá en los casos establecidos en la Ley de Funcionamiento del Tribunal de Cuentas.

SECCIÓN 7.ª[133] RECURSOS CONTRA LAS RESOLUCIONES DEL SECRETARIO JUDICIAL

Art. 102 bis. 1. Contra las diligencias de ordenación y decretos no definitivos del Secretario judicial cabrá recurso de reposición ante el Secretario que dictó la resolución recurrida, excepto en los casos en que la Ley prevea recurso directo de revisión.

El recurso de reposición se interpondrá en el plazo de cinco días a contar desde el siguiente al de la notificación de la resolución impugnada.

Si no se cumplieran los requisitos establecidos en el párrafo anterior, se inadmitirá mediante decreto directamente recurrible en revisión.

Interpuesto el recurso en tiempo y forma, el Secretario judicial dará traslado de las copias del escrito a las demás partes, por término común de tres días, a fin de que puedan impugnarlo si lo estiman conveniente. Transcurrido dicho plazo, el Secretario judicial resolverá mediante decreto dentro del tercer día.

---

[133]   Sección introducida por la Ley 13/2009, de 3 de noviembre, de reforma de la legislación procesal para la implantación de la nueva Oficina judicial.

2. Cabrá recurso de revisión ante el juez, la jueza o el tribunal contra el decreto resolutivo de la reposición y recurso directo de revisión contra los decretos por los que se ponga fin al procedimiento o impidan su continuación. Dichos recursos carecerán de efectos suspensivos sin que, en ningún caso, proceda actuar en sentido contrario a lo que se hubiese resuelto.

Cabrá interponer igualmente recurso directo de revisión contra los decretos en aquellos casos en que expresamente se prevea[134].

3. El recurso de revisión deberá interponerse en el plazo de cinco días mediante escrito en el que deberá citarse la infracción en que la resolución hubiera incurrido.

Cumplidos los anteriores requisitos, el Secretario judicial, mediante diligencia de ordenación, admitirá el recurso, concediendo a las demás partes personadas un plazo común de cinco días para impugnarlo, si lo estiman conveniente.

Si no se cumplieran los requisitos de admisibilidad del recurso, el Juzgado o Tribunal lo inadmitirá mediante providencia.

Transcurrido el plazo para impugnación, háyanse presentado o no escritos, el Juzgado o Tribunal resolverá sin más trámites, mediante auto, en un plazo de cinco días.

Contra las resoluciones sobre admisión o inadmisión no cabrá recurso alguno.

4. Contra el auto dictado resolviendo el recurso de revisión únicamente cabrá recurso de apelación y de casación en los supuestos previstos en los artículos 80 y 87 de esta Ley, respectivamente.

---

[134] Apartado modificado por el Real Decreto-ley 6/2023, de 19 de diciembre. Esta modificación entra en vigor el 20 de marzo de 2024.

CAPÍTULO IV. EJECUCIÓN DE SENTENCIAS
Y DEMÁS TÍTULOS EJECUTIVOS[135]

Art. 103. 1. La potestad de hacer ejecutar las sentencias y demás títulos ejecutivos adoptados en el proceso corresponde exclusivamente a los juzgados y tribunales de este orden jurisdiccional, y su ejercicio compete al que haya conocido del asunto en primera o única instancia[136].

2. Las partes están obligadas a cumplir las sentencias en la forma y términos que en éstas se consignen.

3. Todas las personas y entidades públicas y privadas están obligadas a prestar la colaboración requerida por los Jueces y Tribunales de lo Contencioso-Administrativo para la debida y completa ejecución de lo resuelto.

4. Serán nulos de pleno derecho los actos y disposiciones contrarios a los pronunciamientos de las sentencias, que se dicten con la finalidad de eludir su cumplimiento.

5. El órgano jurisdiccional a quien corresponda la ejecución de la sentencia declarará, a instancia de parte, la nulidad de los actos y disposiciones a que se refiere el apartado anterior, por los trámites previstos en los apartados 2 y 3 del artículo 109, salvo que careciese de competencia para ello conforme a lo dispuesto en esta Ley.

Art. 104[137]. 1. Luego que sea firme una sentencia, el letrado o letrada de la Administración de Justicia lo comunicará en el plazo de diez días al órgano previamente identificado como responsable de su cumplimiento, a fin de que, recibida la comunicación, la lleve a puro y

---

[135] Rúbrica modificada por el Real Decreto-ley 6/2023, de 19 de diciembre. Esta modificación entra en vigor el 20 de marzo de 2024.

[136] Apartado modificado por el Real Decreto-ley 6/2023, de 19 de diciembre. Esta modificación entra en vigor el 20 de marzo de 2024.

[137] Artículo redactado conforme a la Ley 37/2011, de 10 de octubre, de medidas de agilización procesal.

debido efecto y practique lo que exija el cumplimiento de las declaraciones contenidas en el fallo[138].

2. Transcurridos dos meses a partir de la comunicación de la sentencia o el plazo fijado en ésta para el cumplimiento del fallo conforme al artículo 71.1.c), cualquiera de las partes y personas afectadas podrá instar su ejecución forzosa.

3. Atendiendo a la naturaleza de lo reclamado y a la efectividad de la sentencia, ésta podrá fijar un plazo inferior para el cumplimiento, cuando lo dispuesto en el apartado anterior lo haga ineficaz o cause grave perjuicio.

Art. 105. 1. No podrá suspenderse el cumplimiento ni declararse la inejecución total o parcial del fallo.

2. Si concurriesen causas de imposibilidad material o legal de ejecutar una sentencia, el órgano obligado a su cumplimiento lo manifestará a la autoridad judicial a través del representante procesal de la Administración, dentro del plazo previsto en el apartado segundo del artículo anterior, a fin de que, con audiencia de las partes y de quienes considere interesados, el Juez o Tribunal aprecie la concurrencia o no de dichas causas y adopte las medidas necesarias que aseguren la mayor efectividad de la ejecutoria, fijando en su caso la indemnización que proceda por la parte en que no pueda ser objeto de cumplimiento pleno.

3. Son causas de utilidad pública o de interés social para expropiar los derechos o intereses legítimos reconocidos frente a la Administración en una sentencia firme el peligro cierto de alteración grave del libre ejercicio de los derechos y libertades de los ciudadanos, el temor fundado de guerra o el quebranto de la integridad del territorio nacional. La declaración de la concurrencia de alguna de las causas citadas se hará por el Gobierno de la Nación; podrá también efectuarse por el

---

[138] Apartado modificado por el Real Decreto-ley 6/2023, de 19 de diciembre. Esta modificación entra en vigor el 20 de marzo de 2024.

Consejo de Gobierno de la Comunidad Autónoma cuando se trate de peligro cierto de alteración grave del libre ejercicio de los derechos y libertades de los ciudadanos y el acto, actividad o disposición impugnados proviniera de los órganos de la Administración de dicha Comunidad o de las Entidades locales de su territorio, así como de las Entidades de Derecho público y Corporaciones dependientes de una y otras.

La declaración de concurrencia de alguna de las causas mencionadas en el párrafo anterior habrá de efectuarse dentro de los dos meses siguientes a la comunicación de la sentencia. El Juez o Tribunal a quien competa la ejecución señalará, por el trámite de los incidentes, la correspondiente indemnización y, si la causa alegada fuera la de peligro cierto de alteración grave del libre ejercicio de los derechos y libertades de los ciudadanos, apreciará, además, la concurrencia de dicho motivo.

Art. 106. 1. Cuando la Administración fuere condenada al pago de cantidad líquida, el órgano encargado de su cumplimiento acordará el pago con cargo al crédito correspondiente de su presupuesto que tendrá siempre la consideración de ampliable. Si para el pago fuese necesario realizar una modificación presupuestaria, deberá concluirse el procedimiento correspondiente dentro de los tres meses siguientes al día de notificación de la resolución judicial.

2. A la cantidad a que se refiere el apartado anterior se añadirá el interés legal del dinero, calculado desde la fecha de notificación de la sentencia dictada en única o primera instancia.

3. No obstante lo dispuesto en el artículo 104.2, transcurridos tres meses desde que la sentencia firme sea comunicada al órgano que deba cumplirla, se podrá instar la ejecución forzosa. En este supuesto, la autoridad judicial, oído el órgano encargado de hacerla efectiva, podrá incrementar en dos puntos el interés legal a devengar, siempre que apreciase falta de diligencia en el cumplimiento.

4. Si la Administración condenada al pago de cantidad estimase que el cumplimiento de la sentencia habría de producir trastorno grave

a su Hacienda, lo pondrá en conocimiento del Juez o Tribunal acompañado de una propuesta razonada para que, oídas las partes, se resuelva sobre el modo de ejecutar la sentencia en la forma que sea menos gravosa para aquélla.

5. Lo dispuesto en los apartados anteriores será de aplicación asimismo a los supuestos en que se lleve a efecto la ejecución provisional de las sentencias conforme a esta Ley.

6. Cualquiera de las partes podrá solicitar que la cantidad a satisfacer se compense con créditos que la Administración ostente contra el recurrente.

Art. 107[139]. 1. Si la sentencia firme anulase total o parcialmente el acto impugnado, el Secretario judicial dispondrá, a instancia de parte, la inscripción del fallo en los registros públicos a que hubiere tenido acceso el acto anulado, así como su publicación en los periódicos oficiales o privados, si concurriere causa bastante para ello, a costa de la parte ejecutada. Cuando la publicación sea en periódicos privados, se deberá acreditar ante el órgano jurisdiccional un interés público que lo justifique.

2. Si la sentencia anulara total o parcialmente una disposición general o un acto administrativo que afecte a una pluralidad indeterminada de personas, el Secretario del órgano judicial ordenará su publicación en diario oficial en el plazo de diez días a contar desde la firmeza de la sentencia.

Art. 108. 1. Si la sentencia condenare a la Administración a realizar una determinada actividad o a dictar un acto, el Juez o Tribunal podrá, en caso de incumplimiento:

a) Ejecutar la sentencia a través de sus propios medios o requiriendo la colaboración de las autoridades y agentes de la Administración

---

[139]   Artículo redactado conforme a la Ley 13/2009, de 3 de noviembre, de reforma de la legislación procesal para la implantación de la nueva Oficina judicial.

condenada o, en su defecto, de otras Administraciones públicas, con observancia de los procedimientos establecidos al efecto.

b) Adoptar las medidas necesarias para que el fallo adquiera la eficacia que, en su caso, sería inherente al acto omitido, entre las que se incluye la ejecución subsidiaria con cargo a la Administración condenada.

2. Si la Administración realizare alguna actividad que contraviniera los pronunciamientos del fallo, el Juez o Tribunal, a instancia de los interesados, procederá a reponer la situación al estado exigido por el fallo y determinará los daños y perjuicios que ocasionare el incumplimiento.

3[140]. El Juez o Tribunal, en los casos en que, además de declarar contraria a la normativa la construcción de un inmueble, ordene motivadamente la demolición del mismo y la reposición a su estado originario de la realidad física alterada, exigirá, como condición previa a la demolición, y salvo que una situación de peligro inminente lo impidiera, la prestación de garantías suficientes para responder del pago de las indemnizaciones debidas a terceros de buena fe.

Art. 109. 1. La Administración pública, las demás partes procesales y las personas afectadas por el fallo, mientras no conste en autos la total ejecución de la sentencia, podrán promover incidente para decidir, sin contrariar el contenido del fallo, cuantas cuestiones se planteen en la ejecución y especialmente las siguientes:

a) Órgano administrativo que ha de responsabilizarse de realizar las actuaciones.

b) Plazo máximo para su cumplimiento, en atención a las circunstancias que concurran.

c) Medios con que ha de llevarse a efecto y procedimiento a seguir.

---

[140]   Apartado introducido por la Ley orgánica 7/2015, de 21 de julio.

2. Del escrito planteando la cuestión incidental el Secretario judicial dará traslado a las partes para que, en plazo común que no excederá de veinte días, aleguen lo que estimen procedente[141].

3. Evacuado el traslado o transcurrido el plazo a que se refiere el apartado anterior, el Juez o Tribunal dictará auto, en el plazo de diez días, decidiendo la cuestión planteada.

Art. 110[142]. 1[143]. En materia tributaria, de personal al servicio de la Administración pública y de unidad de mercado, los efectos de una sentencia firme que hubiera reconocido una situación jurídica individualizada a favor de una o varias personas podrán extenderse a otras, en ejecución de la sentencia, cuando concurran las siguientes circunstancias:

a) Que los interesados se encuentren en idéntica situación jurídica que los favorecidos por el fallo.

b) Que el juez o tribunal sentenciador fuera también competente, por razón del territorio, para conocer de sus pretensiones de reconocimiento de dicha situación individualizada.

c) Que soliciten la extensión de los efectos de la sentencia en el plazo de un año desde la última notificación de ésta a quienes fueron parte en el proceso. Si se hubiere interpuesto recurso en interés de ley o de revisión, este plazo se contará desde la última notificación de la resolución que ponga fin a éste.

2. La solicitud deberá dirigirse directamente al órgano jurisdiccional competente que hubiera dictado la resolución de la que se pretende que se extiendan los efectos.

---

[141]   Apartado redactado conforme a la Ley 13/2009, de 3 de noviembre, de reforma de la legislación procesal para la implantación de la nueva Oficina judicial.

[142]   Artículo redactado con arreglo a la disposición adicional 14 de la Ley orgánica 19/2003, de 23 de diciembre, de modificación de la Ley orgánica 6/1985, de 1 de julio, del Poder Judicial.

[143]   Apartado redactado conforme a la Ley 20/2013, de 9 de diciembre.

3. La petición al órgano jurisdiccional se formulará en escrito razonado al que deberá acompañarse el documento o documentos que acrediten la identidad de situaciones o la no concurrencia de alguna de las circunstancias del apartado 5 de este artículo.

4. Antes de resolver, en los veinte días siguientes, el Secretario judicial recabará de la Administración los antecedentes que estime oportunos y, en todo caso, un informe detallado sobre la viabilidad de la extensión solicitada, poniendo de manifiesto el resultado de esas actuaciones a las partes para que aleguen por plazo común de cinco días, con emplazamiento en su caso de los interesados directamente afectados por los efectos de la extensión. Una vez evacuado el trámite, el Juez o Tribunal resolverá sin más por medio de auto, en el que no podrá reconocerse una situación jurídica distinta a la definida en la sentencia firme de que se trate[144].

5. El incidente se desestimará, en todo caso, cuando concurra alguna de las siguientes circunstancias:

a) Si existiera cosa juzgada.

b) Cuando la doctrina determinante del fallo cuya extensión se postule fuere contraria a la jurisprudencia del Tribunal Supremo o a la doctrina sentada por los Tribunales Superiores de Justicia en el recurso a que se refiere el artículo 99.

c) Si para el interesado se hubiere dictado resolución que, habiendo causado estado en vía administrativa, fuere consentida y firme por no haber promovido recurso contencioso-administrativo.

6. Si se encuentra pendiente un recurso de revisión o un recurso de casación en interés de la ley, quedará en suspenso la decisión del incidente hasta que se resuelva el citado recurso.

7. El régimen de recurso del auto dictado se ajustará a las reglas generales previstas en el artículo 80.

---

[144] Apartado redactado conforme a la Ley 13/2009, de 3 noviembre, de reforma de la legislación procesal para la implantación de la nueva Oficina judicial.

Art. 111[145]. Cuando se hubiere acordado suspender la tramitación de uno o más recursos con arreglo a lo previsto en el artículo 37.2, una vez declarada la firmeza de la sentencia dictada en el pleito que se hubiere tramitado con carácter preferente, el Secretario judicial requerirá a los recurrentes afectados por la suspensión para que en el plazo de cinco días interesen la extensión de los efectos de la sentencia o la continuación del pleito suspendido, o bien manifiesten si desisten del recurso.

Si se solicitase la extensión de los efectos de aquella sentencia, el Juez o Tribunal la acordará, salvo que concurra la circunstancia prevista en el artículo 110.5.b) o alguna de las causas de inadmisibilidad del recurso contempladas en el artículo 69 de esta Ley».

Art. 112[146]. Transcurridos los plazos señalados para el total cumplimiento del fallo, el Juez o Tribunal adoptará, previa audiencia de las partes, las medidas necesarias para lograr la efectividad de lo mandado.

Singularmente, acreditada su responsabilidad, previo apercibimiento del Secretario judicial notificado personalmente para formulación de alegaciones, el Juez o la Sala podrán:

a) Imponer multas coercitivas de ciento cincuenta a mil quinientos euros a las autoridades, funcionarios o agentes que incumplan los requerimientos del Juzgado o de la Sala, así como reiterar estas multas hasta la completa ejecución del fallo judicial, sin perjuicio de otras responsabilidades patrimoniales a que hubiere lugar. A la imposición de estas multas les será aplicable lo previsto en el artículo 48.

---

[145]   Artículo redactado conforme a la Ley 13/2009, de 3 de noviembre, de reforma de la legislación procesal para la implantación de la nueva Oficina judicial.

[146]   Artículo redactado con arreglo a la Ley 62/2003, de 30 de diciembre, de medidas fiscales, administrativas y del orden social.

b) Deducir el oportuno testimonio de particulares para exigir la responsabilidad penal que pudiera corresponder[147].

Art. 113. 1. Transcurrido el plazo de ejecución que se hubiere fijado en el acuerdo a que se refiere el artículo 77.3, cualquiera de las partes podrá instar su ejecución forzosa.

2. Si no se hubiere fijado plazo para el cumplimiento de las obligaciones derivadas del acuerdo, la parte perjudicada podrá requerir a la otra su cumplimiento y transcurridos dos meses podrá proceder a instar su ejecución forzosa.

TÍTULO V. PROCEDIMIENTOS ESPECIALES

CAPÍTULO I. PROCEDIMIENTO PARA LA PROTECCIÓN DE LOS DERECHOS FUNDAMENTALES DE LA PERSONA

Art. 114. 1. El procedimiento de amparo judicial de las libertades y derechos, previsto en el artículo 53.2 de la Constitución Española, se regirá, en el orden contencioso-administrativo, por lo dispuesto en este capítulo y, en lo no previsto en él, por las normas generales de la presente Ley.

2. Podrán hacerse valer en este proceso las pretensiones a que se refieren los artículos 31 y 32, siempre que tengan como finalidad la de restablecer o preservar los derechos o libertades por razón de los cuales el recurso hubiere sido formulado.

3. A todos los efectos, la tramitación de estos recursos tendrá carácter preferente.

Art. 115. 1. El plazo para interponer este recurso será de diez días, que se computarán, según los casos, desde el día siguiente al de notificación del acto, publicación de la disposición impugnada, re-

---

[147]   Párrafo redactado conforme a la Ley 13/2009, de 3 de noviembre, de reforma de la legislación procesal para la implantación de la nueva Oficina judicial.

querimiento para el cese de la vía de hecho, o transcurso del plazo fijado para la resolución, sin más trámites. Cuando la lesión del derecho fundamental tuviera su origen en la inactividad administrativa, o se hubiera interpuesto potestativamente un recurso administrativo, o, tratándose de una actuación en vía de hecho, no se hubiera formulado requerimiento, el plazo de diez días se iniciará transcurridos veinte días desde la reclamación, la presentación del recurso o el inicio de la actuación administrativa en vía de hecho, respectivamente.

2. En el escrito de interposición se expresará con precisión y claridad el derecho o derechos cuya tutela se pretende y, de manera concisa, los argumentos sustanciales que den fundamento al recurso.

Art. 116. 1. En el mismo día de la presentación del recurso o en el siguiente, el letrado o letrada de la Administración de Justicia requerirá con carácter urgente al órgano administrativo correspondiente, acompañando copia del escrito de interposición, para que en el plazo máximo de cinco días a contar desde la recepción del requerimiento remita el expediente administrativo en soporte electrónico, acompañado de los informes y datos que estime procedentes, que también se enviarán en soporte electrónico, y con apercibimiento de cuanto se establece en el artículo 48[148].

2. Al remitir el expediente, el órgano administrativo lo comunicará a todos los que aparezcan como interesados en el mismo, acompañando copia del escrito de interposición y emplazándoles para que puedan comparecer como demandados ante el Juzgado o Sala en el plazo de cinco días.

3. La Administración, con el envío del expediente, y los demás demandados, al comparecer, podrán solicitar razonadamente la inadmisión del recurso y la celebración de la comparecencia a que se refiere el artículo 117.2.

---

[148]   Apartado modificado por el Real Decreto-ley 6/2023, de 19 de diciembre. Esta modificación entra en vigor el 20 de marzo de 2024.

4. La falta de envío del expediente administrativo dentro del plazo previsto en el apartado anterior no suspenderá el curso de los autos.

5. Cuando el expediente administrativo se recibiese en el juzgado o Sala una vez transcurrido el plazo establecido en el apartado 1, el letrado o letrada de la Administración de Justicia lo entregará a las partes por plazo de cuarenta y ocho horas, en el que podrán hacer alegaciones, y sin alteración del curso del procedimiento[149].

Art. 117. 1. Recibido el expediente o transcurrido el plazo para su remisión y, en su caso, el del emplazamiento a los demás interesados, el Secretario judicial, dentro del siguiente día, dictará decreto mandando seguir las actuaciones. Si estima que no procede la admisión, dará cuenta al Tribunal quien, en su caso, comunicará a las partes el motivo en que pudiera fundarse la inadmisión del procedimiento[150].

2. En el supuesto de posibles motivos de inadmisión del procedimiento, el Secretario judicial convocará a las partes y al Ministerio Fiscal a una comparecencia, que habrá de tener lugar antes de transcurrir cinco días, en la que se les oirá sobre la procedencia de dar al recurso la tramitación prevista en este capítulo[151].

3. En el siguiente día, el órgano jurisdiccional dictará auto mandando proseguir las actuaciones por este trámite o acordando su inadmisión por inadecuación del procedimiento.

Art. 118[152]. Acordada la prosecución del procedimiento especial de este capítulo, el Secretario judicial pondrá de manifiesto al recurrente el expediente y demás actuaciones para que en el plazo improrrogable

---

[149] Apartado modificado por el Real Decreto-ley 6/2023, de 19 de diciembre. Esta modificación entra en vigor el 20 de marzo de 2024.

[150] Apartado redactado conforme a la Ley 13/2009, de 3 de noviembre, de reforma de la legislación procesal para la implantación de la nueva Oficina judicial.

[151] Apartado redactado conforme a la Ley 13/2009, de 3 de noviembre, de reforma de la legislación procesal para la implantación de la nueva Oficina judicial.

[152] Artículo redactado conforme a la Ley 13/2009, de 3 de noviembre, de reforma de la legislación procesal para la implantación de la nueva Oficina judicial.

de ocho días pueda formalizar la demanda y acompañar los documentos.

Art. 119[153]. Formalizada la demanda, el letrado o letrada de la Administración de Justicia dará traslado de la misma, con entrega del expediente administrativo, al Ministerio Fiscal y a las partes demandadas para que presenten sus alegaciones en el plazo común e improrrogable de ocho días y acompañen los documentos que estimen oportunos.

Art. 120. Evacuado el trámite de alegaciones o transcurrido el plazo para efectuarlas, el órgano jurisdiccional decidirá en el siguiente día sobre el recibimiento a prueba, con arreglo a las normas generales establecidas en la presente Ley, y sin perjuicio de lo dispuesto en el artículo 57. El período probatorio no será en ningún caso superior a veinte días comunes para su proposición y práctica.

Art. 121. 1. Conclusas las actuaciones, el órgano jurisdiccional dictará sentencia en el plazo de cinco días.

2. La sentencia estimará el recurso cuando la disposición, la actuación o el acto incurran en cualquier infracción del ordenamiento jurídico, incluso la desviación de poder, y como consecuencia de la misma vulneren un derecho de los susceptibles de amparo.

3. Contra las sentencias de los Juzgados de lo Contencioso-Administrativo procederá siempre la apelación en un solo efecto.

Art. 122. 1. En el caso de prohibición o de propuesta de modificación de reuniones previstas en la Ley Orgánica Reguladora del Derecho de Reunión que no sean aceptadas por los promotores, éstos podrán interponer recurso contencioso-administrativo ante el Tribunal competente. El recurso se interpondrá dentro de las cuarenta y ocho horas siguientes a la notificación de la prohibición o modificación, trasladán-

---

[153] Artículo modificado por el Real Decreto-ley 6/2023, de 19 de diciembre. Esta modificación entra en vigor el 20 de marzo de 2024.

dose por los promotores copia debidamente registrada del escrito del recurso a la autoridad gubernativa, con el objeto de que ésta remita inmediatamente el expediente.

2. El letrado o letrada de la Administración de Justicia, en el plazo improrrogable de cuatro días, y haciendo entrega del expediente si se hubiera recibido, convocará al representante legal de la Administración, al Ministerio Fiscal y a los recurrentes o a la persona que éstos designen como representante a una audiencia en la que el tribunal, de manera contradictoria, oirá a todos los personados y resolverá sin ulterior recurso.

En cuanto se refiere a la grabación de la audiencia y a su documentación, serán aplicables las disposiciones contenidas en el artículo 63[154].

3. La decisión que se adopte únicamente podrá mantener o revocar la prohibición o las modificaciones propuestas.

Art. 122 bis[155]. 1. El procedimiento para obtener la autorización judicial a que se refiere el artículo 8.2 de la Ley 34/2002, de 11 de julio, de Servicios de la Sociedad de la Información y del Comercio Electrónico, se iniciará con la solicitud de los órganos competentes en la que se expondrán las razones que justifican la petición acompañada de los documentos que sean procedentes a estos efectos. El Juzgado, en el plazo de 24 horas siguientes a la petición y, previa audiencia del Ministerio Fiscal, dictará resolución autorizando la solicitud efectuada siempre que no resulte afectado el artículo 18 apartados 1 y 3 de la Constitución.

2[156]. La ejecución de las medidas para que se interrumpa la prestación de servicios de la sociedad de la información o para que se retiren contenidos que vulneren la propiedad intelectual, adoptadas por la

---

[154]   Apartado modificado por el Real Decreto-ley 6/2023, de 19 de diciembre. Esta modificación entra en vigor el 20 de marzo de 2024.
[155]   Artículo introducido por la Ley 2/2011, de 4 de marzo, de economía sostenible.
[156]   Apartado modificado por la Ley 14/2021, de 11 de octubre.

Sección Segunda de la Comisión de Propiedad Intelectual en aplicación de la Ley 34/2002, de 11 de julio, de Servicios de la Sociedad de la información y de Comercio Electrónico, requerirá de autorización judicial previa de conformidad con lo establecido en los párrafos siguientes.

Acordada la medida por la Comisión, solicitará del Juzgado competente la autorización para su ejecución, referida a la posible afectación a los derechos y libertades garantizados en el artículo 20 de la Constitución. La solicitud habrá de ir acompañada del expediente administrativo.

En el plazo improrrogable de dos días siguientes a la recepción de la notificación de la resolución de la Comisión y poniendo de manifiesto el expediente, el Juzgado dará traslado de la resolución de la Comisión al representante legal de la Administración, al del Ministerio Fiscal y a los titulares de los derechos y libertades afectados o a la persona que éstos designen como representante para que puedan efectuar alegaciones escritas por plazo común de cinco días.

Si de las alegaciones escritas efectuadas resultaran nuevos hechos de trascendencia para la resolución, el Juez, atendida la índole del asunto, podrá acordar la celebración de vista oral o, en caso contrario, si de las alegaciones escritas efectuadas no resultaran nuevos hechos de trascendencia para la resolución, el Juez resolverá en el plazo improrrogable de dos días mediante auto. La decisión que se adopte únicamente podrá autorizar o denegar la ejecución de la medida.

Art. 122 ter. Procedimiento de autorización judicial de conformidad de una decisión de la Comisión Europea en materia de transferencia internacional de datos[157]. 1. El procedimiento para obtener la autorización judicial a que se refiere la disposición adicional quinta de la Ley Orgánica de Protección de Datos Personales y Garantía de los Derechos Digitales, se iniciará con la solicitud de la autoridad de pro-

---

[157]   Artículo añadido por la disposición final 6.4 de la Ley Orgánica 3/2018, de 5 de diciembre.

tección de datos dirigida al Tribunal competente para que se pronuncie acerca de la conformidad de una decisión de la Comisión Europea en materia de transferencia internacional de datos con el Derecho de la Unión Europea. La solicitud irá acompañada de copia del expediente que se encontrase pendiente de resolución ante la autoridad de protección de datos.

2. Serán partes en el procedimiento, además de la autoridad de protección de datos, quienes lo fueran en el procedimiento tramitado ante ella y, en todo caso, la Comisión Europea.

3. El acuerdo de admisión o inadmisión a trámite del procedimiento confirmará, modificará o levantará la suspensión del procedimiento por posible vulneración de la normativa de protección de datos tramitado ante la autoridad de protección de datos, del que trae causa este procedimiento de autorización judicial.

4. Admitida a trámite la solicitud, el Tribunal competente lo notificará a la autoridad de protección de datos a fin de que dé traslado a quienes interviniesen en el procedimiento tramitado ante la misma para que se personen en el plazo de tres días. Igualmente, se dará traslado a la Comisión Europea a los mismos efectos.

5. Concluido el plazo mencionado en la letra anterior, se dará traslado de la solicitud de autorización a las partes personadas a fin de que en el plazo de diez días aleguen lo que estimen procedente, pudiendo solicitar en ese momento la práctica de las pruebas que estimen necesarias.

6. Transcurrido el período de prueba, si alguna de las partes lo hubiese solicitado y el órgano jurisdiccional lo estimase pertinente, se celebrará una vista. El Tribunal podrá decidir el alcance de las cuestiones sobre las que las partes deberán centrar sus alegaciones en dicha vista.

7. Finalizados los trámites mencionados en los tres apartados anteriores, el Tribunal competente adoptará en el plazo de diez días una de estas decisiones:

a) Si considerase que la decisión de la Comisión Europea es conforme al Derecho de la Unión Europea, dictará sentencia declarándolo así y denegando la autorización solicitada.

b) En caso de considerar que la decisión es contraria al Derecho de la Unión Europea, dictará auto de planteamiento de cuestión prejudicial de validez de la citada decisión ante el Tribunal de Justicia de la Unión Europea, en los términos del artículo 267 del Tratado de Funcionamiento de la Unión Europea.

La autorización solamente podrá ser concedida si la decisión de la Comisión Europea cuestionada fuera declarada inválida por el Tribunal de Justicia de la Unión Europea.

8. El régimen de recursos será el previsto en esta ley.

Art. 122 quater[158]. Autorización o ratificación judicial de las medidas que las autoridades sanitarias consideren urgentes y necesarias para la salud pública e impliquen limitación o restricción de derechos fundamentales.

En la tramitación de las autorizaciones o ratificaciones a que se refieren los artículos 8.6, segundo párrafo, **10.8 y 11.1.i)** de la presente ley será parte el Ministerio fiscal. Esta tramitación tendrá siempre carácter preferente y deberá resolverse por auto en un plazo máximo de tres días naturales.

CAPÍTULO II. CUESTIÓN DE ILEGALIDAD

Art. 123. 1. El Juez o Tribunal planteará, mediante auto, la cuestión de ilegalidad prevista en el artículo 27.1 dentro de los cinco días siguientes a que conste en las actuaciones la firmeza de la sentencia. La cuestión habrá de ceñirse exclusivamente a aquel o aquellos preceptos reglamentarios cuya declaración de ilegalidad haya servido de base

---

[158]   La STC 70/2022, de 2 de junio, declara la inconstitucionalidad y nulidad del inciso destacado en negrita, en la redacción dada por la disposición final 2.4 de la Ley 3/2020, de 18 de septiembre.

para la estimación de la demanda. Contra el auto de planteamiento no se dará recurso alguno.

2. En este auto se acordará emplazar a las partes para que, en el plazo de quince días, puedan comparecer y formular alegaciones ante el Tribunal competente para fallar la cuestión. Transcurrido este plazo, no se admitirá la personación.

Art. 124[159]. 1. Planteada la cuestión, el Secretario judicial remitirá urgentemente, junto con la certificación del auto de planteamiento, copia testimoniada de los autos principales y del expediente administrativo.

2. Acordará igualmente la publicación del auto de planteamiento de la cuestión en el mismo periódico oficial en que lo hubiera sido la disposición cuestionada.

Art. 125. 1. Con el escrito de personación y alegaciones podrá acompañarse la documentación que se estime oportuna para enjuiciar la legalidad de la disposición cuestionada.

2. Terminado el plazo de personación y alegaciones, el Secretario judicial declarará concluso el procedimiento. La sentencia se dictará en los diez días siguientes a dicha declaración. No obstante, podrá el Tribunal rechazar, en trámite de admisión, mediante auto y sin necesidad de audiencia de las partes, la cuestión de ilegalidad cuando faltaren las condiciones procesales[160].

3. El plazo para dictar sentencia quedará interrumpido si, para mejor proveer, el Tribunal acordara reclamar el expediente de elaboración de la disposición cuestionada o practicar alguna prueba de oficio. En

---

[159]   Artículo redactado conforme a la Ley 13/2009, de 3 de noviembre, de reforma de la legislación procesal para la implantación de la nueva Oficina judicial.

[160]   Apartado redactado conforme a la Ley 13/2009, de 3 de noviembre, de reforma de la legislación procesal para la implantación de la nueva Oficina judicial.

estos casos el Secretario judicial acordará oír a las partes por plazo común de cinco días sobre el expediente o el resultado de la prueba[161].

Art. 126. 1. La sentencia estimará o desestimará parcial o totalmente la cuestión, salvo que faltare algún requisito procesal insubsanable, caso en que la declarará inadmisible.

2. Se aplicará a la cuestión de ilegalidad lo dispuesto para el recurso directo contra disposiciones generales en los artículos 33.3, 66, 70, 71.1, a), 71.2, 72.2 y 73. Se publicarán también las sentencias firmes que desestimen la cuestión.

3. Firme la sentencia que resuelva la cuestión de ilegalidad, por el Secretario judicial se comunicará al Juez o Tribunal que la planteó[162].

4. Cuando la cuestión de ilegalidad sea de especial trascendencia para el desarrollo de otros procedimientos, será objeto de tramitación y resolución preferente.

5. La sentencia que resuelva la cuestión de ilegalidad no afectará a la situación jurídica concreta derivada de la sentencia dictada por el Juez o Tribunal que planteó aquélla.

CAPÍTULO III. PROCEDIMIENTO EN LOS CASOS DE SUSPENSIÓN ADMINISTRATIVA PREVIA DE ACUERDOS

Art. 127. 1. En los casos en que, conforme a las Leyes, la suspensión administrativa de actos o acuerdos de Corporaciones o Entidades públicas deba ir seguida de la impugnación o traslado de aquéllos ante la Jurisdicción Contencioso-Administrativa, se procederá conforme a lo dispuesto en este precepto.

2. En el plazo de los diez días siguientes a la fecha en que se hubiera dictado el acto de suspensión o en el que la Ley establezca, deberá

---

[161] Apartado redactado conforme a la Ley 13/2009, de 3 de noviembre, de reforma de la legislación procesal para la implantación de la nueva Oficina judicial.
[162] Apartado redactado conforme a la Ley 13/2009, de 3 de noviembre, de reforma de la legislación procesal para la implantación de la nueva Oficina judicial.

interponerse el recurso contencioso-administrativo mediante escrito fundado, o darse traslado directo del acuerdo suspendido al órgano jurisdiccional, según proceda, acompañando en todo caso copia del citado acto de suspensión.

3. Interpuesto el recurso o trasladado el acuerdo suspendido, el letrado o letrada de la Administración de Justicia requerirá a la corporación o entidad que lo hubiera dictado para que en el plazo de diez días remita el expediente administrativo en soporte electrónico, alegue lo que estime conveniente en defensa de aquél y notifique a cuantos tuvieran interés legítimo en su mantenimiento o anulación la existencia del procedimiento, a efectos de su comparecencia ante el órgano jurisdiccional en el plazo de diez días[163].

4. Recibido el expediente administrativo, el letrado o letrada de la Administración de Justicia lo entregará junto con las actuaciones a los comparecidos en el procedimiento, convocándolos para la celebración de la vista, que se celebrará como mínimo a los diez días de la entrega del expediente[164].

5. El órgano jurisdiccional podrá, motivadamente, sustituir el trámite de vista por el de alegaciones escritas, que se presentarán en el plazo común de los diez días siguientes a la notificación del auto en que así se acuerde. Podrá también abrir un período de prueba, para mejor proveer, por plazo no superior a quince días.

6. Celebrada la vista o deducidas las alegaciones a que se refieren los apartados anteriores, se dictará sentencia por la que se anule o confirme el acto o acuerdo objeto del recurso, disponiendo lo que proceda en cuanto a la suspensión.

---

[163]   Apartado modificado por el Real Decreto-ley 6/2023, de 19 de diciembre. Esta modificación entra en vigor el 20 de marzo de 2024.

[164]   Apartado modificado por el Real Decreto-ley 6/2023, de 19 de diciembre. Esta modificación entra en vigor el 20 de marzo de 2024.

CAPÍTULO IV[165]. PROCEDIMIENTO PARA LA GARANTÍA DE LA UNIDAD DE MERCADO

Art. 127 bis. 1. Cuando la Comisión Nacional de los Mercados y la Competencia considere que una disposición, acto, actuación, inactividad o vía de hecho procedente de cualquier Administración pública sea contraria a la libertad de establecimiento o de circulación en los términos previstos en la Ley 20/ 2013, de 9 de diciembre, de garantía de la unidad de mercado, podrá presentar el recurso contencioso-administrativo regulado en este Capítulo.

2. El plazo para interponer el recurso contencioso-administrativo para la garantía de la unidad de mercado será de dos meses conforme a lo previsto en los apartados 1 a 3 del artículo 46. Cuando el recurso se interponga a solicitud de un operador económico el plazo de dos meses se computará desde la presentación de la solicitud ante la Comisión Nacional de los Mercados y la Competencia.

Art. 127 ter. 1. En el mismo día de la interposición del recurso por la Comisión Nacional de los Mercados y la Competencia en garantía de la unidad de mercado o en el siguiente, el Secretario judicial requerirá con carácter urgente al órgano administrativo correspondiente, acompañando copia del escrito de interposición, para que en el plazo máximo de cinco días a contar desde la recepción del requerimiento remita el expediente acompañado de los informes y datos que se soliciten en el recurso, con apercibimiento de cuanto se establece en el artículo 48.

2. La falta de envío del expediente administrativo dentro del plazo previsto en el apartado anterior no suspenderá el curso de los autos.

3. El Secretario judicial pondrá de manifiesto al recurrente el expediente y demás actuaciones para que en el plazo improrrogable de diez días pueda formalizar la demanda y acompañar los documentos oportunos. Si el expediente administrativo se recibiese una vez forma-

---

[165] Capítulo añadido por la Ley 20/2013, de 9 de diciembre.

lizada la demanda, se concederá un trámite adicional de alegaciones a las partes.

4. Formalizada la demanda, el Secretario judicial dará traslado de la misma a las partes demandadas para que, a la vista del expediente, presenten contestación en el plazo común e improrrogable de diez días y acompañen los documentos que estimen oportunos.

5. Evacuado el trámite de contestación, el órgano jurisdiccional decidirá en el siguiente día sobre el recibimiento a prueba, con arreglo a las normas generales establecidas en la presente Ley, y sin perjuicio de lo dispuesto en el artículo 57. El período de práctica de prueba no será en ningún caso superior a veinte días.

6[166]. Conclusas las actuaciones, el órgano jurisdiccional dictará sentencia en el plazo de cinco días. La sentencia estimará el recurso cuando la disposición, la actuación o el acto incurrieran en cualquier infracción del ordenamiento jurídico que afecte a la libertad de establecimiento o de circulación, incluida la desviación de poder.

Conforme a lo dispuesto en el artículo 71, la sentencia que estime el recurso implicará la corrección de la conducta infractora, así como el resarcimiento de los daños y perjuicios, incluido el lucro cesante, que dicha conducta haya causado.

El órgano jurisdiccional podrá convocar a las partes a una comparecencia con la finalidad de dictar su sentencia de viva voz, exponiendo verbalmente los razonamientos en que sustente su decisión, resolviendo sobre los motivos que fundamenten el recurso y la oposición y pronunciando su fallo, de acuerdo con lo dispuesto en los artículos 68 a 71.

La no comparecencia de todas o alguna de las partes no impedirá el dictado de la sentencia de viva voz.

---

[166]   Apartado modificado por la Ley 18/2022, de 28 de septiembre.

En cuanto se refiere a la grabación de la comparecencia y a su documentación, serán aplicables las disposiciones contenidas en el artículo 63.

Caso de haberse dictado la Sentencia de forma oral, el Secretario judicial expedirá certificación que recoja todos los pronunciamientos del fallo, con expresa indicación de su firmeza y de la actuación administrativa a que se refiera. Dicha certificación será expedida en el plazo máximo de cinco días notificándose a las partes.

La anterior certificación se registrará e incorporará al Libro de Sentencias del órgano judicial. El soporte videográfico de la comparecencia quedará unido al procedimiento.

7. Durante la tramitación del procedimiento, podrá solicitar su intervención, como parte recurrente, cualquier operador económico que tuviere interés directo en la anulación del acto, actuación o disposición impugnada y no la hubiera recurrido de forma independiente.

La solicitud del operador se resolverá por medio de auto, previa audiencia de las partes personadas, en el plazo común de cinco días.

Admitida la intervención, no se retrotraerán las actuaciones, pero el interviniente será considerado parte en el proceso a todos los efectos y podrá defender las pretensiones formuladas o las que el propio interviniente formule, si tuviere oportunidad procesal para ello.

El interviniente podrá utilizar los recursos que procedan contra las resoluciones que estime perjudiciales para su interés, aunque las consienta la Comisión Nacional de los Mercados y la Competencia o las demás partes personadas.

8. La Sala de lo Contencioso-Administrativo de la Audiencia Nacional acordará la acumulación al promovido por la Comisión Nacional de los Mercados y la Competencia de todo procedimiento que, iniciado por un operador económico ante el mismo u otro órgano jurisdiccional, se dirija frente a la misma disposición o actuación y se funde en la vulneración de la libertad de establecimiento o de circulación conforme a lo previsto en esta Ley.

9. A todos los efectos, la tramitación de estos recursos tendrá carácter preferente.

10. El procedimiento para la garantía de la unidad de mercado, en lo no dispuesto en este Capítulo, se regirá por las normas generales de la presente Ley.

Art. 127 quáter[167]. 1. La Comisión Nacional de los Mercados y la Competencia podrá solicitar en su escrito de interposición la suspensión de la disposición, acto o resolución impugnados, así como cualquier otra medida cautelar que asegure la efectividad de la sentencia. La solicitud de esta suspensión tendrá carácter excepcional y solo será solicitada en caso de entender que es imprescindible por la especial relevancia del supuesto para la libertad de establecimiento y circulación.

2. Solicitada la suspensión de la disposición, acto o resolución impugnados, la misma se tramitará en la forma prevista en el capítulo II del título VI, una vez admitido el recurso y sin exigencia de afianzamiento de los posibles perjuicios de cualquiera naturaleza que pudieran derivarse. La Administración cuya actuación se haya recurrido podrá solicitar el levantamiento de la suspensión durante el plazo de tres meses desde su adopción, siempre que acredite que de su mantenimiento pudiera seguirse una perturbación grave de los intereses generales o de tercero que el tribunal ponderará en forma circunstanciada[168].

3. La solicitud de cualquier otra medida cautelar se tramitará en la forma prevista en el Capítulo II del Título VI.

---

[167] Se modifican los apartados 1 y 2 por la Ley 18/2022, de 28 de septiembre.
[168] Se declara inconstitucional y nulo el apartado 2, únicamente en su aplicación a actos o disposiciones de las Comunidades Autónomas, por STC 79/2017, de 22 de junio.

CAPÍTULO V[169]. PROCEDIMIENTO PARA LA DECLARACIÓN JUDICIAL DE EXTINCIÓN DE PARTIDOS POLÍTICOS

Art. 127 quinquies. 1. El procedimiento para la declaración judicial de extinción de un partido político se regirá por lo dispuesto en el artículo 78, con las siguientes especialidades:

a) En la demanda, deberá especificarse en cuál o cuáles de los motivos recogidos en el artículo 12 bis.1 de la Ley Orgánica 6/2002, de 27 de junio, de Partidos Políticos, se fundamenta la petición de declaración judicial de extinción.

b) El plazo de dos meses para la presentación de la demanda se contará a partir del día siguiente al vencimiento del plazo señalado en el artículo 12 bis.2 de la misma Ley.

c) Cuando la sentencia declare la extinción del partido, será notificada al registro para que éste proceda a la cancelación de la inscripción.

2. El Ministerio Fiscal será parte del proceso.

TÍTULO VI. DISPOSICIONES COMUNES A LOS TÍTULOS IV Y V

CAPÍTULO I. PLAZOS

Art. 128. 1. Los plazos son improrrogables, y una vez transcurridos el Secretario judicial correspondiente tendrá por caducado el derecho y por perdido el trámite que hubiere dejado de utilizarse. No obstante, se admitirá el escrito que proceda, y producirá sus efectos legales, si

---

[169] Capítulo V del Título V introducido por la Ley orgánica 3/2015, de 30 de marzo, de control de la actividad económico-financiera de los Partidos Políticos, por la que se modifican la Ley orgánica 8/2007, de 4 de julio, sobre financiación de los Partidos Políticos, la Ley orgánica 6/2002, de 27 de junio, de Partidos Políticos y la Ley orgánica 2/1982, de 12 de mayo, del Tribunal de Cuentas.

se presentare dentro del día en que se notifique la resolución, salvo cuando se trate de plazos para preparar o interponer recursos[170].

2. Durante el mes de agosto no correrá el plazo para interponer el recurso contencioso-administrativo ni ningún otro plazo de los previstos en esta Ley salvo para el procedimiento para la protección de los derechos fundamentales en el que el mes de agosto tendrá carácter de hábil.

3. En casos de urgencia, o cuando las circunstancias del caso lo hagan necesario, las partes podrán solicitar al órgano jurisdiccional que habilite los días inhábiles en el procedimiento para la protección de los derechos fundamentales o en el incidente de suspensión o de adopción de otras medidas cautelares. El Juez o Tribunal oirá a las demás partes y resolverá por auto en el plazo de tres días, acordando en todo caso la habilitación cuando su denegación pudiera causar perjuicios irreversibles.

CAPÍTULO II. MEDIDAS CAUTELARES

Art. 129. 1. Los interesados podrán solicitar en cualquier estado del proceso la adopción de cuantas medidas aseguren la efectividad de la sentencia.

2. Si se impugnare una disposición general, y se solicitare la suspensión de la vigencia de los preceptos impugnados, la petición deberá efectuarse en el escrito de interposición o en el de demanda.

Art. 130. 1. Previa valoración circunstanciada de todos los intereses en conflicto, la medida cautelar podrá acordarse únicamente cuando la ejecución del acto o la aplicación de la disposición pudieran hacer perder su finalidad legítima al recurso.

---

[170] Apartado redactado conforme a la Ley 13/2009, de 3 de noviembre, de reforma de la legislación procesal para la implantación de la nueva Oficina judicial.

2. La medida cautelar podrá denegarse cuando de ésta pudiera seguirse perturbación grave de los intereses generales o de tercero que el Juez o Tribunal ponderará en forma circunstanciada.

Art. 131. El incidente cautelar se sustanciará en pieza separada, con audiencia de la parte contraria, que ordenará el Secretario judicial por plazo que no excederá de diez días, y será resuelto por auto dentro de los cinco días siguientes. Si la Administración demandada no hubiere aún comparecido, la audiencia se entenderá con el órgano autor de la actividad impugnada[171].

Art. 132. 1. Las medidas cautelares estarán en vigor hasta que recaiga sentencia firme que ponga fin al procedimiento en el que se hayan acordado, o hasta que éste finalice por cualquiera de las causas previstas en esta Ley. No obstante, podrán ser modificadas o revocadas durante el curso del procedimiento si cambiaran las circunstancias en virtud de las cuales se hubieran adoptado.

2. No podrán modificarse o revocarse las medidas cautelares en razón de los distintos avances que se vayan haciendo durante el proceso respecto al análisis de las cuestiones formales o de fondo que configuran el debate, y tampoco, en razón de la modificación de los criterios de valoración que el Juez o Tribunal aplicó a los hechos al decidir el incidente cautelar.

Art. 133. 1. Cuando de la medida cautelar pudieran derivarse perjuicios de cualquier naturaleza, podrán acordarse las medidas que sean adecuadas para evitar o paliar dichos perjuicios. Igualmente podrá exigirse la presentación de caución o garantía suficiente para responder de aquéllos.

2. La caución o garantía podrá constituirse en cualquiera de las formas admitidas en Derecho. La medida cautelar acordada no se llevará

[171] Artículo redactado conforme a la Ley 13/2009, de 3 de noviembre, de reforma de la legislación procesal para la implantación de la nueva Oficina judicial.

a efecto hasta que la caución o garantía esté constituida y acreditada en autos, o hasta que conste el cumplimiento de las medidas acordadas para evitar o paliar los perjuicios a que se refiere el apartado precedente.

3. Levantada la medida por sentencia o por cualquier otra causa, la Administración, o la persona que pretendiere tener derecho a indemnización de los daños sufridos, podrá solicitar ésta ante el propio órgano jurisdiccional por el trámite de los incidentes, dentro del año siguiente a la fecha del alzamiento. Si no se formulase la solicitud dentro de dicho plazo, se renunciase a la misma o no se acreditase el derecho, se cancelará la garantía constituida.

Art. 134. 1. El auto que acuerde la medida se comunicará al órgano administrativo correspondiente, el cual dispondrá su inmediato cumplimiento, siendo de aplicación lo dispuesto en el capítulo IV del Título IV, salvo el artículo 104.2.

2. La suspensión de la vigencia de disposiciones de carácter general será publicada con arreglo a lo dispuesto en el artículo 107.2. Lo mismo se observará cuando la suspensión se refiera a un acto administrativo que afecte a una pluralidad indeterminada de personas.

Art. 135[172]. 1. Cuando los interesados alegaran la concurrencia de circunstancias de especial urgencia en el caso, el juez o tribunal sin oír a la parte contraria, en el plazo de dos días podrá mediante auto:

a) Apreciar las circunstancias de especial urgencia y adoptar o denegar la medida, conforme al artículo 130. Contra este auto no se dará recurso alguno. En la misma resolución el órgano judicial dará audiencia a la parte contraria para que en el plazo de tres días alegue lo que estime procedente o bien convocará a las partes a una comparecencia que habrá de celebrarse dentro de los tres días siguientes a

---

[172]　Artículo redactado conforme a la Ley 37/2011, de 10 de octubre, de medidas de agilización procesal.

la adopción de la medida. Recibidas las alegaciones o transcurrido el plazo en su caso o bien celebrada la comparecencia, el juez o tribunal dictará auto sobre el levantamiento, mantenimiento o modificación de la medida adoptada, el cual será recurrible conforme a las reglas generales.

En cuanto se refiere a la grabación de la comparecencia y a su documentación, serán aplicables las disposiciones contenidas en el artículo 63.

b) No apreciar las circunstancias de especial urgencia y ordenar la tramitación del incidente cautelar conforme al artículo 131, durante la cual los interesados no podrán solicitar nuevamente medida alguna al amparo del presente artículo.

2. En los supuestos que tengan relación con actuaciones de la Administración en materia de extranjería, asilo político y condición de refugiado que impliquen retorno y el afectado sea un menor de edad, el órgano jurisdiccional oirá al Ministerio Fiscal con carácter previo a dictar el auto al que hace referencia el apartado primero de este artículo.

Art. 136. 1. En los supuestos de los artículos 29 y 30, la medida cautelar se adoptará salvo que se aprecie con evidencia que no se dan las situaciones previstas en dichos artículos o la medida ocasione una perturbación grave de los intereses generales o de tercero, que el Juez ponderará en forma circunstanciada.

2. En los supuestos del apartado anterior, las medidas también podrán solicitarse antes de la interposición del recurso, tramitándose conforme a lo dispuesto en el artículo precedente. En tal caso el interesado habrá de pedir su ratificación al interponer el recurso, lo que habrá de hacerse inexcusablemente en el plazo de diez días a contar desde la notificación de la adopción de las medidas cautelares. En los tres días siguientes, el Secretario judicial convocará la comparecencia a la que hace referencia el artículo anterior.

De no interponerse el recurso, quedarán automáticamente sin efecto las medidas acordadas, debiendo el solicitante indemnizar de los daños y perjuicios que la medida cautelar haya producido[173].

CAPÍTULO III. INCIDENTES E INVALIDEZ DE ACTOS PROCESALES

Art. 137. Todas las cuestiones incidentales que se susciten en el proceso, se sustanciarán en pieza separada y sin suspender el curso de los autos.

Art. 138. 1. Cuando se alegue que alguno de los actos de las partes no reúne los requisitos establecidos por la presente Ley, la que se halle en tal supuesto podrá subsanar el defecto u oponer lo que estime pertinente dentro de los diez días siguientes al de la notificación del escrito que contenga la alegación.

2. Cuando el Juzgado o Tribunal de oficio aprecie la existencia de algún defecto subsanable, el Secretario judicial dictará diligencia de ordenación en que lo reseñe y otorgue el mencionado plazo para la subsanación, con suspensión, en su caso, del fijado para dictar sentencia[174].

3. Sólo cuando el defecto sea insubsanable o no se subsane debidamente en plazo, podrá ser decidido el recurso con fundamento en tal defecto.

CAPÍTULO IV. COSTAS PROCESALES

Art. 139[175]. 1 En primera o única instancia, el órgano jurisdiccional, al dictar sentencia o al resolver por auto los recursos o incidentes que ante el mismo se promovieren, impondrá las costas a la parte que

---

[173] Apartado redactado conforme a la Ley 13/2009, de 3 de noviembre, de reforma de la legislación procesal para la implantación de la nueva Oficina judicial.
[174] Apartado redactado conforme a la Ley 13/2009, de 3 de noviembre, de reforma de la legislación procesal para la implantación de la nueva Oficina judicial.
[175] Artículo redactado conforme a la Ley orgánica 7/2015, de 21 de julio.

haya visto rechazadas todas sus pretensiones, salvo que aprecie y así lo razone, que el caso presentaba serias dudas de hecho o de derecho.

En los supuestos de estimación o desestimación parcial de las pretensiones, cada parte abonará las costas causadas a su instancia y las comunes por mitad, salvo que el órgano jurisdiccional, razonándolo debidamente, las imponga a una de ellas por haber sostenido su acción o interpuesto el recurso con mala fe o temeridad.

2. En los recursos se impondrán las costas al recurrente si se desestima totalmente el recurso, salvo que el órgano jurisdiccional, razonándolo debidamente, aprecie la concurrencia de circunstancias que justifiquen su no imposición.

3. En el recurso de casación se impondrán las costas de conformidad con lo previsto en el artículo 93. 4.

4. En primera o única instancia, la parte condenada en costas estará obligada a pagar una cantidad total que no exceda de la tercera parte de la cuantía del proceso, por cada uno de los favorecidos por esa condena; a estos solos efectos, las pretensiones de cuantía indeterminada se valorarán en 18.000 euros, salvo que, por razón de la complejidad del asunto, el tribunal disponga razonadamente otra cosa.

En los recursos, y sin perjuicio de lo previsto en el apartado anterior, la imposición de costas podrá ser a la totalidad, a una parte de éstas o hasta una cifra máxima[176].

5. Para la exacción de las costas impuestas a particulares, la Administración acreedora utilizará el procedimiento de apremio, en defecto de pago voluntario.

6. En ningún caso se impondrán las costas al Ministerio Fiscal.

7. Las costas causadas en los autos serán reguladas y tasadas según lo dispuesto en la Ley de Enjuiciamiento Civil.

---

[176]   Apartado modificado por el Real Decreto-ley 6/2023, de 19 de diciembre. Esta modificación entra en vigor el 20 de marzo de 2024.

DISPOSICIONES ADICIONALES

Primera. Territorios Históricos y Comisión Arbitral del País Vasco. 1. En la Comunidad Autónoma del País Vasco, la referencia del apartado 2 del artículo 1 de esta Ley incluye las Diputaciones Forales y la Administración Institucional de ellas dependiente. Asimismo, la referencia del apartado 3, letra a), del artículo 1 incluye los actos y disposiciones en materia de personal y gestión patrimonial sujetos al derecho público adoptados por los órganos competentes de las Juntas Generales de los Territorios Históricos.

2. No corresponde a la Jurisdicción Contencioso-Administrativa el conocimiento de las decisiones o resoluciones dictadas por la Comisión Arbitral a que se refiere el artículo 39 del Estatuto de Autonomía del País Vasco.

Segunda. Actualización de cuantías. El Gobierno queda autorizado para actualizar cada cinco años las cuantías señaladas en esta Ley, previo informe del Consejo General del Poder Judicial y del Consejo de Estado.

Tercera. Registro de sentencias. 1. Las Salas de lo Contencioso-Administrativo de los Tribunales Superiores de Justicia, de la Audiencia Nacional y del Tribunal Supremo remitirán al Consejo General del Poder Judicial, dentro de los diez días siguientes a su firma, testimonio de las sentencias dictadas en los procesos de que conozcan.

2. El Consejo General del Poder Judicial constituirá, con dichas sentencias, un Registro, cuyas certificaciones harán fe en todo tipo de procesos.

Cuarta. Recursos contra determinados actos, resoluciones y disposiciones. Serán recurribles:

1. Los actos administrativos no susceptibles de recurso ordinario dictados por el Banco de España y las resoluciones del Ministro de Economía y Hacienda que resuelvan recursos ordinarios contra actos

dictados por el Banco de España, así como las disposiciones dictadas por la citada entidad, directamente, en única instancia, ante la Sala de lo Contencioso-Administrativo de la Audiencia Nacional de conformidad con lo dispuesto en la Ley 13/1994, de 1 de junio, de Autonomía del Banco de España.

2. Los actos administrativos no susceptibles de recurso ordinario dictados por la Comisión Nacional del Mercado de Valores y las resoluciones del Ministro de Economía y Hacienda que resuelvan recursos ordinarios contra actos dictados por la Comisión Nacional del Mercado de Valores, así como las disposiciones dictadas por la citada entidad, directamente, en única instancia, ante la Sala de lo Contencioso-administrativo de la Audiencia Nacional.

3[177]. Las resoluciones y actos del Presidente y del Consejo de la Comisión Nacional de la Competencia, directamente, en única instancia, ante la Sala de lo Contencioso-administrativo de la Audiencia Nacional.

4. Las resoluciones de la Junta Arbitral regulada por la Ley Orgánica 3/ 1996, de 27 de diciembre, de Modificación parcial de la Ley Orgánica 8/1980, de 22 de septiembre, de Financiación de las Comunidades Autónomas, directamente, en única instancia, ante la Sala de lo Contencioso-Administrativo de la Audiencia Nacional.

5. Los actos y disposiciones dictados por la Agencia Española de Protección de Datos, Comisión Nacional de los Mercados y la Competencia, Consejo de Transparencia y Buen Gobierno, Consejo Económico y Social, Instituto Cervantes, Consejo de Seguridad Nuclear, Consejo de Universidades, Autoridad Independiente de Protección del Informante, A.A.I., y Secciones Primera y Segunda de la Comisión de Propiedad Intelectual, directamente, ante la Sala de lo Contencioso- Administrativo de la Audiencia Nacional[178].

---

[177]   Apartado redactado con arreglo a la Ley 15/2007, de 3 de julio.
[178]   Apartado modificado por el Real Decreto-ley 6/2023, de 19 de diciembre. Esta modificación entra en vigor el 20 de marzo de 2024.

6. Las resoluciones del Ministro de Economía y Competitividad que resuelvan recursos de alzada contra actos dictados por el Instituto de Contabilidad y Auditoría de Cuentas, así como las resoluciones de carácter normativo dictadas por el Instituto de Contabilidad y Auditoría de Cuentas directamente, en única instancia, ante la Sala de lo Contencioso-Administrativo de la Audiencia Nacional[179].

7[180]. Las resoluciones del Consejo Gestor del Fondo de apoyo a la solvencia de empresas estratégicas directamente, en única instancia, ante la Sala de lo Contencioso-administrativo de la Audiencia Nacional.

Quinta[181]. Modificación del Texto Refundido de la Ley de Procedimiento Laboral. El artículo 3 del Texto Refundido de la Ley de Procedimiento Laboral, aprobado por Real Decreto Legislativo 2/1995, de 7 de abril, quedará redactado como sigue:

1. No conocerán los Órganos Jurisdiccionales del Orden Social:

a) De la tutela de los derechos de libertad sindical y del derecho a huelga relativa a los funcionarios públicos y al personal al que se refiere el artículo 1.3.a) del texto refundido de la Ley del Estatuto de los Trabajadores.

b) De las resoluciones dictadas por la Tesorería General de la Seguridad Social en materia de gestión recaudatoria o, en su caso, por las Entidades Gestoras en el supuesto de cuotas de recaudación conjunta, así como de las relativas a las actas de liquidación y de infracción.

c) De las pretensiones que versen sobre la impugnación de las disposiciones generales y actos de las Administraciones Públicas sujetos al Derecho Administrativo en materia laboral, salvo los que se expresan en el apartado siguiente.

2. Los Órganos Jurisdiccionales del Orden Social conocerán de las pretensiones sobre:

---

[179]   Apartado introducido por la Ley 22/2015, de 20 de julio.
[180]   Se añade el apartado 7 por el Real Decreto-ley 25/2020, de 3 de julio.
[181]   Disposición adicional redactada con arreglo a la Ley 50/1998, de 30 de diciembre, de medidas fiscales, administrativas y del orden Social.

a) Las resoluciones administrativas relativas a la imposición de cualesquiera sanciones por todo tipo de infracciones de orden social, con las excepciones previstas en la letra b) del apartado 1 de este artículo.

b) Las resoluciones administrativas relativas a regulación de empleo y actuación administrativa en materia de traslados colectivos.

3. En el plazo de nueve meses desde la entrada en vigor de esta Ley, el Gobierno remitirá a las Cortes Generales un Proyecto de Ley para incorporar a la Ley de Procedimiento Laboral las modalidades y especialidades procesales correspondientes a los supuestos del anterior número 2. Dicha Ley determinará la fecha de entrada en vigor de la atribución a la Jurisdicción del Orden Social de las materias comprendidas en el número 2 de este artículo.

Sexta. Modificación del texto articulado de la Ley de Bases sobre el procedimiento económico-administrativo. El artículo 40 del texto articulado de la Ley de Bases 39/1980, de 5 de julio, sobre el procedimiento económico-administrativo, aprobado por Real Decreto Legislativo 2795/1980, de 12 de diciembre, queda redactado como sigue:

«1. Las resoluciones del Ministro de Economía y Hacienda y del Tribunal Económico-Administrativo Central serán recurribles por vía contencioso-administrativa ante la Audiencia Nacional, salvo las resoluciones dictadas por el Tribunal Económico-Administrativo Central en materia de tributos cedidos, que serán recurribles ante el Tribunal Superior de Justicia competente.

2. Las resoluciones dictadas por los Tribunales Económico-Administrativos Regionales y Locales que pongan fin a la vía económico-administrativa serán recurribles ante el Tribunal Superior de Justicia competente».

Séptima[182]. Los juzgados y tribunales del orden contencioso-administrativo también conocerán de las cuestiones que se promuevan entre Sociedad Estatal Correos y Telégrafos, S.A., y los empleados de ésta que conserven la condición de funcionarios y presten servicios en la misma, en los mismos términos en que conocen las cuestiones que se plantean entre los organismos públicos y su personal funcionario, atendiendo a la naturaleza específica de esta relación.

Octava[183]. **Referencias al recurso de súplica.** Las referencias en el articulado de esta Ley al recurso de súplica se entenderán hechas al recurso de reposición.

Novena[184]. **Incidencia de las competencias de la Unión Europea en el proceso contencioso-administrativo tributario**[185]. 1. De conformidad con lo dispuesto en el artículo 1 de esta Ley, cuando el recurso contencioso-administrativo tenga por objeto un acto administrativo que, relativo a una deuda aduanera, esté vinculado a una decisión adoptada por las instituciones de la Unión Europea, la revisión no podrá extenderse al contenido de dicha decisión.

De no proceder la anulación del acto administrativo recurrido en base al resto de alegaciones del demandante, en el supuesto de que la normativa de la Unión Europea haga depender la no contracción a posteriori, la condonación o la devolución de la deuda aduanera de una Decisión de la Comisión Europea, y el acto objeto de recurso haya sido dictado sin someter dicha cuestión a la Comisión, el órgano jurisdiccional deberá pronunciarse sobre si, conforme a lo dispuesto en la normativa de la Unión Europea, procede tal sometimiento. Si el órgano

---

[182]   Disposición adicional redactada con arreglo a la Ley orgánica 19/2003, de 23 de diciembre, de modificación de la Ley orgánica 6/1985, de 1 de julio, del Poder Judicial.
[183]   Disposición introducida por la Ley 13/2009, de 3 de noviembre, de reforma de la legislación procesal para la implantación de la nueva Oficina judicial.
[184]   Disposición introducida por la Ley 34/2015, de 21 de septiembre.
[185]   Disposición redactada conforme al Real Decreto-ley 3/2020, de 4 de febrero.

jurisdiccional entiende que dicho sometimiento es procedente, suspenderá el procedimiento e instará a la Administración Tributaria para que someta el asunto a la Comisión en el plazo máximo de dos meses.

2. Cuando el acto relativo a la liquidación de una deuda aduanera objeto de recurso, haya sido sometido a una decisión de las instituciones de la Unión Europea que haya de pronunciarse sobre la no contracción a posteriori, la devolución o la condonación de dicha deuda, se suspenderá el curso de los autos desde que esa circunstancia se ponga en conocimiento del órgano jurisdiccional y hasta que sea firme la resolución adoptada por dichas instituciones.

Igualmente procederá la suspensión del curso de los autos, exclusivamente respecto de los elementos de la obligación tributaria que sean objeto del procedimiento amistoso, desde que se inicie el procedimiento amistoso en materia de imposición directa a que se refiere la disposición adicional primera del texto refundido de la Ley del Impuesto sobre la Renta de no Residentes, aprobado por Real Decreto Legislativo 5/2004, de 5 de marzo, hasta que finalice dicho procedimiento amistoso.

En los procedimientos tramitados al amparo del Convenio 90/436/CEE y en los casos en los que la existencia de sanciones excluya el acceso a la fase arbitral del procedimiento amistoso, lo establecido en el párrafo anterior no será de aplicación cuando se haya interpuesto cualquier recurso en vía contencioso-administrativa contra las sanciones.

Décima[186]. **Delitos contra la Hacienda pública.** De conformidad con lo dispuesto en el artículo 3.a) de esta Ley, no corresponde al orden jurisdiccional contencioso-administrativo conocer de las pretensiones que se deduzcan respecto de las actuaciones tributarias vinculadas a delitos contra la Hacienda Pública que se dicten al amparo del Título VI de la Ley 58/ 2003, de 17 de diciembre, General Tributaria, salvo lo previsto en los artículos 256 y 258. 3 de la misma.

---

[186]   Disposición introducida por la Ley 34/2015, de 21 de septiembre.

Una vez iniciado el correspondiente proceso penal por delito contra la Hacienda Pública, tampoco corresponderá al orden jurisdiccional contencioso-administrativo conocer de las pretensiones que se deduzcan respecto de las medidas cautelares adoptadas al amparo del artículo 81 de la Ley 58/ 2003, de 17 de diciembre, General Tributaria.

Decimoprimera. Referencias al expediente administrativo contenidas en la Ley 29/1998, de 13 de julio, reguladora de la Jurisdicción Contencioso-administrativa. Todas las referencias al expediente administrativo contenidas en la Ley 29/1998, de 13 de julio, reguladora de la Jurisdicción Contencioso-administrativa, se entenderán hechas al expediente administrativo en soporte electrónico[187].

DISPOSICIONES TRANSITORIAS

Primera. Asuntos de la competencia de los Juzgados de lo Contencioso-Administrativo. 1. Los procesos pendientes ante las Salas de lo Contencioso-Administrativo de los Tribunales Superiores de Justicia cuya competencia corresponda, conforme a esta Ley, a los Juzgados de lo Contencioso-Administrativo, continuarán tramitándose ante dichas Salas hasta su conclusión.

2. En tanto no entren en funcionamiento los Juzgados de lo Contencioso-Administrativo, las Salas de lo Contencioso-Administrativo de los Tribunales Superiores de Justicia ejercerán competencia para conocer de los procesos que, conforme a esta Ley, se hayan atribuido a los Juzgados. En estos casos, el régimen de recursos será el establecido en esta Ley para las sentencias dictadas en segunda instancia por las Salas de lo Contencioso-Administrativo de los Tribunales Superiores de Justicia.

---

[187]   Disposición añadida por el Real Decreto-ley 6/2023, de 19 de diciembre. Esta disposición entra en vigor el 20 de marzo de 2024

Segunda. Procedimiento ordinario. 1. Los recursos contencioso-administrativos interpuestos con anterioridad a la entrada en vigor de esta Ley continuarán sustanciándose conforme a las normas que regían a la fecha de su iniciación.

2. No obstante, cuando el plazo para dictar sentencia en tales procesos se hubiere iniciado con posterioridad a la entrada en vigor de esta Ley, se hará aplicación en la sentencia de lo dispuesto en la sección 8.ª del capítulo I del Título IV. Si hubiera de aplicarse un precepto que supusiera innovación, se otorgará a las partes un plazo común extraordinario de diez días para oírlas sobre ello.

3. Serán asimismo aplicables las reglas de la sección 9.ª del capítulo I del Título IV a todos los recursos contencioso-administrativos en que no se hubiese dictado sentencia a la entrada en vigor de esta Ley.

Tercera. Recursos de casación. 1. El régimen de los distintos recursos de casación regulados en esta Ley será de plena aplicación a las resoluciones de las Salas de lo Contencioso-Administrativo de la Audiencia Nacional y de los Tribunales Superiores de Justicia que se dicten con posterioridad a su entrada en vigor y a las de fecha anterior cuando al producirse aquélla no hubieren transcurrido los plazos establecidos en la normativa precedente para preparar o interponer el recurso de casación que procediera. En este último caso, el plazo para preparar o interponer el recurso de casación que corresponda con arreglo a esta Ley se contará desde la fecha de su entrada en vigor.

2. Los recursos de casación preparados con anterioridad a la entrada en vigor de esta Ley se regirán por la legislación anterior.

Cuarta. Ejecución de sentencias. La ejecución de las sentencias firmes dictadas después de la entrada en vigor de esta Ley se llevará a cabo según lo dispuesto en ella. Las dictadas con anterioridad de las que no constare en autos su total ejecución se ejecutarán en lo pendiente con arreglo a la misma.

Quinta. Procedimiento especial para la protección de los derechos fundamentales de la persona. Los recursos interpuestos en materia de protección de los derechos fundamentales de la persona con anterioridad a la entrada en vigor de esta Ley continuarán sustanciándose por las normas que regían a la fecha de su iniciación.

Sexta. Cuestión de ilegalidad. La cuestión de ilegalidad sólo podrá plantearse en todos los procedimientos cuya sentencia adquiera firmeza desde la entrada en vigor de esta Ley.

Séptima. Procedimiento especial en materia de suspensión administrativa de acuerdos. El régimen del procedimiento especial en los casos de suspensión administrativa de acuerdos regulado en el artículo 127 será de aplicación a las impugnaciones y traslados de actos suspendidos que tengan lugar con posterioridad a su entrada en vigor, aunque dichos actos hubieran sido dictados antes de esa fecha.

Octava. Medidas cautelares. En los procedimientos pendientes a la entrada en vigor de esta Ley podrán solicitarse y acordarse las medidas cautelares previstas en el capítulo II del Título VI.

Novena. Costas procesales. El régimen de costas procesales establecido en esta Ley será aplicable a los procesos y a los recursos que se inicien o promuevan con posterioridad a su entrada en vigor.

DISPOSICIONES DEROGATORIAS

Primera. Cláusula general de derogación. Quedan derogadas todas las normas de igual o inferior rango en lo que se opongan a la presente Ley.

Segunda. Derogación de normas. Quedan derogadas las siguientes disposiciones:

a) La Ley reguladora de la Jurisdicción Contencioso-Administrativa, de 27 de diciembre de 1956.

b) Los artículos 114 y 249 del Decreto 118/1973, de 12 de enero, texto refundido de la Ley de Reforma y Desarrollo Agrario.

c) Los artículos 6, 7, 8, 9 y 10 de la Ley 62/1978, de 26 de diciembre, de Protección Jurisdiccional de los Derechos Fundamentales de la Persona.

d) El apartado 3 del artículo 110 de la Ley 30/1992, de 26 de noviembre, de Régimen Jurídico de las Administraciones Públicas y del Procedimiento Administrativo Común.

DISPOSICIONES FINALES

Primera. Supletoriedad de la Ley de Enjuiciamiento Civil. En lo no previsto por esta Ley, regirá como supletoria la de Enjuiciamiento Civil.

Segunda. Desarrollo de la Ley. Se autoriza al Gobierno a dictar cuantas disposiciones de aplicación y desarrollo de la presente Ley sean necesarias. En concreto, en el plazo de un año a partir de la entrada en vigor de esta Ley, el Gobierno, a propuesta del Consejo General del Poder Judicial, regulará la organización y régimen de acceso al Registro previsto en la disposición adicional tercera. Al mismo tiempo, el Gobierno elaborará los programas necesarios para la instauración de los órganos unipersonales de lo contencioso-administrativo en el período comprendido entre 1998 y 2000, correspondiendo al Consejo General del Poder Judicial y al Ministerio de Justicia o, en su caso, al órgano competente de la Comunidad Autónoma el desarrollo y ejecución, dentro del ámbito de sus respectivas competencias.

Tercera[188]. Entrada en vigor. La presente Ley entrará en vigor a los cinco meses de su publicación en el Boletín Oficial del Estado, sin perjuicio de lo establecido en la Disposición Adicional Quinta.

---

[188] Disposición final redactada con arreglo a la Ley 50/1998, de 30 de diciembre, de medidas fiscales, administrativas y del orden Social.

§4. Real Decreto-ley 6/2023, de 19 de diciembre, por el que se aprueban medidas urgentes para la ejecución del Plan de Recuperación, Transformación y Resiliencia en materia de servicio público de justicia, función pública, régimen local y mecenazgo (Selección)

BOE número 303, de 20 de diciembre

LIBRO PRIMERO
MEDIDAS DE EFICIENCIA DIGITAL Y PROCESAL DEL SERVICIO PÚBLICO DE JUSTICIA

TÍTULO PRELIMINAR. DISPOSICIONES GENERALES

Artículo 1. Objeto y principios. 1. El presente libro tiene por objeto regular la utilización de las tecnologías de la información por parte de los ciudadanos y ciudadanas y los y las profesionales en sus relaciones con la Administración de Justicia y en las relaciones de la Administración de Justicia con el resto de administraciones públicas, y sus organismos públicos y entidades de derecho público vinculadas y dependientes.

2. En la Administración de Justicia se utilizarán las tecnologías de la información de acuerdo con lo dispuesto en el presente real decreto-ley, asegurando la seguridad jurídica digital, el acceso, autenticidad, confidencialidad, integridad, disponibilidad, trazabilidad, conservación, portabilidad e interoperabilidad de los datos, informaciones y servicios que gestione en el ejercicio de sus funciones.

3. Las tecnologías de la información en el ámbito de la Administración de Justicia tendrán carácter instrumental de soporte y apoyo a la

actividad jurisdiccional, con pleno respeto a las garantías procesales y constitucionales.

Artículo 2. Ámbito de aplicación. El presente real decreto-ley será de aplicación a la Administración de Justicia, a los ciudadanos y ciudadanas en sus relaciones con ella y a los y las profesionales que actúen en su ámbito, así como a las relaciones entre aquélla y el resto de administraciones públicas, y sus organismos públicos y entidades públicas vinculadas y dependientes.

Las referencias generales a los ciudadanos y ciudadanas efectuadas en este real decreto-ley comprenden a las personas jurídicas y otras entidades sin personalidad jurídica, salvo en los casos en que la misma norma especifique otra cosa. Las referencias generales a los y las profesionales comprenden a las personas que ejercen la Abogacía, la Procura y a los Graduados y Graduadas Sociales, entre otros profesionales, salvo en los casos en que la misma norma especifique otra cosa.

Artículo 3. Terminología. A los efectos del presente real decreto-ley, los términos utilizados en el mismo tendrán el significado que en su caso se determine en el propio real decreto-ley o en su anexo final.

Artículo 4. Servicios electrónicos de la Administración de Justicia. 1. En los términos previstos en este real decreto-ley, las administraciones públicas con competencia en medios materiales y personales de la Administración de Justicia garantizarán la prestación del servicio público de Justicia por medios digitales equivalentes, interoperables y con niveles de calidad equiparables, que aseguren en todo el territorio del Estado, al menos, los siguientes servicios:

a) La itineración de expedientes electrónicos y la transmisión de documentos electrónicos entre cualesquiera órganos y oficinas judiciales, fiscalía europea, u oficinas fiscales.

b) La interoperabilidad de datos entre cualesquiera órganos judiciales o fiscales, a los fines previstos en las leyes.

c) La conservación y acceso a largo plazo de los expedientes y documentos electrónicos.

d) La presentación de escritos y comunicaciones dirigidas a los órganos, oficinas judiciales y oficinas fiscales a través de un registro común para toda la Administración de Justicia, de manera complementaria e interoperable con los registros judiciales electrónicos que correspondan a una o varias oficinas judiciales en los distintos ámbitos de competencia, para aquellos usuarios externos a estos ámbitos de competencia.

e) Un Punto de Acceso General de la Administración de Justicia.

f) Un servicio personalizado, de acceso a los distintos servicios, procedimientos e informaciones accesibles de la Administración de Justicia que afecten a un ciudadano o ciudadana cuando sean parte o interesados legítimos y directos en un procedimiento o actuación judicial. A dicho servicio podrán ser accesibles a través de un servicio central, a través de las respectivas Sedes Judiciales Electrónicas de cada uno de los territorios, o a través de ambos sistemas.

g) Un registro común de datos para el contacto electrónico de ciudadanos, ciudadanas y profesionales, interoperable con los posibles registros existentes, para facilitar el contacto de los usuarios en los distintos ámbitos de competencias.

h) El acceso por parte de los y las profesionales a través de un punto común a todos los actos de comunicación de los que sean destinatarios, cualquiera que sea el órgano judicial u oficina fiscal que los haya emitido. Dicho acceso podrá realizarse a través de un punto común, a través de las respectivas Sedes Judiciales Electrónicas de cada uno de los territorios, o a través de ambos sistemas.

i) El Tablón Edictal Judicial Único.

j) Portales de datos en los términos previstos en el presente real decreto-ley.

k) Un registro interoperable en el que conste el personal al servicio de la Administración de Justicia que haya sido habilitado para la realización de determinados trámites o actuaciones en ella.

l) El Registro Electrónico de Apoderamientos Judiciales.

m) La posible textualización de actuaciones orales registradas en soporte apto para la grabación y reproducción del sonido y la imagen.

n) La identificación y firma de los intervinientes en actuaciones no presenciales.

ñ) Las comunicaciones electrónicas transfronterizas relativas a actuaciones de cooperación jurídica internacional, a través de un nodo común que asegure el cumplimiento de los requisitos de interoperabilidad que se hayan convenido en el marco de la Unión Europea o, en su caso, de la normativa convencional de aplicación.

o) La identificación y firma no criptográfica en las actuaciones y procedimientos judiciales llevados a cabo por videoconferencia, y en los servicios y actuaciones no presenciales.

p) Aquellos otros servicios que se determinen por las administraciones públicas con competencias en medios materiales y personales de la Administración de Justicia, en el marco institucional de cooperación definido en el presente real decreto-ley.

Las condiciones de prestación de estos servicios se aprobarán por el Comité técnico estatal de la Administración judicial electrónica, debiendo cada Administración Pública con competencias en materias de Administración de Justicia determinar si la prestación se realiza a través de servicios comunes, a través de las respectivas sedes electrónicas de cada territorio, o a través de ambos.

2. Los sistemas empleados para la prestación de los servicios serán interoperables entre todos los órganos, oficinas judiciales y oficinas fiscales, Institutos de Medicina Legal, Instituto Nacional de Toxicología y Ciencias Forenses, oficinas de atención a las víctimas del delito y cualesquiera otras que, por razón de sus funciones o competencias, se relacionen directamente con la Administración de Justicia, con independencia del lugar donde estén radicadas.

Asimismo, deberán ser plenamente interoperables con el resto de administraciones públicas, y sus organismos públicos y entidades de derecho público vinculadas y dependientes. Igualmente, todos los sistemas empleados deberán ser plenamente accesibles electrónicamente para quienes se relacionen con la Administración de Justicia.

3. Las administraciones públicas con competencia en medios materiales y personales de la Administración de Justicia habilitarán diferentes canales o medios para la prestación de los servicios electrónicos, asegurando en todo caso y en la forma que estimen adecuada el acceso a los mismos a todos los ciudadanos y ciudadanas, con independencia de sus circunstancias personales, medios o conocimientos.

A estos fines, las administraciones competentes en materia de Justicia contarán, al menos, con los siguientes medios:

a) Oficinas de información y atención al público que, en los procedimientos en los que los ciudadanos y ciudadanas comparezcan y actúen sin asistencia letrada y sin representación procesal, pondrán a su disposición de forma libre y gratuita los medios e instrumentos precisos para ejercer los derechos reconocidos en el artículo 5 de este real decreto-ley, debiendo contar con asistencia y orientación sobre su utilización, bien a cargo del personal de las oficinas en que se ubiquen o bien por sistemas incorporados al propio medio o instrumento.

b) Sedes judiciales electrónicas creadas y gestionadas por las distintas administraciones competentes en materia de Justicia y disponibles para las relaciones de los ciudadanos y ciudadanas con la Administración de Justicia a través de redes de comunicación. Dichas sedes serán interoperables con la Carpeta Justicia y su relación se publicará por la Administración competente.

c) Servicios de atención telefónica con los criterios de seguridad y las posibilidades técnicas existentes, que faciliten a los ciudadanos y ciudadanas las relaciones con la Administración de Justicia en lo que se refiere a los servicios electrónicos mencionados en este precepto.

d) Puntos de información electrónicos, ubicados en los edificios judiciales.

TÍTULO I. DERECHOS Y DEBERES DIGITALES EN EL ÁMBITO DE LA ADMINISTRACIÓN DE JUSTICIA

Artículo 5. Derechos de los ciudadanos y ciudadanas. 1. Los ciudadanos y ciudadanas tienen derecho a relacionarse con la Administración de Justicia utilizando medios electrónicos para el ejercicio de los derechos previstos en los capítulos I y VII del título III del libro III de la Ley Orgánica 6/1985, de 1 de julio, del Poder Judicial, en la forma y con las limitaciones que en los mismos se establecen.

2. Además, los ciudadanos y ciudadanas tienen, en relación con la utilización de los medios electrónicos en la actividad judicial y en los términos previstos en el presente real decreto-ley, los siguientes derechos:

a) A un servicio público de Justicia prestado por medios digitales, en los términos establecidos en los apartados 1 y 3 del artículo 4 de este real decreto-ley.

b) A la igualdad en el acceso electrónico a los servicios de la Administración de Justicia.

c) A la calidad de los servicios públicos prestados por medios electrónicos.

d) A un servicio personalizado de acceso a procedimientos, informaciones y servicios accesibles de la Administración de Justicia en los que sean partes o interesados legítimos.

e) A elegir, entre aquellos que en cada momento se encuentren disponibles, el canal a través del cual relacionarse por medios electrónicos con la Administración de Justicia.

f) A conocer por medios electrónicos el estado de tramitación de los procedimientos en los que sean parte procesal o interesados legítimos, en los términos establecidos en la Ley Orgánica 6/1985, de 1 de julio, y en las leyes procesales.

g) A acceder y obtener copia del expediente judicial electrónico y de los documentos electrónicos que formen parte de procedimientos en los que tengan la condición de parte o acrediten interés legítimo y directo, en los términos establecidos en la Ley Orgánica 6/1985, de 1 de julio, y en las leyes procesales.

h) A la conservación por la Administración de Justicia en formato electrónico de los documentos electrónicos que formen parte de un expediente conforme a la normativa vigente en materia de archivos judiciales.

i) A utilizar los sistemas de identificación y firma electrónica ante la Administración de Justicia del documento nacional de identidad, aquellos otros dispositivos puestos a su disposición con la finalidad de facilitar su autenticación o firma de acuerdo con lo establecido el artículo 20 del presente real decreto-ley, así como aquellos otros determinados en la misma.

j) A la protección de datos de carácter personal y, en particular, a la seguridad y confidencialidad de los datos que sean objeto de tratamiento por la Administración de Justicia, en los términos establecidos en la Ley Orgánica 6/1985, de 1 de julio, y con las especialidades establecidas por esta; en el Reglamento (UE) 2016/679 del Parlamento Europeo y del Consejo, de 27 de abril de 2016, relativo a la protección de las personas físicas en lo que respecta al tratamiento de datos personales y a la libre circulación de estos datos y por el que se deroga la Directiva 95/46/CE; en la Ley Orgánica 3/2018, de 5 de diciembre, de Protección de Datos Personales y garantía de los derechos digitales; y en la Ley Orgánica 7/2021, de 26 de mayo, de protección de datos personales tratados para fines de prevención, detección, investigación y enjuiciamiento de infracciones penales y de ejecución de sanciones penales, así como los que deriven de leyes procesales.

k) A elegir las aplicaciones o sistemas para relacionarse con la Administración de Justicia siempre y cuando utilicen estándares abiertos o, en su caso, aquellos otros que sean de uso generalizado por los ciudadanos y ciudadanas y, en todo caso, siempre que sean compatibles con los que dispongan los órganos judiciales y se respeten las garantías y requisitos previstos en el procedimiento de que se trate.

l) A que las aplicaciones o sistemas para relacionarse telemáticamente con la Administración de Justicia estén disponibles en todas las lenguas oficiales del Estado en los términos previstos en el artículo 231 de la Ley Orgánica 6/1985, de 1 de julio.

3. Las personas jurídicas tienen los derechos reconocidos en el apartado 1 y en las letras a), b), c), d), f), g), h), i), j) y l) del apartado 2 de este artículo. En todo caso, estarán sujetas a las previsiones especiales que el presente real decreto-ley establezca.

Artículo 6. Derechos y deberes de los y las profesionales que se relacionen con la Administración de Justicia. 1. Los y las profesionales que se relacionen con la Administración de Justicia tienen derecho a relacionarse con la misma a través de medios electrónicos.

2. Además, respecto de la utilización de los medios electrónicos en la actividad judicial y en los términos previstos en el presente real decreto-ley, los y las profesionales que se relacionen con la Administración de Justicia tienen los siguientes derechos:

a) A acceder y conocer por medios electrónicos el estado de la tramitación de los procedimientos en los que, según conste en el procedimiento judicial, ostenten la representación procesal o asuman la defensa jurídica de parte personada o que haya acreditado interés legítimo y directo, en los términos establecidos en la Ley Orgánica 6/1985, de 1 de julio, y en las leyes procesales.

b) A acceder y obtener copia del expediente judicial electrónico y de los documentos electrónicos que formen parte de procedimientos en los que, según conste en el procedimiento judicial, ostenten la representación procesal o asuman la defensa jurídica de parte personada o que haya acreditado interés legítimo y directo, en los términos establecidos en la Ley Orgánica 6/1985, de 1 de julio, y en las leyes procesales.

c) A acceder en formato electrónico a los documentos conservados por la Administración de Justicia que formen parte de un expediente, según la normativa vigente en materia de archivos judiciales.

d) A utilizar los sistemas de identificación y firma establecidos previstos en el presente real decreto-ley y de conformidad con la misma. A tal efecto, los Consejos Generales o Superiores profesionales correspondientes deberán poner a disposición de los órganos judiciales, oficinas judiciales y oficinas fiscales los protocolos y sistemas de interconexión que permitan el acceso necesario por medios electrónicos al registro de profesionales colegiados ejercientes previsto en el artículo 10 de la Ley 2/1974, de 13 de febrero, sobre Colegios Profesionales, garantizando que en él consten sus datos profesionales, tales como nombre y apellidos de los y las profesionales colegiados, número de colegiación, títulos oficiales de los que estén en posesión, domicilio profesional y situación de habilitación profesional, y, en el caso de las sociedades profesionales, la denominación social de la misma, así como los datos de los socios otorgantes y de los y las profesionales que actúan en su seno.

e) A la garantía de la seguridad y confidencialidad y disponibilidad en el tratamiento de los datos personales realizado por la Administración de Justicia que figuren en los ficheros, sistemas y aplicaciones de la Administración de Justicia en los términos establecidos en la Ley Orgánica 6/1985, de 1 de julio, y con las especialidades establecidas por esta; en las leyes procesales, en el presente real decreto-ley, en el Reglamento (UE) 2016/679 del Parlamento Europeo y del Consejo, de 27 de abril de 2016; en la Ley Orgánica 3/2018, de 5 de diciembre; y en la Ley Orgánica 7/2021, de 26 de mayo, así como los que deriven de leyes procesales. Corresponderá a la Administración competente cumplir con las responsabilidades que, como administración prestacional, tenga atribuidas en esa materia.

f) A que los sistemas de información de la Administración de Justicia posibiliten y favorezcan la desconexión digital, de manera que permita la conciliación de la vida laboral, personal y familiar de los y las profesionales que se relacionen con la Administración de Justicia, con respeto a lo dispuesto en la legislación procesal.

Las administraciones con competencias en materia de Justicia deberán definir, mediante convenios y protocolos, los términos, medios y medidas adecuadas, en el ámbito tecnológico, para posibilitar la desconexión, la conciliación y el descanso en los períodos inhábiles procesalmente y en aquellos en que las personas profesionales de la Abogacía, la Procura y los Graduados y Graduadas Sociales estén haciendo uso de las posibilidades dispuestas a tal fin en las normas procesales.

3. Los y las profesionales que se relacionen con la Administración de Justicia, en los términos previstos en el presente real decreto-ley, tienen el deber de utilizar los medios electrónicos, las aplicaciones o los sistemas establecidos por las administraciones competentes en materia de Justicia, respetando en todo caso las garantías y requisitos previstos en el procedimiento que se trate.

4. Las administraciones competentes en materia de Justicia asegurarán el acceso de los y las profesionales a los servicios electrónicos proporcionados en su ámbito a través de puntos de acceso electrónico, consistentes en sedes judiciales electrónicas creadas y gestionadas por aquéllas y disponibles para los y las profesionales a través de redes de comunicación, en los términos previstos en el presente real decreto-ley.

Artículo 7. Uso obligatorio de medios e instrumentos electrónicos por la Administración de Justicia. 1. Los órganos y oficinas judiciales, fiscalías, y oficinas fiscales utilizarán para el desarrollo de su actividad y ejercicio de sus funciones los medios técnicos, electrónicos, informáticos y electrónicos puestos a su disposición por la Administración competente, siempre que dichos medios cumplan con los esquemas nacionales de interoperabilidad y seguridad, así como con la normativa técnica, instrucciones técnicas de seguridad, requisitos funcionales fijados por el Comité técnico estatal de la Administración judicial electrónica y normativa de protección de datos personales.

2. Las administraciones públicas con competencia en medios materiales y personales de la Administración de Justicia dotarán a los

órganos y oficinas judiciales y oficinas fiscales de sistemas tecnológicos que permitan la tramitación electrónica de los procedimientos y cumplan con los requisitos definidos en el apartado anterior.

3. Las instrucciones de contenido general o singular relativas al uso de las tecnologías que el Consejo General del Poder Judicial o la Fiscalía General del Estado dirijan a los jueces y magistrados o a los fiscales, respectivamente, serán de obligado cumplimiento. Igualmente lo serán las que la persona titular de la Secretaría General de la Administración de Justicia dirija a los letrados de la Administración de Justicia.

TÍTULO II. ACCESO DIGITAL A LA ADMINISTRACIÓN DE JUSTICIA

CAPÍTULO I. DE LA SEDE JUDICIAL ELECTRÓNICA

Artículo 8. Sede judicial electrónica. 1. La sede judicial electrónica es aquella dirección electrónica disponible para los ciudadanos y ciudadanas a través de redes de telecomunicaciones cuya titularidad, gestión y administración corresponde a cada una de las administraciones competentes en materia de Justicia.

2. Las sedes judiciales electrónicas se crearán mediante disposición publicada en el «Boletín Oficial del Estado» o el Boletín o Diario Oficial de la Comunidad Autónoma correspondiente, y tendrán, al menos, los siguientes contenidos:

a) Identificación de la dirección electrónica de referencia de la sede, que incluya el nombre del dominio que le otorgue la Administración competente.

b) Identificación de su titular, así como del órgano u órganos administrativos encargados de la gestión y de los servicios puestos a disposición de los ciudadanos, ciudadanas y profesionales en la misma.

c) Identificación de los canales de acceso a los servicios disponibles en la sede, con expresión, en su caso, de los teléfonos y oficinas a través de los cuales también puede accederse a los mismos.

d) Cauces disponibles para la formulación de sugerencias y quejas con respecto al servicio que presta la sede.

e) Acceso al expediente judicial electrónico, a la presentación de escritos, a la práctica de notificaciones y a la agenda de señalamientos e información, de los sistemas habilitados de videoconferencia.

3. El establecimiento de una sede judicial electrónica conlleva la responsabilidad de su titular de garantizar la integridad y actualización de la información facilitada, así como el acceso a los servicios previstos en la misma.

4. Las administraciones competentes en materia de Justicia determinarán las condiciones e instrumentos de creación de las sedes judiciales electrónicas, con sujeción a los principios de publicidad, responsabilidad, calidad, seguridad, disponibilidad, accesibilidad, neutralidad e interoperabilidad.

5. La publicación en las sedes judiciales electrónicas de informaciones, servicios y transacciones respetará los estándares abiertos y, en su caso, aquellos otros que sean de uso generalizado por los ciudadanos y ciudadanas.

6. Las sedes judiciales electrónicas se regirán, además de por lo previsto en este real decreto-ley, por lo establecido en el artículo 38 de la Ley 40/2015, de 1 de octubre, del Régimen Jurídico del Sector Público.

7. Las sedes judiciales electrónicas utilizarán comunicaciones cifradas con base en certificados cualificados de autenticación de sitios web o medio equivalente, según lo dispuesto en el Reglamento (UE) n.º 910/2014 del Parlamento Europeo y del Consejo, de 23 de julio de 2014, relativo a la identificación electrónica y los servicios de confianza para las transacciones electrónicas en el mercado interior y por el que se deroga la Directiva 1999/93/CE.

8. Las direcciones electrónicas de la Administración de Justicia que tengan la condición de sedes judiciales electrónicas deberán hacerse constar de forma visible e inequívoca.

9. El instrumento de creación de la sede judicial electrónica será accesible directamente o mediante enlace a su publicación en el «Bo-

letín Oficial del Estado» o en el de la Comunidad Autónoma correspondiente.

10. Los sistemas de información que soporten las sedes judiciales electrónicas deberán asegurar la confidencialidad, integridad, autenticidad, trazabilidad y disponibilidad de las informaciones que manejan y de los servicios prestados.

Artículo 9. Características de las sedes judiciales electrónicas y sus clases. 1. Se realizarán preferentemente a través de sedes judiciales electrónicas las actuaciones, procedimientos y servicios que requieran la autenticación de la Administración de Justicia o de los ciudadanos, ciudadanas y profesionales por medios electrónicos. Dichos servicios podrán ser accesibles desde la Carpeta Justicia en las condiciones establecidas por el Comité técnico estatal de la Administración judicial electrónica, para asegurar la completa y exacta incorporación de la información y accesos publicados en éste.

2. Las sedes judiciales electrónicas dispondrán de sistemas que permitan el establecimiento de comunicaciones seguras siempre que sean necesarias.

3. Cuando esté justificado por motivos técnicos o funcionales, se podrán crear una o varias sedes judiciales electrónicas derivadas de una sede judicial electrónica. Dichas sedes derivadas deberán resultar accesibles desde la dirección electrónica de la sede principal, sin perjuicio de que sea posible el acceso electrónico directo.

4. Las sedes judiciales electrónicas asociadas se crearán por disposición del órgano administrativo que tenga atribuida esta competencia y deberán cumplir los mismos requisitos de publicidad que las sedes judiciales electrónicas principales.

Artículo 10. Contenido y servicios de las sedes judiciales electrónicas. 1. Toda sede judicial electrónica dispondrá, al menos, de los siguientes contenidos:

a) Identificación de la sede, así como de la Administración Pública u organismos titulares y de los responsables de la gestión, de los servicios puestos a disposición en la misma y, en su caso, de las sedes de ella derivadas, así como del órgano, oficina judicial u oficina fiscal que origine la información que se deba incluir en la sede judicial electrónica.

b) Información necesaria para su correcta utilización, incluyendo el mapa de la sede judicial electrónica o información equivalente, con especificación de la estructura de navegación y las distintas secciones disponibles.

c) Relación de sistemas de identificación y firma electrónica que, conforme a lo previsto en este real decreto-ley, sean admitidos o utilizados en la sede.

d) Normas de creación del registro o registros electrónicos accesibles desde la sede.

e) Información relacionada con la protección de datos de carácter personal, incluyendo un enlace con la sede electrónica de la Agencia Española de Protección de Datos y las de las Agencias Autonómicas de Protección de Datos, asimismo, la información prevista en los artículos 13 y 14 del Reglamento (UE) 2016/679 del Parlamento Europeo y del Consejo, de 27 de abril de 2016, y cualquier otra que permita cumplir con el principio de transparencia, así como el inventario de tratamientos a que hace referencia el artículo 31.2 de la Ley Orgánica 3/2018, de 5 de diciembre.

2. Las sedes judiciales electrónicas tendrán, al menos, los siguientes servicios a disposición de los ciudadanos, ciudadanas y profesionales:

a) La relación de los servicios disponibles en la sede judicial electrónica.

b) La carta de servicios y la carta de servicios electrónicos.

c) La relación de los medios electrónicos que los ciudadanos, ciudadanas y profesionales pueden utilizar en cada supuesto en el ejercicio de su derecho a comunicarse con la Administración de Justicia.

d) Acceso al expediente judicial electrónico, a la presentación de escritos, a la práctica de actos de comunicación y a la agenda de señalamientos e información, en su caso, de los sistemas habilitados de videoconferencia.

e) Un enlace para la formulación de sugerencias y quejas ante los órganos correspondientes.

f) Acceso, en los términos establecidos en las leyes procesales, al estado de la tramitación del expediente.

g) Un enlace al Tablón Edictal Judicial único, como medio de publicación y consulta de las resoluciones y comunicaciones que por disposición legal deban fijarse en el tablón de anuncios o edictos.

h) Verificación de los sellos electrónicos de los órganos u organismos públicos que abarque la sede.

i) Comprobación de la autenticidad e integridad de los documentos emitidos por los órganos u organismos públicos que abarca la sede, que hayan sido autenticados mediante código seguro de verificación.

j) Servicios de asesoramiento electrónico al usuario para la correcta utilización de la sede.

k) La Carta de Derechos de los Ciudadanos ante la Justicia.

l) Enlace al apartado de instrucciones o gestión de cita para la solicitud de asistencia jurídica gratuita.

3. No será necesario recoger en las sedes derivadas la información y los servicios a que se refieren los apartados anteriores cuando ya figuren en la sede de la que aquéllas derivan.

4. La sede judicial electrónica garantizará el régimen de cooficialidad lingüística vigente en su territorio.

Artículo 11. Regla especial de responsabilidad. El órgano que origine la información que se deba incluir en la sede judicial electrónica será el responsable de la veracidad e integridad de su contenido. La sede judicial electrónica establecerá los medios necesarios para que el ciudadano o ciudadana conozca si la información o servicio al que accede corresponde a la propia sede o a un punto de acceso que no tiene el carácter de sede o a un tercero.

Artículo 12. Punto de Acceso General de la Administración de Justicia. 1. El Punto de Acceso General de la Administración de Justicia será un portal orientado a los ciudadanos y ciudadanas que dispondrá de su sede electrónica que, como mínimo, contendrá la Carpeta Justicia y el directorio de las sedes judiciales electrónicas que, en este ámbito, faciliten el acceso a los servicios, procedimientos e informaciones accesibles correspondientes a la Administración de Justicia, al Consejo General del Poder Judicial, a la Fiscalía General del Estado y a los organismos públicos vinculados o dependientes de la misma, así como a las administraciones con competencias en materia de Justicia. También podrá proporcionar acceso a servicios o informaciones correspondientes a otras administraciones públicas o corporaciones que representen los intereses de los y las profesionales que se relacionan con la Administración de Justicia, mediante la celebración de los correspondientes convenios.

2. El Punto de Acceso General de la Administración de Justicia será gestionado por el Ministerio de la Presidencia, Justicia y Relaciones con las Cortes conforme a los acuerdos que se adopten en el Comité técnico estatal de la Administración judicial electrónica, con el objetivo de asegurar la completa y exacta incorporación de la información y accesos publicados en éste, de manera interoperable con los posibles puntos ubicados en los portales habilitados por cada administración competente.

3. El punto de acceso general responderá a los principios de accesibilidad universal y claridad de la información, e incluirá contenidos dirigidos a colectivos vulnerables, especialmente a niños, niñas y adolescentes, que pudieran ser de su interés.

4. El Punto de Acceso General de la Administración de Justicia ofrecerá al ciudadano o ciudadana, al menos, un servicio de consulta de expedientes en los que figure como parte en procedimientos judi-

ciales, y en todo caso la posibilidad de conocer y acceder a recibir las notificaciones de todos los órganos judiciales.

5. Se ofrecerá a las personas jurídicas, cuyo volumen de causas pudiera dificultar una gestión a través del punto de acceso general, sistemas específicos en función de niveles de volumen de expedientes o de áreas de gestión en atención a los referidos acuerdos que se adopten conforme al apartado 2 de este artículo.

CAPÍTULO II. DE LA CARPETA JUSTICIA

Artículo 13. La Carpeta en el ámbito de la Administración de Justicia. 1. La Carpeta Justicia es un servicio personalizado, que facilitará el acceso a los servicios, procedimientos e informaciones accesibles de la Administración de Justicia que afecten a un ciudadano o ciudadana cuando sea parte o justifique un interés legítimo y directo en un procedimiento o actuación judicial. Dicho servicio podrá ofrecerse a través de un sistema común, a través de las respectivas sedes judiciales electrónicas de cada uno de los territorios, o a través de ambos sistemas. Para ello el ciudadano o ciudadana y su profesional autorizado o autorizada deberá identificarse previamente en alguna de las formas previstas en este real decreto-ley.

2. Reglamentariamente, y previo informe del Comité técnico estatal de la Administración judicial electrónica, se establecerán los requisitos que deberá cumplir la Carpeta Justicia en el ámbito de todo el territorio del Estado.

3. De conformidad con los acuerdos que se adopten en el Comité técnico estatal de la Administración judicial electrónica, la Carpeta Justicia será gestionada para asegurar la completa y exacta incorporación de la información y accesos publicados en ésta, bajo responsabilidad del Ministerio de la Presidencia, Justicia y Relaciones con las Cortes.

4. En todo aquello que no esté regulado en **este** real decreto-ley o en su desarrollo reglamentario, se aplicarán las disposiciones regla-

mentarias establecidas para la Carpeta Ciudadana del Sector Público Estatal, siempre que por su naturaleza resulten compatibles.

5. La Carpeta Justicia será interoperable con la Carpeta Ciudadana del Sector Público Estatal.

Artículo 14. Responsabilidad. 1. Las administraciones públicas con competencias en materia de Justicia velarán por el cumplimiento de los principios de confidencialidad, integridad, autenticidad, trazabilidad, disponibilidad y actualización de la información y los servicios que constituyan la Carpeta Justicia, adoptando las medidas pertinentes para garantizar los mismos.

2. Los ciudadanos y ciudadanas y los y las profesionales están obligados a hacer buen uso de los servicios e informaciones disponibles en la Carpeta Justicia, estando sujetos en caso contrario a las responsabilidades que se deriven de su mal uso.

Artículo 15. Contenido de la carpeta Justicia. 1. La Carpeta Justicia deberá contener, como mínimo:

a) La información necesaria que permita a los ciudadanos y ciudadanas su utilización.

b) La relación de los servicios que pueden obtener a través de la misma.

c) Los derechos y obligaciones de los ciudadanos y ciudadanas derivados de su uso.

d) La posibilidad de verificar los accesos previos por el ciudadano o ciudadana.

e) El acceso a los expedientes judiciales en el que el ciudadano fuese parte o interesado, de conformidad con lo establecido en este real decreto-ley.

f) El acceso y firma de los actos de comunicación de la Administración de Justicia pendientes, así como el acceso a los actos de comunicación ya practicados.

g) El acceso a la información personalizada que conste en el Tablón Edictal Judicial Único.

h) La obtención y gestión de cita previa en el ámbito judicial.

i) El acceso a una agenda personalizada de actuaciones ante la Administración de Justicia.

j) El acceso a los cauces para realizar sugerencias y quejas.

Artículo 16. Acceso de los ciudadanos y ciudadanas a los servicios de la Carpeta Justicia. 1. Los sistemas informáticos asegurarán que cada vez que el ciudadano o ciudadana acceda a la Carpeta Justicia quede constancia de la información a la que haya accedido, así como de la fecha y hora de dicho acceso.

2. El ciudadano o ciudadana podrá obtener original, copia o justificante, según proceda, de los documentos, resoluciones procesales y judiciales a los que tenga acceso a través de la Carpeta Justicia.

3. El ciudadano o ciudadana podrá canalizar, a través de su Carpeta Justicia, el ejercicio de los derechos previstos en la normativa aplicable en materia de protección de datos de carácter personal.

Artículo 17. Acceso al expediente judicial electrónico. 1. La Carpeta Justicia facilitará un servicio de consulta del estado de la tramitación, así como de acceso a todos los expedientes judiciales electrónicos en los que el ciudadano o ciudadana sea parte.

2. En el marco del Comité técnico estatal de la Administración judicial electrónica podrán definirse otros perfiles para el acceso, o la consulta limitada, al estado del procedimiento o a otras informaciones y documentos por quienes, sin ser parte, justifiquen interés legítimo y directo.

3. Los accesos y consultas a los que se refieren los apartados anteriores se ajustarán a lo dispuesto en las leyes procesales, con especial atención a la normativa sobre actuaciones declaradas secretas o reservadas y sobre protección de datos de carácter personal.

4. En el caso de procedimientos judiciales que no se hallen en soporte electrónico, se habilitarán igualmente servicios electrónicos de información que comprendan cuando menos el estado de la tramitación y el órgano judicial competente.

5. A los fines previstos en este artículo, los sistemas de gestión procesal serán interoperables con la Carpeta Justicia en los términos que defina el Comité técnico estatal de la Administración judicial electrónica.

Artículo 18. Cita previa. 1. Los ciudadanos y ciudadanas podrán solicitar cita previa ante los órganos y oficinas judiciales y oficinas fiscales a través de la Carpeta Justicia, así como visualizar sus citas previas señaladas en el sistema.

2. Los servicios de cita previa de las Administraciones Públicas con competencias en materias de Administración de Justicia serán interoperables con el servicio de cita previa de la Carpeta Justicia, en los términos que defina el Comité técnico estatal de la Administración judicial electrónica, sin perjuicio de la interoperabilidad que puedan mantener con otros servicios.

CAPÍTULO III. DE LA IDENTIFICACIÓN Y FIRMA ELECTRÓNICAS

SECCIÓN 1.ª DISPOSICIONES COMUNES DE LOS SISTEMAS DE IDENTIFICACIÓN Y FIRMA

Artículo 19. Sistemas de identificación admitidos por la Administración de Justicia. La identificación en las actuaciones procesales y judiciales se realizará conforme a lo establecido en el artículo 9 de la Ley 39/2015, de 1 de octubre, del Procedimiento Administrativo Común de las Administraciones Públicas, y en el Reglamento (UE) n.º 910/2014 del Parlamento Europeo y del Consejo, de 23 de julio de 2014, y la Ley 6/2020, de 11 de noviembre, reguladora de determinados aspectos de los servicios electrónicos de confianza, sin perjuicio del reconocimiento de los sistemas de identificación de otros países con los que la Administración de Justicia haya llegado a un acuerdo, en el marco de lo establecido por la Comisión Europea. Por vía reglamentaria podrán habilitarse otros sistemas de identificación digital.

Artículo 20. Sistemas de firma admitidos por la Administración de Justicia. 1. La firma en las actuaciones procesales y judiciales se realizará conforme a lo establecido en el artículo 10 de la Ley 39/2015, de 1 de octubre, y en el Reglamento (UE) n.º 910/2014 del Parlamento Europeo y del Consejo, de 23 de julio de 2014, y la Ley 6/2020, de 11 de noviembre, sin perjuicio del reconocimiento de los sistemas de firma de otros países con los que la Administración de Justicia pueda llegar a un acuerdo, en el marco de lo establecido por la Comisión Europea. Por vía reglamentaria podrán habilitarse otros sistemas de firma.

En el marco del Comité técnico estatal de la Administración judicial electrónica podrá determinarse el nivel de firma aplicable en cada una de las actuaciones en el ámbito de la Administración de Justicia. Dicha determinación deberá realizarse en la Guía de Interoperabilidad y Seguridad de autenticación, certificados y firma electrónica, en proporción al nivel de seguridad que se estime necesario para cada clase de actuación.

2. Cuando así lo disponga expresamente la normativa reguladora aplicable, la Administración de Justicia podrá admitir los sistemas de identificación contemplados en este real decreto-ley como sistemas de firma cuando permitan acreditar la autenticidad de la expresión de la voluntad y consentimiento de los ciudadanos, ciudadanas y de los y las profesionales que se relacionan con la Administración de Justicia.

3. Cuando se utilice un sistema de firma de los previstos en este artículo para relacionarse con la Administración de Justicia, la identidad se entenderá ya acreditada mediante el propio acto de la firma.

Artículo 21. Sistemas de firma para las personas jurídicas y entidades sin personalidad jurídica. Las personas jurídicas y las entidades sin personalidad jurídica podrán utilizar sistemas de firma electrónica con atributo de representante para todos los procedimientos y actuaciones ante la Administración de Justicia, siempre que ello sea conforme con las leyes procesales.

Artículo 22. Uso de los sistemas de identificación y firma en la Administración de Justicia. 1. La Administración de Justicia admitirá y requerirá la firma electrónica en todos los casos en que, de conformidad con las leyes procesales, los órganos judiciales requieran la firma, sin perjuicio de lo dispuesto en el artículo 29.1.

2. En los demás casos, para realizar actuaciones o acceder a servicios ante la Administración de Justicia será suficiente acreditar previamente la identidad a través de cualquiera de los medios de identificación previstos en este real decreto-ley.

El régimen de acceso a los servicios electrónicos en el ámbito de la Administración de Justicia para los supuestos de sustitución entre profesionales, así como para la habilitación de sus empleados, se regulará por la respectiva Administración competente mediante disposiciones reglamentarias.

3. El uso de la firma electrónica no excluye la obligación de incluir en el documento o comunicación electrónica los datos de identificación que sean necesarios de acuerdo con la legislación aplicable.

4. Los órganos de la Administración de Justicia u organismos públicos vinculados o dependientes podrán tratar los datos personales consignados, a los efectos de la verificación de la firma.

Artículo 23. Sistema de identificación seguro en videoconferencias. 1. En los casos en que lo determine el juez o jueza o tribunal, representante del Ministerio fiscal o letrado o letrada de la Administración de Justicia que en cada caso dirija las actuaciones y procedimientos judiciales llevados a cabo por videoconferencia, o el personal al servicio de la Administración de Justicia que en ausencia de aquellos atienda la actuación o preste el servicio presencial, se podrá usar un sistema de información para la identificación y firma no criptográfica, en los términos y condiciones de uso establecidos en la regulación sobre identificación digital tanto nacional como de la Unión Europea.

2. El sistema servirá para acreditar ante cualquier órgano u oficina judicial o fiscal la identificación electrónica en el procedimiento judicial.

3. El Ministerio de la Presidencia, Justicia y Relaciones con las Cortes posibilitará la prestación de un servicio ajustado a las características indicadas en este artículo a las administraciones públicas con competencia en medios materiales y personales de la Administración de Justicia que decidan hacer uso del mismo, de conformidad con las condiciones que se determinen en el Comité técnico estatal de la Administración judicial electrónica.

SECCIÓN 2.ª IDENTIFICACIÓN Y FIRMA DE LA ADMINISTRACIÓN DE JUSTICIA

Artículo 24. Sistemas de identificación de la Administración de Justicia. La Administración de Justicia podrá identificarse mediante los sistemas de identificación establecidos en el artículo 40 de la Ley 40/2015, de 1 de octubre.

Artículo 25. Sistemas de firma de la Administración de Justicia. 1. La Administración de Justicia podrá hacer uso de certificados cualificados de sello electrónico de entidad contemplados en el Reglamento UE n.º 910/2014 del Parlamento Europeo y del Consejo, de 23 de julio de 2014, asociados a la sede judicial o a otros órganos a los que se adscriba la sede, para generar documentos electrónicos sellados.

2. Para la identificación del ejercicio de la competencia en la actuación judicial automatizada, las administraciones públicas con competencia en medios materiales y personales de la Administración de Justicia podrán hacer uso de los siguientes sistemas de firma electrónica:

a) Certificados cualificados de sello electrónico de Administración Pública, de acuerdo con lo dispuesto en el artículo 42 de la Ley 40/2015, de 1 de octubre, o conforme a lo previsto en el Reglamento

(UE) n.º 910/2014 del Parlamento Europeo y del Consejo, de 23 de julio de 2014.

b) Sistemas de Código Seguro de Verificación.

3. El uso de los certificados a que se refiere el apartado anterior deberá incluir la información necesaria para determinar el ámbito organizativo, territorial o de la propia naturaleza de la actuación.

Artículo 26. Sistemas de Código Seguro de Verificación. 1. Las administraciones públicas con competencias en medios materiales y personales de la Administración de Justicia podrán gestionar sistemas de Código Seguro de Verificación que, cuando figuren en un documento electrónico o en su versión impresa, permitan el cotejo de la autenticidad e integridad del documento. El cotejo de los documentos con Código Seguro de Verificación se realizará en la sede judicial electrónica correspondiente al órgano que emitió el documento.

2. La inclusión de Códigos Seguros de Verificación en los documentos se acompañará de la dirección electrónica en la que poder realizar el cotejo.

3. Los Códigos Seguros de Verificación se codificarán de conformidad con los términos que se definan en el marco del Comité técnico estatal de la Administración judicial electrónica.

4. Se podrán establecer requisitos restrictivos de identificación o similares sobre algunos documentos, para evitar que sean accesibles únicamente por su Código Seguro de Verificación, cuando existan razones de protección de la información.

5. Se podrán habilitar mecanismos que ofrezcan el documento en una versión anonimizada. Los documentos electrónicos podrán contener medidas de seguridad tales como marcas de agua, sistemas anticopia o versiones personalizadas de documentos que permitan detectar la persona concreta que hubiera difundido un documento de forma no autorizada.

Artículo 27. Sistemas de firma de quienes prestan servicio en la Administración de Justicia. 1. En los casos en los que el presente real decreto-ley no disponga otra cosa, la identificación y autenticación actuación del órgano u oficina fiscal, cuando utilice medios electrónicos, se realizará mediante firma electrónica del titular del órgano u oficina o funcionario o funcionaria público, de acuerdo con lo dispuesto en los siguientes apartados.

2. El Comité técnico estatal de la Administración judicial electrónica determinará los sistemas de firma que deben utilizar los y las fiscales, letrados y letradas de la Administración de Justicia y demás personal al servicio de la Administración de Justicia. Dichos sistemas podrán identificar de forma conjunta al titular y el cargo. Los sistemas de firma electrónica de jueces, juezas, magistrados y magistradas serán determinados y provistos por el Consejo General del Poder Judicial. Este podrá establecer, a través de convenios, que el proveedor sea la Administración competente.

3. Las administraciones públicas, en el ámbito de sus competencias, dotarán de sistemas de firma electrónica que cumplan lo previsto en el presente real decreto-ley a quienes tengan atribuida la defensa y representación del Estado y del sector público, a los que se refiere el artículo 551 de la Ley Orgánica 6/1985, de 1 de julio.

SECCIÓN 3.ª INTEROPERABILIDAD, IDENTIFICACIÓN Y REPRESENTACIÓN DE LOS CIUDADANOS Y CIUDADANAS

Artículo 28. Admisión de los sistemas de firma e identificación electrónica notificados a la Comisión Europea. Sin perjuicio de la obligación de firma electrónica prevista en el artículo 27.1 de este real decreto-ley para todos los casos en que proceda conforme a las leyes procesales, la Administración de Justicia admitirá todos los sistemas de firma e identificación electrónica incluidos en la lista publicada por la Comisión Europea en el «Diario Oficial de la Unión Europea» a la que se refiere el apartado 2 del artículo 9 del Reglamento (UE) n.º

910/2014 del Parlamento Europeo y del Consejo, de 23 de julio de 2014.

Artículo 29. Identificación de los ciudadanos y ciudadanas por funcionario o funcionaria público. 1. En los supuestos en que para la realización de cualquier actuación por medios electrónicos se requiera la identificación del ciudadano o ciudadana en los términos previstos en este real decreto-ley, y estos no dispongan de tales medios, la identificación y autenticación podrá ser válidamente realizada por personal funcionario público habilitado al efecto, mediante el uso del sistema de firma electrónica del que esté dotado.

2. Para la eficacia de lo dispuesto en el apartado anterior, el ciudadano o ciudadana deberá identificarse y prestar su consentimiento expreso, debiendo quedar constancia de ello para los casos de discrepancia o litigio.

3. Si la constancia se obtiene utilizando una firma, esta podrá ser manuscrita, bien en papel, bien utilizando dispositivos técnicos idóneos para su captura que gestionen la firma con medidas de seguridad equivalentes a la firma avanzada definida en el Reglamento (UE) n.º 910/2014 del Parlamento Europeo y del Consejo, de 23 de julio de 2014, y según lo establecido en la Guía de Interoperabilidad y Seguridad de Autenticación, Certificados y Firma Electrónica aprobada por el Comité técnico estatal de la Administración judicial electrónica.

Artículo 30. Intercambio electrónico de datos en entornos cerrados de comunicación. 1. Los documentos electrónicos transmitidos en entornos cerrados de comunicaciones establecidos entre administraciones con competencias en materia de Justicia, órganos y entidades de derecho público serán considerados válidos a efectos de autenticación e identificación de los emisores y receptores en las condiciones establecidas en el presente artículo.

2. Cuando los participantes en las comunicaciones pertenezcan a la Administración de Justicia, el Comité técnico estatal de la Adminis-

tración judicial electrónica determinará las condiciones y garantías por las que se regirán, que al menos comprenderán la relación de emisores y receptores autorizados y la naturaleza de los datos a intercambiar.

3. Cuando los participantes pertenezcan a distintas administraciones o a entidades de derecho público, las condiciones y garantías citadas en el apartado anterior se establecerán mediante convenio.

4. En todo caso deberá garantizarse la seguridad del entorno cerrado de comunicaciones y la protección de los datos que se transmitan.

TÍTULO III. DE LA TRAMITACIÓN ELECTRÓNICA DE LOS PROCEDIMIENTOS JUDICIALES

CAPÍTULO I. DISPOSICIONES COMUNES E INICIO DEL PROCEDIMIENTO

Artículo 31. Integridad y registro de actividad. 1. Los sistemas de información y comunicación empleados por la Administración de Justicia conservarán un registro de las actividades de tratamiento conforme a lo dispuesto en la normativa sobre protección de datos. Además, deberán mantener registros de, al menos, las siguientes operaciones de tratamiento en sistemas de tratamiento automatizados: recogida, alteración, consulta, comunicación, incluidas las transferencias, y combinación o supresión. Los registros harán posible determinar la justificación, la fecha y la hora de tales operaciones, así como la persona que realiza la consulta o comunicación de los datos personales y la identidad de los destinatarios o destinatarias de dichos datos.

2. Las funcionalidades a las que se refiere el apartado anterior se aplicarán a todo aquel o aquella que interactúe con el sistema, inclusive al personal en labores de administración, mantenimiento y soporte de los sistemas de información, o de inspección de los sistemas, así como a las actuaciones automatizadas y al personal de los centros de atención y soporte a usuarios y usuarias de las administraciones públicas.

3. Requerirá autorización previa del letrado o letrada de la Administración de Justicia competente, o en su caso del superior funcional del servicio, todo acceso que se lleve a cabo a los sistemas de información ya sea a las finalidades del apartado anterior, o a cualquier otra finalidad extraña o ajena o distinta del acceso ordinario que realizan los jueces y juezas, magistrados y magistradas, fiscales, letrados y letradas de la Administración de Justicia, y personal de la oficina judicial a los fines del ejercicio de la actividad jurisdiccional y de la tramitación de los procedimientos judiciales, y del que de conformidad con el presente real decreto-ley y las leyes procesales, realicen las partes, los que hayan justificado interés legítimo y directo, y los y las profesionales jurídicos en el ejercicio de la defensa técnica o de la representación procesal.

4. Cualquier acceso a los sistemas de información por los órganos competentes dependientes del Consejo General del Poder Judicial, de la Fiscalía General del Estado y del Ministerio de la Presidencia, Justicia y Relaciones con las Cortes, requerirá la puesta en conocimiento de la Administración prestacional del servicio, que deberá facilitar el acceso para el cumplimiento de las funciones de inspección y control establecidas en las leyes y su normativa de desarrollo.

Artículo 32. Actuaciones por medios electrónicos. 1. La presentación de escritos y documentos, los actos de comunicación, la consulta de expedientes judiciales o de su estado de tramitación, cualesquiera otras actuaciones y todos los servicios prestados por la Administración de Justicia se llevarán a cabo por medios electrónicos. Se exceptúa de lo anterior a las personas físicas que, conforme a las leyes procesales, no actúen representadas por Procurador. En estos casos, las personas físicas podrán elegir, en todo momento, si se comunican con la Administración de Justicia a través de medios electrónicos o no, salvo en aquellos supuestos en los que expresamente estén obligadas a relacionarse a través de tales medios.

2. Igualmente se realizarán por medios electrónicos las comunicaciones, traslado de expedientes judiciales electrónicos, documentos y datos, y todo intercambio de información, entre órganos y oficinas judiciales y fiscales, y demás órganos, administraciones e instituciones en el ámbito de la Administración de Justicia, de apoyo o de colaboración con la misma.

Artículo 33. Inicio del procedimiento por medios electrónicos.
1. El inicio por los ciudadanos y ciudadanas de un procedimiento judicial por medios electrónicos en aquellos asuntos en los que no sea precisa la representación procesal ni la asistencia letrada, requerirá la puesta a disposición de los interesados, en la sede judicial electrónica, de los correspondientes modelos o impresos normalizados, que deberán ser accesibles sin otras restricciones tecnológicas que las estrictamente derivadas de la utilización de estándares y criterios de comunicación y seguridad aplicables de acuerdo con las normas y protocolos nacionales e internacionales.

2. En todo caso, cuando los escritos fueran presentados en papel por las personas a las que se refiere el apartado 1 del presente artículo, se procederá a su digitalización por la sección correspondiente del servicio común procesal que tenga atribuidas dichas funciones.

3. Los y las profesionales que se relacionan con la Administración de Justicia presentarán sus demandas y otros escritos por vía telemática, empleando para el escrito principal la firma electrónica establecida en este real decreto-ley.

4. Todo escrito iniciador del procedimiento deberá ir acompañado de un formulario normalizado debidamente cumplimentado en los términos que se establezcan por el Comité técnico estatal de la Administración judicial electrónica.

Artículo 34. Tramitación del procedimiento utilizando medios electrónicos. 1. La gestión electrónica de los procedimientos judiciales respetará el cumplimiento de los requisitos formales y materiales establecidos en las normas procesales.

2. Las aplicaciones y sistemas de información utilizados para la gestión por medios electrónicos de los procedimientos deberán garantizar el control de los tiempos y plazos, la identificación del órgano u oficina responsable de los procedimientos, la tramitación ordenada de los expedientes, y asimismo facilitarán la simplificación y la publicidad de los procedimientos.

3. Los sistemas de comunicación utilizados en la gestión electrónica de los procedimientos para las comunicaciones entre las unidades intervinientes en la tramitación de las distintas fases del proceso deberán cumplir los requisitos establecidos en este real decreto-ley y en las disposiciones reglamentarias de desarrollo.

4. Cuando se utilicen medios electrónicos en la gestión del procedimiento, los actos de comunicación y notificación que hayan de practicarse se realizarán conforme a las disposiciones contenidas en este real decreto-ley.

5. La remisión de expedientes administrativos por las distintas administraciones y organismos públicos, prevista en las leyes procesales, se realizará a través de las herramientas de remisión telemática de expedientes administrativos puestas a su disposición.

CAPÍTULO II. TRAMITACIÓN ORIENTADA AL DATO

Artículo 35. Principio general de orientación al dato. 1. Todos los sistemas de información y comunicación que se utilicen en el ámbito de la Administración de Justicia, incluso para finalidades de apoyo a las de carácter gubernativo, asegurarán la entrada, incorporación y tratamiento de la información en forma de metadatos, conforme a esquemas comunes, y en modelos de datos comunes e interoperables que posibiliten, simplifiquen y favorezcan los siguientes fines:

a) La interoperabilidad de los sistemas informáticos a disposición de la Administración de Justicia.

b) La tramitación electrónica de procedimientos judiciales.

c) La búsqueda y análisis de datos y documentos para fines jurisdiccionales y organizativos.

d) La búsqueda y análisis de datos para fines de estadística.

e) La anonimización y seudonimización de datos y documentos.

f) El uso de datos a través de cuadros de mandos o herramientas similares, por cada Administración Pública en el marco de sus competencias.

g) La gestión de documentos.

h) La autodocumentación y la transformación de los documentos.

i) La publicación de información en portales de datos abiertos.

j) La producción de actuaciones judiciales y procesales automatizadas, asistidas y proactivas, de conformidad con la ley.

k) La aplicación de técnicas de inteligencia artificial para los fines anteriores u otros que sirvan de apoyo a la función jurisdiccional, a la tramitación, en su caso, de procedimientos judiciales, y a la definición y ejecución de políticas públicas relativas a la Administración de Justicia.

l) La transmisión de datos entre órganos judiciales, administraciones públicas y asimismo con los ciudadanos y ciudadanas o personas jurídicas, de acuerdo con la ley.

m) Cualquier otra finalidad legítima de interés para la Administración de Justicia.

2. El uso de modelos de datos será obligatorio en las condiciones que se determinen por vía reglamentaria, previo informe del Comité técnico estatal de la Administración judicial electrónica, para el ámbito de todo el territorio del Estado.

Artículo 36. Intercambios orientados al dato. 1. Los sistemas informáticos y de comunicación utilizados en la Administración de Justicia posibilitarán el intercambio de información entre órganos judiciales, así como con las partes o interesados, en formato de datos estructurados.

2. La transmisión de información en modelos y estándares de datos entre órganos, oficinas judiciales y oficinas fiscales y entre estos y otros intervinientes se efectuará en los términos que se determinen en la normativa técnica de aplicación, definida por el Comité técnico estatal de la Administración judicial electrónica que en todo caso asegurarán su confiabilidad, su posible automatización y la integración en el expediente judicial electrónico para su visualización por el usuario.

3. A tal efecto, el Ministerio de la Presidencia, Justicia y Relaciones con las Cortes pondrá a disposición para la Administración que lo requiera una plataforma de interoperabilidad de datos, de cuyo funcionamiento y gestión será responsable.

4. Las Administraciones Públicas con competencias en materia de Administración de Justicia puedan intercambiar información y utilizar la información intercambiada a través de dicha plataforma, cumpliendo la normativa técnica que se establezca.

5. Las administraciones públicas con competencia en Justicia impulsarán los intercambios previstos en el apartado anterior con fines de agilización de procesos judiciales y de eficiencia procesal, desarrollando las actuaciones oportunas, entre las que podrá estar la suscripción de convenios con entidades de derecho público o sujetos de derecho privado.

6. En el marco del Comité técnico estatal de la Administración judicial electrónica se favorecerá la colaboración con otras administraciones públicas en la identificación de utilidades para el intercambio de información en formato de datos estructurados, así como en la definición de los parámetros y requisitos de compatibilidad necesarios para ello.

7. La plataforma de interoperabilidad de datos a la que se refiere el apartado 3 deberá ser plenamente interoperable con la Plataforma de Intermediación de Datos de la Administración General del Estado, cuando los datos sean necesarios para la tramitación de alguna administración.

Artículo 37. Intercambios masivos. 1. La Administración de Justicia dispondrá de sistemas de intercambio masivo de información.

2. Los sistemas previstos en el apartado anterior podrán estar sujetos a condiciones especiales de servicio, incluso horarias, a fin de evitar la saturación de sistemas o por otras razones de eficiencia tecnológica, dentro de los términos que se definan en el Comité técnico estatal de la Administración judicial electrónica.

Las personas jurídicas, las entidades sin personalidad jurídica a las que la ley reconozca capacidad para ser parte y los colectivos de personas físicas, así como los y las profesionales de la Abogacía, Procura y Graduados y Graduadas Sociales, estarán obligados al uso de los sistemas a los que se refiere el apartado anterior en los casos y condiciones que se establezcan reglamentariamente o por normativa técnica.

3. El uso de los modelos y sistemas de presentación masiva será voluntario en el caso de personas físicas.

Artículo 38. Documentos generados y presentados de forma automatizada. Los escritos y documentos iniciadores o de trámite presentados de forma automatizada deberán cumplir los requisitos procesales, así como los requisitos técnicos que se determinen por normativa de esa naturaleza.

CAPÍTULO III. DEL DOCUMENTO JUDICIAL ELECTRÓNICO

Artículo 39. Los documentos judiciales electrónicos. 1. Tendrá la consideración de documento judicial electrónico la información de cualquier naturaleza en forma electrónica, archivada en un soporte electrónico, según un formato determinado y susceptible de identificación y tratamiento diferenciado admitido en el Esquema Judicial de Interoperabilidad y Seguridad y en las normas que lo desarrollan, y que haya sido generada, recibida o incorporada al expediente judicial electrónico por la Administración de Justicia en el ejercicio de sus funciones, con arreglo a las leyes procesales.

Todos los documentos judiciales electrónicos deberán contener metadatos que posibiliten la interoperabilidad, así como llevar asociado un sello o firma electrónica, en el que quede constancia del órgano emisor, fecha y hora de su presentación o creación, de conformidad con el Reglamento (UE) n.º 910/2014 del Parlamento Europeo y del Consejo, de 23 de julio de 2014, y con la Ley 6/2020, de 11 de noviembre.

2. Tendrá la consideración de documento público el documento judicial electrónico que, además de los requisitos anteriores, incorpore la firma electrónica del letrado o letrada de la Administración de Justicia, siempre que se produzca en el ámbito de las competencias que tuviesen asumidas conforme a las leyes procesales.

Artículo 40. Documento original y copias electrónicas. 1. Tendrán la consideración de documento original todos los documentos judiciales electrónicos emanados de los sistemas de gestión procesal y provistos de firma electrónica, así como los correspondientes a los escritos y documentos iniciadores o de trámite presentados por las partes e interesados, una vez hayan sido incorporados al expediente judicial electrónico.

También tendrán la consideración de documentos originales las resoluciones judiciales o administrativas que hubiesen sido firmadas electrónicamente por la autoridad competente para su emisión, a través de cualquiera de los sistemas legalmente establecidos, incluyendo los basados en Código Seguro de Verificación.

No tendrán la consideración de originales, a estos efectos, las copias digitalizadas de otros documentos incorporados al expediente judicial electrónico, salvo que así se declare expresamente.

2. Tendrán la consideración de copias auténticas de documentos judiciales electrónicos originales las emitidas, cualquiera que sea su soporte o cambio de formato que se produzca, bajo la firma del letrado o letrada de la Administración de Justicia, y las que se obtengan me-

diante actuaciones automatizadas siempre que estén provistas de sello electrónico y concurran además estos requisitos:

a) Que el documento electrónico original se encuentre en el expediente judicial electrónico.

b) Que la información de firma electrónica, y en su caso de sello electrónico cualificado, así como de su contenido, permitan comprobar la coincidencia con dicho documento.

3. Las copias previstas en el apartado anterior gozarán de la eficacia prevista en las leyes procesales, siempre que la información de firma electrónica y, en su caso, de marca de tiempo o sello electrónico cualificado, así como de su contenido, permitan comprobar la coincidencia con dicho documento.

4. También serán copias auténticas, siempre que se emitan bajo la firma del letrado o letrada de la Administración de Justicia:

a) Los documentos electrónicos generados por la oficina judicial, de acuerdo con la normativa técnica del Comité técnico estatal de la Administración judicial electrónica, sobre documentos judiciales en soporte papel que consten en los archivos judiciales.

b) La digitalización de los documentos en papel presentados por quienes no estén obligados a relacionarse con la Administración de Justicia por medios electrónicos, siempre que se realice en los términos definidos por el Comité técnico estatal de la Administración judicial electrónica, que en todo caso, garantizarán su autenticidad, integridad y la constancia de la identidad con el documento imagen, así como los establecidos en los sistemas de lo que se dejará constancia, pudiendo impugnarse su validez por los cauces procesales procedentes.

5. Las copias auténticas se expedirán siempre a partir de un original o de otra copia auténtica, y tendrán la misma validez y eficacia que los documentos originales. Esta obtención podrá hacerse de forma automatizada mediante el correspondiente sello electrónico, y, en caso de que se alterase el formato original, deberá incluirse en los metadatos la condición de copia.

6. Se podrá verificar la autenticidad e integridad de todos los documentos judiciales electrónicos, preferiblemente por medios criptográficos automatizados, siendo válidos también los sistemas basados en Código Seguro de Verificación que permitan comprobar la autenticidad de la copia mediante el acceso a los archivos electrónicos de la oficina judicial emisora. A través de las sedes judiciales electrónicas se harán públicas las direcciones de comprobación de los códigos de tales documentos.

7. No se permitirá la impresión ni expedición de documentos en formato papel, salvo cuando el letrado o letrada de la Administración de Justicia, en atención a las circunstancias concurrentes, acuerde su expedición, o se solicite por quien no venga obligado a relacionarse con la Administración de Justicia por medios electrónicos. En estos casos, el documento generado tendrá la consideración de original, siempre que contenga el Código Seguro de Verificación, para garantizar su autenticidad e integridad.

Para garantizar la identidad y contenido de las copias electrónicas o en papel, y por tanto su carácter de copias auténticas, se estará a lo previsto en el Esquema Judicial de Interoperabilidad y Seguridad, así como en la normativa técnica de desarrollo.

8. Tendrán la consideración de copias anonimizadas las obtenidas conforme a la normativa técnica definida por el Comité técnico estatal de la Administración judicial electrónica, mediante extractos del contenido del documento origen a través de la utilización de métodos electrónicos automatizados, que permitan mantener la confidencialidad de aquellos datos que se determinen.

CAPÍTULO IV. LA PRESENTACIÓN DE DOCUMENTOS

Artículo 41. Forma de presentación de documentos. 1. Las partes o intervinientes deberán presentar todo tipo de documentos y actuaciones para su incorporación al expediente judicial electrónico en formato electrónico.

Se exceptúan de lo dispuesto en el párrafo anterior aquellos casos previstos en las leyes.

2. La presentación de los documentos en los procedimientos judiciales se ajustará a lo establecido en las leyes procesales, garantizándose en todo caso la obtención de recibo de su presentación, donde quede constancia de su contenido, fecha y hora. La presentación de estos documentos se realizará electrónicamente a través de los sistemas destinados a tal fin, pudiendo éstos incluir sistemas automatizados de presentación.

3. Cuando el documento se presente en un formato distinto al electrónico, se procederá de acuerdo con lo previsto en este real decreto-ley.

Artículo 42. Presentación de documentos por medios electrónicos. 1. La presentación de escritos y documentos, o cualesquiera otros medios o instrumentos, por medios electrónicos, incluso los que sean generados de forma automatizada, habrá de cumplir con lo dispuesto en las leyes procesales y con la normativa técnica establecida en el marco del Comité técnico estatal de la Administración judicial electrónica en las leyes procesales y, en su caso, en la normativa técnica. Deberán constar necesariamente:

a) La identidad de la persona que lo presente.

b) El órgano judicial, la oficina judicial u oficina fiscal a los que va dirigido.

c) El tipo y número de procedimiento al que se debe incorporar.

d) La fecha de presentación.

2. Los documentos que se hubiesen presentado electrónicamente deberán conservarse en un formato que permita garantizar la autenticidad, integridad y conservación del documento, así como su consulta con independencia del tiempo transcurrido desde su emisión. Se asegurará en todo caso la posibilidad de trasladar los datos a otros formatos y soportes que garanticen el acceso desde diferentes aplicaciones.

La eliminación de dichos documentos deberá ser autorizada de acuerdo con lo dispuesto en la normativa aplicable sobre archivos judiciales.

3. Cuando se planteen dudas sobre la integridad de los documentos, a incluir o ya incluidos en el expediente judicial electrónico, o existan dudas derivadas de la calidad de la copia, la oficina judicial podrá requerir al presentante para que exhiba el documento o la información original, con el fin de proceder a su examen y evaluar la procedencia de incorporación al expediente judicial electrónico. En caso de impugnación, se procederá conforme a lo dispuesto en las leyes procesales.

Artículo 43. Presentación de documentos en papel o en otros soportes no digitales. 1. Los documentos en papel que se aporten en cualquier momento del procedimiento, siempre que la parte que los presente no venga obligada a relacionarse electrónicamente con la Administración de Justicia, se deberán digitalizar por la oficina judicial e incorporar al expediente judicial electrónico.

La digitalización a la que se refiere el apartado anterior habrá de cumplir con la normativa técnica establecida en el marco del Comité técnico estatal de la Administración judicial electrónica, y con lo dispuesto en el presente real decreto-ley, las leyes procesales u otras normas de desarrollo.

2. Todos aquellos documentos que se encuentren en formatos distintos del papel deberán ser aportados por quien los presente en formato compatible para su incorporación al expediente judicial electrónico.

Si la persona que los presenta no está obligada a relacionarse con la Administración de Justicia por medios electrónicos, se procederá a su digitalización con los medios puestos a disposición de la oficina judicial o fiscal por la Administración competente.

3. En caso de que el documento no pueda digitalizarse debido a razones históricas, de protección del patrimonio u otras razones, o cuando su conservación así lo aconseje a juicio del letrado o letrada de la Administración de Justicia, se presentará en el formato original y se conservará por la oficina judicial en la forma que establezca la ley.

4. La persona interesada deberá hacer llegar dicha documentación al órgano judicial, la oficina judicial u oficina fiscal en la forma que establezcan las normas procesales, y deberá hacer referencia a los datos identificativos del envío electrónico al que no pudo ser adjuntado, presentando el original ante el órgano judicial en el día hábil siguiente a aquel en que se hubiera efectuado el envío electrónico del escrito, que deberá acompañar en todo caso. Si no se presentara en este plazo, el documento se tendrá por no presentado a todos los efectos.

5. Se dejará constancia en el expediente judicial electrónico, por diligencia del letrado o letrada de la Administración de Justicia, de la existencia de documentos en formato no electrónico.

6. Las administraciones públicas con competencias sobre medios materiales en la Administración de Justicia proveerán a las oficinas judiciales y oficinas fiscales de los medios necesarios para la conversión de estos documentos.

7. Los documentos presentados que no deban ser conservados serán devueltos a la persona que los hubiere presentado inmediatamente después de su digitalización. En caso de imposibilidad, se les dará el destino previsto en la normativa correspondiente sobre archivos judiciales, todo ello sin perjuicio de la previsión derivada del artículo 82.1 del presente real decreto-ley.

Artículo 44. Presentación y traslado de copias. 1. El traslado de copias entre profesionales se realizará por vía telemática de forma simultánea a la presentación telemática de escritos y documentos originales ante el tribunal, oficina judicial u oficina fiscal correspondiente.

2. Las copias que por disposición legal deban trasladarse a las partes se presentarán en formato digital, debiendo procederse conforme a lo previsto en este real decreto-ley en caso de que su destinatario no esté obligado a comunicarse por medios electrónicos con la Administración de Justicia.

3. Para ello, los y las profesionales podrán servirse de códigos de almacenamiento que garanticen la identidad, integridad e invariabili-

dad del contenido, lo cual será responsabilidad del profesional que lo presente.

Artículo 45. Aportación de documentos en las actuaciones orales telemáticas. 1. En las actuaciones realizadas con intervención telemática de uno o varios intervinientes, y en los actos y servicios no presenciales, las partes podrán presentar y visualizar la documentación con independencia de si su intervención se realiza por vía telemática o presencial. A tal fin, los intervinientes por vía telemática que quieran presentar documentación en el mismo acto deberán presentarla por la misma vía, incluso en los casos en los que por regla general no estén obligados a relacionarse con la Administración de Justicia por medios electrónicos, y siempre de conformidad con las normas procesales.

2. Los documentos que puedan o deban ser aportados en el momento del juicio o actuación de que se trate, se presentarán de conformidad con lo establecido en este real decreto-ley y con la normativa del Comité técnico estatal de la Administración judicial electrónica.

3. Cuando la parte que presente el documento o prueba no pudiese remitir la documentación en la forma prevista anteriormente, deberá justificar la circunstancia que impida su remisión, así como ponerlo en conocimiento del órgano judicial de manera previa a la vista o actuación, a fin de que por éste se disponga lo que proceda.

Artículo 46. Acceso a la información sobre el estado de tramitación. 1. Los servicios electrónicos que faciliten a las partes y a los y las profesionales que intervienen ante la Administración de Justicia el acceso al estado de tramitación del procedimiento o la consulta del expediente judicial electrónico, garantizarán la aplicación de la normativa que pueda establecer restricciones a dicha información, con pleno respeto a lo dispuesto en el Reglamento (UE) 2016/679 del Parlamento Europeo y del Consejo, de 27 de abril de 2016; en la Ley Orgánica 3/2018, de 5 de diciembre; en la Ley Orgánica 7/2021, de 26 de mayo, y su normativa de desarrollo, con las especialidades establecidas en la Ley Orgánica 6/1985, de 1 de julio, y en las leyes procesales.

2. La información sobre el estado de tramitación del procedimiento comprenderá la relación de los actos de trámite realizados, con indicación sobre su contenido, así como la fecha en la que fueron dictadas las resoluciones.

CAPÍTULO V. DEL EXPEDIENTE JUDICIAL ELECTRÓNICO

Artículo 47. Expediente judicial electrónico. 1. El expediente judicial electrónico es el conjunto ordenado de datos, documentos, trámites y actuaciones electrónicas, así como de grabaciones audiovisuales, correspondientes a un procedimiento judicial, cualquiera que sea el tipo de información que contengan y el formato en el que se hayan generado.

2. Se asignará un número de identificación general a cada expediente judicial electrónico, que será único e inalterable a lo largo de todo el proceso, permitiendo su identificación unívoca por cualquier tribunal u oficina del ámbito judicial en un entorno de intercambio de datos.

3. Todo expediente judicial electrónico tendrá un índice electrónico, firmado por la oficina judicial actuante o por procesos automatizados conforme a lo previsto en este real decreto-ley. Este índice garantizará la integridad del expediente judicial electrónico y permitirá su recuperación siempre que sea preciso, siendo admisible que un mismo documento forme parte de distintos expedientes judiciales electrónicos.

4. La remisión de expedientes se sustituirá a todos los efectos legales por la puesta a disposición del expediente judicial electrónico, pudiendo obtener copia electrónica del mismo todos aquellos que tengan derecho conforme a lo dispuesto en las normas procesales.

5. La puesta a disposición de los documentos judiciales electrónicos se realizará en la forma establecida en el presente real decreto-ley

para el acceso y puesta a disposición del expediente judicial electrónico.

Artículo 48. Sistema Común de Intercambio de documentos y expedientes judiciales electrónicos. 1. El Sistema Común de Intercambio de documentos y expedientes judiciales electrónicos tendrá por objeto posibilitar la itineración de expedientes electrónicos y la transmisión de documentos electrónicos de una oficina u órgano judicial o fiscal a otro, en los casos en los que corresponda por aplicación de las leyes procesales, e independientemente de que los tribunales u oficinas implicados utilicen el mismo o distintos sistemas de gestión procesal, y estará bajo la responsabilidad y gestión del Ministerio de la Presidencia, Justicia y Relaciones con las Cortes.

2. Las Administraciones Públicas con competencias en materias de Administración de Justicia asegurarán la interoperabilidad de los sistemas de gestión procesal con el Sistema Común de Intercambio de documentos y expedientes.

3. Se establecerán sus condiciones de funcionamiento con ámbito en todo el territorio del Estado, así como los requisitos técnicos y previsiones para la interoperabilidad de los sistemas de Justicia con el mismo, por el Comité técnico estatal de la Administración judicial electrónica.

CAPÍTULO VI. DE LAS COMUNICACIONES ELECTRÓNICAS

Artículo 49. Comunicaciones electrónicas en el ámbito de la Administración de Justicia. 1. Las comunicaciones en el ámbito de la Administración de Justicia se practicarán por medios electrónicos, inclusive los actos procesales de comunicación previstos en el artículo 149 de la Ley 1/2000, de 7 de enero, de Enjuiciamiento Civil.

2. Los órganos, oficinas judiciales u oficinas fiscales llevarán a cabo las comunicaciones por otros medios cuando las personas no obligadas a relacionarse con la Administración de Justicia por medios electrónicos no elijan hacer uso de estos medios.

3. Aquellas personas que no estén obligadas a relacionarse con la Administración de Justicia por medios electrónicos podrán elegir, en cualquier momento, la manera de comunicarse con la Administración de Justicia, y que las comunicaciones sucesivas se practiquen o dejen de practicarse por medios electrónicos.

4. La persona interesada podrá identificar un dispositivo electrónico y, en su caso, una dirección de correo electrónico que servirán para el envío de información y de avisos de puesta a disposición de actos de comunicación.

5. Las comunicaciones a través de medios electrónicos se realizarán, en todo caso, con sujeción a lo dispuesto en la legislación procesal y serán válidas siempre que exista constancia de la transmisión y recepción, de sus fechas y del contenido íntegro de las comunicaciones, y que se identifique al remitente y al destinatario de las mismas. La acreditación de la práctica del acto de comunicación se incorporará al expediente judicial electrónico.

Artículo 50. Actos procesales de comunicación por medios electrónicos. Excepciones. 1. Los actos procesales de comunicación previstos en el artículo 149 de la Ley de Enjuiciamiento Civil que se lleven a cabo por medios electrónicos se podrán practicar mediante comparecencia en la Carpeta Justicia o correspondiente sede judicial electrónica, a través de la dirección electrónica habilitada única prevista en la Ley 39/2015, de 1 de octubre, o por otros medios electrónicos que se establezcan reglamentariamente y garanticen el ejercicio de las facultades y derechos previstos en este real decreto-ley. Ello sin perjuicio de la eficacia de la comunicación cuando el destinatario se dé por enterado, conforme a lo dispuesto en el artículo 166.2 de la Ley 1/2000, de 7 de enero, de Enjuiciamiento Civil.

Se entenderá por comparecencia en la Carpeta Justicia o en la sede judicial electrónica el acceso por la persona interesada o su representante debidamente identificado al contenido del acto de comunicación.

2. En caso de que el acto de comunicación no pueda llevarse a cabo por medios electrónicos, se procederá a su práctica en las demás formas establecidas en las leyes procesales, e incorporándose al expediente judicial electrónico la información acreditativa de la práctica del acto de comunicación.

3. Todos los actos de comunicación en papel que se deban practicar a la persona interesada que no esté obligada a relacionarse telemáticamente con la Administración de Justicia, deberán ser puestos a su disposición en la Carpeta Justicia, y en su caso en la correspondiente sede judicial electrónica, para que pueda acceder a su contenido de forma voluntaria y con plenos efectos.

Artículo 51. Punto Común de Actos de Comunicación. 1. Las administraciones competentes en materia de justicia garantizarán la existencia de un Punto Común de Actos de Comunicación, en el que los y las profesionales puedan acceder a todos los actos de comunicación de los que sean destinatarios, cualquiera que sea órgano judicial, oficina judicial u oficina fiscal que los haya emitido.

2. El Punto Común de Actos de Comunicación interoperará en tiempo real y de manera automática con los sistemas de gestión procesal. Además, permitirá a los órganos judiciales acceder a todos los actos de comunicación electrónicos que desde dichos sistemas se practiquen a las partes e interesados.

3. Asimismo, el Punto Común de Actos de Comunicación interoperará con el sistema de intercambio de registros de la Administración Pública con el objeto de canalizar las comunicaciones entre los órganos de la Administración General del Estado y los órganos judiciales, oficinas judiciales y oficinas fiscales. Las Administraciones Públicas con competencias en materias de Administración de Justicia definirán el tipo de comunicaciones o avisos de comunicación que podrán ser remitidos a través de sistema de intercambio de registros de la Administración Pública, pudiendo mantener la sede judicial electrónica cómo punto preferente de acceso a la notificación.

Artículo 52. Comunicaciones masivas. Las comunicaciones y actos de comunicación por vía electrónica podrán realizarse individualmente o de forma masiva, en los términos que se definan por el Comité técnico estatal de la Administración judicial electrónica. En este caso deberá tenerse en cuenta lo establecido en el artículo 37 del presente real decreto-ley.

Artículo 53. Comunicaciones orientadas al dato. Los canales electrónicos utilizados para la realización de comunicaciones unidireccionales o bidireccionales estarán metadatados y orientados al dato, y asegurarán la entrada, incorporación y tratamiento de la información en forma de metadatos conforme a esquemas comunes, y en modelos de datos comunes e interoperables, a los fines previstos en el artículo 49 de este real decreto-ley.

Artículo 54. Comunicación edictal electrónica. 1. La publicación de resoluciones y actos de comunicación que por disposición legal deban fijarse en tablón de anuncios, así como la publicación de los actos de comunicación procesal que deban ser objeto de inserción en el «Boletín Oficial del Estado» o en el Boletín o Diario Oficial de la Comunidad Autónoma o de la provincia respectiva, serán sustituidas en todos los órdenes jurisdiccionales por su publicación en el Tablón Edictal Judicial Único previsto en el artículo 236 de la Ley Orgánica 6/1985, de 1 de julio.

En todo caso, el destinatario o destinataria del acto de comunicación edictal podrá obtener copia íntegra de la resolución objeto de la comunicación edictal mediante acceso a la sede judicial electrónica, previa identificación por alguno de los medios previstos en este real decreto-ley, todo ello sin perjuicio de las restricciones que pudiera establecer la normativa en materia de protección de datos.

2. El Tablón Edictal Judicial Único será publicado electrónicamente por la Agencia Estatal Boletín Oficial del Estado, en la forma que se disponga reglamentariamente impidiendo en todo caso la indexación por

motores de búsqueda. A tal efecto, la Agencia Estatal Boletín Oficial del Estado pondrá a disposición de los órganos judiciales un sistema automatizado de remisión y gestión telemática que garantizará la celeridad en la publicación de los edictos, su correcta y fiel inserción, así como la identificación del órgano remitente.

3. Las publicaciones que, en cumplimiento de lo previsto en las leyes procesales, deban hacerse en el Tablón Edictal Judicial Único serán gratuitas en todo caso, sin que proceda contraprestación económica por parte de quienes las hayan solicitado. Igualmente serán gratuitas las consultas en el tablón, así como las suscripciones que los ciudadanos y ciudadanas puedan realizar a su sistema de alertas.

Artículo 55. Comunicaciones transfronterizas. El Ministerio de la Presidencia, Justicia y Relaciones con las Cortes establecerá un servicio o aplicación común como nodo para las comunicaciones electrónicas transfronterizas relativas a actuaciones de cooperación jurídica internacional. Deberá cumplir los requisitos de interoperabilidad que se hayan convenido en el marco de la Unión Europea o, en su caso, de la normativa convencional de aplicación, y permitir el cumplimiento de las normas sustantivas y procesales de la Unión Europea y de los Tratados o Acuerdos internacionales en vigor.

Las Comunidades Autónomas con competencia en medios personales y materiales de la Administración de Justicia asegurarán la interoperabilidad de los sistemas que establezcan con el servicio o aplicación común previsto en este artículo.

CAPÍTULO VII. DE LAS ACTUACIONES AUTOMATIZADAS, PROACTIVAS Y ASISTIDAS

Artículo 56. Actuaciones automatizadas. 1. Se entiende por actuación automatizada la actuación procesal producida por un sistema de información adecuadamente programado sin necesidad de intervención humana en cada caso singular.

2. Los sistemas informáticos utilizados en la Administración de Justicia posibilitarán la automatización de las actuaciones de trámite o resolutorias simples, que no requieren interpretación jurídica. Entre otras:

a) El numerado o paginado de los expedientes.

b) La remisión de asuntos al archivo cuando se den las condiciones procesales para ello.

c) La generación de copias y certificados.

d) La generación de libros.

e) La comprobación de representaciones.

f) La declaración de firmeza, de acuerdo con la ley procesal.

3. Se entiende por actuaciones proactivas las actuaciones automatizadas, auto-iniciadas por los sistemas de información sin intervención humana, que aprovechan la información incorporada en un expediente o procedimiento de una Administración Pública con un fin determinado, para generar avisos o efectos directos a otros fines distintos, en el mismo o en otros expedientes, de la misma o de otra Administración Pública, en todo caso conformes con la ley.

En el marco del Comité técnico estatal de la Administración judicial electrónica se favorecerá la colaboración con otras administraciones públicas en la identificación de actuaciones que, en su caso, puedan ser proactivos, así como en la definición de los parámetros y requisitos de compatibilidad necesarios para ello.

4. Con relación a las actuaciones previstas en este artículo, los sistemas de la Administración de Justicia asegurarán:

a) Que todas las actuaciones automatizadas y proactivas se puedan identificar como tales, trazar y justificar.

b) Que sea posible efectuar las mismas actuaciones en forma no automatizada.

c) Que sea posible deshabilitar, revertir o dejar sin efecto las actuaciones automatizadas ya producidas.

Artículo 57. Actuaciones asistidas. 1. Se considera actuación asistida aquella para la que el sistema de información de la Administración de Justicia genera un borrador total o parcial de documento complejo basado en datos, que puede ser producido por algoritmos, y puede constituir fundamento o apoyo de una resolución judicial o procesal.

2. En ningún caso el borrador documental así generado constituirá por sí una resolución judicial o procesal, sin validación de la autoridad competente. Los sistemas de la Administración de Justicia asegurarán que el borrador documental sólo se genere a voluntad del usuario y pueda ser libre y enteramente modificado por éste.

3. La constitución de resolución judicial o procesal requerirá siempre la validación del texto definitivo, por el juez o jueza, magistrado o magistrada, fiscal o letrado o letrada de la Administración de Justicia, en el ámbito de sus respectivas competencias y bajo su responsabilidad, así como la identificación, autenticación o firma electrónica que en cada caso prevea la ley, además de los requisitos que las leyes procesales establezcan.

Artículo 58. Requisitos comunes de las actuaciones automatizadas, proactivas y asistidas. 1. En caso de actuación automatizada, asistida o proactiva podrá realizarse por el Comité técnico estatal de la Administración judicial electrónica la definición de las especificaciones, programación, mantenimiento, supervisión y control de calidad y, en su caso, la auditoría del sistema de información y de su código fuente.

2. Los criterios de decisión serán públicos y objetivos, dejando constancia de las decisiones tomadas en cada momento.

3. Los sistemas incluirán los indicadores de gestión que se establezcan por la Comisión Nacional de Estadística Judicial y el Comité técnico estatal de la Administración judicial electrónica, cada uno en el ámbito de sus competencias.

TÍTULO IV. DE LOS ACTOS Y SERVICIOS NO PRESENCIALES

CAPÍTULO I. ACTUACIONES JUDICIALES Y ACTOS Y SERVICIOS NO PRESENCIALES

Artículo 59. Atención y servicios no presenciales. 1. La atención a los ciudadanos y ciudadanas se realizará, mediante presencia telemática, por videoconferencia u otro sistema similar, siempre que el ciudadano o ciudadana así lo interese y sea posible en función de la naturaleza del acto o información requerida y con cumplimiento de la normativa aplicable en materia de protección de datos de carácter personal.

2. La atención a los y las profesionales podrá también realizarse por presencia telemática o videoconferencia, siempre de conformidad con estos.

3. La atención al público y a los y las profesionales por videoconferencia o sistema similar requerirá la participación del ciudadano, ciudadana o profesional desde un punto de acceso seguro.

4. El personal al servicio de la Administración de Justicia deberá gestionar las citas para la atención telemática a través de un sistema que otorgue seguridad jurídica al proceso de atención y garantice la encriptación e integridad de las comunicaciones.

5. Las administraciones con competencias en Justicia garantizarán la interoperabilidad y compatibilidad de los distintos sistemas que posibiliten la presencia telemática y la videoconferencia que se utilicen en cada uno de los ámbitos territoriales de prestación del servicio público de Justicia.

Artículo 60. Regla general de identificación y firma. 1. Sin perjuicio de la identificación electrónica regulada en los artículos siguientes y de la aplicación de las normas contenidas en leyes procesales, las personas intervinientes en una videoconferencia deberán identificarse al inicio del acto.

El juez o jueza, magistrado o magistrada, representante del Ministerio fiscal o letrado o letrada de la Administración de Justicia que dirija el acto o actuación adoptará las disposiciones oportunas a tal fin.

Cuando la actuación no sea dirigida por los anteriores, el funcionario público que provea el servicio asegurará que los intervinientes se identifiquen al inicio.

2. Asimismo, el acceso de ciudadanos, ciudadanas y los y las profesionales a aquellas actuaciones judiciales y procesales celebradas por videoconferencia en las que sean parte o tengan un interés legítimo y directo, se realizará preferentemente mediante identificación electrónica, que será previa o simultánea al momento de cada actuación y específica para la misma.

3. Lo dispuesto en los anteriores apartados podrá exceptuarse en el caso de testigos o peritos protegidos, agentes de policía, agentes de policía encubiertos, y, en definitiva, en el de toda aquella persona cuya identidad haya de ser preservada en el proceso de acuerdo con la ley.

4. La oficina judicial o fiscal comprobará la identidad de las personas intervinientes en las actuaciones realizadas por procedimientos electrónicos a través de los datos básicos de identificación que hayan sido aportados previamente por ellas, conforme a lo establecido en el presente artículo.

5. En la intervención por videoconferencia no podrán emplearse sistemas o aplicaciones que alteren o distorsionen la imagen y el sonido transmitido, salvo excepciones relativas a la salvaguarda de la identidad en los casos previstos en el apartado 3 de este artículo.

6. Los intervinientes en una videoconferencia deberán observar las mismas normas de decoro, vestimenta y respeto exigidas en las actuaciones realizadas presencialmente en las salas de vistas y en las sedes de los tribunales, oficinas judiciales y oficinas fiscales.

7. Cuando una actuación realizada por videoconferencia exija la firma de la persona interviniente por este mismo medio, requerirá, de manera general:

a) La verificación previa de la información a firmar por parte de la persona interviniente.

b) La autenticación de la persona interviniente de conformidad con lo establecido en este real decreto-ley.

El uso de las firmas en cada una de las actuaciones realizadas por videoconferencia se determinará en el marco del Comité técnico estatal de la Administración judicial electrónica.

Artículo 61. Efectos de las actuaciones por videoconferencia. 1. El incumplimiento de lo establecido en los artículos anteriores no priva por sí solo de efectos procesales y jurídicos a la actuación llevada a cabo por videoconferencia, ni supone la ineficacia o nulidad de la misma.

2. Si, una vez celebrada la actuación correspondiente, se impugnare la identificación o la firma realizada en la videoconferencia, se procederá por la Administración competente a comprobar que la misma cumple todos los requisitos y condiciones establecidos en el artículo anterior.

3. Si dichas comprobaciones ofrecen un resultado positivo, se presumirá la autenticidad de la identificación, siendo las costas, gastos y derechos que origine la comprobación exclusivamente a cargo de quien hubiese formulado la impugnación.

4. Si las comprobaciones ofrecen resultado negativo o si, a pesar de su resultado positivo, el impugnante sostuviere la impugnación, el juez o Tribunal competente en el asunto resolverá motivadamente lo que corresponda, previa audiencia de las partes.

Artículo 62. Puntos de acceso seguros y lugares seguros. 1. A los efectos de las normas sobre atención al público y a los y las profesionales mediante presencia telemática contenidas en este real decreto-ley, y de las normas procesales sobre intervención en actos procesales mediante presencia telemática, tendrán la consideración de punto de acceso seguro y de lugar seguro, respectivamente, aquellos que se ajusten a lo previsto en este artículo.

2. Son puntos de acceso seguros los dispositivos y sistemas de información que cumplan los requisitos que se determinen por la normativa del Comité técnico estatal de la Administración judicial electrónica, que en todo caso deberán reunir, al menos, los siguientes:

a) Permitir la transmisión segura de las comunicaciones y la protección de la información.

b) Permitir y garantizar la identificación de los intervinientes.

c) Cumplir los requisitos de integridad, interoperabilidad, confidencialidad y disponibilidad de lo actuado.

3. Son lugares seguros aquellos que cumplan los requisitos que se determinen por la normativa del Comité técnico estatal de la Administración judicial electrónica, que en todo caso deberán reunir, al menos, los siguientes:

a) Disponer de dispositivos y sistemas que tengan la condición de punto de acceso seguro, conforme al apartado anterior.

b) Garantizar la comprobación de la identidad de los intervinientes y la autonomía de su intervención.

c) Asegurar todas las garantías del derecho de defensa, inclusive la facultad de entrevistarse reservadamente con el Abogado o Abogada.

d) Disponer de medios que permitan la digitalización de documentos para su visualización por videoconferencia.

4. Además, se entenderán por lugares seguros en todo caso:

a) La oficina judicial correspondiente al tribunal competente, o cualquier otra oficina judicial o fiscal, y las oficinas de justicia en el municipio.

b) Los Registros Civiles, para actuaciones relacionadas con su ámbito.

c) El Instituto Nacional de Toxicología y Ciencias Forenses y los Institutos de Medicina Legal, para la intervención de los Médicos Forenses, Facultativos, Técnicos y Ayudantes de Laboratorio.

d) Las sedes de las Fuerzas y Cuerpos de Seguridad del Estado, para la intervención de sus miembros.

e) Las sedes oficiales de la Abogacía del Estado, del Servicio Jurídico de la Administración de la Seguridad Social y de los Servicios Jurídicos de las Comunidades Autónomas, para la intervención de los miembros de tales servicios.

f) Los Centros penitenciarios, órganos dependientes de Instituciones Penitenciarias, centros de internamiento de extranjeros y centros de internamiento de menores, para las personas internas y funcionarios públicos.

g) Cualesquiera otros lugares que se establezcan por Reglamento de aplicación en todo el territorio del Estado, previo informe favorable del Comité técnico estatal de la Administración judicial electrónica.

Artículo 63. Medios técnicos. El Ministerio de la Presidencia, Justicia y Relaciones con las Cortes y las Comunidades Autónomas con competencias en materia de Justicia dotarán a las oficinas judiciales y fiscales de los medios técnicos adecuados para que puedan garantizarse las actuaciones y servicios no presenciales.

Artículo 64. Actuaciones no jurisdiccionales. 1. Las actuaciones no jurisdiccionales en las que intervengan jueces o juezas, magistrados o magistradas, letrados o letradas de la Administración de Justicia y Ministerio fiscal podrán realizarse de forma presencial o mediante la utilización de videoconferencia, o por cualesquiera otros sistemas que permitan la reproducción del sonido y de la imagen.

2. Las Juntas de jueces y las Salas de Gobierno podrán realizar sus actuaciones de forma telemática, en los términos establecidos en el presente real decreto-ley y de acuerdo con lo que al efecto se disponga reglamentariamente por el Consejo General del Poder Judicial. De la misma forma telemática podrán celebrarse las Juntas de fiscales y de letrados y letradas de la Administración de Justicia.

Artículo 65. Utilización de las salas de vistas virtuales. 1. Se considerarán salas de vistas virtuales aquellas generadas en el medio digital, que dispongan de los mismos medios de grabación, seguridad e integración con el expediente judicial electrónico que las salas de vistas presenciales o físicas, pero que no necesiten de espacios físicos especiales, y permitan su uso de manera independiente al de las salas presenciales.

2. Las administraciones públicas con competencias en materia de Justicia proveerán a jueces y juezas, magistrados y magistradas, fiscales, letrados y letradas de la Administración de Justicia y personal al servicio de la Administración de Justicia de salas virtuales para la realización de aquellas actuaciones que deban llevar a cabo en el ejercicio de sus funciones. Mediante norma reglamentaria se establecerá la forma y requisitos de su uso.

3. La utilización indebida de las salas virtuales podrá ser sancionada, en su caso, en los términos que determine la normativa disciplinaria aplicable.

CAPÍTULO II. LA EMISIÓN DE LAS ACTUACIONES CELEBRADAS POR MEDIOS ELECTRÓNICOS

Artículo 66. La emisión de los actos de juicio y vistas electrónicos. 1. Los actos de juicio, vistas y otras actuaciones que de acuerdo con las leyes procesales se hayan de practicar en audiencia pública, cuando se celebren con participación telemática de todos los intervinientes, se retransmitirán públicamente conforme a los aspectos o especificidades técnicas que se establezcan por el Comité técnico estatal de la Administración judicial electrónica.

Los sistemas de información y comunicación podrán establecer diferentes niveles de seguridad y acceso del público a la retransmisión.

En los casos del artículo 138.2 de la Ley 1/2000, de 7 de enero, de Enjuiciamiento Civil; 681.1 de la Ley de Enjuiciamiento Criminal, o en cualquier otro en el que la ley procesal permita la restricción de la publicidad, el juez o tribunal podrá acordar la no retransmisión en la forma prevista por la ley procesal.

2. En los actos de juicio, vistas y audiencias celebradas con presencia física en la sala de vistas de alguno o algunos de los intervinientes, y en aquellos en los que la publicidad quede garantizada mediante el acceso abierto a la sala de vistas, el juez o tribunal podrá acordar mediante auto la no retransmisión en los casos del apartado 1, párrafo tercero y además cuando lo considerase estrictamente necesario en atención a las circunstancias concurrentes.

3. Asimismo, en el ámbito penal, de acuerdo con el artículo 682 de la Ley de Enjuiciamiento Criminal, el juez o tribunal, previa audiencia de las partes, podrá restringir la presencia de los medios de comunicación audiovisuales en las sesiones del juicio y establecer limitaciones a las grabaciones y toma de imágenes, a la publicidad de informaciones sobre la identidad de las víctimas, de los testigos o peritos o de cualquier otra persona que intervenga en el juicio.

4. En las sedes judiciales electrónicas se publicará el listado de los actos de juicio, vistas y audiencias a celebrar por cada órgano judicial, y la forma de acceso a los mismos a efectos de publicidad.

5. En el caso de las actuaciones orales que se celebren ante el letrado o letrada de la Administración de Justicia se aplicará lo previsto en los apartados anteriores.

Los letrados o letradas de la Administración de Justicia podrán acordar mediante decreto la no retransmisión en los casos previstos en este artículo en materias de su exclusiva competencia.

CAPÍTULO III. PROTECCIÓN DE DATOS DE LAS ACTUACIONES RECOGIDAS EN SOPORTE AUDIOVISUAL

Artículo 67. Control sobre la difusión de actuaciones telemáticas. 1. Las actuaciones judiciales que se realicen de forma telemática deberán respetar la normativa vigente en materia de protección de datos.

2. En las actuaciones judiciales telemáticas y en los servicios no presenciales descritos en el presente título, las partes, intervinientes o cualesquiera personas que tengan acceso a dicha actuación, no podrán grabar, tomar imágenes o utilizar cualesquiera medios que permitan una posterior reproducción del sonido y/o de la imagen de lo acontecido.

3. Las grabaciones a las que cualquier persona haya tenido acceso con motivo de un procedimiento judicial no podrán ser utilizadas, sin autorización judicial, para fines distintos de los jurisdiccionales.

4. En caso de incumplimiento de las obligaciones establecidas en el presente artículo, el juez o tribunal podrá imponer motivadamente una multa de 180 a 60.000 euros, que estará sujeta al régimen de recursos previsto en el título V del libro VII de la Ley Orgánica 6/1985, de 1 de julio, sin perjuicio de las sanciones que correspondan si la actuación constituyera una infracción a la normativa sobre protección de datos de carácter personal, y de las responsabilidades administrativas, civiles o penales a que haya lugar. Para la imposición de las sanciones se tendrá en cuenta la intencionalidad, el perjuicio real causado a la Administración o a los ciudadanos y la reiteración o reincidencia de la conducta.

CAPÍTULO IV. SEGURIDAD DE LOS ENTORNOS REMOTOS DE TRABAJO

Artículo 68. Entornos remotos de trabajo. 1. Se entiende por entornos remotos de trabajo los espacios de trabajo que, cumpliendo los requisitos de seguridad, interoperabilidad y capacidad en la gestión, permitan la prestación del servicio público de Justicia mediante la utilización de las nuevas tecnologías, con independencia de si la prestación del servicio se realiza de forma presencial.

2. Los entornos remotos de trabajo deberán disponer de las medidas de seguridad adecuadas que garanticen la integridad, autenticidad, confidencialidad, calidad, protección y conservación de la información gestionada en los mismos, de acuerdo con la normativa que sea de

aplicación y siempre que cumplan las condiciones de uso y seguridad que se considere por la administración competente. En concreto, asegurarán la identificación de los usuarios y el control de accesos.

3. El Esquema Nacional de Seguridad y el Esquema Judicial de Interoperabilidad y Seguridad fijarán los requisitos mínimos que todas las administraciones públicas con competencias en materia de Justicia han de garantizar en relación con los entornos remotos de trabajo.

4. Lo dispuesto en este artículo se entiende sin perjuicio de lo establecido en el artículo 62 del presente real decreto-ley en relación a las actuaciones telemáticas en entornos seguros.

TÍTULO V. LOS REGISTROS DE LA ADMINISTRACIÓN DE JUSTICIA Y LOS ARCHIVOS ELECTRÓNICOS

CAPÍTULO I. DEL REGISTRO DE DATOS PARA EL CONTACTO ELECTRÓNICO CON LA ADMINISTRACIÓN DE JUSTICIA

Artículo 69. Registro de Datos para el contacto electrónico con la Administración de Justicia. 1. El Registro de Datos de contacto electrónico con la Administración de Justicia incluirá los datos de contacto que los ciudadanos, ciudadanas y profesionales que intervienen ante la Administración de Justicia faciliten a un órgano u oficina judicial, fiscalía u oficina fiscal durante la tramitación de cualquier procedimiento en el que sean partes o interesados, y serán accesibles para todos los órganos y oficinas judiciales, fiscalías y oficinas fiscales con fines jurisdiccionales, de acuerdo con lo dispuesto en la normativa sobre protección de datos de carácter personal que resulte aplicable.

2. Los y las profesionales que intervienen ante la Administración de Justicia están obligados a proporcionar sus datos de carácter personal para que se incluyan en el Registro previsto en el presente artículo.

3[1]. El Registro de Datos de contacto electrónico con la Administración de Justicia dispondrá un sistema específico para la constancia registral de las circunstancias determinantes de la incapacidad para el ejercicio de la Abogacía, la Procura, o la profesión de Graduado Social, así como del plazo durante el que sean de aplicación.

Los Colegios de la Abogacía, Procura y Graduados Sociales están obligados comunicar estas circunstancias a la Administración de Justicia por medios electrónicos, en los términos que se determinen por normativa técnica.

El sistema será además interoperable con los Registros administrativos de apoyo a la Administración de Justicia.

4. Las personas no obligadas a relacionarse con la Administración de Justicia por medios electrónicos podrán proporcionar sus datos de carácter personal para que se incluyan en el Registro previsto en el presente artículo, pudiendo solicitar la eliminación de los mismos en cualquier momento.

5. El Registro de Datos de contacto electrónico con la Administración de Justicia será interoperable con el sistema de contactos de la Administración General del Estado en los términos que reglamentariamente se establezca.

CAPÍTULO II. DEL REGISTRO DE ESCRITOS

Artículo 70. Registro judicial electrónico. 1. Las oficinas judiciales con funciones de registro y reparto dispondrán de los medios electrónicos adecuados para la recepción y registro de escritos y documentos, traslado de copias, realización de actos de comunicación y expedición de resguardos electrónicos a través de medios de transmisión seguros, entre los que se incluirán los sistemas de firma y sellado de tiempo basados en certificados electrónicos cualificados.

---

[1]   Apartado redactado conforme a la Ley orgánica 1/2025, de 2 de enero.

2. En estos registros judiciales electrónicos únicamente se admitirán escritos y documentos dirigidos a los órganos judiciales, oficinas judiciales y oficinas fiscales adscritos al registro judicial electrónico de que se trate.

3. La recepción de solicitudes, escritos y comunicaciones podrá interrumpirse por el tiempo imprescindible sólo cuando concurran razones justificadas de mantenimiento técnico u operativo. La interrupción deberá anunciarse a los potenciales usuarios y usuarias del registro electrónico con la antelación que, en cada caso, resulte posible. En supuestos de interrupción no planificada en el funcionamiento del registro electrónico, y siempre que sea posible, se dispondrán las medidas para que el usuario o usuaria resulte informado de esta circunstancia, así como de los efectos de la suspensión, con indicación expresa, en su caso, de la prórroga de los plazos de inminente vencimiento. Alternativamente, podrá establecerse un redireccionamiento que permita utilizar un registro electrónico en sustitución de aquél en el que se haya producido la interrupción.

Artículo 71. Funcionamiento. 1. Los registros electrónicos emitirán automáticamente un recibo consistente en una copia autenticada del escrito, documento o comunicación de que se trate, incluyendo la fecha y hora de presentación y el número de entrada de registro.

2. Los documentos que se acompañen al correspondiente escrito o comunicación deberán cumplir los estándares de formato y requisitos de seguridad que se determinen en el marco institucional de cooperación en materia de administración electrónica. Los registros electrónicos generarán recibos acreditativos de la entrega de estos documentos que garanticen la integridad y el no repudio de los documentos aportados, así como la fecha y hora de presentación y el número de registro de entrada en la correspondiente sede judicial electrónica.

Artículo 72. Cómputo de plazos. 1[2]. Los registros electrónicos se regirán, a efectos de cómputo de los plazos imputables tanto a los presentadores como a las oficinas judiciales, por la fecha y hora oficial de la sede judicial electrónica de acceso, que deberá contar con las medidas de seguridad necesarias para garantizar su integridad y figurar visibles. El inicio del cómputo de los plazos que hayan de cumplir los órganos judiciales, oficinas judiciales y oficinas fiscales vendrá determinado por la fecha y hora de presentación en el propio registro.

2. Los registros electrónicos permitirán la presentación de escritos, documentos y comunicaciones todos los días del año durante las veinticuatro horas.

3. A los efectos que prevean las leyes procesales en cuanto al cómputo de plazos fijados en días hábiles o naturales, y en lo que se refiere a cumplimiento de plazos por los interesados, la presentación por medios electrónicos, en un día inhábil a efectos procesales conforme a la ley, se entenderá realizada en la primera hora hábil del primer día hábil siguiente, salvo que una norma permita expresamente la recepción en día inhábil.

4. Cada sede judicial electrónica en la que esté disponible un registro electrónico indicará, atendiendo al ámbito territorial en el que ejerce sus competencias el titular de aquélla, los días que se considerarán inhábiles a los efectos de los apartados anteriores.

CAPÍTULO III. DEL REGISTRO ELECTRÓNICO COMÚN DE LA ADMINISTRACIÓN DE JUSTICIA

Artículo 73. Registro Electrónico Común de la Administración de Justicia. 1. El Registro Electrónico Común de la Administración de Justicia posibilitará la presentación de escritos y comunicaciones dirigidas a la Administración de Justicia y a los órganos y oficinas

---

[2]   Apartado redactado conforme a la Ley orgánica 1/2025, de 2 de enero.

judiciales, fiscalías y oficinas fiscales, de manera complementaria e interoperable con los registros existentes en las administraciones con competencia de Justicia.

2. El Registro Electrónico Común de la Administración de Justicia será accesible a través del Punto de Acceso General de la Administración de Justicia e interoperable con el Registro Electrónico Común de la Administración General del Estado.

3. Será gestionado por el Ministerio de la Presidencia, Justicia y Relaciones con las Cortes. El Comité técnico estatal de la Administración judicial electrónica establecerá las condiciones de funcionamiento, así como los requisitos técnicos y previsiones para la adhesión al mismo de los sistemas existentes en las Comunidades Autónomas con competencia en la materia, teniendo el registro electrónico común un carácter complementario a éstos. Los escritos y comunicaciones que reúnan los requisitos que se determinen en la normativa técnica o de desarrollo, presentados al Registro Electrónico Común de la Administración de Justicia, generarán la entrada automática, proporcionando un acuse de recibo electrónico con acreditación de la fecha y hora de presentación.

4. Las administraciones públicas con competencias en medios materiales y personales de la Administración de Justicia facilitarán la interoperabilidad de los sistemas de justicia con el Registro Electrónico Común de la Administración de Justicia.

5. El Registro Electrónico Común de la Administración de Justicia informará al ciudadano, ciudadana o el o la profesional y le redirigirá, cuando proceda, a los registros competentes para la recepción de aquellos documentos que dispongan de aplicaciones o registros específicos para su tratamiento, bien por razón de la materia, bien porque aún no se ha procedido la adhesión de ámbitos competenciales o jurisdiccionales al mismo.

CAPÍTULO IV. DEL REGISTRO ELECTRÓNICO
DE APODERAMIENTOS JUDICIALES

Artículo 74. El Registro Electrónico de Apoderamientos Judiciales. 1. En el Ministerio de la Presidencia, Justicia y Relaciones con las Cortes existirá un Registro Electrónico de Apoderamientos Judiciales en el que deberán inscribirse los apoderamientos otorgados presencial o electrónicamente por quien ostente la condición de interesado o interesada en un procedimiento judicial a favor de su representante, para actuar en su nombre ante la Administración de Justicia. También deberán constar las demás circunstancias y representaciones previstas en este real decreto-ley.

2. El Registro Electrónico de Apoderamientos Judiciales permitirá comprobar válidamente la representación que ostentan quienes actúen ante la Administración de Justicia en nombre de un tercero.

3. Los asientos que se realicen en el Registro Electrónico de Apoderamientos Judiciales deberán contener, al menos, la siguiente información:

a) Nombre y apellidos o razón social, número de documento nacional de identidad, pasaporte, número de identificación de extranjería o documento de identidad de extranjero si se tratase de una persona extranjera, de identificación fiscal o de documento equivalente del poderdante, domicilio, teléfono y en su caso dirección de correo electrónico.

b) Nombre y apellidos o razón social, número de documento nacional de identidad, pasaporte, NIE, o documento de identidad si se tratase de una persona extranjera, de identificación fiscal o de documento equivalente del apoderado, domicilio, teléfono y en su caso dirección de correo electrónico. En el caso de ser un profesional interviniente ante la Administración de Justicia sometido a colegiación deberá consignarse el número de colegiado y el Colegio Profesional de pertenencia.

c) Fecha de inscripción.

d) Tipo de poder según las facultades que otorgue.

4. Los apoderamientos que se inscriban en el Registro Electrónico de Apoderamientos Judiciales deberán corresponder a alguna de las siguientes tipologías, según el ámbito de los mismos y las facultades conferidas al apoderado o apoderada:

a) Un poder genérico para que el apoderado o apoderada pueda actuar en nombre del poderdante en cualquier clase de procedimiento y actuación judicial.

b) Un poder para que el apoderado o apoderada pueda actuar en nombre del poderdante únicamente en determinadas clases de procedimientos.

c) Un poder específico para que el apoderado o apoderada pueda actuar en nombre del poderdante en un procedimiento concreto.

Las facultades del apoderado podrán ser de carácter general o especial según determine el poderdante, de conformidad con lo establecido en el artículo 25 de Ley 1/2000, de 7 de enero, de Enjuiciamiento Civil.

5. El poder en que la parte otorgue su representación por comparecencia electrónica, a través de una sede judicial electrónica, en el registro electrónico de apoderamientos judiciales, se efectuará haciendo uso de los sistemas de firma electrónica previstos en este real decreto-ley.

Cuando el poderdante no disponga de sistema de firma electrónica previsto en este real decreto-ley, podrá conferir el poder por comparecencia personal ante el letrado o letrada de la Administración de Justicia de cualquier oficina judicial, debiendo este, en todo caso, asegurar la inscripción en el Registro Electrónico de Apoderamientos Judiciales.

6. Las inscripciones de los apoderamientos en el Registro tendrán una validez determinada máxima de cinco años a contar desde la fecha de inscripción. En todo caso, en cualquier momento antes de la finalización de dicho plazo el poderdante podrá revocar o prorrogar la inscripción. Las prórrogas otorgadas por el poderdante al apoderamiento tendrán una validez determinada máxima de cinco años a contar desde la fecha de inscripción o, en su caso, de la última prórroga.

7. Las solicitudes de revocación, de prórroga o de denuncia del poder podrán dirigirse a cualquier Registro, debiendo quedar inscrita esta circunstancia en el Registro ante el que tenga efectos el poder y surtiendo efectos desde la fecha en la que se produzca dicha inscripción.

8. El tratamiento de los datos deberá ser conforme con la normativa aplicable de protección de datos de carácter personal, incorporándose las medidas técnicas y organizativas necesarias a tal fin.

Artículo 75. Reconocimiento de las representaciones en el Registro Electrónico de Apoderamientos de la Administración General del Estado. 1. Los apoderamientos inscritos en el Registro Electrónico de Apoderamientos de la Administración General del Estado previsto en el artículo 6 de la Ley 39/2015, de 1 de octubre, podrán surtir efecto ante los órganos judiciales, oficinas judiciales y oficinas fiscales, en los casos, con los requisitos y con los límites que se determinen por el Comité técnico estatal de la Administración judicial electrónica.

2. En todo caso, será requisito para ello la compatibilidad e interoperabilidad de los sistemas informáticos de los Registros Electrónicos de Apoderamientos Judiciales y de Apoderamientos de la Administración General del Estado, y que el personal al servicio de la Administración de Justicia pueda acceder y consultar el Registro Electrónico de Apoderamientos de la Administración General del Estado.

Artículo 76. Inscripción del apoderamiento por los representantes procesales. Los representantes procesales podrán inscribir directamente el apoderamiento a su favor conferido en aquellos procedimientos que determine el Comité técnico estatal de la Administración judicial electrónica, valorando su cuantía o trascendencia. En el caso de que no pudiere acreditarse el otorgamiento en forma del apoderamiento así inscrito, el que se hubiera atribuido representación incurrirá en la responsabilidad civil, penal y disciplinaria que derivase de su actuación.

Artículo 77. Acreditación de la representación procesal. La representación procesal se acreditará mediante consulta automatizada orientada al dato que confirme la inscripción de esta en el Registro Electrónico de Apoderamientos Judiciales, cuando el sistema así lo permita. En otro caso, se acreditará mediante la certificación de la inscripción en el Registro Electrónico de Apoderamientos Judiciales.

En todos los casos, quien asuma la representación procesal indicará el número asignado a la inscripción en dicho Registro.

CAPÍTULO V. REGISTRO DE PERSONAL AL SERVICIO DE LA ADMINISTRACIÓN DE JUSTICIA HABILITADO

Artículo 78. Registro de personal al servicio de la Administración de Justicia habilitado. Podrán ser habilitados los funcionarios y funcionarias al servicio de la Administración de Justicia para la realización por medios electrónicos de trámites, actuaciones o servicios determinados.

Tales habilitaciones se inscribirán en un Registro interoperable con los sistemas de la Administración de Justicia en los términos que se definan por normativa técnica del Comité técnico estatal de la Administración judicial electrónica.

CAPÍTULO VI. ARCHIVOS EN LA ADMINISTRACIÓN DE JUSTICIA

Artículo 79. Sistema de archivo de la Administración de Justicia. Las Administraciones públicas con competencias en materias de Administración de Justicia dispondrán de un sistema de archivo judicial electrónico que asegurará el acceso y la conservación a largo plazo de los expedientes y documentos judiciales electrónicos. Este sistema de archivo deberá ser interoperable con todos los sistemas de gestión procesal y demás sistemas de Justicia la prestación del servicio público de Justicia, asegurando unas características y una calidad equivalente en todo el territorio, en los términos que se definan reglamentariamente o mediante normativa técnica del Comité técnico estatal de la

Administración judicial electrónica, con respeto a los establecido por la normativa sobre protección de datos de carácter personal. Cada administración con competencias en materia de medios de Justicia deberá determinar si este sistema se provee a través de servicios comunes, a través de las respectivas Sedes electrónicas de cada territorio, o a través de ambos.

Artículo 80. Documentos en formato no electrónico. 1. Transcurrido el plazo que se determine reglamentariamente, los documentos en soporte no electrónico que se encuentren en los tribunales, oficinas judiciales y oficinas fiscales y de los que se haya obtenido una copia electrónica auténtica para su registro e incorporación al correspondiente expediente judicial electrónico, podrán ser devueltos a la parte o interesado que los aportó o, en su caso, destruidos, de conformidad con los requisitos que se establezcan en este real decreto-ley o en su desarrollo en vía reglamentaria o normativa técnica.

2. La devolución o, en su caso, la destrucción de los documentos referidos en el apartado anterior se realizará bajo responsabilidad del letrado o letrada de la Administración de Justicia, o por resolución judicial cuando la naturaleza probatoria u otros fines jurisdiccionales así lo aconsejen, previa audiencia de las partes o interesados en todo caso.

TÍTULO VI. DATOS ABIERTOS

Artículo 81. Del Portal de datos de la Administración de Justicia. 1. El Portal de datos de la Administración de Justicia facilitará a los ciudadanos, ciudadanas y profesionales información procesada y precisa sobre la actividad y carga de trabajo, así como cualesquiera otros datos relevantes, de todos los órganos judiciales, oficinas judiciales y oficinas fiscales, proveída por los sistemas de Justicia en los términos que defina el Comité técnico estatal de la Administración judicial electrónica, con objeto de reflejar la realidad de la Administración de Justicia con el mayor rigor y detalle posibles.

2. La Comisión Nacional de Estadística Judicial determinará la información de estadística judicial que, a los efectos previstos en el apartado anterior, haya de publicarse en el Portal.

3. Dentro de este Portal se incluirá un apartado donde la información tendrá la consideración de «dato abierto».

4. Será necesaria una anonimización previa de los datos garantizando, en todo caso, el nivel de agregación suficiente que impida la identificación de personas físicas.

Artículo 82. Sobre las condiciones y licencias de reutilización de datos. 1. Los datos, solicitudes y licencias de reutilización de los datos, que en cumplimiento de lo establecido en el artículo anterior fuesen publicados en el apartado de datos abiertos, estarán sujetos a lo dispuesto en el Real Decreto-ley 24/2021, de 2 de noviembre, de transposición de directivas de la Unión Europea en las materias de bonos garantizados, distribución transfronteriza de organismos de inversión colectiva, datos abiertos y reutilización de la información del sector público, ejercicio de derechos de autor y derechos afines aplicables a determinadas transmisiones en línea y a las retransmisiones de programas de radio y televisión, exenciones temporales a determinadas importaciones y suministros, de personas consumidoras y para la promoción de vehículos de transporte por carretera limpios y energéticamente eficientes.

2. Las administraciones con competencias en materia de Justicia promoverán la utilización, reutilización y compartición de los datos y la información suministrada en los portales con el propósito de favorecer el derecho a la información de los ciudadanos y ciudadanas y el deber de transparencia de los poderes públicos.

3. El tratamiento ulterior de la información no jurisdiccional de datos abiertos o de reutilización de la información a la que se haya accedido en el ámbito jurisdiccional, deberá cumplir la normativa de protección de datos vigente.

Artículo 83. Datos automáticamente procesables. Las Administraciones públicas con competencias en materias de Administración de Justicia velarán por que los datos publicados en el Portal de datos de la Administración de Justicia sean automáticamente procesables siempre que esto sea posible. A tal efecto, los sistemas informáticos de gestión procesal de la Administración de Justicia y sus aplicaciones asociadas habrán de permitir la extracción automatizada de los datos necesarios para la elaboración de la información pública de los portales. Será, en todo caso, responsabilidad de cada Administración con competencias en materia de Justicia el cumplimiento del deber de proporcionar los datos en condiciones idóneas para su empleo en la información de los portales web.

Artículo 84. Sobre la interoperabilidad de los datos abiertos. La parte de datos abiertos del Portal de datos de la Administración de Justicia deberá interoperar con el Portal de datos abiertos del Estado, así como con el de la Unión Europea. Las distintas administraciones pueden usar el Portal de datos de la Administración de Justicia directamente o interoperando los posibles portales propios que tengan al efecto.

TÍTULO VII. COOPERACIÓN ENTRE LAS ADMINISTRACIONES CON COMPETENCIAS EN MATERIA DE ADMINISTRACIÓN DE JUSTICIA. EL ESQUEMA JUDICIAL DE INTEROPERABILIDAD Y SEGURIDAD

CAPÍTULO I. MARCO INSTITUCIONAL DE COOPERACIÓN EN MATERIA DE ADMINISTRACIÓN ELECTRÓNICA

Artículo 85. El Comité técnico estatal de la Administración judicial electrónica. Definición y funciones. 1. El Comité técnico estatal de la Administración judicial electrónica es el órgano de cooperación en materia de Administración judicial electrónica. Estará compuesto por representantes del Consejo General del Poder Judicial, del Ministerio de la Presidencia, Justicia y Relaciones con las Cortes, de la Fiscalía General del Estado y de las Comunidades Autónomas con competencias en materias de Administración de Justicia. Está copresidido por un representante del Consejo General del Poder Judicial y otro del Ministerio de la Presidencia, Justicia y Relaciones con las Cortes y tendrá los siguientes fines:

a) El impulso de la cogobernanza de la administración digital de la Justicia.

b) El impulso y coordinación del desarrollo de la transformación digital de la Administración de Justicia.

2. A los fines anteriores, el Comité tendrá las siguientes funciones:

a) Definir y validar la funcionalidad y seguridad de los programas y aplicaciones que se pretendan utilizar el ámbito de la Administración de Justicia, con carácter previo a su implantación.

b) Impulsar y coordinar la elaboración y ejecución de las iniciativas de actuación y planes conjuntos, acuerdos y convenios, en aras a lograr la transformación digital de la Administración de Justicia.

c) Promover la puesta en marcha de servicios interadministrativos integrados y la compartición de infraestructuras técnicas y de los servicios comunes, que permitan la racionalización de los recursos de tecnologías de la información y la comunicación a todos los niveles.

d) Fijar y mantener actualizado el Esquema Judicial de Interoperabilidad y Seguridad, de modo que permita, a través de las plataformas tecnológicas necesarias, la interoperabilidad total de todas las aplicaciones informáticas al servicio de la Administración de Justicia.

e) En materia de ciberseguridad judicial, velar por la seguridad de los sistemas, estableciendo el marco organizativo a través del Subcomité de seguridad, la política de seguridad y promoviendo su desarrollo normativo, así como la definición y establecimiento de criterios de valoración de referencia que permitan a las Administraciones prestacionales determinar el nivel de seguridad de cada dimensión de los sistemas de información de juzgados, tribunales y fiscalías y los niveles de riesgos propuestos por las administraciones instrumentales, en los términos que se establezcan en la normativa relativa a protección de datos y de seguridad aplicable.

f) Informar los anteproyectos de ley, los proyectos de disposiciones reglamentarias y otras normas, que le sean sometidas por los órganos proponentes y cuyo objeto sea la regulación en materia de tecnologías de la información y la comunicación de aplicación en la Administración de Justicia.

g) Aquellas otras que legal o reglamentariamente se determinen.

Artículo 86. Relaciones con otros órganos. 1. El Comité técnico estatal de la Administración judicial electrónica y la Conferencia Sectorial de Justicia se coordinarán en el ejercicio de sus funciones, en aras de la eficiencia de los servicios públicos. A tal fin se arbitrarán los mecanismos de colaboración que correspondan.

2. Dentro del modelo de gobernanza, con el objetivo de aunar esfuerzos y coordinar la ejecución del proceso de transformación digital, se fijará un marco de colaboración constante entre la Administración General del Estado y sus organismos y entidades de Derecho Público vinculadas o dependientes, y el Comité técnico estatal de la Administración judicial electrónica.

Dicha colaboración se articulará a través del Comité de Dirección para la Digitalización de la Administración u órgano equivalente.

3. Asimismo, con objeto de cumplir con el mandato contenido en el artículo 461 de la Ley Orgánica 6/1985, de 1 de julio, se arbitrarán los mecanismos de coordinación necesarios entre la Comisión Nacional de Estadística Judicial y el Comité técnico estatal de la Administración judicial electrónica.

Artículo 87. Consejo Consultivo para la Transformación Digital de la Administración de Justicia. 1. Las administraciones públicas con competencias en Justicia favorecerán que la iniciativa, diseño, desarrollo y producción de sistemas se lleven a cabo en colaboración con el sector privado y los colectivos principalmente afectados.

2. A tal fin, se constituirá un Consejo Consultivo del que formen parte:

a) Organizaciones sindicales.

b) Asociaciones profesionales de jueces y juezas, fiscales y letrados y letradas de la Administración de Justicia.

c) Consejos Generales de la Abogacía, la Procura y los Graduados y Graduadas Sociales.

d) Asociaciones y Organizaciones Empresariales, así como la asociación o asociaciones de empresas de electrónica, tecnologías de la información, telecomunicaciones y digitalización.

e) El Colegio Oficial de Registradores de la Propiedad y Mercantiles de España.

f) El Consejo General del Notariado.

g) La Federación Española de Municipios y Provincias.

h) Secretaría General de Administración Digital.

i) Las demás organizaciones que se determinen a los fines de este artículo.

En el caso de las Administraciones con competencias transferidas en materia de justicia se podrán crear Consejos territoriales, cuya composición se adecuará a los representantes institucionales, colegiales y asociativos de cada territorio.

CAPÍTULO II. ESQUEMA JUDICIAL DE INTEROPERABILIDAD Y SEGURIDAD

SECCIÓN 1.ª INTEROPERABILIDAD JUDICIAL

Artículo 88. Esquema Judicial de Interoperabilidad y Seguridad. 1. El Esquema Judicial de Interoperabilidad y Seguridad estará constituido por el conjunto de instrucciones técnicas de interoperabilidad y seguridad aprobadas por el Comité técnico estatal de la Administración judicial electrónica y que permitan el cumplimiento del Esquema Nacional de Interoperabilidad y del Esquema Nacional de Seguridad en el ámbito de la Administración Electrónica, recogiendo las particularidades de la Administración de Justicia que requieran una concreta regulación.

2. Los indicados esquemas nacionales y sus instrucciones técnicas de desarrollo serán de obligado cumplimiento, sin perjuicio de las adaptaciones indicadas en el apartado anterior.

3. Asimismo, forma parte del Esquema Judicial de Interoperabilidad y Seguridad el conjunto de instrucciones técnicas que dicte el Comité técnico estatal de la Administración judicial electrónica en el ejercicio de sus competencias de conformidad con la Ley Orgánica 6/1985, de 1 de julio, y el presente real decreto-ley.

4. Las instrucciones técnicas indicadas en los apartados anteriores se denominarán guías técnicas de interoperabilidad y seguridad.

5. El Esquema Judicial de Interoperabilidad y Seguridad, previo análisis de los riesgos incorporará las medidas técnicas y organizativas destinadas a garantizar y poder acreditar que el tratamiento de los datos de carácter personal es conforme con la normativa de protección de datos personales que serán revisadas y actualizadas cuando sea necesario.

Artículo 89. Interoperabilidad de los sistemas de información.
Los sistemas de información y comunicación que se utilicen en la Administración de Justicia deberán ser interoperables entre sí para facilitar su comunicación e integración, en los términos que determine el Comité técnico estatal de la Administración judicial electrónica.

A fin de asegurar la interoperabilidad a la que se refiere el apartado anterior, corresponderá al Comité técnico estatal de la Administración judicial electrónica identificar y definir los metadatos mínimos obligatorios que deben contener los documentos judiciales y los metadatos complementarios. Los sistemas de Justicia asegurarán en todo caso la incorporación, entrada y tratamiento, como mínimo, de los metadatos mínimos obligatorios, tanto en los intercambios entre sistemas de la Administración correspondiente, como en los intercambios con otras administraciones públicas con competencias en medios materiales y personales de la Administración de Justicia, y con otras administraciones públicas.

En el ámbito del presente real decreto-ley, será de obligado cumplimiento el Esquema Nacional de Interoperabilidad, así como la normativa europea de interoperabilidad aplicable. Para adecuar su cumplimiento, y en caso de requerir una regulación específica de acuerdo con las particularidades propias de la Administración de Justicia, el Comité técnico estatal de la Administración judicial electrónica desarrollará normas técnicas de interoperabilidad que serán de obligado cumplimiento, a través de guías técnicas de interoperabilidad y seguridad de dicho Comité.

Artículo 90. Consejos Generales y profesiones colegiadas. Las aplicaciones y servicios electrónicos que los Consejos Generales de la Abogacía, de la Procura y de Graduados y Graduadas Sociales pongan a disposición de los y las profesionales deberán interoperar con los sistemas de gestión procesal, si fuera necesario a través de los servicios comunes a todas las administraciones competentes previstos en este real decreto-ley.

Reglamentariamente, previo informe del Comité técnico estatal de la Administración judicial electrónica, oídos los Consejos Generales, se establecerán para todo el ámbito estatal las condiciones y funcionalidades obligatorias de la interoperabilidad.

Artículo 91. Notarías y Registros de la Propiedad, Bienes Muebles y Mercantiles y cualesquiera otros Registros Públicos con los que se relaciona la Administración de Justicia y el resto de administraciones públicas y sus organismos públicos y entidades de derecho público vinculadas y dependientes. Los registros electrónicos a disposición de los Registros de la Propiedad, Mercantiles y de Bienes Muebles, y cualesquiera otros Registros Públicos con los que se relaciona la Administración de Justicia, así como el protocolo electrónico de las Notarías, garantizarán la accesibilidad y consulta, para fines jurisdiccionales, desde los órganos judiciales, oficinas judiciales y oficinas fiscales, y la interoperabilidad con los sistemas de gestión procesal, si fuera necesario a través de los servicios comunes a todas las administraciones competentes previstos en este real decreto-ley, posibilitando la automatización de interacciones habituales entre el órgano judicial y el Registro o el órgano judicial y la Notaría, que no exijan el ejercicio de la función calificadora ni de la fe pública.

La interconexión se hará por un protocolo electrónico de accesibilidad y consulta, que será único para toda la Administración de Justicia, bajo acuerdo del Comité técnico estatal de la Administración judicial electrónica.

Del mismo modo, los registros electrónicos a los que se refiere este precepto, garantizarán la interoperabilidad con los sistemas utilizados por el resto de administraciones públicas, y sus organismos públicos y entidades de derecho público vinculadas y dependientes conforme a la normativa que sea de aplicación en cada caso.

Artículo 92. Cooperación jurídica internacional y comunicaciones electrónicas transfronterizas. 1. Las comunicaciones entre los órganos judiciales unipersonales y colegiados, así como Fiscalía y las oficinas judiciales y fiscales, y el Ministerio de la Presidencia, Justicia y Relaciones con las Cortes, relativas a actos de cooperación jurídica internacional se realizarán por medios electrónicos que aseguren el cumplimiento de los requisitos técnicos establecidos en el presente real decreto-ley y los requisitos procesales y de contenido establecidos en el marco normativo vigente. Se exceptúan los casos en los que el Estado de destino no admita las comunicaciones electrónicas.

2. A tal fin, las administraciones públicas con competencias en medios materiales y personales de la Administración de Justicia implantarán soluciones que permitan la comunicación electrónica de datos y documentos entre los juzgados y tribunales, así como las oficinas judiciales y oficinas fiscales, y el Ministerio de la Presidencia, Justicia y Relaciones con las Cortes, en los términos previstos en el apartado

anterior. Estas soluciones serán interoperables con los sistemas de gestión procesal y posibilitarán la entrada, incorporación y tratamiento de la información en forma de metadatos, conforme a esquemas comunes, y en modelos de datos.

3. Los sistemas informáticos de gestión procesal de la Administración de Justicia permitirán la extracción automatizada de los datos relativos al sistema judicial cuando por el derecho de la Unión Europea o tratado internacional en vigor el Estado esté obligado a comunicarlos a organismos internacionales. El Ministerio de la Presidencia, Justicia y Relaciones con las Cortes centralizará la información a los fines de su remisión al organismo correspondiente.

SECCIÓN 2.ª CIBERSEGURIDAD JUDICIAL

Artículo 93. Política de seguridad de la información de la Administración Judicial Electrónica. 1. Corresponde al Comité técnico estatal de la Administración judicial electrónica la elaboración y actualización de la política de seguridad de la información de la Administración de Justicia, en sus aspectos organizativos, técnicos, físicos y de cumplimiento de la normativa.

2[3]. Esta política de seguridad de la información será de aplicación a todos los sistemas de información y comunicaciones que prestan servicios a la Administración de Justicia, de manera única, y será aprobada por el Comité técnico estatal de la Administración judicial electrónica y publicada en el Punto de Acceso General de la Administración de Justicia y en las sedes judiciales electrónicas.

3. Sin perjuicio de la declaración de conformidad y la certificación con el Esquema Nacional de Seguridad, los sistemas de información de la Administración de Justicia deberán acreditar su conformidad con el Esquema Judicial de Interoperabilidad y Seguridad, de acuerdo con los

---

[3]   Apartado redactado conforme a la Ley orgánica 1/2025, de 2 de enero.

términos que se establezcan en el Comité técnico estatal de la Administración judicial electrónica.

4. Las entidades del sector privado que provean de soluciones o presten servicios a las administraciones, a sus organismos y a las instituciones sometidas al presente real decreto-ley, deberán estar a lo dispuesto en esta política de seguridad, así como al cumplimiento con los esquemas nacionales de interoperabilidad y seguridad, las guías de interoperabilidad y seguridad, y las instrucciones técnicas de seguridad del Comité técnico estatal de la Administración judicial electrónica que sean aplicables.

Artículo 94. Mejora continua del proceso de seguridad. 1. El proceso integral de seguridad implantado deberá ser actualizado y mejorado de forma continua. Para ello, se aplicarán los criterios y métodos reconocidos en la práctica y estándares nacionales e internacionales relativos a gestión de las tecnologías de la información.

2. El Esquema Judicial de Interoperabilidad y Seguridad se deberá mantener actualizado de manera permanente. Se desarrollará y perfeccionará a lo largo del tiempo en paralelo al progreso de los servicios de administración electrónica, de la evolución tecnológica y a medida que vayan consolidándose las infraestructuras que lo apoyan. Para ello, se desarrollarán las correspondientes guías y normas técnicas de aplicación.

3. Corresponde al Comité técnico estatal de la Administración judicial electrónica aprobar las bases para la actualización del Esquema Judicial de Interoperabilidad y Seguridad.

Artículo 95. Subcomité de Seguridad. 1. El Subcomité de Seguridad es el órgano especializado y permanente para la ciberseguridad judicial del Comité técnico estatal de la Administración judicial electrónica.

2. El Subcomité de Seguridad estará integrado por aquellas personas con responsabilidad en materia de seguridad de cada una de las

administraciones e instituciones integrantes del Comité técnico estatal de la Administración judicial electrónica, así como por las personas que designe el Consejo General del Poder Judicial y la Fiscalía General del Estado. Se arbitrarán los mecanismos de colaboración necesarios entre el Subcomité de Seguridad y el Centro Criptológico Nacional.

3. Por vía reglamentaria se establecerán las funciones del Subcomité de Seguridad, que tendrán por objeto principal el establecimiento de un marco común de cooperación que permita la adopción de decisiones comunes y coordinadas en materia de ciberseguridad judicial.

4. El Comité técnico estatal de la Administración judicial electrónica se apoyará en el Subcomité de Seguridad para la elaboración de las instrucciones técnicas y guías de interoperabilidad y seguridad necesarias, en cumplimiento del Esquema Nacional de Seguridad, así como de la normativa en materia de protección de datos de carácter personal.

Artículo 96. Centro de Operaciones de Ciberseguridad de la Administración de Justicia. El Centro de Operaciones de Ciberseguridad de la Administración de Justicia reforzará las capacidades de vigilancia, prevención, protección, detección, respuesta ante incidentes de ciberseguridad, asesoramiento y apoyo a la gestión de la ciberseguridad de un modo centralizado, que permita una mejor eficacia y eficiencia.

Para conseguirlo, el Centro de Operaciones de Ciberseguridad de la Administración de Justicia prestará un conjunto de servicios horizontales de ciberseguridad a las administraciones públicas prestatarias del servicio público de Justicia.

La gestión de estos servicios incluirá, fundamentalmente, la implantación de la infraestructura técnica y herramientas, los procedimientos, la operación y otras cuestiones asociadas. En el caso de las Administraciones con competencias en ciberseguridad y servicios horizontales para los sistemas de la Administración de Justicia, y dentro de la actividad del Comité Técnico Estatal de la Administración Judicial Electrónica, se crearán grupos de trabajo en los que se concretarán los datos a intercambiar y los medios de colaboración que se consideren necesarios.

El Centro de Operaciones de Ciberseguridad de la Administración de Justicia articulará la respuesta a los incidentes de seguridad, y actuará sin perjuicio de las capacidades de respuesta a incidentes de seguridad que pueda tener cada Administración con competencias en materia de Justicia e instituciones judiciales sometidas al presente real decreto-ley, y de la función de coordinación a nivel nacional e internacional del Equipo de Respuesta para Emergencias Informáticas del Centro Criptológico Nacional (CCN-CERT).

CAPÍTULO III. REUTILIZACIÓN DE APLICACIONES Y TRANSFERENCIA DE TECNOLOGÍAS. DIRECTORIO GENERAL DE INFORMACIÓN TECNOLÓGICA JUDICIAL

Artículo 97. Reutilización de sistemas, infraestructuras y aplicaciones de propiedad de las administraciones con competencias en materia de Justicia. 1. Las administraciones titulares de los derechos de propiedad intelectual de aplicaciones, desarrolladas por sus servicios o cuyo desarrollo haya sido objeto de contratación, las pondrán a disposición de cualquier institución judicial o cualquier Administración Pública sin contraprestación y sin necesidad de convenio.

2. Las aplicaciones a las que se refiere el apartado anterior podrán ser declaradas como de fuentes abiertas, cuando de ello se derive una mayor transparencia en el funcionamiento de la Administración de Justicia. Se publicarán, en tal caso, como licencia pública de la Unión Europea, sin perjuicio de otras licencias que aseguren que los programas, datos o información que se comparten:

a) Pueden ejecutarse para cualquier propósito.

b) Permiten conocer su código fuente.

c) Pueden modificarse o mejorarse.

d) Pueden redistribuirse a otros usuarios con o sin cambios, siempre que la obra derivada mantenga estas mismas cuatro garantías.

3. Las administraciones públicas con competencias en Justicia, con carácter previo a la adquisición, desarrollo o al mantenimiento a lo largo de todo el ciclo de vida de una aplicación, tanto si se realiza con medios propios o por la contratación de los servicios correspondientes, deberán consultar en el directorio general de aplicaciones del Ministerio de la Presidencia, Justicia y Relaciones con las Cortes, y en su caso, deberán consultar en el directorio general de aplicaciones, dependiente de la Administración General del Estado, si existen soluciones disponibles para su reutilización, que puedan satisfacer total o parcialmente las necesidades, mejoras o actualizaciones que se pretenden cubrir, y siempre que los requisitos tecnológicos de interoperabilidad y seguridad así lo permitan.

En el caso de existir una solución disponible para su reutilización total o parcial, las administraciones públicas con competencias en medios materiales y personales de la Administración de Justicia podrán reutilizarla previa formalización de convenio de acuerdo con lo establecido en el artículo 47 de la Ley 40/2015, de 1 de octubre, de Régimen Jurídico del Sector Público.

Artículo 98. Transferencia de tecnología entre administraciones. Directorio general de información tecnológica judicial. 1. El Ministerio de la Presidencia, Justicia y Relaciones con las Cortes mantendrá un directorio general de aplicaciones judiciales para su reutilización e impulsará el mantenimiento del mismo, en colaboración con el resto de administraciones públicas con competencias en materia de Justicia. Se promoverá el desarrollo de guías técnicas, formatos y estándares comunes de especial interés para el desarrollo de la Administración judicial electrónica en el marco institucional de cooperación en materia de administración electrónica.

2. Las distintas administraciones mantendrán directorios actualizados de aplicaciones para su libre reutilización, especialmente en aquellos campos de especial interés para el desarrollo de la administración electrónica y de conformidad con lo que al respecto se establezca en

el marco institucional de cooperación en materia de administración electrónica.

3. Las administraciones con competencias en materia de Justicia deberán tener en cuenta las soluciones disponibles para la libre reutilización que puedan satisfacer total o parcialmente las necesidades de los nuevos sistemas y servicios o la mejora y actualización de los ya implantados. En concreto, podrán adherirse voluntariamente y a través de medios electrónicos a las plataformas, aplicaciones y registros establecidos.

CAPÍTULO IV. PROTECCIÓN DE DATOS DE CARÁCTER PERSONAL

Artículo 99. Protección de datos en el uso de los medios tecnológicos e informáticos. Los sistemas que se utilicen en la Administración de Justicia y que traten datos personales que vayan a ser incorporados a un proceso judicial o expediente fiscal para fines jurisdiccionales se ajustarán a la normativa prevista en los artículos 236 bis a 236 decies de la Ley Orgánica 6/1985, de 1 de julio; en el artículo 2, párrafos 4 y 5, de la Ley Orgánica 3/2018, de 5 de diciembre, y en el artículo 2.2 de la Ley Orgánica 7/2021, de 26 de mayo.

Artículo 100. Protección de datos en los documentos judiciales electrónicos. Las oficinas judiciales y fiscales dispondrán de los medios tecnológicos adecuados para la realización automatizada de la anonimización, seudonimización y disociación de los datos de carácter personal.

Con la finalidad de posibilitar lo dispuesto en el párrafo anterior, las resoluciones procesales y judiciales deberán adecuarse a un formato normalizado acordado en el seno del Comité técnico estatal de la Administración judicial electrónica.

(...)

Disposición adicional primera. Interoperabilidad entre las aplicaciones de la Administración de Justicia. En el plazo de cinco años desde la entrada en vigor del libro primero del presente real decreto-ley, las administraciones públicas con competencias en medios materiales y personales de la Administración de Justicia garantizarán la interoperabilidad entre los sistemas al servicio de la Administración de Justicia, de acuerdo con lo previsto en el presente real decreto-ley, en sus desarrollos reglamentarios y en las especificaciones establecidas por el Comité Técnico Estatal de Administración Judicial Electrónica en el marco institucional de cooperación en materia de administración electrónica.

Disposición adicional segunda. Accesibilidad a los servicios electrónicos en el ámbito de la Administración de Justicia. Las administraciones con competencias en materia de Justicia garantizarán que todos los ciudadanos y ciudadanas, con especial atención a las personas mayores o personas con algún tipo de discapacidad, que se relacionan con la Administración de Justicia, puedan acceder a los servicios electrónicos en igualdad de condiciones con independencia de sus circunstancias personales, medios o conocimientos.

A tal fin, se ajustarán en lo que sea de aplicación al Real Decreto 1112/2018, de 7 de septiembre, sobre accesibilidad de los sitios web y aplicaciones para dispositivos móviles del sector público y demás regulación estatal y autonómica en materia de igualdad y no discriminación.

Disposición adicional tercera. Dotación de medios e instrumentos electrónicos a la Administración de Justicia. Las administraciones públicas competentes en materia de Justicia dotarán a todos los órganos judiciales, oficinas judiciales y oficinas fiscales de los medios e instrumentos electrónicos necesarios y suficientes para poder desarrollar su función eficientemente. Asimismo, formarán a sus integrantes en el uso y utilización de dichos medios e instrumentos.

Disposición adicional cuarta. Aplicación en el ámbito de la jurisdicción militar del libro primero del real decreto-ley. Las disposiciones contenidas en el libro primero del presente real decreto-ley serán de aplicación en el ámbito de la jurisdicción militar sin perjuicio de las especialidades propias de sus normas reguladoras.

Disposición adicional quinta. Declaración de requerimientos tecnológicos de las reformas en las leyes procesales. Todo anteproyecto de ley de reformas de leyes procesales deberá ir acompañado, cuando proceda, de una declaración de requerimientos tecnológicos para su correcta implantación y aplicación.

Disposición adicional sexta. Instrumentos de desarrollo normativo aprobados por el Comité técnico estatal de la Administración judicial electrónica[4]. Las guías de interoperabilidad y seguridad de las tecnologías de la información y las comunicaciones que sean aprobadas en el seno del Comité técnico estatal de la Administración judicial electrónica serán obligatorias para cada una de las instituciones y administraciones con competencias en materia de Justicia a través de sus instrumentos normativos, de conformidad con sus competencias.

Disposición adicional séptima. Sistemas de identificación y firma no criptográficos admitidos con anterioridad en el ámbito de la Administración de Justicia. 1. Seguirán siendo válidos aquellos sistemas de identificación y sistemas de firma no criptográficos que hayan sido admitidos por el Ministerio de la Presidencia, Justicia y Relaciones con las Cortes y por las Comunidades Autónomas con competencias transferidas, y establecidos de acuerdo con la legislación básica estatal, la Ley 39/2015, de 1 de octubre, o conforme a la misma. Asimismo, seguirán siendo válidos aquellos sistemas establecidos de conformidad con el artículo 14.2 c) de la Ley 18/2011, de 5 de julio, reguladora del uso de las tecnologías de la información y la comunicación en la Admi-

---

[4]   Disposición redactada conforme a la Ley orgánica 1/2025, de 2 de enero.

nistración de Justicia, siempre que hayan sido regulados y publicados en los respectivos boletines o diarios oficiales.

2. Será de aplicación lo establecido en la disposición adicional sexta de la Ley 39/2015, de 1 de octubre.

Disposición adicional octava. Soluciones tecnológicas para garantizar la efectividad de los servicios y sistemas previstos en el libro primero del presente real decreto-ley. El Ministerio de la Presidencia, Justicia y Relaciones con las Cortes, las demás administraciones públicas con competencias transferidas de medios materiales y personales de la Administración de Justicia, el Consejo General del Poder Judicial, la fiscalía General del Estado, los Consejos de los Colegios profesionales, y cualesquiera otras administraciones o Instituciones adoptarán todas las medidas necesarias a fin de garantizar la puesta en marcha, para que sean efectivos los servicios y sistemas previstos en el libro primero del presente real decreto-ley.

Disposición adicional novena. Personal de los Cuerpos Generales y Especiales de la Administración de Justicia. En atención a la imprescindible implicación de los profesionales de los Cuerpos Generales y Especiales de la Administración de Justicia en el proceso de transformación comprometido en el Plan Estratégico «Justicia 2030» y en el Plan de Recuperación, Transformación y Resiliencia, y con el objetivo de lograr una mejora de la eficiencia organizativa, procesal y digital en aras de una administración más ágil, eficiente, adaptada a la ciudadanía, sostenible y transparente, y puesto que este proceso de transformación tiene una especial incidencia en la adaptación de las funciones que realizan estos profesionales, por el Ministerio de la Presidencia, Justicia y Relaciones con las Cortes se llevarán a cabo las actuaciones precisas para reconocer e identificar esta incidencia.

(...)

ANEXO. DEFINICIONES

A efectos del presente real decreto-ley, se entiende por:

Aplicación: programa o conjunto de programas cuyo objeto es la resolución de un problema mediante el uso de la informática.

Aplicación de fuentes abiertas: aquella que se distribuye con una licencia que permite la libertad de ejecutarla, de conocer el código fuente, de modificarla o mejorarla y de redistribuir copias a otros usuarios.

Autenticación: acreditación por medios electrónicos de la identidad de una persona o ente, del contenido de la voluntad expresada en sus operaciones, transacciones y documentos y de la integridad y autoría de estos últimos.

Autenticación del interviniente: acto realizado por el Tribunal, oficina judicial u oficina fiscal que tiene por objetivo reforzar la identificación de las actuaciones que se lleven a cabo por medios electrónicos.

Autenticidad: propiedad o característica consistente en que una entidad es quien dice ser o bien que garantiza la fuente de la que proceden los datos.

Canales: estructuras o medios de difusión de los contenidos y servicios; incluyendo el canal presencial, el telefónico y el electrónico, así como otros que existan en la actualidad o puedan existir en el futuro.

Certificado de firma electrónica: según el Reglamento (UE) n.º 910/2014 del Parlamento Europeo y del Consejo, de 23 de julio de 2014, relativo a la identificación electrónica y los servicios de confianza para las transacciones electrónicas en el mercado interior y por el que se deroga la Directiva 1999/93/CE, una declaración electrónica que vincula los datos de validación de una firma con una persona física y confirma, al menos, el nombre o el seudónimo de esa persona.

Certificado cualificado de firma electrónica: según el Reglamento (UE) n.º 910/2014 del Parlamento Europeo y del Consejo, de 23 de julio de 2014, un certificado de firma electrónica que ha sido expedido por un prestador cualificado de servicios de confianza y que cumple los requisitos establecidos en el anexo I de dicha norma. Ciberseguridad (seguridad de los sistemas de información): De conformidad con el Real Decreto 311/2022, de 3 de mayo, por el que se regula el Esquema Nacional de Seguridad, es la capacidad de las redes y sistemas de información de resistir, con un nivel determinado de fiabilidad, toda acción que comprometa la disponibilidad, autenticidad, integridad o confidencialidad de los datos almacenados, transmitidos o tratados, o los servicios correspondientes ofrecidos por tales redes y sistemas de información o accesibles a través de ellos.

Confidencialidad: propiedad o característica consistente en que la información ni se pone a disposición, ni se revela a individuos, entidades o procesos no autorizados.

Datos abiertos: de conformidad con el anexo de la Ley 37/2007, de 16 de noviembre, sobre reutilización de la información del sector público, son aquellos que cualquiera es libre de utilizar, reutilizar y redistribuir, con el único límite, en su caso, del requisito de atribución de su fuente o reconocimiento de su autoría.

Disponibilidad: propiedad o característica de los activos consistentes en que las entidades o procesos autorizados tienen acceso a los mismos cuando lo requieren.

Dispositivo electrónico: aparato formado por la combinación de diferentes elementos electrónicos con capacidad de procesamiento y conexión a una red que permite el envío y recepción de información entre usuarios.

Dirección electrónica: identificador de un equipo o sistema electrónico desde el que se provee de información o servicios en una red de comunicaciones.

Documento electrónico: información de cualquier naturaleza en forma electrónica, archivada en un soporte electrónico según un formato determinado y susceptible de identificación y tratamiento diferenciado.

Estándar abierto: aquel que reúna las siguientes condiciones: que sea público y su utilización sea disponible de manera gratuita o a un coste que no suponga una dificultad de acceso y cuyos uso y aplicación no estén condicionados al pago de un derecho de propiedad intelectual o industrial.

Firma electrónica: según el Reglamento (UE) n.º 910/2014 del Parlamento Europeo y del Consejo, de 23 de julio de 2014, datos en formato electrónico anejos a otros datos electrónicos o asociados de manera lógica con ellos que utiliza el firmante para firmar.

Firma electrónica avanzada: según el Reglamento (UE) n.º 910/2014 del Parlamento Europeo y del Consejo, de 23 de julio de 2014, la firma electrónica que cumple los requisitos contemplados en el artículo 26.

Firma electrónica reconocida: según el Reglamento (UE) n.º 910/2014, del Parlamento Europeo y del Consejo, de 23 de julio de 2014, una firma electrónica avanzada que se crea mediante un dispositivo cualificado de creación de firmas electrónicas y que se basa en un certificado cualificado de firma electrónica.

Índice electrónico: relación de documentos electrónicos de un expediente electrónico, firmada por la Administración, órgano o entidad actuante, según proceda y cuya finalidad es garantizar la integridad del expediente electrónico y permitir su recuperación siempre que sea preciso.

Infraestructuras y servicios comunes: Instrumentos operativos que facilitan el desarrollo y despliegue de nuevos servicios, así como la interoperabilidad de los existentes, creando escenarios de relación multilateral y que satisfacen las necesidades comunes en los distintos ámbitos administrativos; son ejemplos la Red de comunicaciones de las administraciones públicas españolas, la Red transeuropeas-TESTA y la plataforma de verificación de certificados electrónicos.

Integridad: propiedad o característica consistente en que el activo de información no ha sido alterado de manera no autorizada.

Interoperabilidad: capacidad de los sistemas de información, y por ende de los procedimientos a los que éstos dan soporte, de compartir datos y posibilitar el intercambio de información y conocimiento entre ellos.

Licencia pública de la Unión Europea («European Union Public Licence-EUPL»): licencia adoptada oficialmente por la Comisión Europea en las veintitrés lenguas oficiales comunitarias para reforzar la interoperabilidad de carácter legal mediante un marco colectivo para la puesta en común de las aplicaciones del sector público.

Medidas de seguridad: conjunto de disposiciones encaminadas a protegerse de los riesgos posibles sobre el sistema de información, con el fin de asegurar sus objetivos de seguridad. Puede tratarse de medidas de prevención, de disuasión, de protección, de detección y reacción o de recuperación.

Medio electrónico: mecanismo, instalación, equipo o sistema que permite producir, almacenar o transmitir documentos, datos e informaciones; incluyendo cualesquiera redes de comunicación abiertas o restringidas como Internet, telefonía fija y móvil u otras.

Metadato: dato que define y describe otros datos, existiendo diferentes tipos de metadatos según su aplicación.

Metadato de gestión de documentos: información estructurada o semiestructurada que hace posible la creación, gestión y uso de documentos a lo largo del tiempo en el contexto de su creación. Los metadatos de gestión de documentos sirven para identificar, autenticar y contextualizar documentos, y del mismo modo a las personas, los procesos y los sistemas que los crean, gestionan, mantienen y utilizan.

Profesionales que se relacionen con la Administración de Justicia: operadores jurídicos que, teniendo funciones de defensa, representación, peritaje, interpretación o cualesquiera otras que se determinen en las leyes procesales, sin pertenecer a ella por vínculos funcionariales o laborales, se relacionen de forma habitual con la Administración de Justicia.

Punto de acceso electrónico: conjunto de páginas web agrupadas en un dominio de Internet cuyo objetivo es ofrecer al usuario, de forma fácil e integrada, el acceso a una serie de recursos y de servicios dirigidos a resolver necesidades específicas de un grupo de personas o el acceso a la información y servicios de una institución pública.

Requisitos mínimos de seguridad: exigencias necesarias para asegurar la información y los servicios.

Sistema de firma electrónica: conjunto de elementos intervinientes en la creación de una firma electrónica. En el caso de la firma electrónica basada en certificado electrónico, componen el sistema, al menos, el certificado electrónico, el soporte, el lector, la aplicación de firma utilizada y el sistema de interpretación y verificación utilizado por el receptor del documento firmado.

Sello electrónico: según el Reglamento (UE) n.º 910/2014 del Parlamento Europeo y del Consejo, de 23 de julio de 2014, datos en formato electrónico anejos a otros datos en formato electrónico, o asociados de manera lógica con ellos, para garantizar el origen y la integridad de estos últimos.

Sello electrónico avanzado: según el Reglamento (UE) n.º 910/2014 del Parlamento Europeo y del Consejo, de 23 de julio de 2014, relativo a la identificación electrónica y los servicios de confianza para las transacciones electrónicas en el mercado interior y por el que se deroga la Directiva 1999/93/CE, un sello electrónico que cumple los requisitos contemplados en el artículo 36 de dicho Reglamento.

Sello electrónico reconocido: según el Reglamento (UE) n.º 910/2014 del Parlamento Europeo y del Consejo, de 23 de julio de 2014, relativo a la identificación electrónica y los servicios de confianza para las transacciones electrónicas en el mercado interior y por el que se deroga la Directiva 1999/93/CE, un sello electrónico avanzado que se crea mediante un dispositivo cualificado de creación de sellos electrónicos y que se basa en un certificado cualificado de sello electrónico.

Sellado de tiempo: acreditación a cargo de un tercero de confianza de la fecha y hora de realización de cualquier operación o transacción por medios electrónicos.

Sello de tiempo: la asignación por medios electrónicos de una fecha y hora a un documento electrónico con la intervención de un prestador de servicios de certificación que asegure la exactitud e integridad de la marca de tiempo del documento.

Sistema de información: conjunto organizado de recursos para que la información se pueda recoger, almacenar, procesar o tratar, mantener, usar, compartir, distribuir, poner a disposición, presentar o transmitir.

Sistemas de Código Seguro de Verificación: procedimientos basados en un código que identifica a un documento electrónico y cuya finalidad es garantizar el origen e integridad de los documentos mediante el acceso a la sede electrónica correspondiente; el carácter único del código generado para cada documento; su vinculación con el documento generado, de forma que cualquier modificación del documento generado dará lugar a un nuevo documento con un código seguro de verificación diferente; la posibilidad de verificar el documento en la sede electrónica como mínimo por el tiempo que se establezca en la resolución que autorice la aplicación de este procedimiento; así como un acceso al documento restringido a quien disponga del código seguro de verificación.

Trazabilidad: propiedad o característica consistente en que las actuaciones de una entidad pueden ser imputadas exclusivamente a dicha entidad.

ÍNDICE ANALÍTICO

ABREVIATURAS:

Ley 40/2015, de 1 de octubre, de Régimen Jurídico del Sector Público: LRJSP.

Ley 39/2015, de 1 de octubre, del Procedimiento Administrativo Común de las Administraciones Públicas: LPAC.

Ley 29/1998, de 13 de julio, reguladora de la Jurisdicción Contencioso-Administrativa: LJCA.

Real Decreto-ley 6/2023, de 19 de diciembre, por el que se aprueban medidas urgentes para la ejecución del Plan de Recuperación, Transformación y Resiliencia en materia de servicio público de justicia, función pública, régimen local y mecenazgo: RD-L 6/2023.

INCOMPETENCIA DE JURISDICCIÓN

INDEFENSIÓN DE LOS INTERESADOS

P